ENSEÑEMOS LA BIBLIA CREATIVAMENTE

Lawrence O. Richards

Gary J. Bredfeldt

Contiene un estudio programado por la
Facultad Latinoamericana de Estudios Teológicos

Unilit

ENSEÑEMOS LA BIBLIA CREATIVAMENTE
© 2001 Logoi. Inc.
14540 S.W. 136 St. Suite 200
Miami, FL. 33186

Este libro fue publicado por primera vez en los Estados Unidos por Moody Press
con el título original de *Creative Bible Teaching*.
©1970 por The Moody Bible Institute of Chicago. Traducido con permiso.

Diseño textual: Logoi, Inc.
Portada: Meredith Bozek

Impreso en Colombia
Printed in Colombia

A mi esposa,
Marlene Bredfeldt,
y a nuestros niños:
Lynne, Stephen, Michael, y Amy
cuyo ánimo y apoyo han hecho
de este proyecto una realidad
y cuyo amor ha enriquecido mi
vida.

A mis padres,
Vivian y Charlotte Richards,
cuyo tranquilo vivir de la Palabra
de Dios ha comprobado ser Su
fuerza creativa en mi vida.

CONTENIDO

Cuarto paso
Enseñar la lección

Quinto paso
Evaluar los resultados

ÍNDICE DE FIGURAS Y TABLAS

FIGURAS

TABLAS

PREFACIO

ANZUELO, LIBRO, MIRAR, APROPIAR (ALMA)... Estas pequeñas palabras han ayudado a preparar lecciones bíblicas por casi tres décadas. Cuando era estudiante en el *Moody Bible Institute* al principio de los años setenta, en mi primer curso de educación cristiana me enseñaron la estructura desarrollada por Lawrence Richards para confeccionar lecciones. *Enseñemos la Biblia creativamente* fue el texto requerido en la clase del Sr. Omar Brubaker. Dicho texto trataba con principios y métodos básicos para la enseñanza de la Biblia. El Sr. Brubaker nos informó: «Estas cuatro palabras quizás les suenen extrañas en este momento, pero nunca las olvidarán, y ustedes las usarán a través de sus carreras en el ministerio como método eficaz de enseñar la Biblia».

Omar Brubaker tenía razón. Tenía razón cuando dijo que las palabras *anzuelo, libro, mirar, apropiar* suenan extrañas. Pero también correctamente predijo que yo usaría estas cuatro palabras para enseñar la Biblia de manera eficaz. Estoy seguro de que ningún pedacito de instrucción en el aula influyó tanto en mi ministerio como este enfoque para la preparación de una lección.

Este es el modelo que recibí cuando era estudiante de primer año en la universidad bíblica y me dieron la tarea de leer el libro de Lawrence Richards, *Enseñemos la Biblia creativamente.* Igualmente esta es la estructura para el planeamiento de lecciones usada por profesores como Omar Brubaker para enseñar a estudiantes en los cursos de educación cristiana. Es ahora un método clásico para la planificación de lecciones usado por maestros de Biblia. Es sencillo. Es claro. Pero, lo más importante es que influye en el aprendizaje del alumno a través del mensaje transformador de la Palabra de Dios. Personalmente, lo he usado como pastor, pastor de jóvenes, director de educación cristiana, y maestro laico de la escuela dominical. Ahora enseño esta herramienta eficaz a una generación nueva de estudiantes del *Moody Bible Institute.*

Cuando el personal de la editorial de *Moody Press* discutió la posibilidad de una revisión del libro del Dr. Richards, yo estuve inmediatamente listo para unirme al esfuerzo. El libro *Enseñemos la Biblia creativamente* es un trabajo que ha servido de base para muchos otros textos y trabajos populares en la educación cristiana. Es conocido por casi cada profesor de la educación cristiana como literatura fundamental para aquellos que planean enseñar la Biblia. Pero después de casi treinta años, necesitaba ser actualizada. Esta edición le trae al lector nuevas ayudas para que el alumno comprenda el proceso de la preparación de lecciones y la ciencia y el arte de enseñar la Biblia. Se ha diseñado para ser teóricamente sólido e inmediatamente práctico. Se escribió para que sea usado tanto por personas laicas como por instructores profesionales.

Enseñemos la Biblia creativamente es **mucho más** que un libro acerca de la preparación de lecciones. Se diseñó para ayudarle a usted como maestro a servir como puente entre el mundo bíblico y el mundo de sus alumnos. Es un privilegio unirme a Lawrence O. Richards para ofrecer este libro como un recurso hacia la construcción de puentes.

GARY J. BREDFELDT

INTRODUCCIÓN

Hay algo fascinante en lo que se refiere a los puentes. Considere, por ejemplo, el puente *Golden Gate* de San Francisco, uno de los puentes colgantes de una sola extensión más largos del mundo. Su estructura de color óxido tiene una belleza impactante cuando se encuentra parcialmente cubierta por la niebla de la mañana, e iluminada a la vez por el sol del amanecer. Uno puede experimentar otro panorama asombroso desde el puente *Royal Gorge* de Colorado. Este puente tiene una longitud total de 384 metros y se suspende 321 metros sobre el río *Arkansas*, que fluye por el fondo del cañón. Esta altura constituye al puente *Royal Gorge* en el puente de suspensión más alto del mundo y en una de las atracciones más espectaculares de los Estados Unidos. Pero si esas dos obras magistrales de la ingeniería no son suficientes para maravillar al turista, puede ver el puente *Tampa Bay* que se extiende unos veintisiete kilómetros en la costa del golfo de México en el sur de la Florida.

¿Cómo lo hacen? ¿Cómo construyen puentes para conectar dos masas de tierra separadas por cientos de metros, o por muchos kilómetros, sobre mares bravos o en altos precipicios? Parece un logro casi imposible. Hay respuestas, por supuesto. Respuestas que tratan de procesos complicados de construcción. Un ingeniero de construcción calificado que se especializa en el diseño de puentes podría hablarnos acerca de la teoría y el proceso de la edificación de puentes involucrados en tales logros. Pero para aquellos que carecemos de este conocimiento y esta experiencia, la construcción de un puente sigue siendo un misterio.

De manera muy similar, la enseñanza eficaz de Biblia parece ser una tarea de construcción de puentes que sólo unos pocos han dominado. Considere la tarea. El maestro de la Biblia tiene que construir un puente entre el mundo antiguo de la Biblia y el mundo moderno del estudiante. Es un puente que cruza tanto la frontera del tiempo como la frontera de las culturas. Este puente debe conducir al estudiante a una sociedad muy diferente a la suya y traerlo de regreso otra vez. Pero el puente debe llegar más lejos aun. El estudiante debe ser capaz de cruzar no sólo al pasado, sino también a su propio futuro. El maestro debe ayudar al estudiante a construir un puente que traerá los principios bíblicos del mundo de Abraham, David, Jesús, y Pablo, y aplicarlos a un mundo de la bolsa de valores, de proyectos de construcción urbana, de pasillos de la preparatoria, y del Internet. Este no es un proyecto fácil, pero se puede realizar. La Palabra de Dios es «viva y eficaz, y más cortante que toda espada de dos filos; y penetra....» (Hebreos 4.12). Es contemporánea. Es relevante. Pero es el maestro quien tiene la tarea de ayudar al estudiante a ver la relevancia de las Escrituras. Tal tarea de construcción de puentes demanda la obra de maestros creativos de la Biblia.

LOS CINCOS PASOS DE LA ENSEÑANZA DE LA BIBLIA

Entonces, ¿cómo es precisamente que los maestros alcanzan la meta de la comunicación creativa? ¿Cuál es el proceso de construcción de puentes que cada maestro cristiano debe dominar? ¿Cómo podemos construir un puente entre el mundo bíblico y el mundo del estudiante? La meta de este libro es la de contestar estas preguntas. Este es un libro acerca de la construcción de puentes bíblicos. Revela un proceso de cinco pasos por medio de los cuales el maestro cristiano puede construir un puente a través del tiempo, la geografía, y la cultura. La figura 1 representa a cada uno de los pasos en este proceso de construcción de puentes, los cinco pasos que comprenden el modelo para enseñar creativamente la Biblia. En este libro cada uno de los pasos en el proceso de la enseñanza creativa se desarrolla como una unidad separada.

PRIMER PASO: ESTUDIAR LA BIBLIA

En esta sección del libro, usted desarrollará una comprensión de la naturaleza, el papel, el estudio, y la interpretación de la Biblia como el primer paso en la preparación de la lección. Antes que uno sea maestro de la Biblia, es esencial llegar a ser estudiante de la misma. Esta sección proporciona la ayuda que usted necesita para preparar lecciones que comuniquen la Biblia con precisión.

SEGUNDO PASO: ENFOCAR EL MENSAJE

Esta sección se dirige a cuestiones del aprendizaje del estudiante y a las respuestas docentes apropiadas. A medida que usted lea, descubrirá cómo enseñar con el propósito de que el estudiante aprenda. En esta sección se le presentarán a usted las investigaciones en el campo de la teoría de aprendizaje humano. Además recibirá ayuda práctica a fin de que pueda aplicar dichos conocimientos a su propio ministerio de enseñanza. Varios ejemplos ayudarán para guiarle en el proceso de aplicar la teoría de aprendizaje a la preparación de la lección.

TERCER PASO: ESTRUCTURAR LA LECCIÓN

En este segmento del libro su lectura le mostrará cómo desarrollar un plan de una clase, usando el método ALMA, (Anzuelo, Libro, Mirar, Apropiar). Esto es el corazón del libro, y una sección que usted encontrará muy útil para aumentar su eficacia como maestro de la Biblia.

CUARTO PASO: ENSEÑAR LA CLASE

El cuarto paso en el proceso de la enseñanza creativa es la enseñanza misma en el aula. Esta parte del libro le proporcionará un resumen de seis prácticas usadas por algunos de los mejores maestros. Al repasar estas prácticas usted descubrirá los principios de la enseñanza que puede aplicar en su propio ministerio docente, y esto producirá una experiencia docente más dinámica y satisfactoria. También se incluye en esta sección una vista panorámica de las necesidades que corresponden a las etapas de desarrollo de los niños, los adolescentes y los adultos. Se presentan estrategias para la enseñanza que son apropiadas para cada fase del desarrollo, a la luz de la comprensión del crecimiento y los cambios del ser humano.

QUINTO PASO: EVALUAR LOS RESULTADOS

Esta sección del libro está diseñada para alentar y habilitar a maestros creativos de la Biblia a evaluar la eficacia de su propia enseñanza. El mejoramiento requiere la evaluación y el cambio apropiado. Usted aprenderá cómo evaluar los resultados de su enseñanza. Se presenta un modelo para la evaluación del aprendizaje del estudiante y la eficiencia del docente. Finalmente, proporcionamos ayuda y también sugerencias acerca de cómo mejorar los resultados de su enseñanza, alterando las variables en el proceso de enseñanza-aprendizaje.

Figura 1

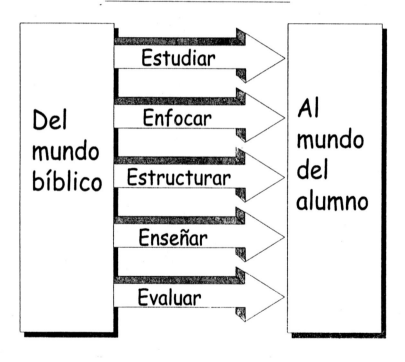

MODELO PARA
ENSEÑAR LA BIBLIA
CREATIVAMENTE

Del mundo bíblico

Estudiar
Enfocar
Estructurar
Enseñar
Evaluar

Al mundo del alumno

UNA PALABRA FINAL

Escribimos este libro desde una posición conservadora y decididamente evangélica. No nos disculpamos por nuestra convicción de que la Biblia es la Palabra de Dios. Sostenemos que la Biblia es la revelación especial de Dios escrita como la única guía autoritativa para la fe y la conducta. Es nuestra creencia que la Biblia proporciona verdad objetiva proposicional acerca de Dios y que es firmemente establecida como estándar absoluto y prueba de la verdad. Aunque los seres humanos no aceptaran y no se sometieran a la autoridad de la Biblia, eso no le quitaría su autoridad. La estructura entera de las enseñanzas desarrolladas en este libro descansa sobre esta presuposición.

Construyamos un puente, ¿de acuerdo?

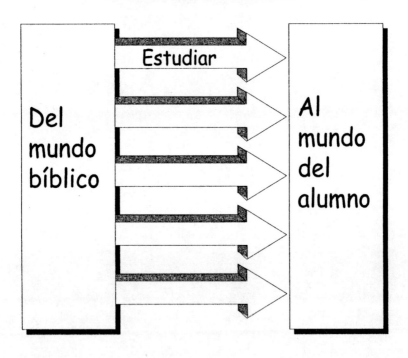

Figura 2

MODELO PARA
ENSEÑAR LA BIBLIA
CREATIVAMENTE

Del mundo bíblico

Estudiar

Al mundo del alumno

ESTUDIAR LA BIBLIA

Matt estaba listo para empezar. Había preparado el aula colocando las sillas en grupos de cuatro, a fin de poder involucrar a los estudiantes en una discusión de grupos pequeños. Él había preparado algunas hojas para entregar que presentaban un caso de estudio muy interesante, y tenía una porción de un video que encajaba perfectamente con sus metas para la lección. Incluso tenía una transparencia multicolor para la retroproyectora que había preparado con su nuevo programa de presentación para computadora. Matt se sentía bien acerca de su futura clase. Su pasaje iba a ser Santiago 3.1-18, la necesidad de controlar la lengua.

La clase procedió tal como Matt la había planeado. Todos los estudiantes participaron en la discusión, especialmente cuando Matt pidió que ellos dijeran las maneras en que ellos luchaban con el mal uso de la lengua. Todo iba bien, por lo menos, así parecía. Entonces llegó el tiempo de evaluar los esfuerzos de Matt. Debe comprender que Matt estaba tomando un curso llamado «Cómo enseñar la Biblia.»

«¿Qué es lo que Matt hizo bien? ¿Por qué lo podemos felicitar?» preguntó el profesor. Varios estudiantes inmediatamente respaldaron el esfuerzo de Matt con comentarios acerca de su creatividad, elección de métodos, y habilidad para lograr que los estudiantes participaran. «¿Qué podría hacer Matt para mejorar?» fue la próxima pregunta que planteó el profesor. Al oír esto, la clase entera alzó la mano.

Kate respondió: «Bueno, me gustaría ver que verdaderamente nos involucrara con la Biblia. La leímos y todo, y también compartimos algunas opiniones acerca de lo que decía, pero quizás invertimos cinco minutos como máximo en el texto. Todos sus métodos eran divertidos, pero no pienso que en realidad estudiamos la Biblia. De hecho, pienso que no llegamos realmente al punto del autor».

Kate era una oyente perceptiva. Matt no enseñó el pasaje de la Biblia. En lugar de eso, Matt condujo una sesión acerca de las experiencias y opiniones de todos. Él hizo bastante bien cuando se trataba de las dinámicas de la enseñanza, pero falló cuando se trataba de enseñar con autoridad. Matt respondió a la crítica de Kate. «Bueno, yo realmente no tuve mucha oportunidad para estudiar el pasaje. Tenía otro trabajo que entregar para otro curso, y por lo tanto pensé que sólo haría que todos participaran.» Matt cometió un error fundamental en su ministerio de enseñanza. Confundió la participación con la autoridad. Involucrar a los estudiantes en una clase no es lo mismo a que involucrarlos con la Biblia. La autoridad para enseñar la Biblia no se deriva de la habilidad del maestro ni de los métodos que se han seleccionado, sino sólo de lo que enseñan las Escrituras.

La enseñanza creativa de la Biblia comienza con el estudio eficaz de la misma. Antes de que uno puede ser maestro de la Biblia, debe ser primero un estudiante de ella. Aunque no hay garantías de que los que estudian la Biblia de manera correcta necesariamente la enseñarán bien, es cierto que los que no estudian las Escrituras con diligencia no pueden enseñarla bien. ¿Por qué? Porque los que enseñan la Biblia bien lo hacen con autoridad. No es una autoridad que se obtenga por usar métodos creativos o por contar historias que cautivan a la audiencia. Tampoco es una autoridad derivada de una personalidad atrayente, o del buen sentido de humor, o de preguntas estimulantes para la discusión. Aunque todas estas cosas pueden contribuir a una clase eficaz, los maestros que enseñan con la autoridad de las Escrituras lo logran porque primero ellos conocen la Biblia, y entonces enseñan sólo y siempre lo que la Palabra de Dios procura enseñar. En otras palabras, ellos someten su enseñanza a la autoridad de la Biblia, enseñando lo que el texto bíblico afirma. Esto es posible sólo si ellos saben lo que el texto enseña. Para saber, tienen que estudiar. Esta unidad lo ayudará con este paso en la enseñanza creativa de la Biblia.

CAPÍTULO 1

LA BIBLIA: SU NECESIDAD Y NATURALEZA

Por cierto no es un paisaje muy impresionante. En realidad se trata de apenas un pequeño charco cubierto de un colchón de lirios, similar a mil otros en el Parque Nacional de Yellowstone; sin embargo éste está rodeado de un gran terreno de estacionamiento. La mayor parte del tiempo el terreno está repleto. ¿Por qué la atracción? La respuesta se encuentra en un aviso que los visitantes al parque se detienen a leer cuando pasean por la acera de tablas alrededor de la laguna. El aviso les dice a los turistas que este pequeño charco es «la línea divisoria de las aguas de dos grandes ríos». Un chorrito que baja del charco por un riachuelo fluye hacia el oeste por una variedad de torrentes y ríos hasta alcanzar el río Columbia y desembocar en el océano Pacífico. Otro chorrito igualmente diminuto baja por un arroyuelo hacia el este hasta el río Missouri, luego al Mississippi y, finalmente, al golfo de México.

Una línea divisoria de las aguas es el punto elevado en que éstas fluyen en una dirección u otra. La Biblia, o para ser más preciso, nuestra actitud hacia ella es una línea divisoria en la enseñanza cristiana. La visión que tenga el maestro de la Biblia con respecto a ella servirá para determinar la dirección y el propósito de su ministerio de enseñanza. Si se considera la Biblia como un libro meramente humano con narraciones dudosas contadas por personajes precientíficos que se esforzaban por entender su mundo, el maestro muy probablemente se acerque a ella con la intención de desmitificar su mensaje. Por otra parte, si se considera la Biblia como la revelación inspirada e inerrante de Dios, entregada al ser humano en un tiempo y en un lugar específicos, entonces la actitud del maestro hacia la Biblia traerá aparejada admiración, respeto, e incluso un mandato para la obediencia de sus enseñanzas.

¿Cómo han entendido los maestros ese Santo Libro que enseñamos? ¿En qué direcciones ha hecho fluir su enseñanza la perspectiva que tienen acerca de ella? ¿Cuál es la naturaleza de la Biblia, y cómo afecta nuestra enseñanza esa naturaleza? Para contestar estas preguntas, debemos considerar primero la necesidad de la existencia de la Biblia. ¿Por qué Dios nos dio esta Biblia en primer lugar?

La necesidad de la Biblia

Consideremos las palabras de J. I. Packer.

¿Para qué hemos sido hechos? Para conocer a Dios. ¿Qué meta debemos fijarnos en esta vida? La de conocer a Dios. ¿Qué es esa «vida eterna» que Jesús nos da? El conocimiento de Dios [. .]..¿Qué es lo mejor que existe en la vida, lo que ofrece mayor gozo, delicia, y contentamiento que ninguna otra cosa? El conocimiento de Dios.[1]

El razonamiento de Packer es absolutamente correcto. Nada podría describir mejor el propósito de la humanidad que esto:

conocer a su Creador en una manera íntima y personal. ¿Pero cómo puede uno conocer a Dios? Una pregunta todavía más difícil es esta: ¿Cómo sabe uno que conoce a Dios? La figura 3 muestra dos perspectivas principales de lo que significa «conocer a Dios». Estas dos perspectivas principales de conocer a Dios tienen partidarios en nuestros días.

DOS PERSPECTIVAS DEL CONOCIMIENTO DE DIOS

El punto de vista de la inmanencia. El primero de estos dos conceptos de conocer a Dios considera la percepción de Dios como el resultado de una búsqueda dentro del indagador mismo. Podemos llamar a esta perspectiva el punto de vista de la inmanencia de Dios. La palabra *inmanencia* significa «que permanece adentro» y lleva aparejada la idea de algo que se halla completamente metido dentro de otra cosa. Los que sustentan ese punto de vista insisten en que Dios es uno con su creación. Creen que Dios es de la misma esencia que su creación. Los puntos de vista de la inmanencia de Dios lo conciben como una fuerza o poder de naturaleza impersonal. Según ellos, Dios no puede ser separado de la creación y, de hecho, se encuentra dentro del orden de las cosas creadas. Los defensores de la inmanencia insisten en que algo de la chispa o fuerza divina se encuentra en cada persona. Por tanto, para conocer a Dios, el que lo busca debe conocerse a sí mismo y descubrir dentro de su propio «yo» las cualidades de Dios.

Esta postura tiene sus raíces históricas en religiones orientales místicas tales como el hinduismo y el budismo, pero hoy encuentra su expresión más prominente en el movimiento de la Nueva Era. Varios libros han ayudado a popularizar esa perspectiva de Dios. La autora y actriz Shirley MacLaine, mediante su libro *Out on a Limb* [Balanceado en una rama] atrajo

Figura 3

DOS CONCEPTOS DEL CONOCIMIENTO DE DIOS

Concepto inmanencia: Dios por dentro

> **Dios
> es la
> creación**

Dios se descubre dentro de quien lo busca

Concepto trascendencia: Dios como Otro

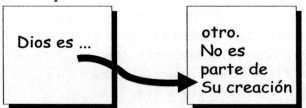

Dios es ...   **otro.
No es
parte de
Su creación**

Dios se da a conocer por medio de la revelación

gran atención pública al punto de vista que la Nueva Era sostiene acerca de la inmanencia de Dios. Y más recientemente, los grandes éxitos de librería *Abrazado por la luz*, y *La profecía celestina* han contribuido a la amplia aceptación de los postulados de la Nueva Era. El prominente médico Larry Dossey describió el punto de vista de la inmanencia de Dios en *Palabras que sanan*, su éxito de librería sobre la oración como el «modelo moderno» para entender a Dios y a la oración. Después de explicar que la oración no es «lógica» y que es «evidencia de las cualidades que compartimos con lo Divino (lo Divino adentro)», escribe:

La manera en que es concebida la oración por la mayoría de las religiones de occidente es bien diferente de esto: Dios está instalado fuera de nosotros, generalmente muy arriba, como si se hallara en una órbita estacionaria, la cual funciona como una especie de satélite maestro de comunicaciones[. .].. Dios allá arriba, nosotros acá abajo [. .] aisladas criaturas del momento, encerradas en un tiempo lineal que fluye, limitadas al cuerpo y a la muerte que las aguarda, totalmente pecadoras e indignas, y cuya sola esperanza es ser redimidas por la misericordiosa acción de un Ser Supremo. Aunque esta versión pueda servir de consuelo a millones de personas —las que están convencidas de que son «salvas» o «escogidas», o de que pertenecen a algún grupo religioso selecto—, ella ocasiona confusión e inmenso sentimiento de culpa en otras, y ha sido la fuente de inaudita crueldad en las relaciones humanas a lo largo de la historia. Cuando se la compara con otros puntos de vista religiosos mundiales, esa exteriorización de Dios [. .] parece ser «mitología patológica»[. .]..Los viejos conceptos de la oración basados en la Biblia, que todavía están ampliamente de moda, fueron desarrollados cuando existía una concepción del mundo que resulta ahora anticuada e incompleta.[2]

Conocer a Dios, para los que sostienen el punto de vista de la inmanencia, no implica conocer información objetiva acerca de Él ni tampoco conocer a Dios como persona. Según ellos, conocer a Dios implica tener comunión con una fuerza interior: lo «Divino adentro». En el proceso, el que lo busca alcanza un estado de tranquilidad y paz. Ya que conocer a Dios no implica conocimiento proposicional acerca de Él, conocerlo es una experiencia personal e indefinible que es distinta para cada buscador. Dios no se revela al buscador, sino que es el propio buscador quien lo revela por medio de una búsqueda personal de la conciencia divina.

Los que sustentan la perspectiva de la inmanencia del conocimiento de Dios tienen un concepto muy definido de la Biblia. Para ellos la Biblia no es la Palabra revelada e inspirada por Dios. La Biblia es un registro del género humano en su búsqueda de la sabiduría y conciencia divinas. La Biblia es un libro sabio, entre muchos libros sabios, pero no deberá ser más reverenciado que cualquier otro libro de dichos y aforismos humanos. Si uno sustenta tal perspectiva de la Biblia, su enseñanza de ella tiene un papel y una naturaleza bastante diferentes de lo que tendrá para los que la conciben como la revelación escrita del Dios vivo. Para los que propugnan la perspectiva de la inmanencia, enseñar la Biblia significa sencillamente usarla por su valor ilustrativo al mostrarle al alumno cómo alcanzar un estado de tranquilidad interior mediante la conciencia divina.

El punto de vista de la trascendencia. La visión opuesta y alternativa de conocer a Dios podría ser llamada la perspectiva de la *trascendencia*. Es este el punto de vista que es sustentado por la cristiandad histórica. Esta verdad teológica proclama a Dios como diferente y distinto de su creación en esencia. Él se considera «totalmente otro» de lo que Él ha creado. «Totalmente otro» no significa que no pueda Él ser conocido de alguna manera por los humanos que lo buscan, sino que no puede ser hallado en su creación. Él no reside en la creación. Él es distinto y no depende de su creación para su existencia continuada. Él es más excelso y más grande que todo lo que ha creado y, por tanto, son infructuosos todos los esfuerzos humanos para entenderlo y contenerlo completamente. Más bien, Dios debe tomar la iniciativa si va a ser conocido. Dios es ciertamente tanto inmanente como trascendente, pero la razón es que Él mismo ha decidido serlo; la «inmanencia» en el sentido cristiano de la palabra significa que Dios está cerca de su creación, no que forme parte de ella.

Imagínese que da usted un paseo por un famoso museo o instituto de arte. En cada pared hay una pintura valiosa y a lo largo de las galerías hay esculturas, todas ellas creadas por un artista altamente talentoso. Según pasa usted por cada galería y exhibición obtiene una apreciación aun mayor de la pericia del artista. Al momento de salir del museo siente como si casi conociera al artista. Usted ha percibido hasta cierto punto sus sentimientos e incluso sus cualidades. De seguro que estudiando la creación del artista puede usted aprender mucho acerca de él. Pero, ¿conoce usted al artista? ¿Es esa clase de conocimiento intuitivo del artista lo mismo que un conocimiento personal de él? ¿Qué si el artista se le diera a conocer estableciendo contacto con usted? ¿Qué si él le mandara a un representante o una carta que le explicara a usted acerca de su propósito al crear cada pintura o al esculpir cada estatua? ¿Conocería usted más del artista que cuando meramente observó sus creaciones? ¿Qué si diera él un paso adicional y entrara en el museo de arte? ¿Qué si caminara con usted en persona por las galerías del instituto? ¿No contribuiría esto a un conocimiento mayor del artista?

Los cristianos que creen en la Biblia insisten en que esto fue exactamente lo que hizo Dios, el Artista Creador. Aunque es cierto que Él se dio a conocer en su creación mediante lo que los teólogos llaman *la revelación natural* o *general*, Él hizo más que eso: se comunicó con nosotros. Se comunicó con sus criaturas por medio de algo que se conoce como *la revelación especial*. Por medio de la revelación especial Dios da a conocer aspectos acerca de sí mismo que de otro modo no podrían ser conocidos. Lo hace en dos maneras fundamentales. Primero Él se revela por medio de su Palabra escrita, plasmada en las páginas de la Biblia. En segundo lugar Él se revela también mediante la Palabra encarnada, la persona de Jesucristo, la cual se hizo carne y habitó entre nosotros.

Mediante un cuidadoso estudio de la creación, el buscador llegará a saber algo de la naturaleza divina de Dios y de sus atributos invisibles. Eso significa saber algo acerca de Dios. Pero, mediante la revelación especial de la Biblia y en la persona de Jesucristo, se puede conocer a Dios de manera personal e íntima, es decir, entablando una relación. El concepto de la trascendencia es una perspectiva de revelación. Ella sostiene que Dios es un Ser personal que trasciende a su creación y que debe revelarse si es que se ha de llegar a conocer. Sin la revelación divina, Dios permanecería como el Dios desconocido. Es ese entonces el papel de la Biblia: *dar a conocer a Dios.*

El Dios desconocido

Si Dios se ha revelado en la revelación natural y en la especial, ¿por qué la gente no lo conoce? ¿Por qué Dios es desconocido? Es desconocido por dos razones básicas: su naturaleza y la nuestra.

Su naturaleza hace que sea desconocido. Isaías cita a

Dios cuando Él describe su propia naturaleza sublime y peculiar con estas palabras: «Porque mis pensamientos no son vuestros pensamientos, ni vuestros caminos mis caminos, dijo Jehová. Como son más altos los cielos que la tierra, así son mis caminos más altos que vuestros caminos, y mis pensamientos más que vuestros pensamientos» (Isaías 55.8,9). Dios se diferencia de nosotros en su capacidad cognoscitiva. No podemos entender la motivación de sus acciones. Dios debe venir a nosotros, por cuanto ciertamente jamás podríamos llegar hasta Él debido a ese abismo de comprensión. De manera similar, Dios explica las limitaciones de Job en comprender y conocer al Dios de la creación. «¿Descubrirás tú los secretos de Dios? ¿Llegarás tú a la perfección del Todopoderoso? Es más alta que los cielos; ¿qué harás? Es más profunda que el Seol; ¿cómo la conocerás?» (Job 11.7,8). «He aquí, Dios es grande, y nosotros no le conocemos, Ni se puede seguir la huella de sus años» (Job 36.26). Dios resulta, por su naturaleza, imposible de ser sondeado por nosotros. Es el Dios desconocido porque es más alto, más profundo y está fuera del alcance de la búsqueda humana. Pero Él no está limitado en su capacidad de encontrarnos y de darse a conocer a nosotros.

Nuestra naturaleza hace que sea desconocido. No sólo está Dios fuera de nuestro alcance, sino que somos limitados por nuestro propio pecado y por nuestra tendencia a suprimir cualesquiera de las verdades que Dios ha dado a conocer. Pablo nos recuerda que el pecado nos ha cegado a la revelación del Espíritu de Dios «Pero el hombre natural no percibe las cosas que son del Espíritu de Dios, porque para él son locura, y no las puede entender, porque se han de discernir espiritualmente» (1 Corintios 2.14). Satanás también hace su parte, pues nos ciega para que no veamos y comprendamos la verdad divina, que incluye el evangelio de Jesucristo: «En los cuales el dios de este siglo cegó el entendimiento de los incrédulos, para que no les resplandezca la luz del evangelio de la gloria de Cristo, el cual es la imagen de Dios» (2 Corintios 4.4).

Dios en realidad ha dado a conocer la verdad acerca de sí, pero los humanos suprimen esa verdad, escogiendo creer en mentiras en vez de en la revelación dada por Dios en la naturaleza. En un pasaje de profunda importancia, Pablo escribió:

Porque la ira de Dios se revela desde el cielo contra toda impiedad e injusticia de los hombres que detienen con injusticia la verdad; porque lo que de Dios se conoce les es manifiesto, pues Dios se lo manifestó. Porque las cosas invisibles de él, su eterno poder y deidad, se hacen claramente visibles desde la creación del mundo, siendo entendidas por medio de las cosas hechas, de modo que no tienen excusa. Pues habiendo conocido a Dios, no le glorificaron como a Dios, ni le dieron gracias, sino que se envanecieron en sus razonamientos, y su necio corazón fue entenebrecido. Profesando ser sabios, se hicieron necios, y cambiaron la gloria del Dios incorruptible en semejanza de imagen de hombre corruptible, de aves, de cuadrúpedos y de reptiles. Por lo cual también Dios los entregó a la inmundicia, en las concupiscencias de sus corazones, de modo que deshonraron entre sí sus propios cuerpos, ya que cambiaron la verdad de Dios por la mentira, honrando y dando culto a las criaturas antes que al Creador, el cual es bendito por los siglos. Amén. (Romanos 1.18-25)

Dios es, en la práctica, el Dios desconocido. No es imposible conocerlo, ya que Dios puede darse a conocer, pero es desconocido por causa de nuestro estado y condición. ¿Cómo entonces se da a conocer el Dios desconocido? Por medio de la revelación especial, por su Palabra, inscrita en la Biblia y encarnada en Jesucristo, Dios ha actuado y se ha hecho conocible.

DIOS SE HA DADO A CONOCER

En la naturaleza Dios nos ha dejado una tarjeta de presentación. La utiliza para llamar nuestra atención, a fin de que Él pueda hacer su revelación más clara y más personal. Pablo habló de esto en Hechos 17 cuando se dirigió a los filósofos atenienses:

El Dios que hizo el mundo y todas las cosas que en él hay, siendo Señor del cielo y de la tierra, no habita en templos hechos por manos humanas, ni es honrado por manos de hombres, como si necesitase de algo; pues Él es quien da a todos vida y aliento y todas las cosas. Y de una sangre ha hecho todo el linaje de los hombres, para que habiten sobre toda la faz de la tierra; y les ha prefijado el orden de los tiempos, y los límites de su habitación; para que busquen a Dios, si en alguna manera, palpando, puedan hallarle, aunque ciertamente no está lejos de cada uno de nosotros. Porque en él vivimos, y nos movemos, y somos; como algunos de vuestros propios poetas también han dicho: Porque linaje suyo somos. Siendo, pues, linaje de Dios, no debemos pensar que la Divinidad sea semejante a oro, o plata, o piedra, escultura de arte y de imaginación de hombres. Pero Dios, habiendo pasado por alto los tiempos de esta ignorancia, ahora manda a todos los hombres en todo lugar, que se arrepientan; por cuanto ha establecido un día en el cual juzgará al mundo con justicia, por aquel varón a quien designó, dando fe a todos con haberle levantado de los muertos. (Hechos 17.24-31)

Mediante la revelación natural de Dios llegamos a conocer acerca de Él. Aprendemos sobre su naturaleza divina, su papel creador y sus atributos invisibles. Pero es en la persona de Jesucristo que Dios se da a conocer en una manera íntima y personal. Es mediante la revelación especial de Dios en Cristo que llegamos a conocer a Dios verdaderamente. Juan nos habla de la encarnación de la Palabra de Dios. Dios se hizo carne para que nosotros podamos conocerlo a Él.

En el principio era el Verbo, y el Verbo era con Dios, y el Verbo era Dios. Este era en el principio con Dios. Todas las cosas por él fueron hechas, y sin él nada de lo que ha sido hecho, fue hecho. En él estaba la vida, y la vida era la luz de los hombres. La luz en las tinieblas resplandece, y las tinieblas no prevalecieron contra ella. [...]Y aquel Verbo fue hecho carne, y habitó entre nosotros (y vimos su gloria, gloria como del unigénito del Padre), lleno de gracia y de verdad. [...]A Dios nadie le vio jamás; el unigénito Hijo, que está en el seno del Padre, él le ha dado a conocer. (Juan 1.1-5, 14,18)

Según el autor de Hebreos, Jesús no es una mera reflexión de la gloria y naturaleza de Dios tal como la luna refleja la luz del Sol. Él es como el Sol que difunde su luz. Él irradia la gloria misma de Dios el Padre. Él es la representación exacta de su Ser.

Dios, habiendo hablado muchas veces y de muchas maneras en otro tiempo a los padres por los profetas, en estos postreros días nos ha hablado por el Hijo, a quien constituyó heredero de todo, y por quien asimismo hizo el universo; el cual, siendo el resplandor de su gloria, y la imagen misma de su sustancia, y quien sustenta todas las cosas con la palabra de su poder, habiendo efectuado la purificación de nuestros pecados por medio de sí mismo, se sentó a la diestra de la Majestad en las alturas, hecho tanto superior a los ángeles, cuanto heredó más excelente nombre que ellos. Porque ¿a cuál de los ángeles dijo Dios jamás: Mi Hijo eres tú, Yo te he engendrado hoy, y otra vez: Yo seré a él Padre, y él me será a mí hijo? (Hebreos 1.1-5)

Pablo nos resume esa verdad en su Carta a los Colosenses y agrega un punto adicional. En Cristo somos reconciliados con Dios y podemos conocerlo en una nueva relación que no está manchada por el poder del pecado.

Él es la imagen del Dios invisible, el primogénito de toda creación. Porque en Él fueron creadas todas las cosas, las que hay en los cielos y las que hay en la tierra, visibles e invisibles; sean tronos, sean dominios, sean principados, sean potestades; todo fue creado por medio de Él y para Él. Y Él es antes de todas las cosas, y todas las cosas en Él subsisten; y Él es la cabeza del cuerpo que es la iglesia, Él que es el principio, el primogénito de entre los muertos, para que en todo tenga la preeminencia; por cuanto agradó al Padre que en Él habitase toda plenitud, y por medio de Él reconciliar consigo todas las cosas, así las que están en la tierra como las que están en los cielos, haciendo la paz mediante la sangre de su cruz. (Colosenses 1.15-20)

Pablo dice que Jesús es el Dios de la creación. Él lo sostiene todo con su poder. Él es supremo y revela supremamente el carácter divino de Dios. De forma notable, Él logra la paz con Dios por medio de su sacrificio de sangre expiatoria en la cruz, y así hace posible que conozcamos a Dios.

Por medio de la revelación natural de Dios llegamos a saber acerca de Dios. Mediante la revelación especial de Dios en

Jesucristo, llegamos a conocer a Dios. ¿Cuál es, pues, el propósito de la Biblia como revelación especial? Es este: Por medio de la revelación escrita de Dios llegamos a conocer y creer en Cristo, el Mesías. Por consiguiente, mediante la verdad objetiva de las Escrituras podemos confirmar la validez de nuestro conocimiento de Él. Juan lo expresa de esta manera: «Hizo además Jesús muchas otras señales en presencia de sus discípulos, las cuales no están escritas en este libro. Pero éstas se han escrito para que creáis que Jesús es el Cristo, el Hijo de Dios, y para que creyendo, tengáis vida en su nombre» (Juan 20.30,31). Es esta la razón por la que necesitamos la Biblia: para que podamos creer y, al hacerlo, podamos llegar a conocerlo.

LA NATURALEZA DE LA BIBLIA

¿Cómo es que un libro, dado por Dios para trasformarnos, parece ser tan infructífero cuando se enseña en las iglesias mismas en que más se honra y mejor se conoce? Nuestra educación cristiana a menudo ha producido personalidades distorsionadas; nuestra enseñanza a menudo ha fracasado al intentar enderezar vidas torcidas. ¡La distorsión es tan común que hemos llegado a acostumbrarnos a ella! Nos hemos habituado a menear la cabeza ante la «pérdida de la fe» entre los alumnos de preparatoria y los universitarios. Nos hemos habituado a congregaciones e individuos faltos de vitalidad o dedicación o sin realidad en su andar con Cristo. Nos hemos habituado a una población que aumenta explosivamente y a un evangelismo que tartamudea. Nos hemos habituado a vivir día tras día con hombres y mujeres que necesitan al Salvador, y nos hemos acostumbrado a no decirles nada acerca de Él. Nos hemos habituado a leer y estudiar y enseñar la Biblia sin ver que Dios la use para trasformar. ¿Hemos tenido éxito en reproducir la fe bíblica én nuestro mundo moderno? ¿Hemos «puesto el mundo al revés» como hizo la iglesia primitiva? ¿Están nuestras iglesias llenas de gigantes espirituales?

¡De ninguna manera! Enseñar la Biblia como la enseñamos no ha transformado a los hombres como nuestra teología dice que la Palabra de Dios debe hacerlo. ¿Pero por qué no? ¿Será acaso posible que no hayamos entendido realmente la naturaleza de esa Biblia que enseñamos? ¿Será posible que no hayamos estado enseñando la Biblia de una manera que armonice con los propósitos de Dios al dárnosla?

Puntos de vista en cuanto a las Escrituras

El punto de vista conservador. Lo que llamamos el punto de vista conservador de la Escritura —que ella es la Palabra escrita y confiable revelada por Dios— dominó el protestantismo después de la Reforma. Los conservadores siempre han creído que mediante la Biblia Dios se comunica con los humanos. Él nos comunica información, verdades, que de ningún otro modo podríamos saber. Por cuanto Dios nos ha comunicado su punto de vista con palabras, no necesitamos adivinar cómo es Él ni lo que nos ofrece en Cristo. Dios se ha comunicado con nosotros con palabras, del mismo modo en que nos comunicamos con los demás.

Para esta comunicación, Dios escogió a ciertos hombres y dirigió sus escritos a través de su Espíritu Santo, para que el producto final, nuestra Biblia, fuera el mensaje divino. Se garantizan su certeza y su infalibilidad. Por supuesto que Dios no puso en blanco la mente de cada escritor y usó sólo las manos de ellos como se hace con las manos de un títere. Él no les dictó simplemente. Dios actuó a través del conocimiento y de la personalidad de cada escritor, y de sus sentimientos y estilos de expresión. Mas el resultado final fue el mensaje de Dios, su verdad, su Palabra. Tal es la creencia de los conservadores.

Pero en este siglo han llegado a ser populares e incluso dominantes otros enfoques de la Biblia. Muchos han sugerido conceptos enteramente nuevos de la naturaleza de la Escritura y, además, nuevos enfoques del lugar que la Biblia tiene en nuestra relación con Dios. Estos nuevos puntos de vista han llevado a enfoques nuevos en la enseñanza, en el cuidado de los creyentes y en la educación cristiana.

El punto de vista liberal. Esta perspectiva dominó el pensamiento de los educadores religiosos de la mayoría de las denominaciones durante las décadas de los años veinte y treinta. Hombres como George A. Coe y William C. Bower tomaron conceptos de la teología liberal y de la escuela progresiva de la educación, y propusieron un nuevo enfoque a la instrucción cristiana. Ellos modificaron completamente el papel de la Biblia en la enseñanza cristiana.

Dicho brevemente, los hombres de esta escuela consideraban a Dios como uno que actúa en nuestro mundo de hoy como Él actuaba en el mundo bíblico. Dios, por tanto, no debe ser buscado en un libro sino en la vida. Para estos hombres, sin embargo, la actividad de Dios no era sobrenatural en el sentido de lo milagroso. Era natural. Dios obraba mediante los procesos naturales de la vida del individuo y de la sociedad.

¿Y qué dicen ellos acerca de la Biblia? En un sentido básico, consideraban innecesaria la Biblia. Para estos hombres ella no contiene verdades acerca de Dios ni verdades de parte de Dios. En vez de eso, es un registro de la experiencia humana. Se trata sólo del recuento de hombres y mujeres que buscaron a Dios en los acontecimientos normales de su vida y época, y que creyeron que lo habían encontrado. Hoy, dicen ellos, debemos buscar a Dios no en los acontecimientos del pasado sino en los sucesos de nuestra propia sociedad. «¡Dios está obrando hoy!» era su emocionante grito. «Demos un salto hacia la vida y encontrémonos con Él.»

Fue así como se descartó la Biblia como libro fuente de la verdad, de los valores y de la autoridad, y se pusieron en primer plano los valores y las relaciones de los humanos. La meta de la instrucción de los creyentes llegó a ser el enriquecimiento de la vida humana, el proceso de guiar a las personas a descubrir «los significados cristianos más altos» de sus experiencias. Era sólo en vivir la vida que se podía encontrar a Dios, y que ese encuentro pudiera tener significado.

Así fue que educadores y líderes religiosos de la iglesia se dedicaron al desarrollo de maneras en las cuales podrían dirigir las experiencias y ayudar a los alumnos a aumentar su capacidad de vivir significativamente como individuos y en grupos.

El punto de vista neoortodoxo. «No es cristiana» fue la acusación lanzada contra la educación religiosa liberal por H. S. Smith en su libro *Faith and Nurture* [Fe y crianza].[3] La fe cristiana, según Smith, se fundamenta en algo más profundo que «los valores del crecimiento». Tiene sus raíces en una revelación cristiana. Se fundamenta en un Dios soberano que se halla fuera de la historia, pero que se reveló a sí mismo en un Cristo histórico. La educación religiosa liberal, sin un Dios que se revele a sí mismo y que se relacione con los individuos sobrenaturalmente, no puede afirmar que sea cristiana.

En contraste con la completa indiferencia hacia la Biblia por parte de los teólogos liberales, los neoortodoxos reconocen que la Biblia contiene la Palabra de Dios. Para el teólogo neoortodoxo, las Escrituras se circunscriben a una época y están culturalmente condicionadas. Los teólogos neoortodoxos sostienen que, por cuanto los escritores de la Biblia eran hombres verdaderos, históricos, tal como nosotros, y por tanto pecadores, podían equivocarse, y de hecho fueron culpables de errores cuando profetizaron y redactaron las Escrituras. A pesar de ello, afirman los maestros neoortodoxos, Dios habla a través del texto de la Escritura humana falible. La neoortodoxia toma un enfoque de la teología que coloca como primordial la experiencia religiosa del creyente. La Biblia estimula tal experiencia. Cuando lo hace, ellos creen que ésta «llega a ser la Palabra de Dios» para ese lector. De manera que la neoortodoxia sostiene que la Biblia llega a ser la Palabra de Dios para el individuo que la lee cuando el lector encuentra a Dios en las páginas de la Escritura, y no que ésta sea intrínsecamente la Palabra de Dios.

En breve tiempo el punto de vista neoortodoxo dominó teológica y educativamente. El libro de Paul Vieth, *Church and Christian Education* [Educación de la iglesia y educación cristiana],[4] refleja el clima cambiante. Pronto aparecieron educadores cristianos como James D. Smart, Lewis J. Sherrill y Randolph Crump Miller. Ellos intentaron desarrollar una filosofía de la enseñanza cristiana basada en la teología neoortodoxa. Todavía hoy se ve su influencia en los planes de estudio de algunas de las principales denominaciones y casas publicadoras, y los conceptos básicos que ellos desarrollaron se reflejan en muchos libros de educación cristiana y en publicaciones religiosas sobre educación.

La influencia neoortodoxa fue una saludable rectificación al punto de vista liberal. Los educadores neoortodoxos veían a la gente como pecadora (aunque esto lo definían de varias maneras). Los humanos necesitaban conocer a Dios, según los educadores neoortodoxos. La revelación de Dios es encauzada a través de la Biblia, afirmaban estos educadores, y por ello la Biblia tenía cabida en la instrucción cristiana. Para el educador neoortodoxo, no obstante, la Biblia no era la Palabra de Dios sino que, en vez de ello, se convertía en Palabra de Dios según el pueblo lo encontraba a Él en las Escrituras. Los educadores neoortodoxos argüían que el texto mismo no era nada más que un registro humano de encuentros de Dios con la humanidad. Pero cuando la Biblia hace que el lector encuentre a Dios, ella llega a ser Palabra de Dios para la persona creyente. En este sentido, la Biblia es una revelación indirecta de Dios.

Los maestros neoortodoxos tenían un concepto claro de la revelación, del lugar de la Biblia en la revelación, y de cómo se debía enseñar la Biblia. Según ellos, la Biblia no se podía enseñar sencillamente como hechos acerca de Dios, sino como los encuentros de los humanos con Él. Y es en ese respecto que se nos ha hecho un favor. Por cuanto el desarrollo de esta teoría nos ha forzado a examinar con honradez nuestra propia enseñanza de la Biblia y a reflexionar por qué su enseñanza en nuestras iglesias ha sido tan improductiva en términos de creyentes trasformados, consagrados, con una vida centrada en Cristo, cuando creemos que ella es la Palabra escrita de Dios. Nos hemos visto forzados a hacer preguntas teológicas acerca de nuestra enseñanza de la Biblia.

¡Cuánto lo necesitamos! ¡Cuánto necesitamos no solo afirmar el hecho de la revelación preposicional, sino entender la naturaleza de esa revelación y ver sus implicaciones con relación a nuestra enseñanza de la Biblia! No olvidemos que el propósito de la Biblia es revelar la verdad acerca de Dios y capacitar a nuestros alumnos, por medio de la verdad revelada, a que conozcan a Dios. No es meramente un libro de hechos que se deben aprender o de versículos que se deben memorizar. Esa clase de enseñanza no logra una comprensión genuina de la naturaleza y el propósito de la Biblia.

LAS PALABRAS SIGNIFICAN ALGO

Al locutor de radio Rush Limbaugh le gusta hacer esta declaración: «¡Las palabras significan algo!» Con esa declaración él condena el enfoque actual del lenguaje que permite que las palabras adquieran cualquier significado que el lector u oyente desee asignarles. Bien que se apliquen a la conversación humana, a la interpretación de la constitución de Estados Unidos o a nuestro entendimiento de la autoridad bíblica, tal concepto de las palabras deja que la mente del receptor sea en sí la que defina el significado de ellas. No era esa la perspectiva que tenían los autores de la Escritura con respecto a sus palabras. ¡Ellos estaban seguros de que «¡las palabras significan algo!»

Apenas una ojeada de la Biblia hará que uno advierta que los escritores no sólo estaban seguros de que conocían a Dios, sino que estaban seguros de que sabían mucho acerca de Él. Pensaban que sabían lo que Dios había hecho en la historia humana. Señalaron acontecimientos como actos de Él, tal como el haber cubierto con su sombra a María para que su hijo fuera totalmente humano y totalmente Dios (Mateo 1.18; Lucas 1.35). Dijeron que Dios ocasionó el diluvio y que sacó a Israel de Egipto. Dijeron que emergencias nacionales, tales como las invasiones de naciones paganas a Israel, fueron actos de castigo por parte de Dios (Isaías 10.5,6). Pedro dijo que Dios ocasionó, en el sentido de ordenarla, la crucifixión de Cristo (Hechos 2.23).

Y los escritores fueron más allá de acontecimientos. Ellos aseguraron conocer los motivos de Dios y los resultados de acontecimientos que sencillamente no podían ser observados. Dijeron, por ejemplo, por qué murió Cristo, y lo que su muerte logró. Cristo murió por nuestros pecados (Romanos 15.3) para reconciliarnos con Dios (2 Corintios 5.18) a fin de que podamos obtener el perdón de Dios (Efesios 1.6) y nos sea dada la inmortalidad (2 Timoteo 1.10) y la vida eterna (Tito 1.2). La muerte de Cristo significa otras cosas, también, y los escritores entendieron lo que ella significaba para el universo entero (Romanos 8.19-22) y para Satanás (Hebreos 2.14). Los escritores de la Biblia aun se atrevieron a hablar acerca de lo que Dios hará en el futuro, dando detalles del regreso físico de Cristo (1 Tesalonicenses 4.14-17), del fin del mundo (2 Pedro 3.7), de la rebelión final de la humanidad bajo el «hombre de pecado» (2 Tesalonicenses 2) y del juicio final de los incrédulos (2 Tesalonicenses 1.7-10). ¡Y de los planes de Dios para el futuro, los escritores de Biblia se atrevieron a decir: «El Espíritu dice claramente» (1 Timoteo 4.1)!

Nadie puede leer cosas como estas sin estar seguro de que estos escritores sintieron que habían recibido —y que comunicaban— información acerca de Dios y de parte de Dios. Los escritores expresaron esta información con palabras. Obviamente, si la información (como algo distinto a datos sin procesar) ha de ser comunicada, las palabras desempeñarán una parte. Es por eso que para una comprensión válida de la naturaleza de la Biblia se debe prestar atención a sus palabras.

LA REVELACIÓN DEL ESPÍRITU DE DIOS

Antes bien, como está escrito: Cosas que ojo no vio, ni oído oyó, ni han subido en corazón de hombre, son las que Dios ha preparado para los que le aman. Pero Dios nos las reveló a nosotros por el Espíritu; porque el Espíritu todo lo escudriña, aun lo profundo de Dios. Porque ¿quién de los hombres sabe las cosas del hombre, sino el espíritu del hombre que está en él? Así tampoco nadie conoció las cosas de Dios, sino el Espíritu de Dios. Y nosotros no hemos recibido el espíritu del mundo, sino el Espíritu que proviene de Dios, para que sepamos lo que Dios nos ha concedido, lo cual también hablamos, no con palabras enseñadas por sabiduría humana, sino con las que enseña el Espíritu, acomodando lo espiritual a lo espiritual. (1 Corintios 2.9-13)

Pablo, al escribir en 1 Corintios 2, da un llamativo cuadro de la revelación divina en la Escritura. Observemos las ideas más significativas.

La revelación ofrece información que no es conocida de otro modo. Todos sacamos conclusiones de nuestras experiencias. Observamos a otra persona por un tiempo, y obtenemos ideas de por qué ella actúa así. Le asignamos motivos e incluso predecimos su conducta. Todo ello lo deducimos de la experiencia. En este pasaje Pablo habla acerca de algo un poco diferente. Él habla acerca de los planes de Dios: «Mas hablamos sabiduría de Dios en misterio, la sabiduría oculta, la cual Dios predestinó antes de los siglos para nuestra gloria» (1 Corintios 2.7). Es la información acerca de esos planes lo que Pablo dice que ahora se revela.

Ahora, ¿de qué posible forma podrían los hombres descubrir los planes escondidos de Dios? Pablo cita el Antiguo Testamento para recalcar que la fuente de tal información no está en el ámbito de la experiencia humana. Ningún ojo la vio. Ningún oído la oyó. Nadie la percibió imaginariamente. Estas ideas no se desarrollaron como una interpretación humana de una «experiencia de revelación». Tal información tuvo que ser revelada directamente por Dios.

El Espíritu revela. Una cosa es sacar conclusiones de la conducta observada y otra es conocer completamente mediante la revelación. Nadie desde afuera puede entrar en la mente de otra persona y conocer sus pensamientos. El individuo tiene que exteriorizar sus pensamientos si es que desea que se conozcan. Pero Pablo señala que el Espíritu Santo es Dios. Por tanto, Él puede comprender los pensamientos de Dios, «aun las cosas escondidas de Dios». La revelación, para Pablo, es una obra del Espíritu mediante la cual Él comunica la información de Dios a los hombres. Y no se dice que sea el propósito inicial de esa comunicación el de «llevar a los hombres a un encuentro», sino que podamos conocer las dádivas que Dios tiene para nosotros.

La comunicación es con palabras. A fin de cuentas, Dios quiere que nosotros entendamos, que conozcamos, no que adivinemos. Y, por tanto, Él se comunica con nosotros del mismo modo en que nos comunicamos unos con otros, de una manera en que podamos entender, por medio de palabras. En el pasaje Pablo dice que hablamos (comunicamos) la revelación de Dios con «las [palabras] que enseña el Espíritu» (2.13).

¿Qué perspectiva de la revelación presenta Pablo? El pasaje considera la revelación así: (1) la fuente de la revelación es el Espíritu, (2) el contenido de la revelación es la información y (3) el medio de la revelación es el lenguaje.

La idea de que Dios nos habla con palabras no le resulta peculiar a Pablo. Los profetas del Antiguo Testamento hablaron palabras que ellos afirmaban eran de Dios, no suyas. El escritor de Hebreos constantemente habla del Antiguo Testamento como lo que «Dios dijo» o lo que «el Espíritu Santo dice» (Hebreos 1.5-14; 4.7; etc.). La constante descripción bíblica, entonces, es que la información es comunicada por Dios por vía del lenguaje humano, con palabras. Y esa información es descrita como «revelación».

¿QUÉ ACERCA DE LA BIBLIA?

Probablemente lo más sencillo que se pueda decir acerca de la Biblia es que las palabras que imparten la revelación de Dios están escritas en ella. Por cuanto la revelación está en palabras, los evangélicos a menudo dicen que la Biblia misma es la revelación de Dios. Afirman que ella no *contiene* la Palabra de Dios, sino que *es* la Palabra de Dios. El fracaso de la enseñanza de la Biblia en transformar vidas radicará en algún otro aspecto y nó en la Biblia misma o en su interpretación literal. Porque la Biblia ha sido dada para que se entienda. Debemos creer que Dios cumple su palabra. Entonces el problema de la enseñanza no radica en la autoridad de la Biblia, sino en el maestro, en el estudiante, en el método de enseñanza o en alguna combinación de los tres. Para enseñar la Biblia creativamente y con autoridad para cambiar vidas, debemos comenzar con una perspectiva elevada de la Escritura. Tal visión demanda del maestro de Biblia que reconozca la inspiración de la Escritura y entienda algo de la naturaleza literaria del texto inspirado. Enfocaremos nuestra atención a esas cuestiones en el próximo capítulo.

NOTAS

1. J. I. Packer, *Hacia el crecimiento de Dios* (Miami: Unilit-Logoi, 1997), p. 33.
2. Larry Dossey, *Healing Words* (New York: HarperCollins, 1993), p. 6,7.
3. H. S. Smith, *Faith and Nurture* (New York: Scribner, 1941).
4. Paul Vieth, *The Church and Christian Education* (St. Louis: Bethany, 1963).

CAPÍTULO 2

INSPIRADA POR DIOS: LA AUTORÍA DIVINA Y LA LITERATURA HUMANA DE LA BIBLIA

La Biblia tiene en su diseño tanto una cualidad divina como un aspecto humano. Fue inspirada por el Espíritu de Dios para que registre, en sus palabras mismas, la revelación especial de Dios con respecto a su trato con el humano. Con todo, hace esto mediante el uso de los estilos de escritura y los géneros seleccionados por sus propios autores humanos. Escritos en 3 idiomas, los 66 libros de la Biblia cubren unos 1500 años de la historia humana. Dios expresa su Palabra con una variedad de vocabularios y estilos de redacción, así como también en diversos marcos culturales e históricos y, a pesar de ello, mantiene un tema y propósito coherentes. La Biblia es única entre los libros debido a su mensaje, su diversidad, su supervivencia y su poder para cambiar vidas. Cuando enseñamos la Biblia, impartimos un texto inspirado por Dios que retiene las características humanas.

Inspiración: la autoría divina de la Biblia

La Palabra y las palabras de Dios

Llamamos a Jesucristo «la Palabra» (o «el Verbo»). Juan usa el vocablo *logos* o «palabra» al referirse a Jesús en su capítulo inicial, donde leemos: «*Y aquel Verbo fue hecho carne, y habitó entre nosotros*» (Juan 1.14). «La Palabra» a menudo se refiere a Jesucristo. Él es la revelación de Dios en carne humana. Y la Biblia es «la Palabra», por cuanto ella también es la revelación de Dios escrita en lenguaje humano.

Dos incidentes en la vida de Cristo muestran cuán totalmente consideró Él que el texto de la Escritura era la Palabra inspirada y revelada de Dios. Una vez les advirtió a sus oyentes: «*No penséis que he venido para abrogar la ley o los profetas; no he venido para abrogar, sino para cumplir. Porque de cierto os digo que hasta que pasen el cielo y la tierra, ni una jota ni una tilde pasará de la ley, hasta que todo se haya cumplido*» (Mateo 5.17,18). Cristo habló acerca del Antiguo Testamento usando las designaciones comunes de «la Ley» y «los profetas». Declaró que la comunicación del Antiguo Testamento era segura e inmutable. No hay cabida para ninguna reinterpretación. Dios dijo lo que quiso decir y ahí termina el asunto. «la Ley» y «los profetas» permanecen cual Palabra revelada de Dios y, como tal, siguen teniendo autoridad eterna.

En otra ocasión Cristo reprendió a varios saduceos, líderes religiosos judíos que negaban la resurrección. Al hacerlo citó a Dios como que había dicho en el Antiguo Testamento: «*Yo soy el Dios de Abraham, el Dios de Isaac y el Dios de*

Jacob». Su reprensión dependió del *tiempo* de un verbo: *soy.* Dios no dijo que «era». Por tanto, Jesús concluye: *«Dios no es Dios de muertos, sino de vivos»* (Mateo 22.32).

Estos dos incidentes indican algo sobresaliente acerca de la perspectiva que tenía Jesús acerca de las Escrituras. ¿Qué clase de libro es tan inmutable y confiable que la comprobación de una doctrina esencial pueda hacerse indicando el tiempo de un verbo? Solo uno en el que las palabras sean las de Dios y no las de los humanos. Jesús reconoció la Biblia como la inmutable Palabra de Dios.

¡No es asombroso, entonces, que se enfatice en las epístolas y por doquier a permanecer fieles a las palabras! Los creyentes deben «[conformarse...] *a las sanas palabras de nuestro Señor Jesucristo, y a la doctrina que es conforme a la piedad»* (1 Timoteo 6.3). Deben «[retener] *la forma de las sanas palabras»* (2 Timoteo 1.13), «[retener] *la palabra fiel tal como ha sido enseñada»* (Tito 1.9), y ceñirse a *«las instrucciones* [paradosis] *tal como os las entregué»* (1 Corintios 11.2). ¿Por qué estas llamadas a considerar las enseñanzas de la Escritura? ¡Porque esas enseñanzas son palabras de Dios!

LOS HOMBRES HABLARON DE PARTE DE DIOS

¿Cómo fueron dadas las palabras de Dios en primer lugar? La Biblia no explica el mecanismo. En 2 Pedro 1.21 se nos da la imagen más clara del proceso: *«Porque nunca la profecía* [expresión de una revelación] *fue traída por voluntad humana, sino que los santos hombres de Dios hablaron siendo inspirados por el Espíritu Santo».*

¡Debido a que los autores de la Escritura eran «llevados por el Espíritu Santo», Pedro descubrió que ella era más convincente que su propia experiencia como testigo ocular de la glorificación de Cristo (2 Pedro 1.16-18) o que él mismo oyera una voz del cielo que identificaba a Cristo como Hijo de Dios! ¿Por qué esa confianza tan grande en la Palabra escrita y revelada de Dios? Porque lo que pensamos que sucedió y lo que ocurrió verdaderamente pueden ser dos acontecimientos diferentes. Las experiencias pueden resultar coloreadas por nuestras propias emociones y presuposiciones. La Palabra de Dios no. Dios registra la verdad con toda exactitud.

«Impulsados», como indica la NIV (siglas de la Biblia Nueva Versión Internacional, en inglés), o «movidos», como lo traduce la KJV (versión King James en inglés), puede traducirse «inspirados». La palabra griega delinea la imagen de una barca, con las velas infladas por el viento, y dirigida por el mar. Así también fueron impulsados, inspirados por el Espíritu, los escritores de la Biblia. Resultado: Se garantiza que las palabras y los pensamientos registrados son de Dios. Los escritos son veraces y exactos, y la información avalada sin lugar a dudas. Y, según Pablo, *toda Escritura es inspirada por Dios* (2 Timoteo 3.16).

Bíblica y teológicamente, entonces, *inspiración* se refiere a la influencia que Dios ejerció sobre los autores humanos de la Escritura. Con la inspiración, Él garantiza que el resultado expresa exactamente lo que intenta comunicar.

Claro que la inspiración garantiza solo la exactitud de las Escrituras originales, no la de las copias posteriores ni de las traducciones modernas. Pero la ciencia de la crítica textual ha comprobado lo que esperaríamos si es que Dios continúa velando por su Palabra: que es extraordinario el grado de exactitud con el que se ha transmitido el texto bíblico. Podemos estar seguros de que en la Biblia tenemos la Palabra —y las palabras— de Dios.

REVELACIÓN NO VERBAL

¿Está la verdad, dada por medio de la revelación, limitada a declaraciones bíblicas que expresan información con palabras? ¿O puede la revelación en la Biblia extenderse más allá de las palabras habladas en ella? La Biblia muestra que Dios ha hablado a hombres y mujeres mediante más que palabras. ¿Cómo? Por acontecimientos, como las plagas del período del éxodo. Por medio de cosas, como el tabernáculo y sus muebles. Por experiencias, como los sacrificios prescritos en la ley. Aunque debemos tener cuidado aquí. *El significado de estas formas no verbales se interpreta solo mediante otras revelaciones en palabras.*

Dios mostró su poder tremendamente a través de las plagas. Pero la Biblia no registra simplemente los acontecimientos; ofrece información en cuanto a por qué Dios actuó como lo hizo. El Éxodo asigna tres motivos para las plagas: (1) Que Israel debe ver y saber «... *que yo soy Jehová vuestro Dios*» (6.1,7); (2) Que los egipcios deben «[saber] *que yo soy Jehová*» (7.5); (3) Ejecución del juicio contra los dioses de Egipto (12.12).

Pero para entenderlo se requiere un contexto aun más grande. ¿Por qué actuó Dios de esa forma en favor de Israel? ¿Por qué escogió a Israel? ¿Cuáles eran, y son, sus propósitos? Aquí es oportuno considerar todo el paradigma de la revelación del Antiguo Testamento. Dios hizo un pacto con Abraham, y lo honró. Dios puso su amor en Israel por una decisión soberana, no porque fueran mejores ni más santos que los demás. Él determinó glorificarse a sí mismo, mostrar su poder y establecer su salvación y gobierno en la tierra a través de ellos. ¡Para su interpretación, los acontecimientos requieren más información que la que ellos sugieren! Precisan palabras.

Lo mismo puede decirse de los objetos que comunican conceptos. Según Hebreos, Dios usó el velo del templo para indicar que el camino hacia el Lugar Santísimo no estaba abierto todavía. Observen la frase *«dando el Espíritu Santo a entender»* (9.7,8). Dios se comunica por medio de un símbolo. Con todo, esto requiere también una clave verbal para su interpretación. Y la Biblia la da (cf. Hebreos. 8-9). ¿Qué en cuanto a los sacrificios? Levítico 17.11 explica que *«la vida de la carne en la sangre está, y yo os la he dado para hacer expiación sobre el altar por vuestras almas; y la misma sangre hará expiación de la persona»*. Es así que la interpretación verbal aclara el significado del acto sacrificial mucho antes de que la historia revelara que la sangre de animales vertida por los pecados solo representaba el derramamiento de la sangre vital del Hijo de Dios, como expiación en el Calvario.

Es importante percatarse, entonces, de que cuando la Biblia describe revelaciones no verbales, retiene el derecho de interpretarlas verbalmente. Cuando uno busca el significado de un acto o símbolo, lo halla en la Escritura. La revelación no queda expuesta a una explicación descuidada o subjetiva. Reiteramos que las palabras de la Escritura son esenciales para comprender sus mensajes no verbales. El concepto de la inspiración verbal de la Escritura es primordial para el entendimiento objetivo de la revelación no verbal.

VARIEDADES DE LA INSPIRACIÓN VERBAL

La revelación no verbal es solo parte de la cuestión. Como cualquier lector de la Biblia sabe, en ella todo no es declaraciones o afirmaciones. Mucho de la Biblia proporciona información acerca de Dios en forma puramente proposicional, pero no todos los pasajes lo hacen así. La Escritura presenta la verdad al lector mediante una variedad de géneros, incluidos la poesía, la narrativa y la descripción histórica.

La poesía en la Biblia casi siempre expresa las emociones humanas. En los Salmos leemos —y sentimos— acerca de la adoración, el temor, el amor, la ira, la duda, la confianza... de toda una amplia gama de emociones que nos afligen y que, no obstante, elevan la vida al plano de lo sublime. ¿En qué sentido son tales salmos una revelación, o están inspirados? ¿Cómo son ellos las palabras de Dios?

O miremos la extensa descripción de vidas e historias nacionales. Capítulo tras capítulo narra incidentes en la vida de Abraham, de Isaac y de Jacob. Libros enteros describen la vida de Cristo en la tierra, y grandes secciones de esos libros no comunican ninguna información que no pueda haber sido vista por ojos humanos. Ellos sencillamente registran lo que los hombres observaron que Jesús hizo y dijo, y cómo reaccionaron sus amigos y sus enemigos. Mas esto forma parte de la Biblia y se le llama Palabra de Dios. ¿Qué significa todo eso?

Primero, la forma o género de la Escritura no cambia el hecho de la inspiración. La escritura de poemas, historia y narración fue supervisada por el Espíritu Santo, y esta es Palabra de Dios. Dios inspiró a los escritores a usar su propio y singular estilo y perspectiva, así como también su propia selección del género literario para comunicar con palabras su mensaje revelado. Por medio del Espíritu Santo de Dios, Él supervisó las palabras mismas de la Escritura e incluso su variedad de géneros. Él no lo hizo en forma de dictado, pero Él sí definió y controló el resultado final. Lo mismo que un contratista supervisa un edificio en construcción, Dios supervisó el registro de su Palabra. Los autores humanos participaron personalmente en el proceso, mas su producto fue el resultado de la obra del Espíritu Santo en la inspiración.

En segundo lugar, cuando llamamos a *toda* la Biblia inspirada y afirmamos que ella en su totalidad es la revelación divina, no usamos la palabra «revelación» en el sentido de hacer conocido lo que era secreto y estaba escondido. Queremos decir que en cada palabra de la Palabra, Dios nos habla y que cada una fue registrada como Dios la supervisó.

Ese hablar no necesita ser totalmente informativo. A fin de cuentas, no somos unas mentes sin cuerpo... o unas computadoras cerebrales diseñadas solo para analizar y almacenar hechos. Nuestra capacidad de entender está equilibrada con nuestra capacidad de sentir. La Biblia le habla a esa capacidad también; ella se comunica con cada aspecto de nuestra personalidad, a fin de que con todos ellos podamos conocer y responder a Dios. La inspiración relativa a géneros como la poesía garantiza tanto que los sentimientos se representen exactamente como que Dios los incluyó en su Palabra con un propósito.

Lo mismo se puede decir acerca de la narración. La inspiración garantiza que los acontecimientos presentados como históricos lo sean; que hayan ocurrido realmente y del modo descrito. La inspiración garantiza también que Dios los incluyó con un propósito.

En tercer lugar, el motivo por el cual Dios inspiró tal diversidad de géneros puede descubrirse en ellos mismos. Dios habló como hablan los hombres, con una variedad de recursos literarios. La clave de la interpretación es tomar las palabras en su uso normal en la forma empleada. (Si descubrir lo que significa uso normal suena a trabajo arduo es porque lo es; con todo, procuraremos hacer más comprensible el asunto más adelante en este capítulo.) La Biblia es una antología literaria. Se compone de muchas formas y dispositivos literarios diferentes. Lo decimos, no para hacer más difícil la labor de interpretación, sino para expresar sencillamente que Dios se ha comunicado con nosotros de la misma manera en que nos comunicamos unos con otros. Varias formas y géneros literarios forman parte del lenguaje humano, así que ellos son usados en el lenguaje de la Biblia. ¿Por qué? Porque eso es característico de la naturaleza creativa de Dios. La Biblia no es una tediosa lista de declaraciones acerca de Dios. Es una reflexión de la naturaleza creativa del Dios vivo.

Tomemos una frase de un poema, tal como este de Habacuc 3.6 «Se levantó, y midió la tierra; miró, e hizo temblar las gentes; los montes antiguos fueron desmenuzados, los collados antiguos se humillaron. Sus caminos son eternos.» ¿Dice este versículo que en cierta ocasión Dios se levantó y miró la tierra de tal modo que ocasionara terremotos que sacudieron naciones y desmenuzaron montañas? No necesariamente. Esto es poesía. Las palabras tienen significado *poético*. En el contexto de la visión de Habacuc del juicio venidero, en la que él ve a Dios como un terrible juez, la poesía trasmite el sentido de terror y majestad mucho mejor que ninguna afirmación periodística. A fin de cuentas, esa es la manera en que usamos las palabras en poesía. Dios usa las palabras lo mismo que lo hacemos nosotros, y su significado es determinado por la forma literaria en que se las usa. Si nos acercamos a la Biblia como literatura, se verá simplificada nuestra tarea de comprensión, en tanto que tengamos presente que esa literatura registra la verdad y que no se escribió principalmente para entretenernos.

O tomemos la descripción de acontecimientos registrados en el Evangelio de Juan. ¿Cómo debemos entenderlos? ¿Qué debemos aprender de ellos? Juan mismo proporciona la clave de su interpretación (20.30,31). El libro fue escrito para que sus lectores puedan creer que Jesús es el Cristo, el Hijo de Dios. Los sucesos de la vida de Cristo se seleccionaron detenidamente para demostrar ese tema (cerca de noventa y dos por ciento del material aparece únicamente en Juan), y se omitió mucho material. Desde los versículos de apertura, la demostración de la deidad de Cristo es central.

Dentro del entramado de este propósito, dicho sencilla y llanamente, el lector puede sacar conclusiones y hacer las aplicaciones que no se expresen específicamente en el texto pero que sean sostenidas por la Escritura tomada en su totalidad. Y esa es claramente la intención de Dios, por cuanto toda Escritura es útil para equipar al hombre o a la mujer de Dios (2 Timoteo 3.16,17).

La Biblia dice que las experiencias de individuos y pueblos «les acontecieron como ejemplo, y están escritas para amonestarnos a nosotros» (1 Corintios 10.11)... Y abundantes interpretaciones del Nuevo Testamento de experiencias del Antiguo nos dan pautas claras de cómo sacar las lecciones sugeridas (cf. 1 Corintios 10.6; Hebreos 3.7-4.6).

Innecesario es decir que ninguna doctrina esencial se basa para su comunicación en esta forma indirecta de expresión. Los acontecimientos pueden ilustrar, pero Dios se ha tomado el cuidado de que los postulados básicos de nuestra fe estén *expresados* en su Palabra con claridad y sencillez.

LO QUE TODO ESTO SIGNIFICA

Entonces, ¿qué podemos decir al respecto? Primero, que la Biblia comunica lo que es verdadero objetiva e históricamente. Ella describe con exactitud acontecimientos que ocurrieron realmente. Ella muestra los sentimientos que tuvieron realmente los hombres y las mujeres de Dios. Ella comunica con palabras información revelada acerca de Dios y de parte de Él a la cual no tenemos ningún otro acceso. Lo hace mediante la obra del Espíritu Santo conocida como inspiración. ¡Y las palabras con que todo ello se comunica tienen valor específico en sí! Significan lo que dicen y dicen lo que se proponen decir. Deben ser tomadas y entendidas como todo discurso humano, y pueden ser interpretadas literalmente en el contexto de su situación gramatical e histórica. Y así deben ser enseñadas.

Queda claro, entonces, que el maestro de Biblia comunica información. No podemos decir que el fracaso de las personas en ser trasformadas por la verdad de Dios se deba a nuestra comunicación de la información como literalmente veraz. Enseñar la verdad y los hechos, y proporcionar información acerca de Dios es exactamente lo que mediante la inspiración se ha diseñado que haga la Biblia.

Géneros literarios: La literatura humana de la Biblia

La palabra *Biblia* significa «libritos». Muchos confunden la Biblia como si se tratara de un solo libro. Pero ella, dicho más apropiadamente, es una colección de muchos libros entretejidos por Dios alrededor del tema central de la reconciliación con Él. La Biblia es, de hecho, una biblioteca de sesenta y seis libros de volúmenes pequeños. La rica variedad de géneros literarios de la Biblia incluye, pero no se limita a: historia, narrativa, códigos legales, comedia, drama, poesía, sátira, proverbios, parábolas, epístolas, alegoría y profecía. Dios no inspiró la Biblia para que fuera un tedioso libro de solo aserciones de hechos o de textos de comprobación teológica. Él la hizo un libro viviente, lleno de diversidad de experiencias, reflexiones, emociones y expresiones humanas genuinas. Enseñar la Biblia significa enseñar un tesoro artístico, así como también enseñar la Palabra misma de Dios. Pero tal variedad le presenta un problema al maestro de Biblia. Los distintos géneros requieren diferentes «reglas» de interpretación y diferentes enfoques de enseñanza.

CÓMO INTERPRETAR DIFERENTES TIPOS DE REDACCIÓN

Los que estudian y enseñan la Biblia deben enfocarla de forma literal. Pero la interpretación literal no significa que tomemos cada palabra como si fuera literal, sino que miremos cada libro y pasaje de la Escritura según su significado literario natural y normal. ¿Cómo pueden reconciliarse estas dos declaraciones? ¿Y cómo se estudia, interpreta y enseña la Biblia a la luz de los géneros literarios?

Por ejemplo, los recuentos históricos no son lo mismo que las parábolas. En Marcos 10.46 leemos que Jesús y sus discípulos «vinieron a Jericó». Se espera que esto sea tomado por el lector como un hecho histórico. El autor del evangelio lo expresa para dar un punto de referencia histórico y geográfico a fin de que se entienda el movimiento cronológico del ministerio de Jesús. En Lucas 10.30 leemos: «Un hombre descendía de Jerusalén a Jericó.» En este caso no se incluye con propósitos históricos la indicación del viaje a Jericó. Forma parte de una parábola y se incluye para establecer un escenario dramático en la mente del oyente. Con total probabilidad, tal hombre no existió. Esta es una parábola, un cuento, y se debe interpretar como tal. Las parábolas deben ser tomadas como cuentos con un significado o moraleja, no necesariamente por su exactitud histórica.

Un segundo ejemplo de la necesidad de interpretar y enseñar la Escritura a la luz de su género literario es el de Job. Job es un ejemplo de poesía histórica. Aunque la Biblia presente a Job como una persona real, el propósito de Job no debe considerarse como un registro histórico. Job es, más bien, una escritura poética que trata sobre la cuestión del sufrimiento y la soberanía de Dios. No es probable que los amigos de Job debatieran en un estilo poético hebreo altamente complejo. El autor ciertamente usó de licencia poética cuando registró las conversaciones que ocurrieron. Como resultado, sus palabras y las respuestas de Job son ricas en imágenes metafóricas que continúan enseñando poderosamente lo que Dios se propuso mediante las palabras inspiradas de la Escritura. Prescindir de la naturaleza poética del libro sería perder mucho de su mensaje.

¿Cómo se interpreta una porción de la Escritura si la clase de género entra en conflicto con el significado del pasaje? La respuesta se encuentra en el pasaje mismo. El maestro de Biblia debe preguntarse: «¿Cuál era la intención del autor? ¿Ofrece el pasaje insinuaciones en cuanto a su género?» El maestro de Biblia debe recordar que el autor bíblico a menudo ha proporcionado indicios para que el lector sepa qué tipo de literatura lee. De otro modo, ¿cómo entendería el lector jamás lo que el escritor quiso decir? El intérprete bíblico debe examinar el pasaje para ver si éste brinda alguna indicación sobre su género concreto. Un ejemplo de esto pudiera ser la historia del hijo pródigo.

La historia del hijo pródigo es una parábola. Nunca se la identifica directamente como tal, pero ella ofrece evidencia de su género parabólico en el contexto y en el estilo. En Lucas 15.3, donde Jesús les narra a sus oyentes la parábola de la oveja perdida, leemos que «les refirió esta parábola». Luego en el versículo 11 dice: «También dijo: Un hombre tenía dos hijos.» Resulta claro tanto del contexto como del pasaje mismo que esta es una historia narrada para comunicar una máxima. El propósito impulsor de la historia es la máxima y no todos los detalles de la narración. En vez de extraviarse al tratar de interpretar un significado escondido en los detalles, el lector debe buscar la máxima más grande como meta del estudio. No obstante, algunas parábolas sí tienen cualidades alegóricas. Reiteramos que el lector debe buscar las insinuaciones en el pasaje o en su contexto para determinar si es este el caso. Por ejemplo, la parábola de los arrendatarios malvados de la viña (Mateo 21.33-41) fue concebida para hablar alegóricamente de los fariseos. Los fariseos reconocieron que la parábola tenía una alusión alegórica y, como resultado, se ofendieron con la enseñanza de Jesús. Este hecho debe servir de insinuación significativa al lector, el cual tendrá poca dificultad en reconocer la naturaleza alegórica del género. Igualmente, la parábola del sembrador (Lucas 8.1-15) tiene cualidades alegóricas. Jesús añade la interpretación de la parábola. Él ofrece una explicación ampliada de los personajes principales y detalles de la alegoría. Estos ejemplos muestran que la Biblia sí contiene alegorías, y ese género se debe interpretar como tal. No obstante, la mayor parte de la Biblia no debe interpretarse alegóricamente. Hacerlo así tendría como resultado que el lector encontraría significados escondidos en el texto donde no se quiso que los hubiera.

¿Dónde pudieran encontrarse pautas indicadoras para interpretar los varios géneros de las Escrituras? De ayuda particular serviría el libro de Fee y Stuart titulado *La lectura eficaz de la Biblia,*[1] Fee y Stuart ofrecen capítulos individuales sobre los varios géneros de la Biblia y le brindan información al lector sobre cómo interpretar cada género. Cada maestro de Biblia debe familiarizarse con su libro. Hemos encontrado que también puede ser útil en este respecto el capítulo «Géneros bíblicos» del libro de Dan McCartney y Charles Clayton *Let the Reader Understand*.[2]

USTED VA PROGRESANDO

Hemos examinado importante material de trasfondo en cuanto a la enseñanza creativa de la Biblia. Reconozcámoslo, ha emprendido usted una tarea significativa. Necesita tener un trasfondo sólido para entender la Biblia que se propone enseñar. Eso significa que debe entender algo de la necesidad de la existencia de la Biblia y de la naturaleza de esta. Debe, además, entender qué significa la inspiración de la Biblia y debe reconocer la diversidad de su literatura. Es importante que entienda todos esos conceptos si es que va a llegar a ser la clase de maestro de Biblia que desea usted ser. Pero tenemos un asunto más que tratar antes de que usted se lance en su preparación para enseñar. Debemos examinar el mensaje completo de la Biblia y el papel específico de ella en influir en la vida de sus alumnos. Así que tomemos su intención de llegar a ser un maestro creativo de Biblia un paso adelante mediante la lectura del próximo capítulo de esta sección que trata acerca de cómo estudiar la Biblia.

NOTAS

1. Gordon D. Fee y Douglas Stuart, *lectura eficaz de la Biblia* (Miami: Editorial Vida, 1985).
2. Dan McCartney y Charles Clayton, *Let the Reader Understand* (Wheaton: Victor, 1994).

CAPÍTULO 3

DE PERSONA A PERSONA: EL MENSAJE Y PAPEL DE LA BIBLIA

Un domingo por la mañana, después de asistir a una clase de adultos de la escuela dominical de la iglesia, Dave le preguntó a su maestro, Jim:

—¿Le ha impartido usted alguna vez un estudio de la Biblia a un grupo de buscadores?

Jim no estaba muy seguro de lo que Dave quería decir, así que le pidió que fuera más específico.

—Buscadores —respondió Dave—, usted sabe, esa clase de personas que no son cristianas todavía pero que se interesan en lo que la Biblia enseña. Trabajo en la Junta de Comercio de Chicago, y uno de mis colegas y yo creemos que podríamos reunir a un grupo para estudiar la Biblia. Les hemos testificado de Cristo a varias personas, pero seguimos chocando con el problema de las dudas acerca de la Biblia. Creemos que debemos ofrecerles un estudio de la Biblia misma. Usted sería la persona indicada para dirigir tal estudio.

Jim consideró la petición y aceptó intentarlo. Su tarea era explicar el mensaje de la Biblia en la primera sesión y luego defender su fiabilidad en la segunda. Si las dos sesiones intensificaban el interés, el estudio continuaría con los que quisieran aprender más.

Jim se dispuso a prepararse, y la naturaleza de la tarea comenzó a preocuparlo. *¿Cómo podría yo resumir con exactitud de qué se trata la Biblia?*, reflexionó. *Seguramente que habla de Dios, pero ¿qué dice ella acerca de Él ¿Cuál es su tema unificador? ¿Cómo puedo presentarle yo en apenas una sesión el mensaje entero de la Biblia a un grupo de gente que sabe muy poco acerca de ella?*

Si usted fuera Jim, ¿en qué concentraría su estudio bíblico? ¿Cómo resumiría usted el mensaje de la Biblia? ¿Cuál es el tema unificador de la Biblia que la convierte en algo más que una simple colección de libros breves?

EL MENSAJE DE LA BIBLIA

El mensaje de la Biblia se enraíza en la historia. No es una narración dada en el vacío. Registra acontecimientos de la vida de individuos y grupos de personas que vivieron en lugares y en tiempos específicos. Pero no es un registro de la historia del mundo como la escribirían los hombres. Es una historia sagrada. Es la historia desde la perspectiva de Dios. Se trata de la narración detrás de la historia, por cuanto le da significado a esta. Ella, por cierto, es la historia del trato de Dios con los humanos. Por ese motivo es, más bien, una presentación de la historia muy singular. Fue escrita por hombres, pero se escribió bajo la inspiración del Espíritu Santo. El registro histórico de la Biblia revela mucho más que acontecimientos significativos, personajes importantes, o grandes ideas y mejoras. Revela el plan y propósito de Dios para su creación y, en particular, para los humanos. John R. W. Stott describe con estas palabras el recuento bíblico de la historia humana como quedó registrada por los escritores de la Escritura:

Por tanto, ellos fueron selectivos en su elección del material y (añadiría el historiador secular) prejuiciados en su presentación de este. Por ejemplo, los antiguos Babilonia, Persia, Egipto, Grecia y Roma —cada uno un poderoso imperio y una rica civilización— solo se incluyen conforme ellos irrumpen en la suerte de Israel y de Judá, dos diminutos estados de contención en la orilla del desierto de Arabia, de los que casi nadie había oído hablar. Los grandes pensadores de Grecia, como Aristóteles, Sócrates y Platón no son siquiera mencionados, ni tampoco lo son héroes nacionales como Alejandro Magno (excepto de pasada) y Julio César. En vez de ello, el registro bíblico se concentra en hombres como Abraham, Moisés, David, Isaías y los profetas a quienes vino la palabra de Dios, y en Jesucristo, la Palabra de Dios hecha carne.[1]

Stott cree que la salvación es el tema central de las Escrituras. Él resalta la idea de que el registro histórico referido en las Escrituras es incompleto. Stott continúa diciendo:

Por cuanto el interés de la Escritura no está en la sabiduría, la riqueza ni el poder del mundo, sino en la salvación de Dios. La historia bíblica es Heilsgeschichte, la narración de la salvación [. .].. El trazo de esta historia sagrada es magnífico. Aunque omite grandes facetas de la civilización humana, las cuales aparecerían prominentemente en cualquier historia del mundo, desde el punto de vista de Dios ella narra la historia entera del hombre desde el comienzo hasta el fin, desde el principio cuando «creó Dios los cielos y la tierra» hasta el fin cuando Él creará «un cielo nuevo y una tierra nueva».[2]

Habermas e Issler proporcionan otro «motivo unificador» para entender el mensaje de la Biblia. En particular, ellos enfocan el concepto teológico de la reconciliación. Esbozan el cuadro de la línea histórica de la Biblia como una obra teatral en tres actos. Cada escena presenta una fase del drama que se va desplegando del plan de Dios para reconciliar, por medio del sacrificio expiatorio de Cristo, a los portadores de su imagen que se hallan separados del Dios Creador. La figura 4 de la próxima página ilustra el modelo dramático de Habermas e Issler del plan de Dios para la reconciliación.[3]

En el modelo de Habermas e Issler, la narración bíblica se concentra en la cuestión de la imagen de Dios en los hombres y las mujeres. Ellos escriben: «Ser creados a imagen de Dios fija el tono teológico crítico de la antropología bíblica.»[4] El primer acto en su guión de la historia humana comienza con «el reflejo justo». Adán y Eva fueron creados para reflejar perfectamente la imagen de Dios. En este estado perfecto, estos primeros humanos gozaron de una relación justa con su creador.

Cuando se levanta el telón para el segundo acto del drama divino, se ve la caída de Adán y Eva. En esta escena se experimenta el impacto devastador del pecado. Por causa de la rebelión deliberada de Adán y Eva, se rompe la relación hasta entonces armoniosa entre Dios y su creación humana. De hecho, no solo se desfigura la imagen de Dios por causa del pecado, sino que también se distorsionan las relaciones entre los humanos. Habermas e Issler describen este acto como «el reflejo refractado». Ellos comparan la imagen distorsionada de Dios en las personas caídas a la imagen que uno ve en un espejo de un parque de diversiones. Aunque permanece la imagen de Dios, ella es un reflejo defectuoso de la naturaleza y el carácter de Dios. Como tal, quedó rota nuestra unión con el Dios perfecto. Junto con el efecto alterador del pecado en nuestra relación vertical con Dios vinieron otros resultados

Figura 4

El PLAN DE DIOS PARA
LA RECONCILIACIÓN
La historia de la Biblia

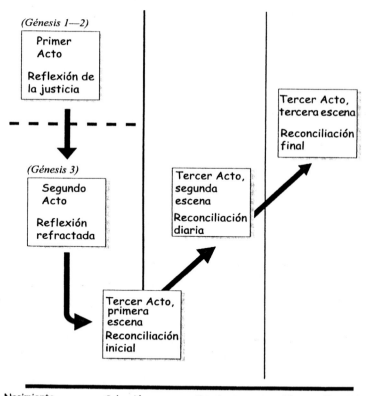

también. El sentimiento de culpa, el temor, el dolor, la discordia, la disensión, la muerte, la aflicción satánica, e incluso la maldición del suelo, están entre los productos de la refracción del pecado.

Al acto final Habermas e Issler lo llaman «el reflejo rejuvenecido». Este acto se subdivide en tres escenas. En la primera escena de este acto, «Reconciliación inicial», aparece el creyente que entra en una relación adecuada con Dios al confiar personalmente en Cristo como la ofrenda de sacrificio para lograr la paz con Dios. La segunda escena, «Reconciliación diaria», describe el proceso de llegar a ser como Cristo en el peregrinaje de la vida. La última escena de este tercer acto se llama «Reconciliación final» y se refiere al día futuro cuando todo lo que se declara que somos posicionalmente en Cristo se logrará experimentalmente. La última reconciliación ocurrirá cuando los cristianos sean presentados a Dios «santos y sin mancha e irreprensibles delante de él» (Colosenses 1.22).

John F. Walvoord concuerda en que la obra de reconciliación de Cristo es un concepto dominante apropiado para la obra completa de Cristo en la salvación. Él escribe: «Pocas doctrinas son más importantes en una teología total que la doctrina de la reconciliación».[5] Walvoord continúa diciendo: «En el sentido más amplio, la obra de reconciliación se extiende a la obra total de Dios a favor del creyente[…]. La reconciliación, pues, trata sobre la necesidad total del hombre y su total restauración».[6]

Vincent Taylor también prefiere el concepto de reconciliación, tal como se presenta en el Nuevo Testamento, como el tema unificador de la Escritura. El mensaje del Antiguo Testamento es uno de sacrificio expiatorio. Ese concepto se continúa en el Nuevo Testamento con el sacrificio definitivo de Cristo, el Cordero perfecto de Dios. Taylor sostiene que la reconciliación es «la mejor palabra del Nuevo Testamento para describir el propósito de la expiación».[7] A. H. Strong incluye la totalidad de la obra de salvación de Dios a favor de la humanidad en su uso del vocablo reconciliación. Strong incluye la elección, el llamamiento, la unión con Cristo, la regeneración, la conversión, la justificación, la santificación y la perseverancia en la doctrina de la reconciliación.[8]

Parece, entonces, que el mensaje de la Biblia se puede resumir con esta palabra: *reconciliación*. Es un término que sirve de puente a la promesa de expiación del Antiguo Testamento con su cumplimiento en el Nuevo Testamento en la persona de Jesucristo. Es un vocablo que demanda definición y exploración adicionales.

RECONCILIACIÓN: PAZ CON DIOS

La palabra castellana «reconciliación» se deriva del latín *concillium*, que significa «una reunión» como sustantivo o «conciliar» en su forma verbal. Obtenemos nuestras palabras españolas *concilio* y *conciliatorio* del mismo término en latín. «Reconciliación» es la palabra usada por los traductores de la Biblia en cinco ocasiones en que aparece la palabra griega *katallosso* en el Nuevo Testamento (Romanos 5.10; 1 Corintios 7.11; 2 Corintios 5.18,19,20). En la forma sustantiva (*katallagé*) se usa cuatro veces (Romanos 5.11; 11.15; 2 Corintios 5.18,19). Otra forma del verbo (*apokatallasso*) aparece tres veces en dos pasajes (Efesios 2.16; Colosenses 1.20-22) y es traducida por alguna variante de «ser reconciliado».

El vocablo griego trasmite un significado mucho más profundo que la palabra castellana. El verbo griego significa «cambiar una cosa por otra».[9] El cambio tiene como resultado paz y armonía entre facciones enemistadas. En el caso de la reconciliación bíblica, Jesucristo es el sacrificio vicario cambiado por el pecado de Adán. En Cristo, Dios hace provisión para todas las personas, pero su provisión se hace eficaz solo para los que creen (2 Corintios 5.19,20).

RECONCILIACIÓN: PLAN DE DIOS

Ningún acontecimiento en toda la historia se compara con la muerte, sepultura y resurrección de Jesucristo. Por medio de este acto divino se lleva a cabo la expiación, apartándose de la vista de Dios el pecado de todo humano que se decida a creer. Es por este acto de la expiación que se reconcilian Dios y la humanidad.

Expiación significa «cubrir» En inglés se usa una palabra, *atonement*, derivada etimológicamente de tres sílabas «at-one-ment», que significan «hacer uno» o «reconciliar».[10] Este es el plan de Dios para los hombres y las mujeres: que cada cual sea reconciliado personalmente con Dios mediante la obra expiatoria de Cristo. Es este el mensaje que vincula la Biblia de tapa a tapa. Se trata de un mensaje prometido en el Antiguo Testamento y cumplido en el Nuevo. Tres pasajes del Nuevo Testamento presentan la reconciliación como el plan de Dios para la historia.

Romanos 5.6-11. Pablo indica la necesidad total que tienen todas las personas, los hombres y las mujeres, de una relación reconciliada con Dios a través de Cristo. Él escribe:

Porque Cristo, cuando aún éramos débiles, a su tiempo murió por los impíos. Ciertamente, apenas morirá alguno por un justo; con todo, pudiera ser que alguno osara morir por el bueno. Mas Dios muestra su amor para con nosotros, en que siendo aun pecadores, Cristo murió por nosotros. Pues mucho más, estando ya justificados en su sangre, por él seremos salvos de la ira. Porque si siendo enemigos, fuimos reconciliados con Dios por la muerte de su Hijo, mucho más, estando reconciliados, seremos salvos por su vida. Y no solo esto, sino que también nos gloriamos en Dios por el Señor nuestro Jesucristo, por quien hemos recibido ahora la reconciliación (Romanos 5.6-11).

¿Qué dice Pablo acerca de nuestra necesidad del sacrificio expiatorio de Cristo? En primer lugar, aprendemos que el sacrificio de Cristo ocurrió «a su tiempo» (6), indicando que éste era en verdad el plan de Dios desde el principio. En segundo lugar, él aclara que carecíamos de la fuerza necesaria para reconciliarnos con Dios al decir que había sido Dios quien actuó «cuando aún éramos débiles» (6). En tercer lugar, descubrimos que esa reconciliación no es el resultado de nuestro carácter o acciones, porque «Cristo murió por los impíos» (6), puesto que «[cuando éramos] aun pecadores, Cristo murió por nosotros» (8). En cuarto lugar, descubrimos que éramos, de hecho, «enemigos de Dios» (10). La acusación resulta clara en Romanos 5. No podemos reconciliarnos con Dios por nosotros mismos. La conclusión entonces se hace evidente. «Fuimos reconciliados con Dios por la muerte de su Hijo[…]. Y no solo esto, sino que también nos gloriamos en Dios por el Señor nuestro Jesucristo, por quien hemos recibido ahora la reconciliación» (10,11).

Efesios 2.15,16. En Romanos 5 aprendimos acerca de nuestra necesidad de reconciliación. En Efesios 2.15,16 descubrimos que los resultados de la reconciliación se extienden más allá de nuestra relación con Dios a relaciones entre grupos de personas. Mediante la reconciliación alcanzada por el sacrificio expiatorio de Cristo se establece un cuerpo unido de Cristo, y ese cuerpo es la iglesia.

> Para crear en sí mismo de los dos un solo y nuevo hombre, haciendo la paz, y mediante la cruz reconciliar con Dios a ambos en un solo cuerpo, matando en ella las enemistades. (Efesios 2.15,16)

Colosenses 1.19-22. Este pasaje amplía la extensión de la reconciliación aun más al indicar que ella tiene cierta forma de resultado universal. Aquí Pablo escribe sobre el plan de Dios de reconciliar todas las cosas con Él mismo.

> Por cuanto agradó al Padre que en él habitase toda plenitud, y por medio de él reconciliar consigo todas las cosas, así las que están en la tierra como las que están en los cielos, haciendo la paz mediante la sangre de su cruz. Y a vosotros también, que erais en otro tiempo extraños y enemigos en vuestra mente, haciendo malas obras, ahora os ha reconciliado en su cuerpo de carne, por medio de la muerte, para presentaros santos y sin mancha e irreprensibles delante de él. (Colosenses 1.19-22)

Mediante el acto de la reconciliación, Dios hace provisión universal por el pecado y posibilita la reconciliación de todos los que creen (Colosenses 1.3-6; 2.6). Resulta claro que la reconciliación incluye a todos, pero se limita en su aplicación a los que creen.

RECONCILIACIÓN: PROPÓSITO DEL MINISTERIO

Hemos aprendido que el mensaje de la Biblia es uno de reconciliación. Descubrimos que la reconciliación es algo que nosotros no podríamos haber alcanzado. Es una obra de Dios mediante la cual Él hace la paz entre sí mismo y su creación basándose en el sacrificio expiatorio de Cristo. Aclaramos, además, que la provisión de la paz con Dios, o sea, la reconciliación, se aplica a los que creen. Ahora enfocaremos nuestra atención en el propósito del ministerio del maestro creativo de la Biblia.

¿Qué motivación puede impulsar y sostener a los maestros creativos de la Biblia en su ministerio de la Palabra? ¿Es que son bien remunerados? ¡Claro que no! La mayoría de los que enseñan la Biblia son voluntarios. ¿Se trata, acaso, del reconocimiento que reciben por sus esfuerzos? Para muchos tal reconocimiento es ocasional en el mejor de los casos, e inexistente en el peor. ¿O será su sentido de obligación o del deber? Todos éstos tienen, sin duda, algún valor motivacional, pero son insuficientes a largo plazo. ¿Qué, pues, motiva y sostiene a los maestros creativos de la Biblia? Es la conciencia de que son verdaderos instrumentos en las manos de Dios para lograr su obra de reconciliación en este mundo. Esa es la perspectiva de Pablo cuando resume el ministerio de la reconciliación en 2 Corintios 5. Allí leemos:

> De modo que si alguno está en Cristo, nueva criatura es; las cosas viejas pasaron; he aquí todas son hechas nuevas. Y todo esto proviene de Dios, quien nos reconcilió consigo mismo por Cristo, y nos dio el ministerio de la reconciliación; que Dios estaba en Cristo reconciliando consigo al mundo, no tomándoles en cuenta a los hombres sus pecados, y nos encargó a nosotros la palabra de la reconciliación. Así que, somos embajadores en nombre de Cristo, como si Dios rogase por medio de nosotros; os rogamos en nombre de Cristo: Reconciliaos con Dios. Al que no conoció pecado, por nosotros lo hizo pecado, para que nosotros fuésemos hechos justicia de Dios en él. (2 Corintios 5.17-21)

Habermas e Issler describen este pasaje como la «Carta Magna para todos los creyentes, nuestra autoridad, directiva y liberación».[11] ¿Por qué ofrecen ellos un análisis tan elevado de este pasaje? Porque en este pasaje Pablo resume la obra expiatoria de Cristo, el impacto transformador de la vida de esa obra para los que creen, y el papel del creyente en adelantar la obra de reconciliación en el mundo. Vale la pena examinar aquí cuatro puntos específicos que son destacados en el pasaje por el apóstol.

Metamorfosis de la reconciliación. Pablo comienza con el final. En otras palabras, comienza con los resultados de la reconciliación en la vida del creyente. Declara que todos los creyentes reconciliados son «nuevas criaturas». Habermas e Issler llaman a esto «la metamorfosis de la reconciliación».[12] Los que son reconciliados con Dios a través de Cristo son cambiados o transformados. Pero ¿qué resulta cambiado en sí cuando uno entra en comunión con Dios? ¿No sería maravilloso que cuando nos hiciéramos cristianos nuestro cociente de inteligencia aumentara veinte puntos o pudiéramos instantáneamente tocar el piano como concertistas virtuosos? Imagínense si cada aspecto negativo de nuestra personalidad desapareciera instantáneamente o domináramos cada uno de nuestros hábitos indeseables. ¡Aun cuando solo bajáramos treinta libras de peso la transformación sería impresionante! Pero parece que la «nueva criatura» de la que habla Pablo debe describir algo distinto al aspecto exterior de una persona. En vez de ello, Pablo se refiere a nuestra nueva posición ante Dios. Ya no estamos muertos en nuestros pecados y separados de Dios. Ahora estamos vivos en Cristo y somos vistos como justos ante Dios a causa del sacrificio expiatorio de Cristo (21).

El ministerio de la reconciliación. Pablo presenta un segundo punto esencial en este segmento cuando se refiere al «ministerio de la reconciliación» Les dice a sus lectores que «Dios [...] nos reconcilió consigo mismo por Cristo, y nos dio el ministerio de la reconciliación» (18) y «nos encargó a nosotros la palabra de la reconciliación» (19). El énfasis de Pablo está en nuestro papel de llevar a cabo el plan de Dios. El hecho asombroso es que Dios nos haya escogido a nosotros sus hijos para llevar a cabo su obra. Él no tenía que hacerlo, pero ese es su plan. Somos sus instrumentos en esta gran obra. Como maestro de la Biblia, usted posee un ministerio y un mensaje dados por Dios. Sus esfuerzos por enseñar la verdad de la Palabra de Dios no son una empresa pequeña. Es usted un agente de la reconciliación. ¡Qué tremendo llamamiento! ¡Qué gran privilegio! Ahora hay un motivo para enseñar las Escrituras esta semana.

Mensajeros de la reconciliación. El tercer punto de Pablo nos lleva un paso adelante. Él se refiere a sí mismo y a sus colaboradores en el evangelio como «embajadores de Cristo» (20). Muchos leen estas palabras con nuestra comprensión moderna del papel de embajador. Se lo imaginan sencillamente como un representante nacional que propicia la buena voluntad entre los países. Pero no es ese el concepto que Pablo tiene en mente. En Roma, un embajador tenía una función bastante diferente. Los embajadores eran mensajeros mandados por un ejército conquistador a uno que estaba a punto de ser destruido. Como era la costumbre militar, tales mensajeros ofrecían los términos de la rendición y, así, la paz al ejército que estaba a punto de ser derrotado. Era una oferta final antes de la devastación total. Es eso lo que aquí se pone a la vista.

Es algo parecido a un incidente, bajo el gobierno de Clinton, que implicaba la inminente invasión de Haití. En octubre de 1994, el general en retiro Colin Powell sirvió de enviado de última hora al dictador de Haití. El mensaje de Powell era uno de inminente destrucción. Le informó al dictador que si éste no aceptaba los términos de paz de Estados Unidos, de inmediato habría una invasión. De hecho, las fuerzas invasoras estaban emplazadas y la destrucción total, pendiente de las órdenes del presidente, se hallaba a corta distancia. Es esta la naturaleza del embajador al que se refiere 2 Corintios 5. Somos mensajeros con un mensaje de buenas y malas noticias. Las malas noticias son que la destrucción es inminente. Las buenas noticias son que Dios ha proporcionado los términos de paz. ¡Pero el desenlace es seguro! Si no damos el mensaje de la reconciliación, la gente permanecerá perdida y afrontará un futuro terrible. Pablo dice que es «como si Dios rogase por medio de nosotros» (20).

Los medios de la reconciliación. El cuarto punto de Pablo se concentra en cómo se logró la reconciliación. Pablo escribe: «[Dios,] al que no conoció pecado, por nosotros lo hizo pecado, para que nosotros fuésemos hechos justicia de Dios en él» (21). Es este el intercambio que nos reconcilió con Dios. Mediante el sacrificio expiatorio de Cristo, nuestro pecado fue colocado sobre Él en tanto que su justicia nos fue imputada a nosotros. La reconciliación es, pues, el mensaje de expiación del Nuevo Testamento.

¿Cómo pueden servir a Jesucristo de embajadores educativos los maestros creativos de la Biblia? Ya que la reconciliación es la clave de la Escritura, el propósito del ministerio educativo desde una perspectiva cristiana debe ser llevar al alumno a una relación reconciliada con Dios a través de Jesucristo y capacitarlo a ordenar toda su vida y aprendizaje alrededor de esa relación.

EL PAPEL DE LA BIBLIA

¿Qué papel representa la Biblia en el ministerio de la reconciliación? Para contestar esta pregunta debemos considerar tres funciones básicas de la Biblia.

LA BIBLIA ILUMINA

Consecuente con la naturaleza reveladora de la Biblia, una de sus funciones básicas es la iluminación. La Biblia da a conocer verdades al lector que éste no podría descubrir en ninguna otra fuente. Ello hace que el lector ordene su vida en una manera significativa. El salmista lo expresa con estas palabras en el Salmo 19.7-11:

> [7]La ley de Jehová es perfecta, que convierte el alma; el testimonio de Jehová es fiel, que hace sabio al sencillo. [8]Los mandamientos de Jehová son rectos, que alegran el corazón; el precepto de Jehová es puro, que alumbra los ojos. [9]El temor de Jehová es limpio, que permanece para siempre; los juicios de Jehová son verdad, todos justos. [10]Deseables son más que el oro, y más que mucho oro afinado; y dulces más que miel, y que la que destila del panal. [11]Tu siervo es además amonestado con ellos; en guardarlos hay grande galardón.

La Palabra de Dios «alumbra los ojos» (8). Debido a su capacidad de guiar, dar sabiduría, proporcionar entendimiento y advertir, la Biblia posee valiosos atributos. Es sólo en las páginas de la Biblia que uno puede encontrar el propósito verdadero de la vida y el plan de Dios para que se pueda lograr ese propósito. La Biblia revela el plan que conduce a la reconciliación. Ella da a conocer la mente y el carácter de Dios.

Al leerla y hacerle caso, uno encuentra en verdad «grande galardón» (11). Con tono similar, el salmista proclama: «Lámpara es a mis pies tu palabra, y lumbrera a mi camino» (Salmo 119.105).

LA BIBLIA DESCUBRE

La iluminación tiene tanto un aspecto positivo como otro negativo. La Palabra de Dios vierte luz en los sitios oscuros de nuestro entendimiento, haciendo sabio al simple. Eso es positivo. Pero también esparce su luz por los rincones oscuros, por los lugares escondidos del corazón. Descubre y también ilumina, y eso puede ser negativo, dependiendo de cómo escojamos responder a su penetrante poder escudriñador.

Un pastor joven de una iglesia situada en las montañas de Colorado descubrió que la casa pastoral necesitaba mucho mantenimiento con regularidad. El problema más repetido era un sistema de agua defectuoso. Su casa había sido construida encima de una vieja mina. El agua para las necesidades diarias era bombeada desde la mina hasta un depósito bajo el piso de la sala. Para reparar la bomba, en más de una ocasión el pastor había tenido que bajar al sótano, un espacio de piso de tierra de cuatro pies de profundidad por el que había que arrastrarse agachado. Cada vez que ocurría la avería, el pastor se aventuraba en el oscuro espacio por el que había que arrastrarse con linterna y herramientas en mano, pero a él nunca le agradaba la tarea. Más allá del hecho de que la bomba defectuosa era una molestia, el pastor le tenía fobia a las arañas, y el sótano era justamente un lugar en el cual pululaban esos animalitos.

Un día cuando la bomba se descompuso probablemente por sexta vez, el pastor tuvo una idea. Decidió que sería sabio instalar una luz eléctrica en el sótano para hacer un poco más fácil su tarea de reparación. Razonó que si él tenía que hacer esas reparaciones una semana tras otra, bien podía tener algo de luz para trabajar. Así que, tomando su linterna, alumbró con ella alrededor del sótano en búsqueda de un lugar apropiado para instalar una bombilla. Al mover el rayo de luz, vio un montón de telarañas. Algo colgaba del techo, casi totalmente envuelto en telarañas. Lentamente puso a un lado las telarañas y descubrió lo que ellas ocultaban: ¡una bombilla! Haló la cuerda y se iluminó el sótano entero. Se asustó al descubrir que había arañas por todas partes. Bien, este pastor hizo lo que toda persona sabia haría en una situación similar: apagó la luz, dio por terminada su tarea y salió de ese sótano.

De igual modo que la luz iluminó el sótano de la casa del pastor y reveló las telarañas y las arañas, así también la luz de la Escritura muestra las telarañas y las arañas en el sótano de nuestra vida. Y a menudo, tal como hizo el pastor, escogemos sencillamente extinguir la luz en lugar de limpiar el sótano. Una de las funciones de la Biblia es la de ser una luz reveladora en nuestra vida. La Biblia es un libro único en su género, pues puede alumbrar las profundidades del corazón.

El autor de Hebreos reconoció esa cualidad de las Escrituras. Usó la metáfora de una espada de dos filos para describir su naturaleza penetrante y reveladora.

Porque la palabra de Dios es viva y eficaz, y más cortante que toda espada de dos filos; y penetra hasta partir el alma y el espíritu, las coyunturas y los tuétanos, y discierne los pensamientos y las intenciones del corazón. Y no hay cosa creada que no sea manifiesta en su presencia; antes bien todas las cosas están desnudas y abiertas a los ojos de aquel a quien tenemos que dar cuenta. (Hebreos 4.12,13)

Uno no se puede esconder de la escudriñadora Palabra de Dios. Dios la usa como instrumento quirúrgico para revelar y descubrir los motivos y las actitudes interiores que poseemos. Todo con respecto de nosotros está a la vista delante de Él. La Escritura tiene una manera de escudriñar poderosamente nuestra vida, no como un libro de historia muerto, sino como una herramienta viva y activa en las manos de Dios.

LA BIBLIA EQUIPA

La meta final de Dios al darnos la revelación bíblica no es correctiva. Él desea que su Palabra nos equipe para su servicio. Su mensaje nos trae reconciliación a través de la obra de Cristo. Su escrutinio pone en evidencia nuestra necesidad de una relación reconciliada con Él. Y luego su Palabra nos da las herramientas que necesitamos para realmente experimentar a diario esa relación reconciliada. Esto es lo que Pablo le dijo a Timoteo acerca del papel de la Biblia: «Toda la Escritura es inspirada por Dios, y útil para enseñar, para redargüir, para corregir, para instruir en justicia, a fin de que el hombre de Dios sea perfecto, enteramente preparado para toda buena obra» (2 Timoteo 3.16,17).

Pablo usó cuatro palabras para delinear el papel de las Escrituras para equipar a los creyentes. Primero usó la palabra *enseñar*. Esta palabra trasmite la idea de guía o instrucción. Sugiere que la Biblia sirve para dar dirección a los creyentes en cuanto al camino que deberán tomar. En segundo lugar, usó la palabra *redargüir*. Redargüir (o reprender) implica señalar un error. En otras palabras, Dios no solo usa la Biblia para identificar el camino correcto que debemos tomar, sino para indicar cuándo no vamos por ese camino. Luego usa el término *corregir*. Corregir implica el concepto de regresar al camino. Dios usa su Palabra para proporcionar la información y la ayuda que necesitamos para retornar al camino cada vez que nos hayamos desviado. Finalmente Pablo dice que la Biblia es útil para instruir. *Instrucción* es una palabra que se usa principalmente para niños que reciben alimento y adiestramiento. Da la idea de algo que lo ayuda a uno a mantenerse en el sendero. Puede incluir los conceptos de la disciplina y el fijar límites.

He aquí, pues, el mensaje y papel de la Biblia. En primer lugar, la Biblia presenta de tapa a tapa temáticamente el mensaje de la reconciliación. Específicamente describe ese mensaje en el Nuevo Testamento como un cumplimiento de las promesas del Antiguo Testamento. En segundo lugar, proporciona al creyente los medios mediante los cuales puede experimentar diariamente la relación reconciliada que le pertenece posicionalmente. La Biblia es tanto la narración de la reconciliación como el instrumento para experimentarla de primera mano.

¿Recuerdan a Jim, el maestro de estudios bíblicos al que se le pidió que expusiera el mensaje y la fiabilidad de la Biblia en la Chicago Board of Trade? Pues bien, Jim dirigió sus dos sesiones y otras más que siguieron a causa de la respuesta del grupo. Cerca de treinta personas asistieron regularmente a los estudios de la Biblia. La más gratificadora de todas las sesiones que enseñó Jim fue la del tema de la Biblia... aquella que tanto le había preocupado. En esa sesión, un individuo, Mike, se le acercó al final y le manifestó: «Ahora, finalmente, la Biblia tiene sentido para mí. No quiero decir que lo entienda todo, pero ese tema que usted mencionó, la idea de la reconciliación, ¡tiene sentido! Ese es el verdadero problema en el mundo hoy. Hay una barrera entre Dios y la gente. Es por eso que hay tantos problemas entre las personas. Ahora entiendo por qué vino Jesús.» Mike tenía razón.

En los momentos que siguieron, Jim tuvo la oportunidad de explicarle el evangelio a Mike. Ese día Mike se reconcilió con Dios a través de la obra de su Salvador, Jesucristo.

NOTAS

1. John R. W. Stott, *Understanding the Bible* (Grand Rapids: Zondervan, 1976), p. 60. [Versión en español: *Cómo comprender la Biblia* (Buenos Aires: Ediciones Certeza).]

2. Ibid.

3. Ronald Habermas y Klaus Issler, *Teaching for Reconciliation* (Grand Rapids: Baker, 1992), pp. 33-46.

4. Ibid., pp. 38-41.

5. John F. Walvoord: *Jesus Christ Our Lord* (Chicago: Moody, 1969), p. 177.

6. Ibid., p. 89.

7. Vincent Taylor: *The Atonement in New Testament Teaching* (London: Epworth, 1941), p. 191.

8. A. H. Strong: *Systematic Theology* (New York: Armstrong, 1902), p. 886.

9. William Barclay: *New Testament Words* (Philadelphia: Westminster Press, 1964), p. 165. [Versión en español: *Palabras griegas del Nuevo Testamento* (El Paso, Texas: Casa Bautista de Publicaciones, 1976).]

10. Walvoord: *Jesus Christ Our Lord,* p. 154.

11. Habermas e Issler: *Teaching for Reconciliation,* p. 36.

12. Ibid.

CAPÍTULO 4

LA DIVISIÓN CORRECTA: EL ESTUDIO DE LA BIBLIA

Está compuesta de cerca de 67.000 toneladas métricas de acero. Con el metal de su marco estructural se podrían fabricar más de 50.000 automóviles. Contiene más de 2.400 km de cableado eléctrico y 400 km de tuberías. Tiene 16.000 paneles de vidrio teñidos de color bronce; 60.000 metros cuadrados en total. Su altura es de unos 450 metros, o sea, de 110 pisos. Tiene 410.000 metros cuadrados de superficie, que equivalen a 41 hectáreas o a 16 manzanas de la ciudad de Chicago. Usa 625.000 kilowatts/h de electricidad en apenas un día, el equivalente a una comunidad de 2.500 personas. Su peso total es de 201 millones de kg.

Es la descripción de la torre de Sears en Chicago, el edificio más alto de Estados Unidos. Pero, tan impresionante como parezca ser su superestructura, los aspectos de la torre de Sears que no están a la vista son los más esenciales. Un edificio como la torre de Sears depende de cimientos fuertes. Diseñada para resistir los vientos de Chicago, la torre de Sears ha sido construida encima de dados de cimentación anclados en la base de rocas. Cada dado tiene 20 metros de largo y está revestido de una armadura de acero permanente. Todos los dados están entrelazados a una estera de concreto de 137 cm de espesor que cubre el área del piso del sótano de la torre de Sears. Edificada sobre un cimiento de concreto de 186.000 metros cúbicos, el cemento de las paredes del cimiento de la torre de Sears podría pavimentar una autopista de ocho sendas por espacio de más de seis kilómetros.

¿Por qué todos estos datos sobre un rascacielos? Porque sabemos que un cimiento sólido es esencial para un edificio fuerte, seguro y estable; y, en una manera similar, el estudio de la Escritura sirve como la base segura para enseñar creativamente la Biblia. Lo que sus alumnos ven cuando usted enseña es la superestructura de la lección de la clase. Lo que no ven es la base: el estudio diligente de la Palabra de Dios que usted ha realizado. La enseñanza de la Biblia que influye en la vida de las personas comienza con el estudio eficaz de la Biblia.

LA BASE DE AUTORIDAD EN LA ENSEÑANZA

Pablo le dijo a Timoteo: «Procura con diligencia presentarte a Dios aprobado, como obrero que no tiene de qué avergonzarse, que usa bien la palabra de verdad» (2 Timoteo 2.15). Usar correctamente la Palabra de Verdad es una cuestión esencial para el maestro creativo de la Biblia. Los maestros creativos de la Biblia sienten un alto respeto por las Escrituras y ven su ministerio como una consignación sagrada. Son siervos de Dios habituados a comunicar su Palabra en una manera oportuna y apropiada. Como tales, desean ser fieles a su doctrina al enseñarla.

John H. Walton, Laurie Bailey, y Craig Williford advierten a sus lectores sobre «una crisis de autoridad» en la enseñanza de la Biblia y en los currículos basados en ella. Con ello querían expresar que los diseñadores de currículos y los maestros de la Biblia a menudo la usan para adelantar sus propios objetivos de desarrollo y comportamiento antes que para instruir en verdad lo que la Biblia enseña. Les preocupa que la Biblia se use meramente como una plataforma de lanzamiento de la enseñanza. Mucha de la enseñanza de la Biblia simplemente es usada para exponer ideas que solo se relacionan pálidamente con la enseñanza de la Escritura. El resultado, afirman, es una instrucción caracterizada solo por una enseñanza de autoridad humana incapaz de cambiar vidas mediante el poder de la Palabra.

Si el maestro usa la Biblia únicamente como plataforma de lanzamiento de sus propios objetivos, soslayará la autoridad de la Biblia, porque si no usa un pasaje para enseñar lo que la Biblia enseña, solo se estará apoyando en su propia autoridad. Una gran parte del material de los currículos del día de hoy enseñan solo con autoridad humana en vez de con la autoridad de Dios. Es esta, pues, la crisis de autoridad de los currículos.[1]

Walton, Bailey y Williford argumentan que la autoridad en la enseñanza de la Biblia solo puede provenir de la autoridad de la Escritura, y tal autoridad solo se encuentra cuando se enseña lo que los autores de la Biblia se proponían enseñar. Una segunda cita ilustra este punto.

Son solo los asuntos que la Escritura se propone enseñar lo que transfiere la autoridad del texto. Por ejemplo, al estudiar Nehemías es muy posible aprender mucho sobre liderazgo. En última instancia, sin embargo, no hay ninguna indicación de que el autor de Nehemías conservara o presentara su material para que los lectores pudieran ser instruidos en cuanto al liderazgo. Por ello, cuándo se enseña liderazgo basándose en el libro y en la vida de Nehemías, no se está aprovechando la autoridad de la Escritura[. .]..Si alguien desea reclamar autoridad bíblica para lo que enseña, sólo y siempre debe usar la Escritura para enseñar lo que ella misma se propone enseñar.[2]

El argumento de Walton, Bailey y Williford es un punto importante. Pero, ¿cómo pueden los maestros estar seguros de que enseñan lo que se propuso el autor? La respuesta a esa pregunta se encuentra en el proceso del estudio de la Biblia. Por medio de una cuidadosa exégesis (al leer el significado a partir del pasaje mismo) y del uso de algunas normas esenciales de hermenéutica (las reglas de la interpretación de la Biblia), el alumno y el maestro de la Escritura pueden en verdad llegar a una comprensión del principio bíblico central del autor. Ese principio puede entonces aplicarse hoy en maneras apropiadas. El razonamiento central del pasaje o, según lo expresa Haddon Robinson, la idea más amplia,[3] sirve como el principio puente del mundo de la Biblia «de allí y de entonces» al mundo actual «de aquí y de ahora».

Hemos descubierto que el método inductivo del estudio de la Biblia es el procedimiento más confiable de identificar el principio puente o idea central del pasaje. Mediante el uso del enfoque inductivo, el estudiante de la Biblia permite que los autores de la Escritura (tanto los humanos como el divino) comuniquen el mensaje propuesto.

EL MÉTODO DE ESTUDIO INDUCTIVO DEL MAESTRO CREATIVO DE LA BIBLIA

La palabra «inductivo» significa ir de los detalles específicos a un principio general. Usamos el razonamiento inductivo en estudios científicos y matemáticos para desarrollar leyes y teorías a partir de una colección de datos. Por ejemplo, podríamos estudiar varios triángulos rectos (aquellos que tienen un ángulo igual a 90 grados) y concluir a la larga que todos los triángulos rectos tienen una propiedad en común. Podríamos expresar nuestro hallazgo con la fórmula $A^2 + B^2 = C^2$ o si no así: «La suma del cuadrado de los lados de un triángulo recto es igual al cuadrado de su hipotenusa.» Lo que habríamos terminado de expresar se conoce como el teorema de Pitágoras. El razonamiento deductivo invierte el proceso. Con él, comenzamos con un principio general y pasamos a la aplicación específica de ese principio. Por ejemplo, podríamos comenzar con el teorema de Pitágoras. Usando el teorema de los triángulos rectos, podríamos determinar la dimensión diagonal de una habitación rectangular con solo saber el largo y el ancho de la habitación.

Para el maestro creativo de la Biblia, el estudio bíblico debe comenzar con el estudio inductivo. El estudio inductivo de la Biblia es un método de estudio que procura ser objetivo e imparcial en su examen del texto de las Escrituras. En general, el método inductivo requiere que los estudiantes de la Biblia sigan tres pasos en su proceso de estudio: observación, interpretación y aplicación. Para los que planean enseñar la Biblia como resultado de su estudio, hemos ampliado el proceso inductivo para que incluya dos pasos esenciales más que harán más directa la vinculación a la enseñanza. A uno de estos lo llamamos «generalización». Al otro lo denominamos «implementación» (véase la figura 5).

La figura 5 representa el método inductivo que los maestros creativos de la Biblia querrán emplear en su preparación para enseñar. Este modelo incluye cinco etapas en el proceso de estudio. Estas etapas son, por orden: la observación, la interpretación, la generalización, la aplicación, y la implementación. Cada etapa enfoca una pregunta específica predominante. Las primeras dos etapas del proceso tratan sobre el mundo bíblico, o sea, el de «allí y entonces». La tercera etapa sirve como puente entre los mundos. Las etapas cuarta y quinta tratan sobre nuestro mundo de hoy, o sea, el «aquí y ahora». Notará en las etapas uno a tres que el modelo progresa de detalles específicos a principios generales. Es aquí donde se emplea la lógica inductiva. Luego pasa del principio general a la aplicación específica usando la lógica deductiva. La forma de reloj de arena del diagrama representa una progresión en tiempo desde el mundo de la Biblia hasta nuestro mundo moderno. Este método de estudio no es el único enfoque que puede usar un maestro creativo de la Biblia, pero es muy apropiado para la preparación de lecciones.

OBSERVACIÓN: ¿QUÉ DICE?

La etapa de observación en el proceso de estudio nos remonta al mundo bíblico: el aspecto de «allí y entonces» del estudio de la Escritura. La meta de esta etapa consiste sencillamente en identificar lo que en realidad les dijo a los destinatarios originales del texto. No olvidemos que la Biblia se escribió para personas reales en un marco histórico del tiempo. En cierto sentido, estamos leyendo la correspondencia de otra(s) persona(s). Para captar realmente el mensaje de la

Figura 5

MÉTODO DEL MAESTRO CREATIVO PARA EL ESTUDIO INDUCTIVO DE LA BIBLIA

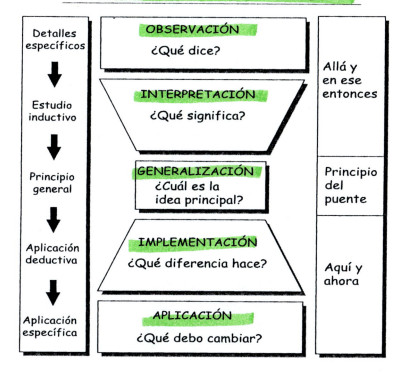

Detalles específicos	OBSERVACIÓN ¿Qué dice?	Allá y en ese entonces
Estudio inductivo	INTERPRETACIÓN ¿Qué significa?	
Principio general	GENERALIZACIÓN ¿Cuál es la idea principal?	Principio del puente
Aplicación deductiva	IMPLEMENTACIÓN ¿Qué diferencia hace?	Aquí y ahora
Aplicación específica	APLICACIÓN ¿Qué debo cambiar?	

carta es importante entender lo que acontecía cuando se mandó originalmente la correspondencia. En otras palabras, para entender el mensaje del documento, debemos entender el mundo y los acontecimientos que rodearon al texto de allí y de entonces para que no lo apliquemos mal aquí y ahora.

La pregunta predominante de la etapa de la observación es: «¿Qué dice?» La etapa de observación requiere una cuidadosa atención a los detalles específicos del pasaje. Esto se logra muy eficazmente mediante el empleo de algunas preguntas básicas. Al hacer una serie coherente de preguntas de estudio, el estudiante comenzará a desarrollar su capacidad de analizar el texto bíblico a profundidad. Sugeriríamos tres líneas de indagación.

Preguntas acerca del trasfondo
1. ¿Quién es el autor o el orador?
2. ¿Por qué se escribió este libro? ¿Cuál fue la ocasión del libro?
3. ¿Qué acontecimientos históricos rodean este libro?
4. ¿Dónde se escribió? ¿Quiénes eran los destinatarios originales?

Preguntas acerca del contexto
1. ¿Qué forma literaria se emplea en este pasaje?
2. ¿Cuál es el mensaje global de este libro, y cómo se relaciona este pasaje a tal mensaje?
3. ¿Qué precede a este pasaje? ¿Qué lo sigue?

Preguntas acerca de la estructura
1. ¿Hay alguna palabra repetida? ¿Frase repetida?
2. ¿Hace el autor alguna comparación? ¿Establece algún contraste?

3. ¿Hace el autor alguna pregunta? ¿Ofrece alguna respuesta?
4. ¿Señala el autor algunas relaciones de causa y efecto?
5. ¿Existe alguna progresión en el pasaje? ¿De tiempo? ¿De acción? ¿De geografía?
6. ¿Tiene el pasaje algún punto culminante?
7. ¿Usa el autor alguna figura retórica?
8. ¿Hay alguna declaración o palabra central?
9. ¿Qué palabras de enlace se usan? ¿Qué ideas vinculan estas?
10. ¿Qué verbos se usan para describir la acción en el pasaje?

Ya para este punto tal vez llegue a ser aparente alguna estructura o flujo del pasaje. Quizá desee usted anotar alguna estructura o sucesión lógica de pensamientos que piense que el autor usó cuando escribió el pasaje. Su observación puede servir como un indicio que lo ayude posteriormente en las etapas de interpretación y generalización. Vamos a ensayar, por cierto, el proceso de observación cuando juntos analicemos un pasaje en el próximo capítulo. También observe que la tabla 1, al final de este capítulo, recomienda varias herramientas útiles para el estudio de la Biblia.

INTERPRETACIÓN: ¿QUÉ SIGNIFICA?

Al llegar a este punto usted está listo para sacar algunas conclusiones interpretativas acerca de lo que ha estado estudiando. La pregunta predominante en esta etapa del estudio inductivo de la Biblia es: «¿Qué significa?» Aunque la Escritura pueda tener muchas aplicaciones diferentes solo puede tener una interpretación correcta. La interpretación correcta es la que el autor se propuso que el lector llegara a entender. La tarea del estudiante de la Biblia es descubrir el significado propuesto originalmente. A pesar de la tentación de saltar de la observación a la aplicación, debemos poner interés en oír la Palabra de Dios tal como los lectores u oyentes originales lo hicieron y en averiguar lo que el Espíritu de Dios les enseñó.

Usted no necesita un diploma de seminario o de instituto bíblico para descubrir el significado propuesto de las Escrituras. A menudo el autor lo expresa directamente o se puede discernir a partir de la estructura y del énfasis del pasaje. La Biblia ha sido escrita para que la puedan leer y comprender personas comunes y corrientes. Aun cuando haya pasajes debatidos y algunos difíciles, la mayor parte de la Escritura es fácilmente comprensible cuando se conocen su forma literaria y tema general.

Un incidente bastante extraordinario aconteció en el libro de Hechos. Parece ser que un funcionario etíope a cargo de la reina del tesoro de Etiopía iba de regreso a su casa luego de haber adorado en Jerusalén. Aparentemente había detenido su carro para descansar y leía el libro de Isaías. Específicamente leía el capítulo 53 de Isaías acerca del sufrimiento y muerte del Mesías. El Espíritu Santo dirigió a Felipe a preguntarle al hombre: «Pero ¿entiendes lo que lees?» (Hechos 8.30). Esta es la pregunta interpretativa fundamental del estudio bíblico. Tres reglas básicas de interpretación bíblica ayudarán a responder esa pregunta afirmativamente.

Regla 1: Continuidad del mensaje. Esta regla nos recuerda que la Biblia tiene unidad y que debemos usar la enseñanza más amplia de las Escrituras sobre un asunto para que nos ayude a entender el significado de un pasaje en particular. Esto se conoce como la ley de la no contradicción. Esta ley del estudio de la Biblia dice que debemos usar la Escritura para interpretar la Escritura. Aunque la Biblia tenga una variedad de autores humanos, tiene a un autor divino: el Espíritu Santo. Por cuanto la Biblia es inspirada por Dios, ella expresa un mensaje congruente. Cuándo examinemos dos pasajes sobre un asunto, el pasaje más claro debe ayudarnos a interpretar el menos específico. Por cuanto la revelación bíblica viene de manera progresiva y va en incremento, el lector debe ver si otros pasajes, especialmente en el Nuevo Testamento, amplían la enseñanza que se estudia. Por ejemplo, el libro de Hebreos nos ayuda a comprender el significado del sistema de sacrificios del Antiguo Testamento. A la vez, pasajes del Antiguo Testamento que describen el sacerdocio y las prácticas del templo proporcionan el contexto para poder entender las imágenes de Hebreos. Para interpretar cualquier segmento de la Escritura, algún conocimiento del otro es importante.

Regla 2: Contexto del material. Se ha dicho que «un texto sin su contexto es solo un pretexto». Hay muchísima verdad en esa declaración. Uno de los peligros que deben evitar los estudiantes de la Biblia al interpretarla es «torcer la Escritura». Torcer la Escritura significa tomar un texto fuera de su contexto para hacerlo decir algo que queramos que diga. Un triste ejemplo de este problema se encuentra en una agencia misionera que usaba un versículo de Mateo como su versículo lema. En una placa que colgaba prominentemente encima de la puerta de la organización había esta cita de la Escritura: «Todo esto te daré, si postrado me adorares» (Mateo 4.9). Aunque el pasaje suene evangelístico, convendría examinar el contexto. Esta no es una cita de Dios, sino de Satanás. El contexto es la tentación de Cristo. Es claro que este ejemplo extremo demuestra que el contexto lo es todo en la tarea de interpretar la Escritura.

Cuando se aplica la regla del contexto es importante recordar que no solo es importante el contexto inmediato, o sea, los párrafos antes y después del texto, sino también se debe considerar el contexto histórico y cultural. Por ejemplo, otra vez en Hebreos leemos: «No dejando de congregarnos, como algunos tienen por costumbre, sino exhortándonos; y tanto más, cuanto veis que aquel día se acerca» (Hebreos 10.25). Muchos predicadores han usado este versículo para animar a la congregación a estar en la iglesia en el servicio de la mañana el día domingo en vez de en el campo de golf. Aun cuando no sea bueno que nadie llegue a estar ausente habitualmente del servicio del domingo, el pasaje trata acerca de personas perseguidas. El autor de Hebreos los advierte con respecto de la tentación que sienten a evitar el contacto con otros creyentes para eludir la persecución. Su argumento es que necesitan el ánimo que tal contacto proporciona a pesar de su riesgo inherente. En este caso, el contexto histórico ayuda al lector a conocer los detalles.

Regla 3: Significado habitual. Probablemente la más significativa de todas las pautas para interpretar la Biblia sea la que ha llegado a conocerse como la regla de interpretación literal. Muchos confunden y entienden mal la interpretación literal como si significara la definición de cada palabra en un sentido absoluto sin que se les preste atención al lenguaje figurado o a los géneros literarios. De hecho, no es esto lo que los eruditos conservadores de la Biblia quieren decir al hablar de interpretación literal. La interpretación literal significa sencillamente que la Biblia se interpreta lo mismo que cualquier otra forma de literatura, dándole su significado natural, normal y habitual. No procuramos atribuir significados especiales ocultos en el texto ni tampoco «desmitificar» las narraciones de la Escritura a causa de prejuicios contra la autoridad e historicidad de la Biblia. En vez de ello, consideramos las declaraciones de la Escritura como la verdad revelada escrita con palabras humanas mediante la inspiración del Espíritu de Dios.

Los conservadores sostenemos que la clave para comprender el significado del texto es el enfoque normal del idioma. Es así que tomamos la Biblia literalmente. Esto no significa, por supuesto, que dejemos de reconocer la expresión poética como la que se halla en Habacuc 3.10, que dice: «Te vieron y tuvieron temor los montes; pasó la inundación de las aguas; el abismo dio su voz, a lo alto alzó sus manos». Ni dejamos de entender que la Biblia contiene simbolismos como los que hallamos en declaraciones tales como: «Jehová es mi pastor; nada me faltará» (Salmo 23.1). Lo que sí significa es que cuando la Biblia hace una declaración tal como: «He aquí que la virgen concebirá, y dará a luz un hijo, y llamará su nombre Emmanuel» (Isaías 7.14), entendamos la declaración en su sentido lingüístico normal. Una virgen tendrá un hijo. Esto, por supuesto, es biológicamente imposible. Y, por tanto, se espera que el lector crea que Dios produjo una imposibilidad biológica. No rechazamos la opción de lo milagroso y buscamos alguna otra explicación o significado para el pasaje. De hecho, los que practican la regla del significado habitual sugerirían que es la idea misma de la naturaleza milagrosa de la concepción de Jesucristo la que constituye el tema central de este pasaje.

La regla del significado habitual sencillamente expresa que las palabras mismas de la Biblia deberán ser entendidas por lo que ellas comunican. Seguimos un principio sencillo: Cuando el sentido natural y normal de la Escritura tiene lógica, no buscamos ningún otro. Por eso en la interpretación no excluimos los factores culturales ni históricos. Precisamos que la Biblia no es un libro de ideas escondidas que demandan del lector que vuelva a interpretar las palabras para descubrir ciertos pensamientos religiosos. El significado de la Escritura resulta claro en su sentido normal y literal.

GENERALIZACIÓN: ¿CUÁL ES LA IDEA MÁS AMPLIA?

Los maestros de la Biblia tienen una tarea significativa y a veces desafiante. Tienen que construir un puente por el que se pueda pasar del mundo de la Biblia al de la vida moderna. Tomemos en consideración que los maestros son —en el mejor de los casos— intermediarios que se comunican con individuos que están muy apartados del escritor y destinatario originales. Encaran un abismo cultural, histórico y lingüístico. ¿Cómo pueden esperar comunicar la verdad de la Escritura a sus alumnos de una manera que sea adecuada y que trasforme la vida de estos? La clave es la etapa del estudio que llamamos «generalización».

Los términos quizá sean diferentes —idea más amplia, proposición, tema central, declaración de tesis o principio central— pero el concepto es el mismo. La comunicación eficaz depende de un solo principio o punto unificador. Bien sea que estemos examinando una ponencia, un discurso, un sermón o la Palabra de Dios, es esencial que identifiquemos el enfoque temático del autor. Ese es el objetivo de la etapa de generalización. En este punto del proceso del estudio inductivo, el estudiante de la Biblia deberá formular una sola oración que identifique el punto principal del texto. El maestro no estará listo para iniciar la preparación de la lección hasta que logre hacerlo.

Haddon W. Robinson ha proporcionado gran ayuda a los maestros de la Biblia con respecto a identificar y formular «la idea más amplia». En su libro titulado *La predicación bíblica*, sugiere que la idea principal de un pasaje se formula preguntando y contestando dos preguntas con respecto del texto. La primera pregunta es: «¿De qué habla el autor?» A la respuesta a esta pregunta la llama el «asunto» del pasaje. La segunda pregunta es: «¿Qué dice el autor sobre el asunto del que habla?» A esto lo llama el «complemento». Al contestar ambas preguntas, el estudiante de la Biblia podrá comenzar a formular una sola oración que incluya la idea primordial o el principio que se enseña en el pasaje. Robinson llama a ésta la «idea exegética» porque es la presentada por el autor bíblico y se deriva exegéticamente del texto, o sea, mediante un cuidadoso enfoque inductivo al estudio.[4] Él explica que este es un paso obligatorio para comprender y comunicar la Palabra de Dios como maestros creativos de la Biblia.

Ya que cada párrafo, sección, o subdivisión de la Escritura contiene una idea, un exegeta no entenderá un pasaje hasta que pueda expresar su sujeto y complemento con exactitud. Aun cuando surjan otras preguntas en el esfuerzo por entender el significado del escritor bíblico, las dos —¿De qué habla el autor? y ¿Qué dice él acerca de lo que habla?— son fundamentales.[5]

En este punto quizás nos ayude un ejemplo. Tomemos Juan 15.1-8 como modelo para formular la idea exegética o principio central del pasaje.

Yo soy la vid verdadera, y mi Padre es el labrador. Todo pámpano que en mí no lleva fruto, lo quitará; y todo aquel que lleva fruto, lo limpiará, para que lleve más fruto. Ya vosotros estáis limpios por la palabra que os he hablado. Permaneced en mí, y yo en vosotros. Como el pámpano no puede llevar fruto por sí mismo, si no permanece en la vid, así tampoco vosotros, si no permanecéis en mí. Yo soy la vid, vosotros los pámpanos; el que permanece en mí, y yo en él, éste lleva mucho fruto; porque separados de mí nada podéis hacer. El que en mí no permanece, será echado fuera como pámpano, y se secará; y los recogen, y los echan en el fuego, y arden. Si permanecéis en mí, y mis palabras permanecen en vosotros, pedid todo lo que queréis, y os será hecho. En esto es glorificado mi Padre, en que llevéis mucho fruto, y seáis así mis discípulos. (Juan 15.1-8)

¿De qué habla el autor? El pasaje presenta una analogía. Lucas registra las palabras de Jesús en las que Él mismo traza la analogía entre su relación con sus discípulos, y la relación entre una vid y sus pámpanos. *¿Qué dice acerca de lo que habla?* Explica que como las ramas dependen de la vid para su productividad; así también dependen de Él sus seguidores. Si fuéramos a expresar el postulado del pasaje que es transferible a todos los creyentes, diríamos: «Tal como cada pámpano debe permanecer conectado a la vid para dar fruto, así deben también permanecer en contacto con Jesús y sus palabras los discípulos de Cristo para ser productivos espiritualmente». El postulado o la idea exegética que surge del pasaje y que puede trasmitirse de cultura a cultura resulta clara: Separados de Cristo no podemos ser espiritualmente productivos.

APLICACIÓN: ¿QUÉ DIFERENCIA PRODUCE?

En la etapa de aplicación, el estudiante de la Biblia busca las conexiones significativas entre la vida de la época del pasaje y la contemporánea. Para lograr este objetivo, el estudiante de la Biblia debe seguir algunas pautas básicas.

La interpretación siempre debe preceder a la aplicación. La aplicación se debe fundamentar en el principio central que se enseña en el texto. De hecho, la aplicación de un pasaje no puede ni debe hacerse sin una cuidadosa interpretación de este. La pregunta, «¿qué diferencia produce?» es legítima, pero debemos tener cuidado aquí para que no hagamos que un pasaje diga lo que no dice. Walton, Bailey y Williford son otra vez cautos en sus comentarios con respecto a la aplicación. «En cuanto a la aplicación, la tarea del maestro ha de ser, reconocer y comunicar la relevancia de la Escritura, y no hacer que la aplicación misma sea relevante».[6] Una vez que entendamos el principio que se enseña en el pasaje, podremos aplicarlo más fácilmente y de una forma que sea coherente con la Palabra de Dios.

La aplicación se concentra en respuestas bíblicas a asuntos comunes. Tenemos la tendencia de pensar que las personas de la época de la Biblia eran muy diferentes a nosotros. La realidad es que la gente siempre ha reído y llorado por muchos de los mismos motivos. Las personas en todos los períodos de la historia humana han perdido a seres queridos, han tenido calamidades personales, han experimentado desilusiones y relaciones rotas, y han buscado significado en su vida. Enfrentamos los mismos asuntos, emociones, preguntas y preocupaciones. Las necesidades del humano son similares a lo largo del tiempo, la geografía y la cultura. Estas características comunes en nuestra vida le dan a la Biblia su cualidad eterna en cuanto a la aplicación.

La Biblia se escribió con palabras concretas en vez de abstractas. Debido a ello, el estudiante de la Escritura debe buscar perspectivas bíblicas que den discernimiento a cuestiones actuales. Considere usted puntos de aplicación que se concentren en cuestiones tales como actitudes, conducta, carácter y el conocimiento de Dios. Considere también los contextos de las relaciones humanas cuando aplique principios bíblicos; contextos tales como el matrimonio del individuo, la familia, el empleo, la escuela, la vida social, el entretenimiento, la iglesia, la comunidad y la nación. Cada uno de éstos proporcionan terreno fértil para aplicar las respuestas bíblicas a los asuntos apremiantes de la vida.

La Biblia se debe aplicar como Dios propuso que lo fuera. ¿Recuerda usted lo que dijo Pablo que fue el motivo principal para que Dios diera la Escritura? «Toda la Escritura es inspirada por Dios, y útil para enseñar, para redargüir, para corregir, para instruir en justicia, a fin de que el hombre de Dios sea perfecto, enteramente preparado para toda buena obra» (2 Timoteo 3.16,17). Observe el cuádruple uso de la Escritura aquí propuesto. Para enseñar, para redargüir, para corregir y para instruir en justicia… todos ellos puntos de aplicación. Podemos preguntar:

¿Hay aquí alguna enseñanza que debe ser aprendida y seguida?

¿Comunica este pasaje alguna represión que debe ser oída y considerada? ¿Hay alguna corrección que debe ser observada?

¿En qué manera nos capacita este pasaje para ser justos?

Cada una de estas preguntas pueden ayudarnos a poner la aplicación de la Escritura bajo una luz más clara. Haddon Robinson sugiere cuatro preguntas de aplicación adicionales.

1. ¿Cuál fue el trasfondo de la comunicación en que primero vino la Palabra de Dios? ¿Qué rasgos comparten en común los hombres y las mujeres modernos con ese auditorio original? [. .] .

2. ¿Cómo podemos identificarnos con los hombres y las mujeres bíblicos conforme ellos oyeron la Palabra de Dios y respondieron —o dejaron de responder— en su situación particular? [. .] .

3. ¿Qué discernimientos adicionales hemos adquirido nosotros acerca del trato de Dios con su pueblo mediante revelación adicional? [. .] .

4. Cuando entiendo una verdad eterna o un postulado, ¿qué aplicaciones específicas y prácticas tiene ello para mí y para mi congregación?[7]

Pasaremos ahora a la etapa final del estudio inductivo de la Biblia: la implementación.

IMPLEMENTACIÓN: ¿QUÉ DEBO CAMBIAR?

La etapa de implementación del estudio llega a ser altamente individual y concreta. Es importante que como lectores de la Biblia no nos acerquemos a la Palabra de Dios como mera información que debe ser aprendida, sino como la verdad designada a transformar nuestra vida. Santiago nos advierte:

> Pero sed hacedores de la palabra, y no tan solamente oidores, engañándoos a vosotros mismos. Porque si alguno es oidor de la palabra pero no hacedor de ella, éste es semejante al hombre que considera en un espejo su rostro natural. Porque él se considera a sí mismo, y se va, y luego olvida cómo era. Mas el que mira atentamente en la perfecta ley, la de la libertad, y persevera en ella, no siendo oidor olvidadizo, sino hacedor de la obra, éste será bienaventurado en lo que hace. (Santiago 1.22-25)

Finalmente, la bendición de leer y estudiar la Palabra de Dios se recibe cuando esta se pone en práctica en la vida. La Biblia nos enseña acerca de Dios, y con ese conocimiento vienen implicaciones para nuestra relación con Él. No podemos estudiar al Dios de la Biblia a lo largo de las páginas de la Escritura sin reaccionar. Tenemos que preguntarnos cómo necesitamos cambiar. ¿Necesitamos cambiar un punto de vista? Quizá sea una actitud la que necesite ajuste. ¿Es que debemos cambiar un hábito o un comportamiento? ¿Habrá alguna nueva perspectiva, actitud, o conducta que debamos adoptar? La etapa de implementación del estudio requiere que actuemos. Como maestros de la Biblia debemos vivir su mensaje. Debemos permitir que nos trasforme a nosotros según llamamos a los demás a cambiar. Los maestros que no aplican personalmente lo que enseñan carecen de credibilidad e incluso pueden arriesgarse a desarrollar la actitud farisaica e hipócrita que Jesús condenó.

En su libro *Taking the Guesswork Out of Applying the Bible*, Jack Kuhatschek dice: «Conforme nos sumergimos en la Escritura, nuestra meta deberá ser desarrollar dentro de nosotros mismos la mente y el corazón de Dios. Queremos ser capaces de pensar y responder a cada situación de la manera que Dios mismo lo haría».[8]

Es esta, pues, la implicación definitiva del estudio de la Biblia para la vida personal: la semejanza a Dios.

En el próximo capítulo demostraremos brevemente cómo funciona en realidad el método inductivo del maestro creativo de la Biblia. Si está usted listo para poner en práctica el estudio de la Biblia, pasemos pues al primer paso de la preparación de la lección: *el estudio de la Biblia*.

Notas

1. John H. Walton, Laurie Bailey y Craig Williford, «Bible-Based Curricula and the Crisis of Scriptural Authority», *Christian Education Journal*, Volumen XIII, número 3, p. 85.

2. Ibid., p. 88.

3. Haddon W. Robinson, *Biblical Preaching* (Grand Rapids: Baker, 1980), pp. 31-48. [Versión en español: *La predicación bíblica* (Miami: Editorial Unilit-Logoi, 2000).]

4. Ibid., p. 79.

5. Ibid., p. 41.

6. Walton, Bailey y Williford, «Bible-Based Curricula», p. 92.

7. Haddon W. Robinson, *Biblical Preaching*, pp. 94,95.

8. Jack Kuhatschek, *Taking the Guesswork Out of Applying the Bible* (Downers Grove, Ill.: InterVarsity, 1990), p. 24.

Tabla 1

LAS HERRAMIENTAS DEL ESTUDIO

Biblia

Existen varias versiones de la Biblia disponibles para usar en el estudio. Hay tres métodos básicos que se usan para traducir las diversas versiones impresas. Las traducciones textuales intentan traducir lo más cercano posible a las palabras y frases originales (Reina Valera 1960 y Antigua Versión, La Biblia de las Américas). Las traducciones libres buscan traducir las ideas del original y se preocupan menos por las palabras exactas (La Biblia al Día). Estas también se conocen como versiones parafraseadas. Las traducciones dinámicas intentan traducir las palabras, frases y figuras retóricas en maneras equivalentes al idioma original, a la vez modernizando el estilo, la gramática y la fraseología (La Nueva Versión Internacional). Tal vez quieras leer el pasaje que has seleccionado en cada tipo de traducción, pero usa una traducción literal o dinámica para el estudio actual.

Diccionario bíblico

Los diccionarios de la Biblia son útiles en proveer información acerca del libro que estás estudiando, de la cultura, las costumbres y la geografía.

Atlas de la Biblia

Un Átlas de la Biblia ayuda a colocar los eventos bíblicos en un contexto geográfico e histórico. Puedes encontrar las ciudades, las montañas, los ríos y las regiones mencionadas en el texto. Adicionalmente, puedes trazar los viajes misioneros de Pablo o ver los cambios en las fronteras de los países durante las diferentes épocas.

Comentarios

Los comentarios proveen información provechosa acerca de pasajes difíciles. También pueden esclarecer el mensaje general de un libro. Usa los comentarios para enriquecer tu propio estudio bien que para reemplazarlo.

Concordancia

Una concordancia es un índice para los pasajes de la Biblia. Por buscar una palabra o frase particular, puedes encontrar las referencias en las cuales la frase aparece en la Biblia. Esto es útil cuando quieras encontrar una referencia que tal vez hayas olvidado o para el estudio de un tema específico.

Programas para la computadora

Existen varios programas excelentes de computadora para que tu estudio de la Biblia sea más completo y rápido. Los programas de computadora pueden proveer un medio muy veloz y más completo para estudiar el texto bíblico en varias traducciones a la vez. Además, recursos completos para el estudio de la Biblia tales como diccionarios de la Biblia, atlas y comentarios son disponibles. El Internet también provee un recurso excelente para el estudio de la Biblia. Existen textualmente miles de recursos en el Internet disponible gratuitamente o por un costo pequeño. Pero debemos tener cuidado. El mero hecho de que la información aparezca en el Internet no garantiza su confiabilidad. Por ejemplo, hicimos una investigación acerca de Hebreos 10.19-25 y encontramos materiales de varias sectas. Probablemente querrás permanecer con editoriales, iglesias y organizaciones cristianas que conoces y en las cuales confías. Como todos las fuentes de información, debes conocer la confiabilidad de la fuente que ofrece información acerca del tema.

CAPÍTULO 5

UN MODELO DE ESTUDIO BÍBLICO: EL MÉTODO INDUCTIVO DEL MAESTRO DE BIBLIA CREATIVO

Imagínese que toma usted un curso de piloto en una escuela de aviación. Aprende en el aula la teoría del vuelo. También aprende acerca de las fuerzas de la gravedad, el ascenso, el impulso y el arrastre. Aprende cómo trazar un rumbo en un mapa y cómo usar los radios de navegación. Aprende cómo deberán ser realizadas varias de las maniobras. En esencia, aprende lo que necesita saber para pilotear una avioneta. Pero pasar un curso de piloto de aviación en tierra no es lo mismo que volar, ¿no es cierto? No, es mera teoría. Hasta que no se suba en una avioneta, ruede por la pista, hale el timón y comience el despegue, no habrá aplicado su conocimiento de navegación aérea. De modo similar, ahora usted tiene un conocimiento de escuela en la tierra del estudio de la Biblia. Ya es hora de que emprenda su primer vuelo verdadero. En este capítulo subiremos a la cabina con usted y le serviremos de instructores de vuelo. ¡Muy pronto estará volando solo!

En esta coyuntura es importante que pasemos de lo teórico a lo práctico. Hasta este punto hemos considerado el proceso del estudio inductivo de la Biblia y hemos proporcionado algunos ejemplos. Pero necesitamos trabajar juntos con un pasaje. El pasaje que hemos seleccionado es Hebreos 10.19-25. Usaremos este pasaje a lo largo del libro para mostrarle cómo desarrollar un plan de lecciones para la enseñanza creativa de la Biblia. Regresaremos a él como nuestro ejemplo primario. Comencemos nuestro estudio leyendo el pasaje.

HEBREOS 10.19-25

[19]Así que, hermanos, teniendo libertad para entrar en el Lugar Santísimo por la sangre de Jesucristo, [20]por el camino nuevo y vivo que él nos abrió a través del velo, esto es, de su carne, [21]y teniendo un gran sacerdote sobre la casa de Dios, [22]acerquémonos con corazón sincero, en plena certidumbre de fe, purificados los corazones de mala conciencia, y lavados los cuerpos con agua pura. [23]Mantengamos firme, sin fluctuar, la profesión de nuestra esperanza, porque fiel es el que prometió. [24]Y considerémonos unos a otros para estimularnos al amor y a las buenas obras; [25]no dejando de congregarnos, como algunos tienen por costumbre, sino exhortándonos; y tanto más, cuanto veis que aquel día se acerca.

En el Capítulo 4 presentamos *El método de estudio inductivo del maestro creativo de la Biblia.* Este método en cinco partes del estudio inductivo se muestra de nuevo en la figura 6. Recordará usted que nuestra tarea consiste en extraer la «idea exegética» o «principio central» y luego aplicar ese principio a la vida cristiana de hoy. Si sigue cada etapa del proceso de estudio, desarrollará una base sólida para enseñar Hebreos 10.19-25.

OBSERVACIÓN: ¿QUÉ DICE?

La primera etapa al usar *el método inductivo de estudio del maestro creativo de la Biblia* (figura 6) es *la observación*. En esta etapa usaremos las preguntas de observación a las que nos referimos en el capítulo anterior para analizar nuestro pasaje. Las preguntas se agrupan en tres categorías: preguntas acerca del trasfondo, preguntas acerca del contexto y preguntas acerca de la estructura. Examinémoslas, una a una, y veamos cómo cada pregunta nos ayuda a lograr entender nuestro texto.

PREGUNTAS ACERCA DEL TRASFONDO

1. *¿Quién es el autor o el que habla?*

No se especifica en la Epístola a los Hebreos quién fue su autor, aunque éste ciertamente era conocido por sus lectores. Parece que él decidió no divulgar su nombre. Aunque no se sepa quién escribió el libro, muchos creen que éste refleja cualidades paulinas. El libro exhibe los énfasis de la teología de Pablo y, si no fue escrito por este, fue influido claramente por él. Algunos han sugerido que uno de los compañeros de Pablo, tal como Bernabé, Silas, Lucas o Apolos, puede haber escrito el libro.

2. *¿Por qué se escribió este libro? ¿Qué lo motivó?*

El libro fue escrito, aparentemente, para creyentes judíos. Sus constantes referencias al sistema de sacrificios del Antiguo Testamento y al sacerdocio son indicios de que un auditorio judío estaba en el panorama. El libro es un estímulo a los cristianos de segunda generación a permanecer fielmente consagrados a Cristo. Sus líderes ya habían fallecido (13.7). Ellos

Figura 6

MÉTODO DEL MAESTRO CREATIVO PARA EL ESTUDIO INDUCTIVO DE LA BIBLIA

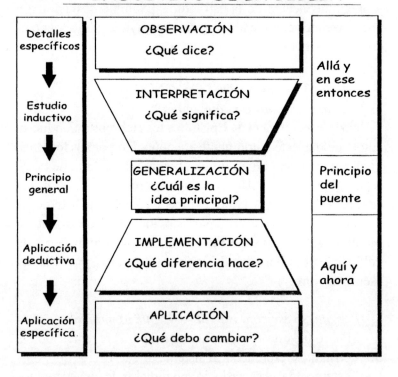

Detalles específicos	OBSERVACIÓN ¿Qué dice?	Allá y en ese entonces
Estudio inductivo	INTERPRETACIÓN ¿Qué significa?	
Principio general	GENERALIZACIÓN ¿Cuál es la idea principal?	Principio del puente
Aplicación deductiva	IMPLEMENTACIÓN ¿Qué diferencia hace?	Aquí y ahora
Aplicación específica	APLICACIÓN ¿Qué debo cambiar?	

mismos habían hecho profesión de fe en Cristo con cierta anterioridad (5.12) con gran cantidad de evidencia de lo genuino de su fe (10.32-34). Pero ahora habían llegado a desalentarse y hacían frente a gran oposición para seguir a Cristo (12.4). Algunos hasta evitaban asistir a las reuniones debido a la hostilidad de las autoridades (10.25). Este libro fue escrito para alentar a individuos perseguidos.

3. *¿Qué acontecimientos históricos rodean este libro?*

El libro se escribió cerca del año 67 ó 68 A.D. Sabemos que el templo aún estaba en pie y que todavía se realizaban en Jerusalén los ritos del culto. Era una época de mucha tensión. Pocos años después de escribirse esta epístola, los romanos y los judíos se enfrentaron en un sangriento conflicto. Los creyentes habían estado aguardando el regreso de Cristo durante lo que parecía ser un período muy largo. Muchos pueden haberse estado preguntando si habían cometido un error al seguir a Jesús.

PREGUNTAS ACERCA DEL CONTEXTO

1. *¿Cuál forma literaria se emplea en este pasaje?*

Este libro ha sido escrito como una epístola (carta), pero emplea un uso significativo de analogías y de referencias al sacerdocio del Antiguo Testamento y al tabernáculo y las ceremonias del templo.

2. *¿Cuál es el mensaje general de este libro, y cómo se relaciona este pasaje con tal mensaje?*

El mensaje de Hebreos es *persistir y perseverar en medio de la persecución y de las dudas.* La base para tal perseverancia es el carácter único de Cristo y su lugar por encima de toda otra autoridad angélica o humana. Este libro procura mostrar a Cristo como la autoridad definitiva del universo. Este pasaje en particular sirve como puente entre la presentación de la grandeza de Cristo y la aplicación de esa verdad a la vida diaria.

3. *¿Qué precede a este pasaje? ¿Qué lo sigue?*
Los capítulos 1 al 9 de la Epístola a los Hebreos presentan a Cristo como la revelación superior de Dios a su pueblo. En los capítulos 1 al 5 de esta sección vemos la superioridad de Cristo sobre los profetas (capítulo 1), los ángeles (capítulos 1 y 2), Moisés (capítulo 3), Josué (capítulo 4), y Aarón (capítulo 5). En los capítulos 6 al 9 se presenta a Cristo como el Sumo Sacerdote superior de un nuevo y mejor pacto en el tabernáculo verdadero. Los capítulos 10 al 13 aplican la verdad de la naturaleza superior de Cristo a la vida de fe del cristiano en tiempos difíciles. En el capítulo 10 aprendemos acerca de los privilegios de la fe. En el capítulo 11 llegamos a entender los ejemplos de la fe visible. El capítulo 12 trata sobre la prueba de la fe y el capítulo 13 subraya la exteriorización de la fe. Nuestro pasaje es el pasaje central del libro en el cual el autor pasa de presentar la verdad de la superioridad de Cristo a la aplicación de esa verdad a la vida de sus lectores.

PREGUNTAS ESTRUCTURALES

Ahora pondremos nuestra atención en la estructura del texto. Para hacerlo echaremos un vistazo un poco distinto a nuestro texto. Esta vez examinaremos el texto mirando su estructura gramatical básica.

Procedamos ahora a examinar las preguntas estructurales según éstas se relacionan con nuestro texto. Algunas de ellas tendrán relación con nuestro texto; otras no.

[19]Así que, hermanos, teniendo libertad para entrar en el Lugar Santísimo por la sangre de Jesucristo, [20]por el camino nuevo y vivo que él nos abrió a través del velo, esto es, de su carne, [21]y teniendo un gran sacerdote sobre la casa de Dios, [22]acerquémonos con corazón sincero, en plena certidumbre de fe, purificados los corazones de mala conciencia, y lavados los cuerpos con agua pura. [23]Mantengamos firme, sin fluctuar, la profesión de nuestra esperanza, porque fiel es el que prometió. [24]Y considerémonos unos a otros para estimularnos al amor y a las buenas obras; [25]no dejando de congregarnos, como algunos tienen por costumbre, sino exhortándonos; y tanto más, cuanto veis que aquel día se acerca. (Hebreos 10.19-25)

1. *¿Hay algunas palabras repetidas? ¿Frases repetidas?*
Mire el pasaje otra vez y subraye cualquier palabra repetida. (La tabla 2 alinea varias frases en el texto debajo de aquellas que modifican o con las que tienen paralelismo.)

Observe que en la tabla 2 la palabra «teniendo» está subrayada en el versículo 19 y otra vez en versículo 21. Esto se ha hecho para indicar la repetición de la palabra. Están alineadas porque son palabras paralelas vinculadas por la palabra «y». *¿Qué* «tenemos» nosotros? Observe también la repetición del imperativo de primera persona plural. Tres veces lo emplea el autor («acerquémonos», «mantengamos» y «considerémonos»). Cada vez que usa el imperativo llama a los oyentes a tomar cierta acción en respuesta a las dos expresiones de «teniendo». Es probable que usted también haya subrayado esas palabras. En la tabla 2 no subrayamos las últi-

Tabla 2

HEBREOS 10.19-25

VERDAD

19 Así que, hermanos,
teniendo libertad para entrar en el Lugar Santísimo por la sangre de Jesucristo,

20   por el camino nuevo que él
nos abrió a través del
velo, esto es, de su carne,

21 y
teniendo un gran sacerdote sobre la casa de Dios,

APLICACIÓN

22 acerquémonos con corazón sincero, en plena
certidumbre de fe, purificados los
corazones de mala conciencia, y
lavados los cuerpos con agua pura.

23 Mantengamos firme, sin fluctuar, la profesión de nuestra
esperanza, porque fiel es el que prometió.

24 y

25 considerémonos unos a otros para estimularnos al amor y a las
buenas obras; no dejando de congregarnos, como algunos tienen
por costumbre, sino exhortándonos; y tanto más, cuanto veis
aquel día se acerca.

mas dos veces que aparecen imperativos en el pasaje. Éstos los pusimos entre paréntesis por cuanto han sido introducidos por el traductor y no están en los manuscritos griegos. En la mayoría de las traducciones aparece una nota marginal que informa acerca de este dato. El traductor procuró hacer el texto más legible y por eso introdujo las desinencias de la persona gramatical en el imperativo. En el caso que nos ocupa, es probable que sean mejor entendidos como palabras que expliquen cómo deben los lectores «estimularse unos a otros al amor y las buenas obras».

2. *¿Hace el autor algunas comparaciones? ¿Algunos contrastes?*

Frases como «el Lugar Santísimo» y «un gran sacerdote» son claramente comparaciones con el tabernáculo y el sacerdocio del Antiguo Testamento. ¿Qué otras palabras del pasaje se refieren al sacerdocio y a las ceremonias levíticas del tabernáculo veterotestamentario? Trace un círculo alrededor de ellas. El autor emplea una analogía para explicar la obra de Cristo a favor de los creyentes.

En este punto le será muy beneficioso repasar la naturaleza del sacerdocio levítico y del tabernáculo. Un buen diccionario bíblico sería una herramienta muy útil para hacerlo. Si usted trazara estas frases hasta sus raíces veterotestamentarias, descubriría que el Lugar Santísimo era el sitio en el tabernáculo y, posteriormente en el templo, donde Dios mismo se comunicaba con los sacerdotes. Al sumo sacerdote se le permitía entrar en el Lugar Santísimo una vez al año, el Día del Perdón (*Yom kipur* en hebreo), para expiar los pecados del pueblo de Dios. Descubriría también un elaborado ceremonial y sistema de sacrificios que formaban parte de los deberes sacerdotales. Su estudio adicional lo guiaría a la información de que el velo es una referencia a la gran cortina que se extendía desde el piso hasta el techo y que separaba al Lugar Santísimo del resto del tabernáculo. Fue esa cortina (o velo) la que se rasgó de arriba abajo en el momento de la muerte de Cristo en la cruz.

3. *¿Hace el autor alguna pregunta? ¿Da alguna respuesta?*
Ya que no vemos que el autor haya hecho ninguna pregunta en este pasaje, podemos proceder a nuestra próxima pregunta de observación.

4. *¿Indica el autor alguna relación de causa y efecto?*
Este pasaje indica que por causa del acceso a la presencia de Dios creada por la obra expiatoria del sacrificio de Cristo y su ministerio sumosacerdotal, los creyentes hebreos son, ellos mismos, sacerdotes. Tal acceso y el papel sacerdotal del creyente deben hacer que este se acerque a Dios, se mantenga firme en su fe y estimule a los demás creyentes.

5. *¿Hay alguna progresión en el pasaje? ¿En cuanto a tiempo… a acción… a geografía?*
Este pasaje usa una progresión temática en lugar de una de tiempo, de acción o de geografía para expresar su punto. La progresión va de la verdad a la aplicación. Hemos destacado esto en la tabla 2 dibujando una flecha entre los versículos 21 y 22. Aquí es donde el autor va de la verdad a la aplicación.

6. *¿Tiene el pasaje un punto culminante?*
Un punto culminante se encontraría generalmente en un pasaje narrativo, así que no se aplica a nuestro texto.

7. ¿Usa el autor alguna figura literaria?

El autor usa varias analogías en este pasaje. Una analogía (o similitud) hace una comparación entre la relación que hay entre una situación y otra. Podríamos ponerlo de esta manera: A es a B, como C es a D. En otras palabras, la relación entre A y B es como la de C y D. Usamos la analogía para ayudar a explicar las relaciones difíciles comparándolas con otras menos difíciles. En el caso de nuestro pasaje, existe una analogía en el uso del vocablo «velo» para describir el cuerpo físico de Cristo. Tal como el velo le proporcionaba acceso al sacerdote para entrar en el Lugar Santísimo, así también el cuerpo quebrantado de Cristo le proporciona acceso a los creyentes a la presencia de Dios.

También se encuentran otras analogías en nuestro pasaje. Por ejemplo, el autor habla de «[tener] limpios nuestros corazones» y «lavados nuestros cuerpos con agua pura». Estos, de nuevo, son análogos a los ritos de limpieza del Antiguo Testamento que se le exigían al sacerdote que entraba en el Lugar Santísimo del tabernáculo. De la misma manera en que el sacerdote del Antiguo Testamento se tenía que purificar antes de entrar en la presencia de Dios, así debe también ser purificado mediante la obra de Cristo el sacerdote del Nuevo Testamento.

8. ¿Hay alguna declaración o palabra central?

Las frases «teniendo» y los imperativos de segunda persona plural «acerquémonos», «mantengamos» y «considerémonos» forman parte integrante de nuestro pasaje. Ellas son centrales por cuanto indican la estructura y el flujo de pensamiento del pasaje. Usted querrá también destacar el uso de las palabras «así que». Ellas sirven de conectivas con la primera parte del libro de Hebreos. Indican que nuestro pasaje es la respuesta lógica a lo que se ha enseñado en el libro.

9. *¿Qué palabras conectivas se usan? ¿Qué ideas conectan?*

Hemos mencionado ya el uso de las palabras «teniendo» y los imperativos de segunda persona plural «acerquémonos», «mantengamos» y «considerémonos». Estas palabras conectan la verdad presentada en los versículos 19 al 21 con la aplicación de esa verdad en los versículos 22 al 25. Desearemos también observar el uso de la palabra «por» en los versículo 19 y 20. Esta palabra muestra una relación causal. El uso doble de la palabra le dice al lector cómo se consiguió la entrada en el Lugar Santísimo. (Mire el texto de Hebreos 10.19-25 en la página 108 para llenar los espacios en blanco de esta página.) ¿Por qué dos cosas fue lograda la entrada en el Lugar Santísimo? _____ y _____. Adicionalmente, la palabra conectiva «y» se usa en los versículos 21, 22 y 24. Usted querrá observar qué se une en estas oraciones. Finalmente, en el versículo 25 se usa la palabra «sino». Ésta indica ideas opuestas. En este caso, «no dejando de reunirnos» se coloca en contraposición a _____, siendo la segunda palabra la acción deseada desde la perspectiva del autor.

10. *¿Qué verbos se usan en el pasaje para describir acciones?*

Al observador le sobresalen tres verbos en este pasaje. Éstos se encuentran en las frases de imperativo de segunda persona plural en los versículos 22, 23 y 24. El autor llama al lector a _____, _____ y _____. Cada uno de éstos representa una acción que deberá ser tomada en respuesta lógica a la verdad presentada en los versículos 19 al 21 con respecto al sacerdocio del Nuevo Testamento.

Ahora observe la tabla 2, en la que se ha desplazado el texto a fin de representar su significado gráficamente. ¿Cómo desplaza el escritor por el texto a sus lectores?

INTERPRETACIÓN: ¿QUÉ SIGNIFICA?

Ahora ha llegado el momento de que pasemos a la tarea de interpretar Hebreos 10.19-25. Usted recordará del capítulo anterior que para guiar nuestro esfuerzo de interpretación necesitamos aplicar tres reglas. He aquí un recordatorio de estas tres reglas:

Regla 1: Continuidad del mensaje
Regla 2: Contexto del material
Regla 3: Significado habitual

Apliquemos cada regla a la interpretación de nuestro texto.

REGLA 1: CONTINUIDAD DEL MENSAJE

Hebreos 10.19-25 es un buen ejemplo de la unidad de la Biblia. El autor de Hebreos ve en la obra de Cristo del Nuevo Testamento un cumplimiento del sistema de sacrificios expiatorios y las funciones sacerdotales del Antiguo Testamento. Éxodo y Levítico nos explican los detalles del tabernáculo, de los deberes sacerdotales levíticos y del sistema de sacrificios. Es contra ese trasfondo que mejor podemos interpretar el libro de Hebreos. Al considerar nuestro pasaje, vemos que el autor saca algunas conclusiones importantes.

Según nuestro pasaje, mediante la muerte de Jesús se ha abierto un «camino nuevo y vivo». Este se compara con el camino viejo de muerte al que el sacerdote tenía que regresar año tras año. Cuando se derramó en la cruz la sangre de Jesús y cuando su cuerpo fue quebrantado como sacrificio por el pecado, fue roto de arriba abajo el velo (o cortina) que había delante del Lugar Santísimo. Ese acto indicaba que se había abierto un camino nuevo a la presencia de Dios para los que creen. Gracias a esta obra expiatoria, los creyentes pueden entrar con confianza. El autor lo dice claramente. No hay duda en cuanto a ello. Los creyentes son aceptados en la presencia misma de Dios debido a la sangre de Jesús.

El autor recuerda a los lectores que ellos «[tienen] un gran sacerdote sobre la casa de Dios» (21). Por causa de la obra sacrificial de Cristo por el pecado, los creyentes no solo tienen la confianza de entrar, sino que, gracias a la continua y eficaz intercesión de Cristo, también tienen asequible siempre a un gran sacerdote. Él está constantemente al tanto de la situación del creyente. Él no intercede una vez al año, sino en todo momento.

Basados en estas dos poderosas verdades con respecto de Cristo, su obra sacrificial para hacernos sacerdotes aceptables y su intercesión como gran sacerdote, se exhorta a los creyentes hebreos a emprender tres acciones específicas: (1) acercarse a Dios con un corazón sincero; (2) mantener firme, sin fluctuar, la esperanza que profesan y (3) considerarse unos a otros para estimularse al amor y a las buenas obras. Se dan dos sugerencias en cuanto a cómo pudiera realizarse tal estímulo. La primera: «no dejando de congregarnos, como algunos tienen por costumbre» (25a). La segunda sugerencia para alentarnos unos a otros es: «exhortándonos; y tanto más, cuanto veis que aquel día se acerca» (25b).

REGLA 2: CONTEXTO DEL MATERIAL

El contexto inmediato nos ayuda a entender nuestro pasaje con más exactitud. El capítulo 10 trata sobre el sacrificio, el sacrificio final y eficaz de Jesús y lo compara con el sacrificio anual e ineficaz del Antiguo Testamento. En los versículos

1 al 4, el autor continúa un punto que él ya ha tratado previamente. Indica que los sacrificios repetidos anualmente eran incapaces de quitar los pecados. Si pudieran quitar el pecado y limpiar la conciencia, no habría habido necesidad de repetirlos. Pero esos viejos sacrificios no podían limpiar completamente el pecado porque implicaban solo la muerte de animales. Como resultado, los sacerdotes y los representados por ellos permanecían pecadores. Continuaban necesitados de un sacrificio substitutivo adecuado si era que su pecado había de ser quitado de una vez y para siempre. De hecho, según el autor de Hebreos, los viejos sacrificios no eran sino una sombra de las cosas buenas que habrían de venir (1). Los animales eran substitutos inadecuados de los humanos hechos a imagen de Dios. Es por eso que el autor dice «[que] la sangre de los toros y de los machos cabríos no puede quitar los pecados» (4). Pero la muerte de cada animal señalaba hacia el constante problema del pecado, su seriedad, y la necesidad de quitar completa y finalmente su maldición de los pecadores.

En los versículos 5 al 7 el escritor cita el Salmo 40.6-8 de la Septuaginta, la versión griega del Antiguo Testamento. En palabras atribuidas a Cristo, el escritor indica la disposición de Jesús de llegar a ser el sacrificio final por el pecado. En los versículos 8 al 10 se explica el significado de la cita. Indica que aun cuando Dios aprobaba los sacrificios de animales en el pasado, a Él no lo complacían. Indica que, en vez de ello, Cristo hizo la voluntad del Padre voluntariamente, a pesar del dolor, para llegar a ser el sacrificio expiatorio por el pecado una vez y para siempre.

En los versículos 10 al 18 anuncia:

[10]En esa voluntad somos santificados mediante la ofrenda del cuerpo de Jesucristo hecha una vez para siempre. [11]Y ciertamente todo sacerdote está día tras día ministrando y ofreciendo mu-

chas veces los mismos sacrificios, que nunca pueden quitar los pecados; [12]pero Cristo, habiendo ofrecido una vez para siempre un solo sacrificio por los pecados, se ha sentado a la diestra de Dios, [13]de ahí en adelante esperando hasta que sus enemigos sean puestos por estrado de sus pies; [14]porque con una sola ofrenda hizo perfectos para siempre a los santificados. [15]Y nos atestigua lo mismo el Espíritu Santo; porque después de haber dicho: [16]Este es el pacto que haré con ellos después de aquellos días, dice el Señor: Pondré mis leyes en sus corazones, y en sus mentes las escribiré, [17]añade: Y nunca más me acordaré de sus pecados y transgresiones. [18]Pues donde hay remisión de éstos, no hay más ofrenda por el pecado.

He aquí su explicación: al hacer la voluntad de Dios, Jesús santificó a todos los creyentes con su sacrificio final. Jesús es el sacrificio total (vv. 11-18). A diferencia de los sacerdotes del tabernáculo que permanecían de pie mientras desempeñaban su ministerio, Cristo, después que se ofreció una vez y para siempre, se sentó a la diestra de Dios (12). Parece que su sacrificio fue tan eficaz que no quedó nada más que pudiera Él hacer sino esperar el resultado final de su obra en la cruz; no hubo necesidad de ningún sacrificio adicional. El resultado, nos recuerda el versículo 17, fue el perdón total del pecado. En el versículo 18 él concluye con un reconocimiento de que «donde hay remisión de éstos, no hay más ofrenda por el pecado».

REGLA 3: SIGNIFICADO HABITUAL

Esta regla nos dice que le demos a nuestro pasaje el significado natural, normal y acostumbrado que se le debe otorgar a la literatura de su clase. ¿Cuál, pues, es el significado de todo esto? Veamos si lo podemos resumir brevemente. El autor comienza con la presentación del sacerdocio neotestamentario en los versículos 19 al 21. Aquí se consideran dos hechos. Primero él hace hincapié en que el sacerdocio del creyente se hace posible mediante la obra sacrificial de Cristo (19,20). En segundo lugar él le recuerda al lector que un gran sacerdote continúa intercediendo por la casa de Dios. A estos dos hechos los siguen tres llamamientos a los que se debe responder. Al creyente se le llama a responder acercándose a Dios, manteniendo la fe que ha abrazado y animando a otros que puedan estar vacilantes en la fe. El autor parece estar animando a estos cristianos de segunda generación perseguidos a permanecer con Jesús hasta el final mismo. Hebreos 10.19-25 fue escrito, pues, a cristianos judíos de segunda generación que por causa de la persecución se veían tentados a dejar atrás el sacrificio de Cristo.

GENERALIZACIÓN: ¿CUÁL ES LA IDEA MÁS AMPLIA?

Nuestro estudio nos ha enseñado mucho acerca de Hebreos 10.19-25. Quizás hasta sintamos que ya podríamos enseñar a otros, pero debemos tener cuidado de no perder una etapa esencial en nuestro proceso inductivo. Debemos resumir este pasaje en una sola oración. Esto lo hacemos identificando un asunto (¿De qué habla el autor?) y un complemento (¿Qué dice sobre lo que habla?). Veamos lo que obtendremos al contestar las preguntas del asunto y del complemento.

ASUNTO: ¿DE QUÉ HABLA EL AUTOR?

Nuestro asunto es el sacerdocio neotestamentario. Podríamos expresarlo así: Lo que debe acontecer en la vida de cada creyente al poder entrar en la presencia de Dios gracias a la obra sacrificial de Cristo y mediante su ministerio sumosacerdotal. Es bastante largo, pero por ahora nos sirve para resumir nuestro asunto. Enseguida lo refinaremos más.

COMPLEMENTO: ¿QUÉ DICE EL AUTOR SOBRE LO QUE HABLA?

¿Cuál deberá ser la respuesta del creyente? Según nuestro pasaje, los creyentes deben acercarse, mantenerse firmes y animar a otros. Podríamos extendernos más en la declaración del complemento, pero sabemos que cada breve frase verbal está vinculada a una declaración más larga en nuestro texto.

GENERALIZACIÓN: ¿CUÁL ES EL PRINCIPIO TRANSFERIBLE?

¿Cómo podremos resumir las respuestas a esas preguntas en una sola oración que abarque la enseñanza o el principio central del pasaje? Podríamos hacerlo de la manera siguiente: El sacerdocio del creyente, alcanzado mediante la obra sacrificial y el ministerio sumosacerdotal de Cristo, llama a cada cristiano a acercarse a Dios, a mantenerse firme en su fe y a animar a otros creyentes para que puedan perseverar al atravesar tiempos y situaciones difíciles.

Continuaremos refinando esta oración en capítulos posteriores, pero ese es nuestro principio transferible (puente). Todos los creyentes en todas las épocas desde la muerte de Cristo son sacerdotes que tienen acceso seguro a Dios gracias al sacrificio de Cristo. Todos los creyentes también tienen un sumo sacerdote que continúa intercediendo por ellos. Como resultado de esto, cada creyente puede y debe tomar acción con respecto de esos beneficios de la fe. El resultado final es que a los cristianos les será más fácil perseverar durante la persecución y los problemas. Este no es un principio que se limita a los creyentes hebreos que recibieron esta carta. Es transferible a todos los cristianos. De esta verdad pueden sacarse una aplicación y una enseñanza prácticas.

APLICACIÓN: ¿QUÉ DIFERENCIA PRODUCE?

Dijimos en el capítulo anterior que, al aplicar la Biblia, la interpretación siempre precede a la aplicación. Como lectores y estudiantes de la Biblia, puede ser que nos sintamos bastante distantes de los destinatarios originales de nuestro pasaje. Dos mil años, miles de kilómetros de separación geográfica, costumbres y culturas radicalmente distintas, e incluso los idiomas diferentes tornan la comprensión y aplicación del libro de Hebreos en un desafío. Pero la separación ha disminuido conforme hemos procurado interpretar el pasaje en su contexto. Luego de haber ensamblado un principio puente del texto podremos pasar a aplicarlo a nuestro mundo. Hemos satisfecho nuestra primera pauta en cuanto a la aplicación.

Nuestra segunda pauta de la aplicación es que ella se centre en respuestas bíblicas a asuntos comunes. ¿A cuáles asuntos comunes se refiere nuestro pasaje? Sin duda que podríamos comenzar nuestra aplicación con la cuestión del acercamiento a Dios en épocas de dificultad y persecución. ¿Acudimos a Jesús para hallar fortaleza para enfrentar las presiones, tentaciones, tensiones y dificultades de la vida diaria? ¿Reconocemos nuestra total necesidad de Dios en tiempos de dificultades, desaliento, pruebas y decepciones? Todos hemos sido, o seremos, tentados a rendirnos en nuestra fe en Cristo y desviarnos de nuestra consagración a Jesús. En una época cuando se considera intolerante y políticamente incorrecta la afirmación de que Cristo es el único modo de salvación, nuestro pasaje tiene un eco muy contemporáneo. Cuán fácil sería «dejar de congregarnos» en una época en la cual la fe y la religiosidad se ridiculizan y consideran fantasías no científicas. En estos tiempos nos necesitamos unos a otros mucho más. Éstos son tiempos cuando es esencial mantener firme y sin fluctuar la fe que hemos profesado. Cuando los medios informativos, los educadores y la cultura en general son hostiles al evangelio de Cristo, el principio transferible de Hebreos 10.19-25 es excepcionalmente pertinente.

Nuestra tercera pauta con respecto a la aplicación es aplicar la Biblia como Dios quiso que fuera aplicada. La meta de Dios al preservar Hebreos 10.19-25 para nosotros ha sido que podamos estar equipados más adecuadamente para toda buena obra. Debemos hacer cuatro preguntas finales:

1. ¿Hay alguna enseñanza aquí que debe ser aprendida y seguida?
2. ¿Comunica este pasaje alguna represión que debe ser oída y obedecida?
3. ¿Hay alguna corrección que debe ser tomada en cuenta?
4. ¿De qué modo nos instruye este pasaje para ser justos?

Al contestar la primera pregunta, usted probablemente detectará muchas lecciones en este pasaje. Por ejemplo, se nos recuerda acerca de la naturaleza de la obra de Cristo —realizada una vez y para siempre— que permite que cada creyente entre confiadamente en la presencia de Dios. De esta verdad se saca una importante aplicación. Dios nos invita a todos a acudir libremente a Él. Cuando considera usted el texto, ¿a qué otros aspectos de su enseñanza necesita usted dar seguimiento?

La segunda pregunta requiere que consideremos las reprensiones que puedan ofrecerse en el pasaje. Una reprensión que quizá descubramos es un descuido personal de reunirnos con otros creyentes. Cuán fácil es olvidarse de que la participación en las actividades de la iglesia no es opcional, sino esencial a la vida del creyente. Dejamos que tantas otras presiones obstaculicen el ánimo que podríamos estar recibiendo de otros creyentes. Si es este el caso en nuestro propio caminar con Cristo, entonces tenemos que hacer caso a la reprensión y nuestras acciones necesitan cambiar.

La tercera pregunta procura averiguar los puntos en que nuestra vida necesita corrección. ¿Pudiera ser que hemos dependido de medios equivocados para alcanzar la aceptación de Dios? Quizás hemos buscado la aprobación de Dios mediante nuestras obras o sacrificio personal. Este pasaje ofrece un claro correctivo a nuestra manera de pensar. Descubrimos que es únicamente mediante el sacrificio de Cristo que obtenemos acceso a la presencia de Dios. Es solo cuando nuestro corazón es rociado con la sangre de Jesús que la conciencia se libera del sentimiento de culpa y nuestra vida es purificada. ¿Qué punto en el pasaje puede usted aplicar a su propia vida como una cuestión de corrección?

La cuarta y última pregunta nos pide que consideremos cómo podríamos crecer en justicia mediante la enseñanza de una verdad. Un punto de la aplicación en este respecto quizá sea nuestra necesidad de estimularnos unos a otros. El crecimiento espiritual es un proyecto de grupo, no un esfuerzo individual. Si hemos de crecer en justicia, este pasaje explica con claridad que tenemos que estimularnos y alentarnos unos a otros a seguir creciendo. Hemos sugerido una idea. ¿Existen otros aspectos que se deben aprender que le permitan a usted crecer en justicia?

IMPLEMENTACIÓN: ¿EN QUÉ DEBO CAMBIAR?

La quinta y última etapa del método de estudio inductivo del maestro creativo de la Biblia es descubrir las implicaciones específicas de cambio en su vida personal y cómo aplicar tales cambios. Sobre la base de su estudio de Hebreos 10.19-25, ¿cómo necesita usted cambiar como maestro? ¿Ha descubierto alguna faceta de su propia vida que este pasaje le pide que cambie? ¿Por qué no tomarse un momento delante del Señor para buscar su poder y establecer un plan para aplicar ese cambio?

¡SU AVIONETA YA DESPEGÓ!

¡Lo felicito, pues lo ha logrado! Usted ha terminado su tarea de estudiar un pasaje de la Biblia. De regreso a la analogía de pilotear una avioneta que sugerimos al principio de este capítulo, terminó usted de hacer su primer vuelo en el campo del estudio y la enseñanza de la Biblia.

O, si usamos otra imagen, terminó usted de descubrir una veta de oro bíblico. Es algo remunerador excavar tesoros de la mina de la Escritura, ¿no le parece? Descubrirá que, según continúe usted desarrollando su destreza en el estudio de la Biblia, ésta adquirirá cada vez más una cualidad transformadora en su vida. Descubrirá nuevos panoramas y percepciones en su búsqueda de entendimiento y en su crecimiento en Cristo.

Ahora, es posible que tal vez usted sienta que ya está listo para enseñar. Puede que se sienta tentado a tomar las notas del estudio y dirigirse al aula. Quizá se pregunte: «Pero, ¿qué más habrá que hacer antes de enseñar este pasaje?» Usted ya ha observado, interpretado e identificado un principio puen-

te. Ha descubierto varias aplicaciones e inclus
o dos implicaciones para su propia vida. ¿Qué
cer para estar cabalmente preparado para ense
Para comenzar, debe aprender cómo entrar en el mundo de sus alumnos. Los maestros creativos de la Biblia deben comprender tanto el mundo de la Biblia como el mundo de sus alumnos. Tomando como base ese conocimiento desarrollarán un plan para llevar la verdad de la Escritura a los alumnos en una forma oportuna y creativa. Ese es nuestro próximo paso. En los capítulos que siguen aprenderemos cómo tomar nuestro estudio de la Biblia y desarrollar una lección creativa de enseñanza bíblica. Así que continuemos dando el próximo paso en la enseñanza creativa de la Biblia: *Cómo enfocar el mensaje.*

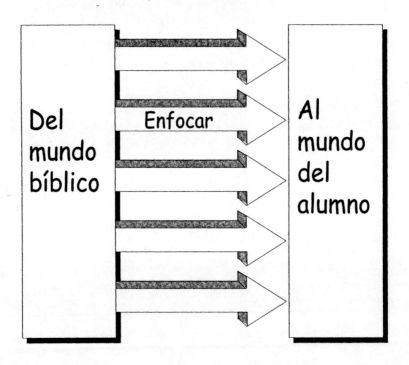

Figura 7

MODELO PARA ENSEÑAR LA BIBLIA CREATIVAMENTE

Del mundo bíblico

Enfocar

Al mundo del alumno

SEGUNDO PASO
ENFOCAR EL MENSAJE

Poder enfocar y permanecer enfocados es esencial para muchos aspectos de la vida. Consideremos, por ejemplo, a Pedro. En Mateo 14 leemos que Jesús caminó sobre las aguas hacia el barco en que iban sus discípulos. La reacción de Pedro fue descender del barco e ir caminando sobre las aguas hacia Jesús. Los versículos 30 y 31 dicen: «Pero [Pedro] al ver el fuerte viento, tuvo miedo; y comenzando a hundirse, dio voces, diciendo: ¡Señor, sálvame! Al momento Jesús, extendiendo la mano, asió de él, y le dijo: ¡Hombre de poca fe! ¿Por qué dudaste?» La pregunta de Jesús era de carácter retórico y se proponía beneficiar a Pedro. Jesús sabía por qué Pedro había dudado: Pedro había perdido la fe porque había perdido el enfoque. Miró el viento y las olas y dejó de mirar a Jesús. El resultado fue que comenzó a hundirse. A menudo nosotros, lo mismo que Pedro, cuando perdemos el enfoque, perdemos la fe. Y comenzamos a hundirnos.

Otro significado de la palabra «enfoque» es pertinente aquí. La palabra también puede significar reducir algo que es demasiado amplio para considerarlo en su totalidad. La Internet es una herramienta maravillosa para la investigación académica y el intercambio de información. El «explorador de la Web» puede encontrar información acerca de casi cualquier asunto que uno se pueda imaginar. Pero la dificultad estriba en clasificar la enorme cantidad de información. Por ejemplo, una búsqueda en la Internet, usando algo que se conoce como un motor de búsqueda, obtuvo más de 500.000 resultados de la palabra Biblia. En la Internet hay más de medio millón de documentos o páginas iniciales con alguna referencia a «Biblia». ¡Quinientos mil documentos son un número enorme! Lo que se necesitaba era una búsqueda más enfocada.

Al usar las palabras estudio Biblia obtuvimos 20.000 resultados. Eran todavía demasiados para ser de ninguna utilidad para nosotros, así que todavía enfocamos más y escribimos estudio inductivo Biblia. Esta vez hallamos cerca de 100 documentos. Aunque esto fuera mucho material que examinar, era mejor que medio millón de artículos. Enfocamos nuestra búsqueda aun más. Esta vez escribimos estudio inductivo Hebreos. Obtuvimos diecisiete resultados. Siete u ocho documentos fueron excepcionalmente útiles.

El enfoque es importante en la mayor parte de los aspectos de la vida. Bien sea que usted camine sobre el agua o simplemente navegue por la Internet, tome fotos o conduzca su coche, hojee este libro o realice cirugía, un enfoque claro será esencial a la tarea que lleva a cabo. Si usted usa anteojos o lentes de contacto, sabe la importancia del enfoque claro. Los maestros creativos de la Biblia también entienden que el enfoque es esencial para lograr influir en las personas con el mensaje transformador de la Biblia.

En esta sección lo ayudaremos a dar el próximo paso para convertirse en un maestro creativo de la Biblia: el enfoque del mensaje. Cuando usted lea los próximos tres capítulos descubrirá algo sobre los alumnos y el aprendizaje. Entonces entenderá cómo puede tomar ese conocimiento y usarlo para construir un puente con el cual cruzar del mundo de la Biblia al mundo de sus alumnos mediante el enfoque del mensaje.

CAPÍTULO 6

ENFOQUE EN LAS NECESIDADES: CÓMO ENTENDER Y EVALUAR LAS NECESIDADES DE LOS ALUMNOS

A veces el desafío más grande que el maestro encara al explicar un concepto es el de construir un puente con el cual cruzar entre el mundo histórico de un acontecimiento y el mundo contemporáneo del alumno. Mary Beth Yoder cuenta una experiencia que ella tuvo en la entrada del hogar de Noah Webster en Dearborn, Michigan's Greenwood Village. Mientras ella esperaba en la línea para entrar en la casa, un padre que estaba de pie cerca de ella trataba de dar su mejor explicación del significado del dueño de la casa y su famoso diccionario. Después de varias tentativas de construir un puente con el cual cruzar del mundo de Webster al de sus hijos, el padre dijo finalmente: «¡Noah Webster es el abuelo del revisor de ortografía!» Yoder comenta: «Inmediatamente los niños asintieron con la cabeza y sonrieron, al hacerse clara repentinamente la conexión con su mundo moderno.»[1]

Existe una brecha muy real entre nosotros y los que vivieron en el antiguo mundo de la Biblia. Se trata de un abismo de tiempo, de geografía, de cultura, de tecnología, de costumbres, de idiomas e incluso de cosmovisión. Aunque sí existen tales diferencias, hay todavía varias cosas que tenemos en común con los hombres y las mujeres de la época de la Biblia. Tenemos una humanidad común. Podemos relacionarnos con ellos, y sus historias se relacionan con nosotros, por cuanto compartimos características físicas, emocionales, sociales y espirituales. Es importante que el maestro creativo de la Biblia recuerde que las necesidades humanas básicas no han cambiado significativamente en los milenios que han pasado desde que se escribieron las Escrituras. J. Daniel Baumann describe lo que los humanos tenemos en común de esta manera:

> Somos muy parecidos a las personas del mundo antiguo. Es solo en algunos pensamientos superficiales, creencias racionales y estados de ánimo mentales que somos diferentes. En todas las realidades fundamentales del corazón somos iguales. Nuestra posición ante Dios es exactamente la misma que la de las personas de todas las épocas. Todos hemos experimentado el sentimiento de culpa de David, la duda de Tomás, la negación de Pedro, el apartamiento de Demas y, quizás incluso, el beso del traidor Judas. Estamos vinculados a lo largo de los siglos mediante las realidades y ambigüedades del alma humana.[2]

Según logremos entender las necesidades de las personas, en especial de los individuos a los cuales enseñamos, podremos llegar a ser más eficaces al enseñar la Biblia. Al conocer a nuestros alumnos, podremos ayudarlos no solo a hacer más directa y específica la aplicación de la Escritura a su vida, sino que también los podremos ayudar a ver la propia naturaleza contemporánea del mensaje de la Biblia.

CÓMO ENTENDER LAS NECESIDADES DEL ALUMNO

El alumno es el núcleo del proceso de aprendizaje-enseñanza. El objetivo final al enseñar la Biblia no solo es conocerla, aunque ello sea muy importante, sino es el conocimiento de la Biblia *aplicado* a la vida diaria del alumno. Hemos dicho anteriormente que el contenido de la Biblia es esencial por causa de su naturaleza inspirada y reveladora. Pero debemos recordar que enseñamos a individuos y no meras lecciones. Así que debemos comenzar con las personas.

Jesús dijo: «[...]El día de reposo fue hecho por causa del hombre, y no el hombre por causa del día de reposo» (Marcos 2.27). Su argumento era que las necesidades humanas tienen prioridad aun sobre los ritos religiosos. Jesús ponía su enfoque en los individuos y sus necesidades personales genuinas. Él adaptó su mensaje a esas necesidades. Su contenido, su enfoque y su metodología se basaban en las necesidades de su auditorio y en las situaciones extraordinarias de la vida de este. Tomemos, por ejemplo, su respuesta al joven rico que vino a preguntarle sobre los requisitos para tener la vida eterna. Conociendo el orgullo del hombre y su necesidad de humildad, Jesús le citó los mandamientos de la Escritura. La respuesta del hombre mostró su gran orgullo cuando dijo: «[...]Todo esto lo he guardado desde mi juventud. ¿Qué más me falta?» (Mateo 19.20). Jesús lo instó: «Anda, vende lo que tienes, y dalo a los pobres» (v. 21). Jesús entendió la necesidad de este hombre y enfocó su mensaje a esa necesidad.

En otra ocasión Jesús estaba con sus discípulos en el aposento alto. Les enseñaba sobre la naturaleza y el ministerio del Espíritu Santo en la vida de los creyentes. Jesús dirigió su enseñanza a las necesidades y a la preparación de sus alumnos cuando dijo: «Aún tengo muchas cosas que deciros, pero ahora no las podéis sobrellevar» (Juan 16.12). Jesús reconoció el principio educativo básico de que las necesidades, los intereses y la disposición del alumno determinan qué y cómo deberá enseñarse. Bien se tratara de Nicodemo (Juan 3), la mujer en el pozo (Juan 4), la mujer sorprendida en adulterio (Juan 8), Tomás con su duda (Juan 20) o Pedro con su sentimiento de culpa (Juan 21), Jesús entendió la necesidad humana y ajustó su enfoque consecuentemente.

LA JERARQUÍA DE NECESIDADES DE MASLOW

La teoría de necesidades y motivación humana de Abraham Maslow es una de las teorías de necesidades más populares y extensamente conocidas.[3] Maslow clasificó las necesidades del humano en cinco categorías, cada una en una jerarquía de importancia ascendente desde la más baja hasta la más alta (figura 8). El nivel más bajo y más básico es el nivel fisiológico. En él, las necesidades de alimento, agua y aire motivan la conducta humana. En el nivel de la seguridad, la necesidad de una vida estable y libre de amenazas motiva la conducta del individuo. El tercer nivel es el de las necesidades gregarias o sociales. En este nivel, los individuos son motivados por su necesidad de amistad, de cariño, de interacción y de relacionarse. El cuarto nivel es el de la estima. En él la necesidad básica es la de los sentimientos personales de realización y afirmación. Se busca una sensación de valor personal. Finalmente, según Maslow, los humanos procuran las necesidades de actualización personal. Por actualización personal Maslow se refiere a una sensación de satisfacción de que uno ha logrado su potencial individual.

Debemos observar que Maslow tiene una cosmovisión humanista y que su teoría se ve influida por sus presuposiciones humanistas. Un ejemplo de ello se puede ver en el quinto nivel de su jerarquía, que él cree que las personas religiosas no pueden alcanzar. Hay escasa evidencia investigativa en cuanto a este nivel. Este nivel parece provenir más de la orientación humanista de Maslow que de sus datos de observación. De hecho, no solo su quinto nivel refleja su oposición a la religión organizada, sino que en los anteriores no se da lugar para lo sobrenatural. Así que el valor de Maslow se ve limitado debido a que él no enfoca aspectos que la Escritura enfoca y algunas facetas de su teoría están parcializadas por su filosofía, no por la investigación. Pero descartar todo lo que él dice porque no toma en cuenta las necesidades espirituales significaría descartar sus valiosos puntos de vista al clasificar las necesidades físicas y emocionales. Maslow todavía ofrece una estructura útil para pensar acerca de las necesidades humanas. Sus primeros cuatro niveles concuerdan con los estudios de las necesidades y la motivación humanas conducidos por otros investigadores del comportamiento. La gran contribución hecha por Maslow está en la estructura o el modelo que él crea para considerar la importancia de las necesidades humanas y su interrelación.

TEORÍA DE HERZBERG DE LOS DOS FACTORES DE LAS NECESIDADES

El investigador Fredrick Herzberg ha validado un enfoque menos complejo de la comprensión de las necesidades

Figura 8

LA JERARQUÍA DE
NECESIDADES DE MASLOW

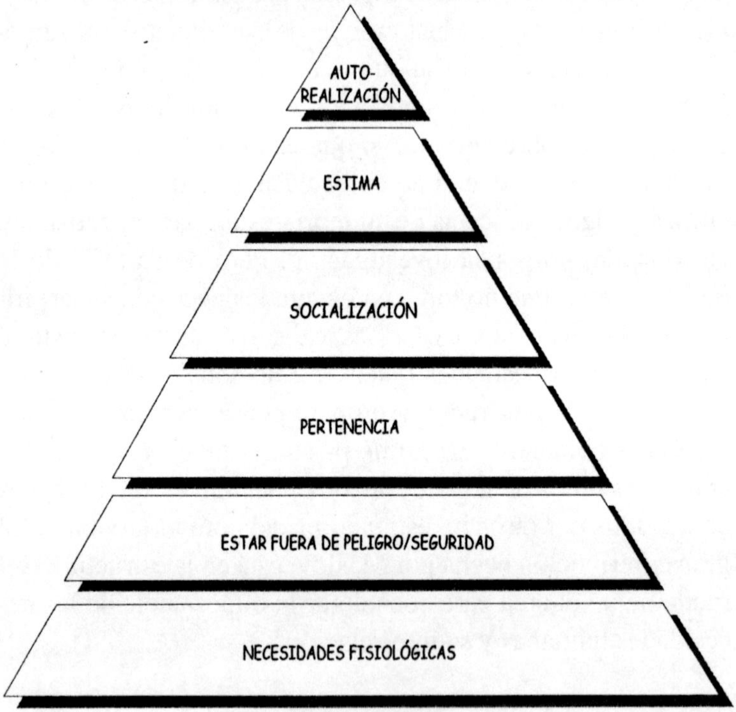

AUTO-REALIZACIÓN

ESTIMA

SOCIALIZACIÓN

PERTENENCIA

ESTAR FUERA DE PELIGRO/SEGURIDAD

NECESIDADES FISIOLÓGICAS

que consiste en solo dos niveles. Herzberg teorizó que las necesidades humanas se limitan a las categorías de la «higiene» y la «motivación» (figura 9). Las necesidades de higiene son aquellas necesidades fundamentales que tienen los humanos que si no se satisfacen entorpecen su mayor eficacia y éxito. Las necesidades de higiene concuerdan con los primeros tres niveles de Maslow. Las necesidades de higiene que no se satisfagan harán que los que aprenden pierdan su motivación y dejen de participar. Los motivadores son las necesidades que, cuando se satisfacen, aumentan la eficacia y el éxito personales. Tales necesidades concuerdan con las categorías de estima y realización personal de Maslow pero no se ven limitadas por las definiciones de este. Los motivadores pueden diferir entre los alumnos y, por tanto, los maestros deben entender sus necesidades individuales y los factores que los motivan.

Santiago debe de haber estado observando los mismos comportamientos humanos que Herzberg cuando escribió: «Y alguno de vosotros les dice: Id en paz, calentaos y saciaos, pero no les dais las cosas que son necesarias para el cuerpo, ¿de qué aprovecha? Así también la fe, si no tiene obras, es muerta en sí misma» (Santiago 2.16,17).

ENFOQUE DEL DESARROLLO PARA ENTENDER LAS NECESIDADES DEL ALUMNO

Además de las necesidades generales como se ven en las teorías de Maslow y de Herzberg, los maestros creativos de la Biblia pueden enfocar las características generales del grupo de edad como un medio para entender al alumno. Por cuanto Dios creó a los humanos con un diseño, es posible estudiar el desarrollo humano y reconocer las etapas y los asuntos comunes en el proceso del desarrollo. Incluso se considera que Jesús se desarrolló en las facetas típicamente enfocadas por los investigadores del desarrollo. En Lucas 2.52 leemos: «Y Jesús crecía en sabiduría y en estatura, y en gracia para con Dios y los hombres». Aquí vemos que Jesús se desarrollaba cognoscitivamente (en sabiduría), físicamente (en estatura), espiritualmente (en gracia para con Dios) y socialmente (en gracia para con los hombres).

Pablo también reconoció la faceta cognoscitiva del desarrollo humano cuando escribió: «Cuando yo era niño, hablaba como niño, pensaba como niño, juzgaba como niño; mas cuando ya fui hombre, dejé lo que era de niño» (1 Corintios 13.11). Aun cuando Pablo no identificó los varios niveles del desarrollo cognoscitivo que los investigadores modernos han descubierto, él sí observó las diferencias fundamentales entre la manera en que los niños y los adultos procesan las ideas.

Mediante la obra de la maduración, codificada en la estructura genética, Dios ha establecido en cada persona un complejo diseño para el crecimiento y el desarrollo humanos. Es este diseño común lo que posibilita el estudio del desarrollo humano y hace útiles las generalizaciones acerca de los varios grupos de edad. Imagínese si todas las personas crecieran y cambiaran según tasas totalmente diferentes. Algunos no caminarían hasta que cumplieran los treinta años mientras que otros alcanzarían cinco metros de estatura al final del primer año de vida. Los cambios previsibles en niños, adolescentes y adultos son, en sí mismos, argumentos en favor de la existencia de un diseño y de un Diseñador.

Hay varios libros excelentes acerca del desarrollo humano para los maestros creativos de la Biblia. El conocimiento de las características típicas de los grupos de edad resulta

Figura 9

LA TEORÍA DE
DOS FACTORES
DE HERZBERG

MOTIVADORES

HIGIENE

•Necesidades físicas
•Necesidades de seguridad
•Necesidades de relacionarse con otros

muy valioso para los maestros que quieran comunicar la Palabra de Dios a sus alumnos a su nivel y en una manera que ellos puedan entender. Un libro particularmente útil es el de Helen Bee, *The Developing Child*, publicado por Harper and Collins. Aunque éste sea un libro secular y refleje una tendencia evolucionista, la mayor parte de su información se presenta de forma franca e imparcial. Contiene material excepcionalmente bien escrito sobre el desarrollo humano que los maestros hallarán informativo.

Para un breve resumen de las características del desarrollo y las necesidades de los niños, de los jóvenes y de los adultos, dos libros, el de Gangel y Hendricks, *The Christian Educator's Handbook on Teaching* (Victor) y el de Clark, Johnson y Sloat, *Christian Education: Foundations for the Future* (Moody), proporcionan valiosas perspectivas. Otro excelente recurso es *Complete Book of Baby & Child Care,* escrito por Paul C. Reisser y Melissa Cox (Tyndale). Las tablas 3 a 6 le ofrecen cuatro diagramas de referencia rápida para ayudarlo a evaluar las necesidades y características de desarrollo de sus alumnos. Posteriormente en este libro, los capítulos 15 a 17 también lo ayudarán a entender mejor las necesidades de varios grupos de edad y cómo enseñar en vista de tales necesidades.

COMPRENSIÓN DE LAS NECESIDADES ESPIRITUALES

Ruth Beechick propone varias «tareas espirituales» (tabla 7) que ella cree que deben ser consideradas según los alumnos maduren.[4] En su enfoque de las tareas espirituales ella usa el modelo de Robert J. Havinghurst en *Developmental Tasks and Education* (New York: Longmans, 1948).

Tabla 3

RESUMEN DE LAS CARACTERÍSTICAS DEL DESARROLLO DE LOS NIÑOS PREESCOLARES	
Rasgos generales de los estudiantes	**Respondemos con**

Físicos:

• Carecen de coordinación de los músculos pequeños	• Recursos y actividades diseñados para el uso de los músculos grandes
• Desarrollan desde la cabeza hacia abajo (las piernas menos desarrolladas, la cabeza más)	• Sillas del tamaño apropiado, juguetes al alcance e ilustraciones a su nivel visual
• Crecen con rapidez, son muy activos y requieren períodos de descanso	• Programas que alternan entre actividad y descanso

Cognitivos:

• Prestan atención por breve cantidad de tiempo (como regla, un minuto por cada año de edad)	• Varias actividades de aprendizaje que pueden realizarse en un período de una hora
• Aprenden por medio de la experiencia	• Enseñanza dirigida a todos los sentidos; uso de historias, objetos y experiencias
• Expresan curiosidad y hacen preguntas	• Aprendizaje por medio del descubrimiento y respuestas sencillas
• Tienen consciencia y comprensión limitada del tiempo y el espacio	• Énfasis en el presente y carencia de referencias a la historia y la cronología

Emocionales/sociales:

• Se sienten inseguros en nuevas situaciones y con personas desconocidas	• Ayudantes y maestros confiables y estables
• Exploran y aprenden por medio del descubrimiento	• Aulas amplias, cuartos seguros con mucho espacio y muchos artículos interesantes
• Requieren rutina y repetición	• Patrones parecidos para cada lección
• Encaran la vida desde una perspectiva egocéntrica y sin poder considerar la perspectiva de otro	• Explicaciones que toman en cuenta la perspectiva de ellos

Espirituales/morales:

• Exploran y formulan un sentido de lo correcto y lo indebido y un concepto acerca de Dios	• Distinciones entre el bien y mal y conversación libre acerca de Dios

Tabla 4

RESUMEN DE LAS CARACTERÍSTICAS DEL DESARROLLO DE NIÑOS DE ESCUELA ELEMENTAL

Rasgos generales de los estudiantes	Respondemos con
Físicos:	
• Aumenta cada vez más el uso coordinado de los músculos	• Recursos para escribir, juegos en grupo y actividades coordinadas conforme al desarrollo
• Crecen a buen paso y mantienen altos niveles de energía	• Actividades, meriendas y desafíos físicos cada vez más difíciles
Cognitivos:	
• Aumenta cada vez más el poder de concentración (Jardín de infancia = 5–10 minutos) (Grados 1-3 = 7–15 minutos) (Grados 4-6 = 10–20 minutos)	• Una variedad de actividades de duración correspondiente a la capacidad de concentración del grupo (de acuerdo al promedio de sus edades)
• Piensan en forma concreta	• Múltiples ilustraciones y ejemplos
• Piensan en forma literal o textual	• Contenido enseñado de manera directa sin una gran cantidad de simbolismo
• Desean la enseñanza creativa	• Actividades variadas y creativas
• Poseen una excelente habilidad para la memorización	• Promoción de la memorización de las Escrituras
Emocionales/sociales:	
• Poseen habilidades sociales crecientes, tienen amistades con compañeros—niños con niños y niñas con niñas	• Ayudantes y maestros confiables y estables
• Se hieren los sentimientos con facilidad	• Aulas amplias, cuartos seguros con mucho espacio y muchos artículos interesantes
• Necesitan y requieren ser aceptados, tienen un instincto de «pandilla»	• Patrones parecidos para cada lección
• Coleccionan objetos y tienen pasatiempos	• El uso de pasatiempos como puntos de contacto
Espirituales/morales:	
• Exploran y formulan un sentido de lo correcto y lo indebido y un concepto acerca de Dios	• Distinguir entre el bien y mal y conversar libremente acerca de Dios

Tabla 5

RESUMEN DE LAS CARACTERÍSTICAS DEL DESARROLLO DE LOS JÓVENES

Rasgos generales de los estudiantes	Respondemos con

Físicos:

• Crecen y cambian con rapidez durante los principios de la adolescencia (pubertad)	• Prepararlos para los cambios de la adolescencia y para poder encarar de asuntos de la sexualidad
• Desarrollan desde la cabeza hacia abajo (las piernas menos desarrolladas, la cabeza más)	• Abundantes oportunidades para el gasto de energía con programas de mucha actividad
• Crecen con rapidez, son muy activos y requieren períodos de descanso	• Enseñanza de una perspectiva completa de la naturaleza humana, y de un punto de vista cristiano acerca del aspecto físico de la persona

Cognitivos:

• Aumenta la capacidad para razonar y la habilidad para pensar en lo abstracto	• Varias actividades de aprendizaje que pueden realizarse en un período de una hora
• Poseen una mejor habilidad para argumentar y pensar de forma crítica	• Métodos de instrucción que facilitan la expresión de opiniones y creencias

Emocionales/sociales:

• Poseen un espíritu de aventura y de tomar riesgos	• Eventos programados que permiten los riesgos medidos
• Se preocupan por la apariencia externa y los rasgos físicos	• Una perspectiva balanceada que saca a relucir las cualidades internas de la piedad
• Están interesados en y atraídos a el sexo opuesto	• Una perspectiva bíblica acerca de las relaciones humanas
• Buscan un sentido de identidad personal	• Un enfoque en su identidad en Cristo
• Buscan mayor autonomía	• Aumento en libertad y responsabilidad
• Experimentan cambios emocionales	• Paciencia y tolerancia de parte de los maestros

Espirituales/morales:

• Reevalúan y personalizan su fe	• Permiso para que exploren su fe sin edificar barreras

Tabla 6

RESUMEN DE LAS CARACTERÍSTICAS DEL DESARROLLO DE LOS ADULTOS	
Rasgos generales de los estudiantes	**Respondemos con**

Físicos:

• Alcanzan su cima física a los 26 años de edad	• Actividades sociales y físicas
• Tienen hijos entre los 20 y 40 años	• Enseñanza acerca del desarrollo de los niños
• Sanan con mayor lentitud, se encuentran con más estrés en los años de la edad mediana (35-55)	• Ayuda variada para que ellos puedan encarar las necesidades físicas
• Experimentan decadencia física significativa después de los 55 años de edad	• Ayuda que continua (cuando sea necesario) y una perpectiva bíblica
• Encaran temas relacionados con la muerte después de los 60 años de edad	• Respaldo en el proceso del luto
• Viven más tiempo y tienen una vida más activa que las previas generaciones	• Un programa activo para las personas mayores de edad

Cognitivos:

• Enfatizan lo práctico y lo pragmático en la enseñanza	• Enfocar en las oportunidades relevantes para la aplicación y discusión.
• Prefieren la enseñanza ellos mismos dirigen como estudiantes	• Aumentar los métodos enfocados en el estudiante.
• Con la edad adquieren conocimientos y sabiduría práctica	• Utilizar su creciente conocimiento y sabiduría para guiar a los jovenes adultos

Emocionales/sociales:

• Tienen necesidades diversas que difieren conforme su edad (y la de sus hijos), el estado civil, y la salud	• Un ministerio construido alrededor de los períodos de transición en la vida cuando las personas están más abiertas a los esfuerzos ministeriales
• Tienen necesidades que corresponden a las "transiciones" y "eventos crisis" en la vida	• Procurar ser sensibles a las personas durante las varias transiciones de la vida
• Enfocan sobre el matrimonio y los asuntos familiares.	
• Necesitan un grupo de amistades cercanas.	• Desarrollar clases y grupos de estudio acerca del matrimonio y la familia

Espirituales/morales:

• Llegan a estar más arraigados en sus creencias.	• Evangelización de los jovenes; el discipulado de los adultos.

Tabla 7

TAREAS QUE CORRESPONDEN AL DESARROLLO ESPIRITUAL

I. Años preescolares

A. Experimentar el amor, la seguridad, la disciplina, la alegría, y la adoración
B. Comenzar el desarrollo de estar consciente, y tener un concepto de Dios Padre, Jesús, y otras realidades cristianas fundamentales
C. Desarrollar actitudes hacia Dios, Jesús, la iglesia, su propia persona, y la Biblia.
D. Comenzar a desarrollar los conceptos del derecho y la injusticia.

II. Años de la escuela elemental

A. Creer en Jesucristo y reconocerlo como el Señor.
B. Crecer en estar consciente del amor cristiano y en ser responsable en las relaciones con otros.
C. Seguir en la construcción de conceptos acerca de realidades cristianas básicas.
D. Aprender las enseñanzas básicas de la Biblia adecuadas para la fe personal y la vida cotidiana.

    1. La oración en la vida cotidiana.
    2. La Biblia en la vida cotidiana.
    3. Las amistades cristianas.
    4. Adoración corporativa.
    5. Responsabilidad para servir a Dios.
    6. El conocimiento básico de Dios, Jesús, el Espíritu Santo, la creación, seres angelicales, el cielo, el infierno, el pecado, la salvación, la historia de Biblia y la literatura.

E. Desarrollar actitudes saludables hacia su propia persona.

III. La adolecencia

A. Aprender a mostrar el amor cristiano en la vida cotidiana.
B. Seguir en el desarrollo de las actitudes saludables hacia su propia persona.
C. Desarrollar el conocimiento de la Biblia y de las habilidades intelectuales adecuadas para encarar los asaltos intelectuales a la fe.
D. Alcanzar tener un carácter cristiano fuerte a fin de poder enfrentar las presiones sociales anti-cristianas.
E. Aceptar responsabilidad por el servicio cristiano conforme las habilidades crecientes.
F. Aprender a tomar decisiones para la vida basadas en valores cristianos eternos.
G. Crecer an la auto-disciplina a fin de poner «la mira en las cosas de arriba».

IV. La madurez

A. Aceptar la responsabilidad para seguir creciendo y aprendiendo.
B. Aceptar responsabilidades bíblicas hacia Dios y hacia otros.
C. Vivir una vida unificada, con propósito y enfocada en Dios.

Evaluación de las necesidades del alumno

Alex es un profesional de la medicina de veintiocho años de edad. Su iglesia es una pequeña congregación evangélica ubicada en una de las varias comunidades étnicas de Chicago. Alex tiene un grupo de once alumnos de preparatoria en una clase de escuela dominical de la que él es maestro. También da un estudio bíblico en su casa a un reducido grupo los jueves por la noche. Entre seis y ocho alumnos de preparatoria asisten al estudio hogareño. Los alumnos estiman a Alex y tanto los alumnos de la clase de escuela dominical como los del estudio bíblico hogareño han desarrollado con él una relación de confianza. En una reciente conferencia para obreros juveniles, Alex subió a la plataforma después de un taller e hizo esta pregunta: «¿Cómo se las arregla uno para evaluar las necesidades de una clase o de un grupo de estudio bíblico? Quiero ser pertinente en mi enseñanza, pero estoy inseguro en cuanto a dónde comenzar».

Le sugerimos a Alex que hiciera a sus grupos una evaluación de necesidades. Una evaluación de necesidades es un sencillo proceso mediante el cual el maestro puede percatarse de las necesidades presentes en su clase. Existen muchos diferentes instrumentos para evaluar las necesidades, pero creemos que un sencillo estudio de cuatro aspectos del grupo es suficiente para la mayoría de los maestros de la Biblia. La tabla 8 presenta el *Instrumento de evaluación de las necesidades del alumno para el maestro creativo de la Biblia* que recomendamos a Alex. Observe cómo Alex completó su tarea de evaluación de las necesidades. Al pensar en términos de sus alumnos será menos probable que Alex enseñe mero contenido. Enseñará teniendo a sus alumnos como objetivo primordial puesto que su enfoque está en evaluar y satisfacer las necesidades de ellos.

COMPONENTES DE UN SONDEO DE EVALUACIÓN DE NECESIDADES

¿Cómo, pues, se realiza un estudio de evaluación de necesidades? La tabla 8 sugiere un enfoque para la evaluación de necesidades que analiza cuatro aspectos. Primero, comience listando algunas de las necesidades físicas, cognoscitivas, psico-sociales (emocionales y sociales) y espirituales que usted haya observado en el grupo. Sea específico para que pueda dirigir sus lecciones a las necesidades de sus alumnos. En segundo lugar, describa al grupo. ¿En qué clase de situación ministerial estará usted enseñando? ¿Qué tamaño tiene el grupo? ¿Cuáles son las características sociales y culturales de este? ¿Cuál es su nivel de madurez espiritual? Respuestas a preguntas como estas lo ayudarán conforme usted se prepara. Le vendrán ideas para hacer la enseñanza del texto y la aplicación de la lección tan adecuadas como sea posible. En tercer lugar, haga una lista de algunas de las características específicas de los miembros del grupo que usted haya observado. ¿Cuáles son sus intereses? ¿Qué habilidades poseen? ¿Qué limitaciones ha observado? ¿Sabe usted de algunas necesidades obvias o expresadas que sus alumnos traen a la clase? Finalmente, haga una lista de algunas maneras en que pueda usted desarrollar contacto ministerial con el grupo. Por ejemplo, si el grupo participa en deportes, las ilustraciones del mundo deportivo reforzarán su enseña al grupo.

Tabla 8a

INSTRUMENTO DE EVALUACIÓN DE NECESIDADES PARA EL MAESTRO CREATIVO DE LA BIBLIA

Grupo del blanco: Estudio bíblico de estudiantes de secundaria- Iglesia Bíblica del Norte

Fecha de la evaluación: 9/5/04   Asesorado por: Alex Smith

1. **Características generales del grupo**   Edades: de 14-17 años de edad

   Género: ☐ Solo muchachos   ☐ Solo muchachas   ☒ Grupo mixto

Físicas:	Cognitivas:	Psicosociales:	Espirituales:
Todos han pasado - por la pubertad	Todos dan indicación de que pueden pensar en lo abstracto	Todos quieren sentirse aceptados y tienen gran necesidad de saber que pertenecen al grupo	Poseen conocimiento mínimo de las Escrituras
Son muy enérgicos y son atletas	Al grupo le agrada debatir y discutir los acontecimientos y los temas de la actualidad		Todos han creído en Jesús como Salvador personal
Dos estudiantes son estrellas en el equipo de béisbol de la escuela secundaria	Algunos alumnos han expresado dudas acerca de su fe	Algunos de los estudiantes del grupo se sienten muy atraídos a las pandillas	Todos necesitan aprender a defender su fe ante sus amigos
Una alumna es una figura diestra del patinaje	Dos de los estudiantes son lectores muy pobres y carecen de habilidades académicas	Todos andan buscando un grupo íntimo de amigos	Necesitan mayor conocimiento de la doctrina bíblica
		Necesitan ser guiados en las relaciones personales, particularmente con el sexo opuesto	Necesitan ayuda con el estudio de la Biblia y el tiempo devocional

2. **Características del contexto en el cual se ministrará**

¿Qué clase de grupo es? (Indique la agencia en la cual y el tipo del ministerio en que la enseñanza tomará lugar.):

> Es un grupo pequeño para el estudio de la Biblia. El grupo se compone de líderes claves del grupo de jóvenes de la iglesia. Se reúne en el hogar del patrocinador del grupo de jóvenes una vez cada semana. Es un ambiente muy informal.

¿De qué tamaño es el grupo? (Indique el número de estudiantes que se anticipan o que asisten regularmente.):

> Asisten de seis a diez personas, cuatro chicos y seis chicas (Juan, Tomás, Miguel, Ambrosio, Linda, María, Liliana, Katerina. Lourdes y Laura).

Tabla 8b

INSTRUMENTO DE EVALUACIÓN DE NECESIDADES PARA EL MAESTRO CREATIVO DE LA BIBLIA

2. **Características del contexto en el cual se ministrará** (continuación)

✓ ¿Cuáles son las características culturales-sociales del grupo (clase de comunidad, los grupos étnicos, clase de empleo, nivel económico, tamaño de la comunidad, etc.):

> El grupo está compuesto de grupos étnicos diversos. Proceden del lado noroeste de Chicago, es una comunidad de obreros, los ingresos son medianos. Existe alguna tensión racial en la escuela secundaria local. Las pandillas ejercen una fuerte influencia y muchos usan drogas. Los estudiantes asisten a una de las mejores escuelas de Chicago donde la cualidad de educación está por encima del estándar mediano. Los estudiantes que han afirmado su fe han encarado la persecución significativa.

✓ ¿Cuál es el nivel de madurez espiritual de los estudiantes?:

> La mayoría de los estudiantes en el grupo de jóvenes son maduros. Todos necesitan crecer espiritualmente y participan en el estudio bíblico por esa razón. Dos de ellos son nuevos creyentes. Dos (Ambrosio y Lourdes) están saliendo juntos. Dos son maestros de escuela dominical para las clases de primer y segundo grado.

3. **Características específicas del grupo**

✓ Sus intereses:

> Los deportes, la música. el patinar. el periodismo, el salir juntos

✓ Sus habilidades:

> Hay cinco atletas hábiles, un músico talentoso, uno escribe para el periódico de la escuela

✓ Sus limitaciones:

> Un estudiante está limitado físicamente porque usa silla de ruedas, todos poseen un conocimiento limitado de las Escrituras, y dos tienen casi nada de entrenamiento bíblico. Dos son estudiantes y lectores muy pobres.

✓ Necesidades observadas:

> Todos bajo presión significativa a medida que tratan de vivir por Cristo en su escuela secundaria. Hay un número muy pequeño de creyentes en la escuela: los estudiantes necesitan ser animados constantemente a fin de permanecer fieles a Cristo. Algunos enfrentan tentaciones y dudas significativas. La aceptación por un grupo representa la principal necesidad que sienten los estudiantes.

4. **Puntos de contacto para el ministerio**

> Los deportes, la música, el drama, las pandillas, la persecución

FUENTES DE INFORMACIÓN DE NECESIDADES

¿Ve usted a cada miembro de su clase como individuos o los percibe como un colectivo, una clase, un mero grupo? ¿Cuánto conoce y entiende usted a sus alumnos? ¿Conoce usted sus nombres, intereses, preocupaciones y necesidades? Será importante que usted, como maestro creativo de la Biblia, obtenga esta índole de conocimiento acerca de sus alumnos. Pero, ¿cómo puede uno obtener tales datos? ¿Dónde encuentra el maestro información para determinar eficazmente las necesidades del alumno? He aquí algunas sugerencias.

La primera y más confiable fuente de información sobre las necesidades de los alumnos son ellos mismos. De serle posible, pase algún tiempo con cada estudiante individualmente. Pregúntele qué le interesa. Sepa cómo es cada alumno como individuo fuera de la clase. Parte de la información de la evaluación de necesidades puede ser obtenida sencillamente observando a sus alumnos. Las actividades recreativas con los alumnos tienen múltiples propósitos. Proporcionan camaradería entre ellos y una oportunidad para que los maestros conozcan a los individuos en un entorno más relajado que el del aula. Durante tales ocasiones los maestros pueden observar de cerca las necesidades de algunos alumnos.

Una segunda fuente de información sobre las necesidades de los alumnos puede provenir de un proceso informal de entrevista. El maestro les puede decir a dos o tres alumnos que él o ella quieren aprender más acerca del grupo y sus necesidades. Si lleva a los alumnos a comer hamburguesas y refresco o café y pasteles, el maestro puede pedir a sus «informantes» que lo ayuden a organizar la clase. Hemos descubierto que los alumnos son muy receptivos a los maestros que valoran sus puntos de vista. Bien sea que trabajen con niños, jóvenes o adultos, los maestros que sencillamente hagan la pregunta: «Cómo podemos hacer que nuestra clase sea mejor?» descubrirán que sus alumnos les ofrecerán algunas ideas útiles tanto con respecto a la metodología como a la revisión del contenido. Los maestros deben estar dispuestos a cambiar o este enfoque puede que resulte contraproducente. No pasará mucho tiempo para que los alumnos descubran que, aunque los pidió, el maestro realmente no quería los puntos de vista de ellos. Asegúrese de aplicar algunas de las ideas de sus informantes y de agradecerles sus sugerencias.

Una tercera fuente de información sobre las necesidades e intereses de los alumnos puede ser un sencillo cuestionario. Distribuya un cuestionario a la clase o a su grupo de estudio bíblico. Permita que los alumnos tengan tiempo para escribir sus respuestas más detalladamente o que conversen acerca de ellas si así lo prefieren. Los estudiantes adultos a menudo están muy dispuestos a listar las necesidades y las maneras en que la clase podría satisfacerlas si se les guía a que las discutan en una manera franca y no amenazadora. Una idea que ha funcionado bien es la de dar un sondeo de necesidades a grupos pequeños y permitir que hablen entre ellos sobre qué debe escribirse. Los grupos luego entregarán un sondeo escrito o discutirán los resultados de éste con toda la clase.

HA LLEGADO SU OPORTUNIDAD

Es este el momento para que usted intente hacer una evaluación de necesidades. Al final de este capítulo hallará la tabla 9. Esta se ha incluido para que pueda usted realizar su propia evaluación de las necesidades de su clase. Antes de que pase usted a leer el próximo capítulo, haga fotocopias de las páginas de la referida tabla y complételas teniendo en cuenta el entorno en que enseña. Si actualmente no enseña una clase o grupo de estudio bíblico, haga una evaluación del grupo del que usted sea miembro. Tenga presente que la meta de este ejercicio es comenzar a pensar en términos del alumno y sus necesidades, y del mundo en que él vive día tras día. Armado de esta información, usted podrá desarrollar mejor un plan de lecciones de enseñanza creativa de la Biblia que sirva de puente entre el mundo del alumno y el mundo de las Escrituras. Al comprender a sus alumnos también evitará el error común de los maestros de la Biblia: enseñar meras lecciones en vez de enseñar a alumnos. Los maestros creativos de la Biblia están conscientes de sus alumnos. Saben que el contenido es importante, pero el objetivo de su enseñanza son los alumnos.

Enseñe a alumnos y no meras lecciones

Nancy Langley hacía frente a grandes problemas y a tiempos difíciles. Su hijo mayor estaba preso por vender narcóticos y su hijo del medio hacía poco que se había fugado de la casa. Su esposo (Stan) no era creyente. Nancy asistía sola a la iglesia y era una alumna regular de la clase de adultos de escuela dominical de John Mathews. Ella asistía a la clase de John porque éste tenía la reputación de enseñar la Biblia a profundidad. La mayor parte de las clases eran conferencias, pero una mañana John les dio la oportunidad de debatir asuntos. La clase había estado analizando Romanos 8.28: «Y sabemos que a los que aman a Dios, todas las cosas les ayudan a bien, esto es, a los que conforme a su propósito son llamados». John preguntó: «Así que, hermanos, ¿cómo han visto ustedes a Dios obrar para bien en su vida al atravesar situaciones difíciles?»

Nancy tomó la palabra y contó acerca de sus luchas. Expresó que actualmente ella no estaba muy segura de que Dios obrara para su bien. Habló acerca de sus dudas y aflicciones. Después de algunos minutos, John interrumpió a Nancy y le dijo: «Nancy, no creo que podamos resolver tus problemas aquí hoy. En realidad necesitamos continuar con nuestro estudio si es que queremos terminar Romanos para fines del trimestre. ¿Quizá podamos hablar después de la clase?» Nancy asintió, la clase finalizó y ella salió del aula sin decir nada. Ella no ha vuelto desde aquella lección.

Puede ser que John haya tenido razón en que las necesidades de Nancy iban a frenar el progreso que él esperaba hacer en el estudio de Romanos. Quizá también haya tenido razón en desear hablar con Nancy en privado acerca de su situación. Pero resultó claro para Nancy y casi todos los demás en la clase ese día que John tenía como objetivo enseñar su lección y no a personas. John sintió que las necesidades de Nancy eclipsaban el material que él había planeado. Para John enseñar equivalía a comunicar contenido.

Algunos maestros se concentran en el contenido que desean cubrir en la clase como el factor primario de la enseñanza. Los maestros creativos de la Biblia no. Ellos reconocen la necesidad de enseñar la verdad de la Biblia y la importancia del contenido fuerte, pero también saben que enseñan a estudiantes y no meras lecciones. Las necesidades del alumno y el aprendizaje de éstos son una prioridad. Los maestros creativos de la Biblia se ven a sí mismos como un eslabón entre el contenido y el alumno. Al conocer y preocuparse por sus alumnos, pueden conectar el contenido con la vida de estos en maneras significativas. La evaluación de necesidades ayudan a los maestros a hacerlo.

Tabla 9a

INSTRUMENTO DE EVALUACIÓN DE NECESIDADES PARA EL MAESTRO CREATIVO DE LA BIBLIA

Grupo objetivo: _____

Fecha de la evaluación: _____ Asesorado por: _____

1. **Características generales del grupo**   Edades: _____

   Género: ☐ Solo muchachos   ☐ Solo muchachas   ☐ Grupo mixto

Físicas:	Cognitivas:	Psicosociales:	Espirituales:

2. **Características del contexto en el cual se ministrará**

¿Qué clase de grupo es? (Indique la agencia en la cual y el tipo del ministerio en que la enseñanza tomará lugar.):

¿De qué tamaño es el grupo? (Indique el número de estudiantes que se anticipan o que asisten regularmente.):

Tabla 9b

2. Características del contexto en el cual se ministrará (continuación)

✓ ¿Cuáles son las características culturales-sociales del grupo (clase de comunidad, los grupos étnicos, clase de empleo, nivel económico, tamaño de la comunidad, etc.):

✓ ¿Cuál es el nivel de madurez espiritual de los estudiantes?:

3. Características específicas del grupo

✓ Sus intereses:

✓ Sus habilidades:

✓ Sus limitaciones:

✓ Necesidades observadas:

4. Puntos de contacto para el ministerio

NOTAS

1. Contribución de Mary Beth Yoder, en «Virtual Hilarity», *Readers Digest* (agosto de 1997): 25.

2. J. Daniel Baumann, *An Introduction to Contemporary Preaching* (Grand Rapids: Baker, 1972), 100.

3. Abraham Maslow, *Motivation and Personality* (New York: Harper and Row, 1970).[Versión en español: *Motivación y personalidad* (España: Ediciones Díaz de Santos, 1991).]

4. Ruth Beechick, *Teaching Juniors: Both Heart and Head* (Denver: Accent Books, 1981), 24,25.

CAPÍTULO 7

ENFOQUE EN EL APRENDIZAJE: LA VERDAD EN LA VIDA

La educación se basa sobre la suposición: lo que se aprende en el aula puede y debe ser aplicado fuera del aula. Por definición, el aprendizaje requiere que el estudiante sea capaz de transferir significativamente un concepto de un ambiente a otro. Pero la transferencia de la verdad de una situación a otra no es automática. Los maestros eficaces saben esto. Ellos saben que hay una diferencia entre repetir respuestas y transferir esa información a situaciones de la vida.

Una maestra del cuarto año apenas había completado una unidad en la ciencia que trataba con tipos de piedra, con estratos de las mismas, y con la composición de la tierra. Ella les había enseñado a los niños acerca del centro fundido de la tierra y su calor intenso. Ahora era el día antes del examen y el tiempo para repasar. Ella miró en el libro de texto y preguntó: «Supongamos que ustedes caven un hoyo de una profundidad de centenares de pies, tan profundo que estarían aproximándose al centro de la tierra. ¿Habría más frío encima del hoyo o en su fondo?» Ninguno de los niños respondió. Ella pensó dentro de sí: «Estoy segura que ellos saben la respuesta. Yo no debo haber hecho esa pregunta lo suficiente bien. Intentaré otra vez». Tomó el libro en mano y preguntó:

«¿Qué condición encontraría uno en el centro interior de la tierra?» Casi cada mano disparó para arriba. La respuesta inmediata que ella recibió fue «la fusión ígnea.» Claramente, el término carecía de significado para los niños. Ellos habían memorizado la «fusión ígnea» pero no tenían comprensión de lo que significaba.

El aprendizaje es complejo. Desde el momento que un niño entra a este mundo, él o ella percibe información, la organizan, la interpretan, y eligen a base de ella. Los niños nacen con una habilidad innata para aprender dada por Dios. Ellos son creados para aprender. A medida que los niños crecen para llegar a ser adolescentes y eventualmente adultos, ellos cambian. Ellos cambian no solo en el sentido físico, sino también intelectual, social y espiritualmente. Esos cambios constituyen y son manejados por el aprendizaje. Los maestros creativos de la Biblia se comprometen a enseñar en maneras que produzcan cambios en la vida. Ellos quieren que sus estudiantes aprendan, no en una manera estéril de solo adquirir datos, sino en forma transferible relacionada a la vida. Enfocados en el aprendizaje, los maestros creativos de la Biblia ponen como blanco la transformación de la vida del estudiante.

La idea del maestro de lo que significa la enseñanza ilustra cómo este enseña, ya sea que el maestro se enfoque principalmente en la información o en la aplicación. Con demasiada frecuencia nosotros estimamos por igual el saber lo que la Biblia dice con conocer a Dios. La persona que puede citar la mayoría de textos de las Escrituras en la reunión de oración no es necesariamente la más espiritual. Ella no necesariamente camina más estrechamente con Dios. Y es este caminar con Dios lo que cuenta.

Todos sabemos que esto es verdad. No obstante, con frecuencia este conocimiento falla al cambiar la manera en que enseñamos. El maestro de escuela dominical que se concentra la hora completa en el contenido enseña tal como si el dominio de este es lo que cuenta, *como si* la vida con Dios es el ejercicio intelectual que enseñaban los herejes de los días de Pablo.

Cuando un maestro de escuela dominical enseña la Biblia meramente como contenido, manifiesta que el saber acerca de Dios y el conocer a Dios es lo mismo. Muchos jóvenes salen de nuestras iglesias rechazando la hipocresía expresada por un alumno de secundaria: «Ellos solo quieren que yo diga las palabras santas». Los que enseñan así trágicamente están «sin entendimiento».

Pero hay un error igual y opuesto. Es la idea de que una persona pueda conocer a Dios personalmente aparte de la verdad que Él ha revelado en las Escrituras. A veces ese error se ve en las vidas de aquellos que argumentan de manera muy convincente que «aplican» las Escrituras, cuando en realidad viven basados en una lista de reglas que tiene poco o nada que ver con una respuesta a Dios o a la verdad revelada de las Escrituras. Lo qué parece ser una vida moral cristiana puede ser en su lugar un esfuerzo de comprobar nuestra santidad ante Dios u otros. Este también es un error que el maestro cristiano puede promover de manera inconsciente. Existe una relación profunda entre conocer acerca de Dios y conocer a Dios, pero es una relación sobre la cual muchos tropiezan. La información acerca de Dios y que proviene de Él, aplicada y reconocida en la vida cotidiana, conduce a un conocimiento creciente *de* Dios. Hay una ruta específica que nos lleva del conocimiento acerca de Dios a conocerlo a Él. Para un ministerio espiritualmente productivo, el maestro de Biblia debe conocer esa ruta y guiar a sus estudiantes por ella. Esa ruta comienza con mirar el texto de Biblia y analizar sus implicaciones, lo cual entonces resulta en la respuesta personal a la Escritura y a Dios.

Los maestros creativos de la Biblia entienden este principio del aprendizaje: *el aprendizaje se transfiere y transforma de manera más poderosa cuando el material que se enseña tiene sentido para la vida y experiencia del estudiante.* En un esfuerzo para comprender y aplicar este principio en el ministerio de la enseñanza, miremos el asunto del sentido y cómo afecta el aprendizaje.

EL SENTIDO Y LA TRANSFERENCIA DEL APRENDIZAJE

LA IMPORTANCIA DEL MATERIAL CON SENTIDO

¿Cuál lista de palabras es más fácil de recordar? ¿Cuál tiene más significado?

1. perro, elefante, conejo, ratón, ballena, caballo
2. ratón, conejo, perro, caballo, elefante, ballena

Con toda probabilidad usted escogió la segunda lista como la que uno recordaría con más facilidad. Es la lista más significativa. La primera lista es al azar; la segunda tiene orden. Pasa de lo más pequeño a lo más grande. Esto ilustra un principio básico del aprendizaje y, por lo tanto, de la enseñanza —*el orden y la estructura dan sentido a la información y a las ideas.* El maestro eficaz entiende que para que los estudiantes puedan aprender un concepto, es importante tener algún sentido de estructura u orden. Las ideas comunicadas al azar simplemente no son retenidas ni transferidas a la vida como lo son los conceptos ordenados.

Consideremos otro ejemplo de la importancia del sentido para el aprendizaje. Examine las dos listas de palabras a continuación. De nuevo, ¿cuál es más fácil de recordar? ¿Cuál tiene más sentido?

1. joven, negra, avión, feliz, maleta, la, en, caballero, el, colocó, el
2. el, joven, caballero, feliz, colocó, la, maleta, negra, en, el, avión

Otra vez, es fácil ver que el segundo conjunto de palabras tiene más sentido para el lector. Aunque es posible memorizar la primera lista palabra por palabra, la segunda lista es mucho más fácil de retener. ¿Por qué? Porque posee estructura, y la estructura le comunica sentido al lector. En el segundo caso tratamos con una idea y no con una lista ordenada al azar. Las ideas poseen estructura, sucesión, y orden.

Considere un ejemplo adicional que trata de la importancia del sentido en el aprendizaje. Supongamos que a usted se le pide recordar la siguiente sucesión de letras: UDTCCSSONDODTCQ. ¿Lo encontraría difícil? Usted podría repasar la lista repetidamente hasta poder repetirla con perfección «al pie de la letra». ¿Pero qué si le damos algún sentido a la sucesión?: ¿Qué si usted supiera que cada letra es la primera de las palabras uno, dos, tres, etc., hasta llegar al quince? ¿Ahora sería usted capaz de retener y recitar dicha sucesión con más facilidad? Al darle sentido a la sucesión, el aprendizaje se hace más eficaz.

Los educadores han entendido este principio por años: *el sentido es importante para los estudiantes*. El desafío significativo para el maestro está en aplicar este principio al contexto del aula. Aquí, entonces, está la tarea del maestro creativo de la Biblia. *La tarea del maestro creativo de Biblia es lograr que el material bíblico tenga sentido para el estudiante contemporáneo.*

LOGRAR QUE LA VERDAD TENGA SENTIDO

Ed Collins y su esposa, Gail, enseñan la clase de escuela dominical del jardín de infancia en su iglesia. El último domingo en su clase enseñaban el concepto: Dios cuida a los niños. Ellos usaron Salmos 23.1 como su versículo de memoria. «Jehová es mi pastor, nada me faltará.» Repetidamente ellos trabajaron con los niños a fin de que lo memorizaran. Usando el versículo, ellos le enseñaron a los niños que Dios cuida de ellos como un pastor cuida de sus ovejas. En la porción de la enseñanza dedicada al arte ellos hicieron ovejas de cartón, las pegaron en palitos de madera [que se usan para las paletas de helado], y las cubrieron con algodón. Durante todo el tiempo dedicado al arte ellos hablaron con los niños acerca del pastor y las ovejas y cuán maravilloso es que Dios es nuestro pastor. Ed y Gail hicieron un excelente trabajo enseñando a su clase y ellos sentían que realmente se habían comunicado con los niños. Pero en la mismísima conclusión de la clase, cuando ellos repasaban el texto para memorizar con los niños una última vez, ellos se dieron cuenta de que cuán gran desafío es la enseñanza en la realidad. Michael preguntó: «Maestro, si el Señor es mi pastor y Él es tan bueno, por qué yo no lo querría?» [Nota: En el inglés original la frase «nada me faltará» se traduce en la versión King James como «I shall not want». Esta frase textualmente traducida significa «nada querré» sin embargo en el *inglés antiguo* significa «nada me faltará». El muchachito entendió equivocadamente «no querré *a Dios*» porque no conocía el sentido del inglés antiguo y le agrego un objeto incorrecto al verbo *want* (querer).] Obviamente ocurrió una interrupción en el aprendizaje porque no hubo comunicación con sentido.

A cada momento surge el debate acerca de que versión de Biblia deben usar los niños para memorizar las Escrituras. Francamente, sin prestarle atención al sentido, probablemente no importe cuál versión se use porque el aprendizaje no ocurrirá con eficacia. El principio del aprendizaje significativo debe dirigir al maestro hacia una versión que tenga sentido para los niños que la estén memorizando. Pero el maestro también debe definir los términos, discutir el versículo, y asegurar que quede claro su significado. Recuerde que el trabajo del maestro es hacer que material que se usa en el aprendizaje tenga sentido para el estudiante. La sencilla memorización de un versículo sin buscar la comprensión del mismo no consigue la enseñanza eficaz y el aprendizaje satisfactorio. Un editor de materiales para los clubes de niños todavía demanda de los estudiantes aprender de memoria todos sus textos para memorización de la versión King James [una buena versión en inglés, pero que utiliza un inglés antiguo]. Aunque dicha Biblia es poética y confiable, carece de sentido para muchos lectores. Ese hecho atrae a muchos a traducciones de lenguaje moderno como preferibles para la enseñanza. Los maestros que se interesan por el aprendizaje del estudiante no dirán: «Esta es mi traducción preferida; por eso yo la uso para enseñar». Más bien, ellos dirán: «Esta traducción tiene mucho sentido para mis estudiantes; por eso la uso para enseñar».

Más allá de la selección de una traducción de la Biblia, ¿cómo logra el maestro creativo de Biblia que el material tenga sentido? ¿Qué puede hacer el maestro para capacitar al alumno a fin de que perciba el material de una manera que tenga sentido y así se comprenda y aplique con más facilidad? Investigaciones en la teoría de enseñanza y aprendizaje señalan tres cosas específicas que le dan sentido al material utilizado en el aprendizaje.

Orden y estructura. Como ya hemos indicado, el material que se organiza y es estructurado de una manera que los estudiantes pueden entender será aprendido y transferido a situaciones nuevas con más facilidad. Muchos maestros cometen el error de enseñar conceptos como datos aislados. A menudo la meta es construir lentamente con los varios datos hasta alcanzar una estructura general. Pero lo que acontece en la realidad es que el estudiante no recuerda el material porque carecía de sentido cuando se lo enseñaron. Si un estudiante no puede ver cómo un paso da lugar al próximo, o si no queda claro hacia donde se dirige la lección, la clase llega a ser frustrante, la retención llega a ser pobre, y pronto el estudiante se siente perdido. El resultado es un estudiante aburrido e inquieto, desinteresado en el tema.

Una experiencia así aconteció en un curso llamado las «Bases para la educación» requerido a los estudiantes de un importante colegio de Biblia. Se usó una estructura para conectar los conceptos que se enseñaban en la clase con un sistema llamado el «Modelo de Frankena». A pesar de que el modelo es útil para educadores cristianos con experiencias y estudiantes de nivel de maestría, resultó ser demasiado complejo y confuso para los alumnos universitarios de primer año. Consecuentemente, lo que había sido considerada una experiencia positiva de la materia en el pasado llegó a ser algo bastante negativo para los estudiantes. Los estudiantes comenzaron a expresar una actitud negativa hacia el contenido y la materia. Muchos indicaron que no sabían cómo es que todo se relacionaba. Algunos se aburrieron y llegaron a estar inquietos. Otros dijeron que pensaban que el material tenía poco valor para su entrenamiento ministerial. Como respuesta, el equipo de profesores que enseñaron la materia la diseñaron de nuevo alrededor de una estructura menos compleja, una con la cual los estudiantes ya estaban familiarizados. El resultado fue un cambio de actitudes en la mayoría de los estudiantes. La estructura nueva tenía sentido para los alumnos. Aunque se presentó la misma información, se usó la nueva estructura para reordenar y organizarla en una secuencia, y así se alcanzaron los objetivos para el aprendizaje.

Vocabulario comprensible. La comprensión significativa del material requiere un vocabulario que el estudiante puede entender. Aun las personas muy inteligentes pueden ser frenados en su aprendizaje cuando se usa un vocabulario con el cual no están familiarizados o que es altamente técnico. Tomemos a Jenny por ejemplo. Jenny trabaja desde su hogar escribiendo materiales legales a máquina para una firma de abogados en su pueblo. Ella hizo todo su trabajo en una máquina de escribir hasta que su jefe le dijo que él quería una copia de todo lo que ella producía en un disco de computadora y en papel también. Así que Jenny se lanzó de lleno al mundo de la computación. A los cuarenta y dos años, fue un desafío aprender a usar una computadora por primera vez. Un problema era la terminología. Ella no estaba familiarizada con palabras como *gigabyte*, *disco duro*, *RAM*, *modem*, *protocol*, *server*, y *download* . Le parecían un idioma extraño. Su transición por las computadoras no fue difícil porque ella carecía de habilidad, sino porque el vocabulario tenía poco sentido para ella. Entonces fue a una librería local. El director le sugirió la serie «For Dummies» [Para tontos]. Él le mostró a ella títulos tales como *Computer for Dummies*

[Las computadoras para tontos], *Wordperfect for Dummies* [WordPerfect para tontos], y *The Internet for Dummies* [Internet para tontos]. Le dijo que los libros fueron diseñados para ayudar a personas como ella, que se sentían tontos a causa de la naturaleza técnica de la jerga, comprender las computadoras en términos cotidianos. Jenny compró dos libros y los usó para hacer una transición agradable al uso cómodo de la computadora. Ahora ella diría que no sabe cómo es que hizo su trabajo antes cuando no tenía su computadora.

Por medio del uso de palabras conocidas y por el cuidado al explicar e ilustrar la nueva terminología, los maestros pueden facilitar la comprensión significativa del nuevo material. A veces nuestro uso de términos no es consecuente, lo cual puede que resulte en ideas erróneas por parte de los estudiantes. Por ejemplo, muy a menudo usamos la palabra *iglesia* para significar el edificio de la iglesia. Decimos a nuestros niños: «no corras en la iglesia». Lo que queremos decir realmente es: «no corras en el edificio de la iglesia». La diferencia quizás suene como algo minucioso, pero es significativo si queremos enseñarles a los niños que el sentido de la palabra *iglesia* en el Nuevo Testamento es la *reunión del pueblo redimido por Dios*. En el primer caso hablamos acerca de un edificio; en el segundo de personas. El concepto del edificio no es un concepto bíblico. Más bien, el uso del término para describir un edificio se ha desarrollado con el tiempo. Ahora, si queremos ayudar a los estudiantes a entender la naturaleza de la iglesia, tendremos que ajustar nuestro vocabulario como corresponde.

Una congregación decidió cambiar su uso del vocabulario con respecto a la palabra *iglesia*. Sus miembros creían que la mayoría de los cristianos tenían una comprensión defectuosa de la iglesia a causa del mal uso del término. En esa iglesia, la palabra *iglesia* está reservada solo para hacer referencia al pueblo de Dios, los creyentes en Jesucristo. Todos los otros usos del término se modifican para evitar la equivocación. Por ejemplo, cuando se hace referencia al edificio, se usa la terminología el edificio de la iglesia. Esto se hace con consecuencia en todas las publicaciones y en todas las clases. Es un esfuerzo deliberado con fines de enseñar una idea que esté bíblicamente correcta.

Otra terminología que a menudo se usa pero que rara vez se define es «pídele a Jesús que entre en tu corazón». Aunque esta terminología nunca se usa en la Escritura, es quizás la más usada hoy para explicar la salvación, especialmente a los niños. Estamos tan acostumbrados a escucharla que damos por sentado que tiene un sentido profundo. Si los niños han sido instados a pedirle a Jesús que entre en su corazón, pero no se le ha dicho nada respecto el pecado, la cruz, o el perdón, ¿ha sido presentado el evangelio? Es importante que el evangelio sea presentado claramente en lugar de que con código de palabras que nosotros entendemos pero que no comprenden aquellos a quienes estamos enseñando. «Pide a Jesús que perdone tus pecados» o «cree que Jesús murió por ti» son más precisos que «sea salvo» o «hágase un cristiano».

Conexión a la experiencia de la vida. Probablemente la manera más eficaz de darle sentido al material que enseñamos es relacionarlo a las experiencias en la vida de los estudiantes. Cuanto más cercana pueda estar una idea o concepto a algo que un estudiante ha experimentado o está experimentando, será más probable que este entienda de manera significativa y aprenda el material.

Por ejemplo, un estudiante que es criado en un ambiente urbano tendrá una gama diferente de experiencias que un niño de un suburbio o ambiente rural. ¿Qué niño entenderá la frase: «Yo soy la vid verdadera, y mi Padre es el labrador»

(Juan 15.1) con más facilidad? Pueda ser que todos los estudiantes hayan experimentado con las vides y la horticultura. El niño urbano quizás se imagine inmediatamente el campo de béisbol *Wrigley Field* en Chicago donde las vides cubren las paredes del campo. El niño suburbano quizás se imagine una vid, principalmente decorativa, que sube por un enrejado al costado de una pared de su casa. El niño rural quizás se imagine una viña donde crecen uvas, sandías, o calabazas. La frase tiene un sentido algo diferente para los estudiantes a causa de sus experiencias anteriores con las vides. Los maestros deben estar enterados de cómo sus estudiantes le dan sentido a los conceptos que ellos enseñan. El maestro puede promover el aprendizaje más eficaz al seleccionar cuentos, ilustraciones, y ejemplos que más se aproximan a la experiencia de estudiante.

Puesto que la experiencia de los estudiantes es importante al ayudar a que el material que se enseña en la clase tenga sentido para ellos, los maestros deben conocer algo acerca del mundo de los estudiantes. El maestro creativo de la Biblia debe percatarse del trasfondo económico y social de los niños, de su situación familiar, y de sus intereses. Aquí es donde el material que discutimos en el último capítulo llega a ser consecuente. El asesoramiento de las necesidades y un estudio de los intereses de los alumnos le dará al maestro los puntos de la conexión para enseñar nuevos conceptos.

Bill Hart enseña a un grupo de estudiantes del tercer grado en la Iglesia Bautista Esperanza en un contexto urbano. La mayor parte de los niños vienen de familias de bajos ingresos, y muchos son de hogares de padres solteros. En el currículo de esta semana para la escuela dominical hay un cuento que se supone que Bill debe usar para ayudar a los estudiantes a aplicar la lección. El cuento trata de un padre que llega del trabajo a su hogar al anochecer, vestido de camisa blanca y corbata, con una maleta de ejecutivos en la mano, a una casa en los suburbios que tiene un garaje con cupo para dos coches. El padre está frustrado porque sus niños han dejado juguetes y bicicletas afuera en el camino que lleva a la entrada. Aunque el cuento está bien escrito y verdaderamente concuerda con el tema de la lección, Bill sabe que no comunicará a sus estudiantes. No es que tengan algo de malo las camisas blancas, las corbatas, las maletas para ejecutivos, y los garajes con cupo para dos coches, pero, para los alumnos del tercer grado de Bill estas cosas sencillamente no forman parte de su experiencia. De hecho, los padres no son parte de la experiencia de muchos de los niños en su clase. Bill debe volver a pensar el cuento y lograr que se conforme al mundo de sus estudiantes o substituirlo con un relato enteramente diferente que sea relevante y enseñe la misma idea. Bill puede darle sentido al material por medio de conocer a sus estudiantes.

¿Recuerda a Alex del Capítulo 6? Alex conduce un estudio pequeño de Biblia cada semana en su hogar para un grupo de seis a ocho jóvenes. Él hizo un asesoramiento de las necesidades de los estudiantes en su grupo de estudio para comprender mejor cómo enseñarles. Los estudiantes con quienes él trabaja asisten a una escuela preparatoria de la ciudad de Chicago, han sido cristianos por diferentes cantidades de tiempo, y son líderes potenciales para el grupo de jóvenes de la iglesia. Alex está enseñando el libro de Hebreos a sus estudiantes y está buscando cómo hacer que el estudio sea significativo para sus estudiantes. Él piensa que el concepto de la persecución es la llave para el aprendizaje relevante de Hebreos 10.19-25. Ya que ambos, los lectores originales del pasaje y sus propios estudiantes tienen la experiencia de la persecución en común, Alex se enfocará sobre esta experiencia que ambos comparten cuando enseñe el pasaje. Alex sabe que algunos de sus estudiantes están luchando a causa de su posición a favor de Cristo. Ellos se sienten tentados a esconder su fe en Cristo o aun ha descartarla enteramente a causa de las dificultades que encaran. Esta es una conexión que él cree que hará la enseñanza del pasaje de Hebreos significativa para sus estudiantes. Supone que si él puede hacerlo más significativo, ellos transferirán los conceptos enseñados en el pasaje a su vida diaria con más facilidad.

LOS NIVELES DE TRANSFERENCIA EN EL APRENDIZAJE

Los que enseñan la Biblia deben entender la clase de aprendizaje que intentan lograr. Y ellos deben darse cuenta de que hay varios niveles en los cuales el aprendizaje puede realizarse. Cada nivel representa una etapa de mayor transferencia desde la información estéril a la experiencia transformadora de la vida con la verdad bíblica. La figura 10 representa los cinco niveles de transferencia en el aprendizaje. Miremos estos cinco niveles y su significado para los que enseñan la Biblia.

EL NIVEL DEL APRENDIZAJE MECÁNICO

Carpe diem. Mire a esa frase otra vez: *Carpe diem.* Ahora, cierre los ojos y repítala de memoria: *Carpe diem.*

Tal vez no se ha dado cuenta, pero ha aprendido algo. ¿Qué? «Carpe diem.» Usted ha aprendido una frase sin sentido que, no obstante, puede repetir de memoria.

Este es el aprendizaje mecánico: repetir algo de memo-

Figura 10

NIVELES DE TRANSFERENCIA DE APRENDIZAJE

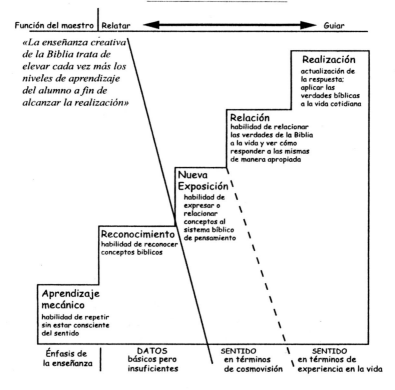

Función del maestro | Relatar ←——————————→ Guiar

«La enseñanza creativa de la Biblia trata de elevar cada vez más los niveles de aprendizaje del alumno a fin de alcanzar la realización»

Realización
actualización de la respuesta; aplicar las verdades bíblicas a la vida cotidiana

Relación
habilidad de relacionar las verdades de la Biblia a la vida y ver cómo responder a las mismas de manera apropiada

Nueva Exposición
habilidad de expresar o relacionar conceptos al sistema bíblico de pensamiento

Reconocimiento
habilidad de reconocer conceptos biblicos

Aprendizaje mecánico
habilidad de repetir sin estar consciente del sentido

Énfasis de la enseñanza | DATOS básicos pero insuficientes | SENTIDO en términos de cosmovisión | SENTIDO en términos de experiencia en la vida

173

ria, sin pensar en el significado. Desgraciadamente, mucho aprendizaje en nuestras iglesias ocurre a este nivel. Cada domingo nosotros cantamos himnos y canciones de alabanza, a menudo tan conocidos que las bocas forman las palabras mientras que nuestras mentes se distraen en otros pensamientos. A veces repetimos el Padre Nuestro o el Credo Apostólico en la misma manera. En la reunión del club bíblico, en la escuela dominical, e incluso en las clases de Biblia en las escuela cristianas, nosotros adiestramos a los estudiantes y le ayudamos a aprender sus textos para memorización —por medio del aprendizaje mecánico.

Aunque la memorización mecánica tenga su lugar en el aprendizaje —por ejemplo como cuándo aprendemos las fechas de acontecimientos históricos, los libros de la Biblia, el alfabeto, las tablas de multiplicar, y la capital de los estados— semejante aprendizaje, a la luz de la definición provista arriba, está sin sentido. Es curioso que a menudo consideramos que los individuos son «bien educados» por su habilidad de recordar tal información esotérica por medio de la memorización mecánica. Pero semejante recuerdo de información no requiere comprensión verdadera, creatividad o análisis intelectual. La memoria mecánica es simplemente almacenar datos, el aprendizaje no significativo. Es necesario almacenar datos, pero se limita en utilidad si lo que se aprende no se entiende ni se aplica. El aprender los libros de la Biblia facilita el estudio de la misma y ayuda a los estudiantes a desarrollar una estructura para entenderla, pero no hace de uno un cristiano creciente.

Algunos están conscientes de los peligros del aprendizaje mecánico, como el líder de jóvenes que condujo una clase de escuela dominical para estudiantes de preparatoria. El tema fue «Profundizando su fe» Como cuestión de introducción y en un esfuerzo de involucrar a los estudiantes, el maestro preguntó, «Bueno, ¿qué es la fe?» Inmediatamente un estudiante levantó la mano como un disparo. «Es pues, la certeza de lo que se espera, la convicción de lo que no se ve, Hebreos 11.1.» «Ay, ¡que magnífico!», el maestro dijo, y cabeceó. «Ahora, ¿qué significa verdaderamente?» Indudablemente sorprendido, el joven tropezó. «Pues, significa la certeza de lo que se espera. Y, ah, la convicción de lo que no se ve.» Pero, no dispuesto a aceptar una respuesta mecánica, el maestro desafió más al estudiante. «Sí. ¿Pero qué significa eso?» Finalmente el joven alzó los hombros. «Yo no sé», dijo él. «Solo aprendí ese versículo hace un par de años atrás para ganar el premio de poder asistir al campamento.» Aunque tal aprendizaje pueda ser necesario al comienzo del proceso de la enseñanza, es claramente improbable que la Biblia, enseñada y aprendida por el aprendizaje mecánico, cambie las vidas.

EL NIVEL DEL RECONOCIMIENTO

Vuelva a la oración *Carpe diem*. Cuando la repitió hace un momento, parecía no tener sentido. Pero supongamos que a usted se le diga que en latín *Carpe diem* significa «¡Aproveche el día!» Usted ha subido la escalera del aprendizaje. La frase ahora tiene por lo menos algún sentido. Para descubrir si usted realmente aprendió a este nivel, un maestro quizás le haga una prueba sencilla:

¿Verdadero o Falso? *Carpe diem* significa «¡Aproveche el día!» O quizás una pregunta de elección múltiple: *Carpe diem* significa (a) Dios es bueno, (b) El día se va, (c) Aproveche el día, (d) La noche está cerca.

No es difícil ni enseñar ni aprender a este nivel. De hecho, así se realiza mucha enseñanza en nuestras escuelas. El que caminaba en la cuerda alta _____ en la misma. (a) se balanceaba, (b) se horneaba, (c) burbujeaba, (d) ladraba. Esta es una pregunta típica que aparece en un libro de niños para probar qué han comprendido lo que leen. Es dudoso que pruebe verdaderamente la comprensión. Más bien, sencillamente prueba el reconocimiento, eso es, la habilidad de reconocer la respuesta correcta, no la habilidad de comprender dicha respuesta. Todo lo que es requerido en esta clase de aprendizaje es la habilidad de reconocer algo que se ha dicho o que se leyó. Esto es lo que acontece menudo en nuestras escuelas dominicales.

Entremos en la clase de Karen Laine. Ella acaba de enseñarles a sus niñas de primer y segundo grado una serie de lecciones en el evangelio. Ahora ella quiere asegurarse de que ellas han aprendido las verdades esenciales. Por lo tanto, ella les va preguntando, de una en una.

«Ann, ¿una persona puede llegar al cielo por siempre obedecer a los padres y por ser buena con las amigas?» «No», dice Ann, moviendo la cabeza. (Bueno.) «Ah, Jan, ¿una persona puede llegar al cielo por ir a la iglesia, leer la Biblia y orar todos los días?» Jan piensa también y mueve la cabeza. «No.» (¡Maravilloso!) «¿Ahora, María, una persona puede llegar al cielo creyendo en el Señor Jesucristo como su Salvador del pecado porque Él murió en la cruz para tomar la pena por nuestros pecados?» Mary cabecea. «Sí.» ¡ (¡Tremendo!)

¿Ha enseñado Karen Laine? ¿Han aprendido sus niñas? Le parecería a Karen que ellas saben que una persona no llega al cielo por las buenas obras ni la conducta religiosa. Y parece ser que ellas entienden que uno solo va al cielo por «creer en el Señor Jesucristo como su Salvador del pecado porque Él murió en la cruz para tomar la pena del pecado de ellas» ¿Pero saben ellas lo que significa, o sencillamente reconocen que esa es la respuesta «correcta»? ¿Qué han aprendido las niñas? Lo único que ha requerido su enseñanza es probar que reconocen las cosas que ella ha dicho en la clase. Ella todavía no sabe lo que esta información significa para sus alumnas.

Existe evidencia que indica que este es el nivel en que muchos estudiantes de escuela dominical aprenden las verdades de Biblia. Una encuesta de estudiantes universitarios con orientación religiosa realizada en la universidad *Michigan State University* mostró que setenta y cuatro por ciento del grupo que evaluaron estaban de acuerdo con la siguiente afirmación: «Cristo murió para los pecados de la humanidad». Sin embargo, en la misma encuesta, solo treinta y ocho por ciento concordaban con que «la fe en Cristo es necesaria para la salvación». Ellos reconocieron y concordaron con la idea más familiar. ¡Pero no captaron su significado! Ellos no podrían ver la relación entre esta verdad y el estado perdido de todos los que están separados de Cristo.

Trágicamente, la habilidad de reconocer que una verdad proviene de la Biblia, o que es algo dicho por un maestro de escuela dominical o un padre, no implica ni una respuesta personal ni una integración de la verdad reconocida con la comprensión total que el alumno posee de la Biblia y la vida. Por supuesto, es importante reconocer los conceptos bíblicos y sus significados tal como han sido enseñados. Esta clase de aprendizaje ocupa un lugar importante en el proceso de la transferencia del aprendizaje de los datos a la vida, pero esto nunca es suficiente. Esta clase de aprendizaje simplemente no conduce a la transformación. Debe conducir al aprendizaje adicional. Como maestros creativos de Biblia no podemos parar, ni quedarnos satisfechos con el nivel del reconocimiento.

EL NIVEL DE LA NUEVA EXPOSICIÓN

Mientras que Karen Laine estaba examinando a sus alumnas de primer y segundo grado al nivel del reconocimiento, en el aula de los niños de tercero y cuarto grados Mark Ransom intentaba lograr algo más. Él también había completado una serie acerca del evangelio y quería probar la comprensión de sus alumnos. Así que él utilizó una experiencia que había tenido esa semana con un chico del vecindario.

«Muchachos», él comenzó, «hablaba con Tom esta semana, un chico que vive en la casa al lado, y él me dijo que hoy él será confirmado en su iglesia. Dijo que el obispo lo ungiría con el Espíritu Santo, y que con la ayuda del Espíritu Santo, él estaba seguro que podría ser suficiente bueno para llegar al cielo. Si Tom les dice eso, ¿qué le dirían para que pueda entender cómo ir al cielo?» Entonces Mark se detuvo y esperó.

Lo que él intentaba no es un nivel de aprendizaje fácil. No es la clase de aprendizaje que trata de la elección múltiple, donde la respuesta está manifiesta para que el estudiante la reconozca. Demanda una comprensión del contenido en términos de su relación con otras ideas, y una habilidad de expresar la totalidad de la idea sin indicios porque los conceptos se han dominado. Aunque no es suficiente ni siquiera este nivel de aprendizaje de la Biblia, es necesario.

El nivel de la nueva exposición es aquel en que el estudiante puede entender significativamente una verdad y analizar esa verdad de manera creativa en relación con otras verdades. Por ejemplo, por medio de la memorización mecánica uno puede aprender una lista de los nombres de compositores y las composiciones que ellos produjeron. Uno podría ir un paso más allá y poder reconocer quién produjo cierta pieza cuando se toque la composición. Pero es bastante diferente poder ser capaz de comparar y contrastar los estilos de los compositores y sus mensajes. Este nivel demanda comprensión y aprendizaje significativos.

La Biblia es Palabra de Dios que comunica información confiable acerca de Él mismo, de nosotros y de nuestro mundo. Expresa las realidades fundamentales sobre las cuales debemos basar nuestro vivir. Así, sus enseñanzas se deben entender. Debemos saber lo que la Biblia enseña, no meramente como algo que reconocemos —«Oh sí, eso está en la Biblia, ¿no?»—, pero como un sistema que hemos dominado y que controla los patrones de nuestro pensamiento y nuestra filosofía de la vida. Esta clase de dominio viene solo cuando aprendemos las verdades de la Biblia en el nivel de la nueva exposición. Solo cuando poseemos la habilidad de tomar una verdad de la Biblia, relacionarla con otras ideas y valores, y expresar esa verdad en nuestras propias palabras, es que hemos comenzado a aprender de manera significativa. Aun los niños pueden ser dirigidos a este nivel de aprendizaje de verdades de la Biblia que son importantes para ellos.

Note en la Figura 10 que es en este nivel de nueva exposición donde el aprendizaje comienza a tener sentido para el estudiante. Los estudiantes tienen que entender lo que ellos han aprendido a fin de poder exponerlo en sus propias palabras. Ellos tienen que ir más allá de la mera repetición de la información para en realidad poder explicarla. Esto es un paso importante y fundamental en la transferencia del aprendizaje a la vida.

El aprendizaje caracterizado por esta habilidad es significativamente diferente de la enseñanza que se realiza en la mayor parte de nuestras escuelas dominicales. Demasiados de nosotros estamos satisfechos con solo verificar y ver si nuestros estudiantes reconocen las verdades que les hemos enseñado. Muy pocos de nosotros conscientemente procuramos ayudar a los estudiantes a dominar las enseñanzas de la Palabra de Dios.

EL NIVEL DE LA RELACIÓN

Aunque es esencial entender la Biblia en contenido, esto no es suficiente en sí mismo. La Palabra de Dios es más que información; es un punto de contacto con Dios mismo. El asunto crucial que nos lleva más allá de la información acerca de Dios a la experiencia personal con Dios es la respuesta. Para discernir la respuesta apropiada a una verdad de la Biblia, tenemos que ver la relación entre esa verdad y nuestra vida.

Este nivel del aprendizaje presupone el proceso de la nueva exposición. Cuando una persona reflexiona acerca de un enseñanza bíblica y la expresa en sus propias palabras, es muy probable que llegue ese esclarecimiento referido a su significado para la vida. Cuando los alumnos de Mark Ransom se esfuerzan por formular y expresar su comprensión del evangelio es más probable que uno de ellos repentinamente vea alguna verdad. «Ay, esto significa que tengo que creer en Cristo como Salvador.» «Entonces mi papá no es un cristiano.» «Es por esto qué hablamos tanto acerca de los misioneros. Por eso es que ofrendamos y oramos.»

Cuando un estudiante descubre tal relación por sí mismo, cuando en un destello de esclarecimiento las partes se correlacionan y él ve el significado de la verdad en términos de la vida, es que se abre el camino para la respuesta personal.

Un maestro puede hacer mucho para guiar a sus estudiantes a un involucramiento significativo con Palabra de Dios y, así, proporcionar oportunidades para que el Espíritu Santo indique a cada estudiante personalmente como Él quiere que responda. Solo cuando el maestro enseña conscientemente para que el alumno aprenda en términos que lo conduzcan a una respuesta apropiada, su enseñanza está en armonía con la naturaleza de la Palabra de Dios. La Biblia, enseñada en armonía con su naturaleza, transforma. El aprendizaje a cualquier nivel inferior es inadecuado. La posibilidad de que el estudiante en realidad transfiera a la vida lo que ha aprendido se eleva cuando el estudiante puede ver la relación entre los conceptos que él o ella ha aprendido en la clase y la vida diaria.

EL NIVEL DE LA REALIZACIÓN

Esto es la meta de toda la enseñanza de la Biblia: la realización, en el sentido de convertirlo en realidad en la experiencia. Aquí se trata de la verdad, aplicada en la vida. Es una cosa entender qué respuesta a la Palabra del Dios es apropiada y otra cosa responder en realidad. Esta es la diferencia entre uno que solo oye la Palabra, y se engaña a sí mismo en pensar que anda correctamente, y un hacedor de la Palabra que realmente expresa sus enseñanzas en la vida.

Es en el sentido de una «respuesta realizada» que la Biblia a menudo usa la palabra conocer. En 1 Corintios 6, Pablo pregunta cinco veces, «¿no sabéis?» En cada caso él hace esta pregunta con referencia a conceptos que ellos habían oído de él y que eran conocidos. Él pregunta porque sus vidas estaban fuera de armonía con la verdad que ellos habían oído. Ellos no conocían estas verdades en el sentido bíblico porque no las estaban viviendo.

Este es el nivel de aprendizaje para cual todo maestro de Biblia anhela de manera indefinida, pero para el cual debe enseñar conscientemente. Humanamente hablando, el aprendizaje que cambia la vida es un producto de cierta clase de enseñanza. Esta no es la enseñaza que intenta alcanzar el aprendizaje mecánico, a fin de producir la habilidad de repetir sin pensar en el significado. No es enseñar para lograr el reconocimiento, la habilidad de reconocer las ideas bíblicas. No es ni la enseñanza para realizar la nueva exposición, la habilidad de entender el contenido de Biblia como parte de un sistema. El maestro de la Biblia debe enseñar de tal manera que sus estudiantes, habiendo comprendido la verdad de Dios, descubren y son guiados a responder en la vida, de manera apropiada, a Dios quien les habla por Su Palabra. Solo cuando se aprende la obra de Dios de esta manera es que la Palabra de Dios puede transformar.

El nivel de la realización completa el proceso de la transferencia del aprendizaje del aula a la vida. La transferencia es la indicación más clara de la enseñanza que tiene como blanco el cambio de la vida. En todos los aspectos de la educación, las personas toman la enseñanza que ocurre en el aula y la usan para modificar la vida cotidiana. Tomemos, por ejemplo, el médico que transfiere las técnicas que ha aprendido en la escuela de medicina a su práctica de la misma. O el estudiante de ingeniería que toma su conocimiento de la aerodinámica y diseña un avión. Todos los que leemos este libro somos los ejemplos de la transferencia del aprendizaje. Hemos tomado los principios que nos enseñaron en la escuela elemental de libros de texto especiales que nos ayudaron a aprender a leer y los hemos aplicado ahora como adultos en la lectura de este libro. La transferencia también ocurre en nuestras clases de escuela dominical. Pero permanece la pregunta: ¿Cómo podemos promover la transferencia de nuestra enseñanza en el aula a la práctica en las vidas de los estudiantes? En muchas maneras, eso es lo que trataremos en la tercera sección de este libro. Por ahora, permítanos sugerir unas pocas ideas que ayudarán a sus estudiantes subir los escalones de la transferencia del aprendizaje.

Enseñar creativamente para la transferencia de aprendizaje

Maestro: Bueno, muchachos y muchachas, ¿qué es peludo, tiene una cola tupida, y reúne nueces en el otoño?

Johnny: Por cierto a mí me suena a una ardilla, pero sé que la respuesta debe ser Jesús.

Muchas veces nuestra enseñanza no promueve el pensamiento. Meramente promueve el aprendizaje mecánico o niveles de transferencia del mismo que tratan de reconocimiento. Sin mucho esfuerzo mental, los estudiantes llegan a esperar respuestas que sean previsibles, esa clase de respuestas en la cual se responde para llenar un espacio en blanco. Se requiere poca reflexión actual en el aula no creativa. Los maestros creativos de la Biblia consideran su tarea en una manera diferente a los maestros no creativos. Ellos buscan más aprendizaje de parte del estudiante en los niveles más altos de transferencia de aprendizaje.

Dándose cuenta de que los estudiantes pueden aprender en varios niveles, ahora podemos definir con más aproximación la enseñanza creativa como *el enfoque consciente y eficaz en las actividades que incrementan el nivel de aprendizaje de los estudiantes.* A menudo podemos atribuir las debilidades en nuestras escuelas dominicales a un fracaso en la comprensión del aprendizaje en los niveles más altos y a un fracaso en la ayuda a los estudiantes a aprender de forma significativa. ¿Qué distingue, en la práctica, a la enseñanza creativa de la Biblia de la no creativa? Miremos brevemente tres áreas de contraste.

ENFOQUE EN LOS DATOS *VS.* ENFOQUE EN EL SENTIDO

Visite un departamento de escuela dominical durante los último cinco o diez minutos de la clase, y usted puede distinguir rápidamente los maestros creativos de los no creativos. En muchas clases, usted oirá conclusiones a las lecciones como estas: «Ahora, Juanito, puedes darnos un repaso de la lección? El resto de ustedes levanten las manos si él deja algo fuera.» O, «Juanita, ¿cuántos peces reunieron en la pesca milagrosa?» O, «Nuestro tiempo casi se ha acabado, y en sí todavía no hemos terminado con nuestra lección. Así que manténganse en silencio y permítanme contarles....» Estos comentarios —y los maestros que los hacen— se enfocan sobre los datos bíblicos.

Tal vez contribuyan con una ilustración o exhortación durante los últimos momentos de la lección, pero la hora se ha gastado dominando los datos en lugar de su significado. Cuando la enseñanza tiene este enfoque, los estudiantes solo desarrollan la habilidad de repetir o reconocer las verdades de la Biblia. El aprendizaje se ha estancado en los niveles más bajos.

Sin embargo, de vez en cuando usted por casualidad oirá preguntas profundas que exigen nuestra atención hacia el significado. «¿Cómo tal vez diría Cristo eso si estuviera dirigiéndose a personas como nosotras?» «¿Cómo sería si Juan fuera un joven que asiste a su escuela de preparatoria?» «¿Es siempre correcto separarnos de los no creyentes? ¿Qué significaría si todo los cristianos cortaran las relaciones con sus amigos no creyentes?» Y entonces se escucha a estudiantes que hablan, discuten, prueban sus ideas, exploran hasta que se esclarece el significado y la relevancia de las palabras de Dios para a la vida contemporánea.

Enseñar para lograr que se comprenda el significado no es fácil. Normalmente, el maestro creativo conoce y usa una variedad de métodos. Él sabe cómo cubrir el contenido con rapidez y claridad. Él sabe cómo estimular a sus estudiantes a fin de que prueben y relacionen la verdad a la vida. Pero la línea divisora no se encuentra en el uso o falta de uso de métodos. La línea divisora está en el enfoque. El maestro creativo hace tiempo para una exploración completa del significado de la verdad que enseñó. Y el aprendizaje en su clase asciende hasta los niveles más altos, donde se puede responder a la Palabra de Dios de manera apropiada.

LA PASIVIDAD DEL ESTUDIANTE *VS.* LA ACTIVIDAD DEL ESTUDIANTE

Kelly enseña a niños de la escuela elemental en una iglesia de Dallas. Cuando ella enseña presenta una demostración fantástica. Ella típicamente tiene una clase de dieciocho niños de primero y segundo grado, apretados en una choza pequeña *Quonset* [nombre oficial de una choza prefabricada hecha de metal] localizada atrás de la iglesia, todos sentados incómodamente en sillas de tijera calibradas para adultos. Aun así, ¡ella tiene a estos niños encantados por cuarenta y cinco minutos! Ella posee una habilidad sobresaliente para contar los cuentos, y ella usa dos franelas, una pizarra, títeres, figuras de recorte, y versículos y canciones visualmente representados. Si a los niños y las niñas se les diera una prueba sobre el contenido que ella enseña, podrían aprobar con calificaciones perfectas. Ella es una maestro con experiencia e imaginación pero no es creativa en el sentido en que nosotros usamos el término. Sus alumnos escuchan y aprenden, pero solo en los primeros dos niveles. Los maestros creativos de la Biblia buscan los niveles del aprendizaje como la nueva exposición, la relación, y la realización. Kelly es buena en lo que ella hace.

Ella aun usa una variedad magnífica de métodos, pero falta algo en su enseñanza, el cambio en la vida.

Para subir aun hasta el nivel de aprendizaje que trata de la nueva exposición, los estudiantes deben ser guiados a ir más allá del simple escuchar. Ellos tiene que reflexionar personalmente acerca del significado de las verdades de Biblia. Ellos deben tener interacción con las ideas en sus propias mentes a fin de formular y expresarlas en sus propias palabras. Para esta clase del aprendizaje, los estudiantes tienen que participar, expresar sus propias ideas y sus propias percepciones. Los maestros creativos hacen las cosas que Kelly hace, pero ellos hacen más. El maestro creativo asegura que sus estudiantes participen al explorar el significado de lo que se aprende.

Esto es esencial. Usted le puede decir a una clase lo que una verdad de la Biblia significa. Pero entonces el significado se convierte en apenas otro pedazo de información para reconocer. Para que el sentido sea transmitido al estudiante, este necesita descubrir por si mismo la relación de una verdad a su vida. Y este descubrimiento requiere que el estudiante sea activo. Demanda que un estudiante piense, integre, relacione, razone. Escuche una clase del maestro creativo, y esto es lo que usted oirá: a sus estudiantes activamente explorando el significado.

EL MAESTRO COMO RELATOR *VS.* EL MAESTRO COMO GUÍA

Cuando el enfoque de la lección cae sobre los datos que los estudiantes pueden aprender sin tener que participar, el maestro sirve como uno que relata. Él comunica información, y las actividades de la clase se centran en él mismo. Los maestros no creativos a veces usan una variedad de métodos. Sin embargo,

los métodos de un maestro no creativo tienen dos características: son diseñados para solamente comunicar contenido, y son
principalmente actividades del maestro. Los maestros creativos
son enfocados en los estudiantes y su aprendizaje. La clave se
encuentra en actividades enfocadas hacia el estudiante y que
abarcan el uso de sus procesos de razonamiento.

El maestro creativo tiene un concepto diferente de su papel. Su responsabilidad descansa en estimular a sus estudiantes a descubrir el significado y ver la respuesta a la voz de
Dios que Él requiere de ellos personalmente. Él piensa que
las actividades del estudiante son más importantes que aquellas enfocadas en el maestro. La clase no se centra en él; se
centra en ellos. El maestro creativo sirve como un guía que
dirige el alumno hacia el aprendizaje y se esfuerza constantemente por estructurar situaciones que estimularán a sus estudiantes para descubrir el significado. Los métodos que él usa
también se distinguen por dos características: son escogidos
para enfocar la atención sobre el significado, y crean el
involucramiento del estudiante en este proceso de descubrimiento.

Jesús era un maestro creativo. Por el uso de parábolas,
preguntas, y contenido que estimulaba la reflexión, Él desafiaba
el pensamiento de las personas. Mire el Evangelio de Mateo
en alguna ocasión y note cómo Jesús usaba las preguntas.
Encontrará que su Biblia estará subrayada con versículos que
leen: «¿por qué os afanáis?» (6.28), «¿Y por qué miras la
paja que está en el ojo de tu hermano, y no echas de ver la
viga que está en tu propio ojo?» (7.3), «Porque ¿qué es más
fácil, decir: "Los pecados te son perdonados", o decir:
"Levántate y anda"?» (9.5), «Por qué dudaste?» (14.31), «¿Qué
pensáis del Cristo?» (22.42). Por el uso de las preguntas,
Jesús motivaba a Sus estudiantes a pensar y subir a niveles

más altos en los escalones de la transferencia del aprendizaje.

Esto, entonces, es enseñar la Biblia de manera creativa. Es enseñar la Biblia en maneras que causen el aprendizaje en los niveles significativos de la nueva exposición, la relación, y la realización. Para causar esta clase de aprendizaje el maestro de Biblia debe (1) enfocarse en el significado de la verdad de la Biblia que se enseña, (2) involucrar a sus estudiantes en la búsqueda activa por el significado, y (3) estimular y guiar a sus estudiantes en el proceso del descubrimiento.

CAPÍTULO 8

ENFOQUE EN LOS RESUl
ENSEÑE PARA CAMBIAR VIDAS

Cuando Randy Johnson enseña, obtiene resultados. Randy es un entrenador de las ligas pequeñas de béisbol que sabe cómo transformar un equipo promedio en uno ganador. La temporada pasada le pidieron a Randy que entrenara a un nuevo equipo en la comunidad de la liga «bronco» de once a doce años. El equipo se esforzó durante casi toda la estación y cuando llegó la hora de los juegos para el campeonato, ya Randy los tenía listos. Enseñó a un equipo con muy poco talento natural y una destreza mínima para ser jugadores de béisbol. Ganaron el segundo lugar, lejos del último lugar que todos esperaban. Cuando le preguntaron al maestro cómo enseñó el juego a los jugadores, Randy contestó: «Bueno, primero es necesario saber qué quiere uno que ellos aprendan. Segundo, de acuerdo a lo que aprendieron, es necesario saber cómo queremos que cambien. Una vez que se sabe lo que se quiere obtener, se hace un plan para lograrlo. El problema de muchos entrenadores es que no se concentran en los resultados que quieren obtener de cada jugador. Es necesario saber qué se espera cambiar para luego desarrollarlo en un jugador».

¡Randy tiene razón! Si contestamos esas dos preguntas básicas: ¿Qué quiero que aprendan los estudiantes? y ¿cómo quiero que cambien los estudiantes?, podemos planear la en-

ːñanza de forma tal que lograremos los resultados que deseamos. Ya sea que enseñemos a jugar béisbol o enseñemos Biblia, para tener éxito es obligatorio tener un sentido claro de direcciones y una meta de nuestra enseñanza. En este capítulo usted descubrirá cómo enfocar su lección en los resultados y los cambios de vida al preguntar y responder estas interrogantes fundamentales de la enseñanza.

DESARROLLO DE LA IDEA DE APRENDIZAJE: ¿QUÉ QUIERO QUE APRENDAN LOS ESTUDIANTES?

El típico maestro de Biblia se concentra en comunicar con claridad y exactitud lo que enseña la Biblia. Él o ella puede agregar una palabra de exhortación o una ilustración o dos, pero el enfoque siempre se mantiene en la Biblia como información. Esto es encomiable y es la primera responsabilidad del maestro, aunque no es suficiente. El maestro de Biblia creativo, ya sea de la escuela dominical, de una clase de un colegio cristiano, o de púlpito, no descuida la Biblia como información. Pero va más allá de la información. El maestro creativo de la Biblia se concentra en ayudar a los aprendices a formar puentes que van del mundo de la Biblia al mundo del estudiante. No es fácil cruzar la brecha entre la verdad y la cultura de la Biblia y la vida y reacción del estudiante. Pero es necesario cruzar la brecha y se puede hacer. Aquí le mostramos cómo tomar el próximo paso del proceso para una enseñanza creativa de la Biblia.

COMIENCE POR EL PRINCIPIO DEL PUENTE

Como recordará en los Capítulos 4 y 5, el fruto del estudio eficaz de la Biblia se encuentra al descubrir el «principio del puente». El principio del puente, que también se le llama la idea exegética o la gran idea del pasaje, es la verdad central que el autor del pasaje bíblico intenta comunicar al receptor u oyentes originales del texto. En el Capítulo 5 usamos Hebreos 10.19-25 como nuestro pasaje modelo de estudio. Concluimos que el principio del puente del pasaje podría declararse así: El sacerdocio del creyente, alcanzado mediante la obra sacrificial y el ministerio sumosacerdotal de Cristo, llama a cada cristiano a acercarse a Dios, a mantenerse firme en su fe y a animar a otros creyentes para que puedan perseverar al atravesar tiempos y situaciones difíciles. Aunque esta oración resume la idea central o el pasaje como el autor lo comunicó a los lectores originales, todavía no es una idea para la enseñanza efectiva en el ambiente contemporáneo.

CONSIDERE AL ESTUDIANTE

El maestro creativo de la Biblia debe tomar el principio del puente y relacionar su significado e implicaciones al estudiante de los días modernos. Al entender con claridad el concepto transferible, el maestro puede buscar los vínculos a las experiencias y necesidades del alumno. Aquí es donde se hace pertinente la evaluación de necesidades que hicimos en el Capítulo 6. Al entender el pasaje (el principio del puente) y conocer las necesidades del estudiante, el maestro creativo de la Biblia puede desarrollar lo que pudiéramos llamar la «idea pedagógica». Literalmente, la palabra pedagogía significa «enseñanza de niños», pero ha llegado a referirse a la enseñanza de personas de todas las edades. La idea pedagógica o de enseñanza vuelve a declarar o revisar el principio del puente o idea exegética a la luz de la audiencia estudiantil.

¿Se acuerda de Alex? Era el joven de veintiocho años de edad de profesión médica que trabaja con jóvenes en la ciudad de Chicago. Alex hizo una evaluación de las necesidades de su grupo. Dicha evaluación de necesidades indicó que los estudiantes encararon bastante persecución cuando vivieron su fe en Cristo entre los compañeros. Alex determinó que este hecho era un punto del vínculo que podía usar para hacer que la enseñanza de Hebreos fuera pertinente a los alumnos. Ahora Alex debe hacerse la pregunta: «¿Qué quiero que mis alumnos aprendan?» Su respuesta constituye la idea pedagógica, o enseñanza, para su clase o serie de clases.

DECLARACIÓN DE LA IDEA PEDAGÓGICA

Aquí está la idea pedagógica o enseñanza que Alex desarrolló para su estudio con el grupo de adolescentes urbanos. En tiempos de persecución, los estudiantes seguidores de Jesús deben aprender a utilizar sus recursos más poderosos, a Dios y unos a otros. Nótese cómo tomó el concepto central del pasaje y lo relacionó al nivel y necesidades del grupo. Alex tiene que tratar con alumnos de secundaria que encaran una verdadera persecución por seguir a Jesús. Alex sabe esto y ha diseñado la idea pedagógica para reflejar las necesidades de los estudiantes.

La idea pedagógica, o idea de aprendizaje, resume el mayor concepto de la lección que el maestro creativo de la Biblia desea comunicar a los alumnos. Tiene sus raíces en la idea exegética o principio general del pasaje. En esencia, el maestro escribe la idea pedagógica para contemporizar el mensaje del pasaje. La Tabla 10 en la página 194 presenta la relación entre la idea exegética y la idea pedagógica.

La idea pedagógica responde la pregunta: «¿Qué quiero que los estudiantes aprendan de esta lección?» Los maestros creativos de la Biblia entienden que no pueden enseñar todo lo que enseña un pasaje en una sola lección. Por lo tanto, deben elegir el mensaje que planearon comunicar y que cruza la brecha entre el mundo bíblico y el mundo del alumno.

DESARROLLO DE LOS PROPÓSITOS DE LA LECCIÓN: ¿QUÉ CAMBIOS QUIERO OPERAR EN EL ESTUDIANTE?

Los maestros creativos de la Biblia buscan transformación. El apóstol Pablo expresó esta meta de la enseñanza de la Biblia en estas palabras: «Pues el propósito de este mandamiento es el amor nacido de corazón limpio, y de buena conciencia, y de fe no fingida» (1 Timoteo 1.5). Encontrará que a través del Nuevo Testamento esta idea se declara en diferentes maneras. En Efesios, Pablo dice estar «llenos de toda la plenitud de Dios» (3.19) y estar «a la medida de la estatura de la plenitud de Cristo» (4.13). El autor de los Hebreos habla de las personas con madurez, «para los que por el uso tienen los sentidos ejercitados en el discernimiento del bien y del mal» (5.14) y apremia a los creyentes a ir «adelante a la perfección» (6.1). Estas personas transformadas de las que habla Pablo en Romanos 12.2 también las describe en Gálatas como guiadas y viviendo en el Espíritu, llenas del fruto de «amor, gozo, paz, paciencia, benignidad, bondad, fe, mansedumbre, templanza» (5.22-23). En cada caso, la idea es la misma. Cuando se permite que la Palabra de Dios impacte al pueblo de Dios, este se transforma desde adentro hacia

Tabla 10

La idea exegética	La idea pedagógica
¿Qué es...?	
• La verdad que el autor del pasaje intentó que entendieran los oyentes o los lectores originales	• La verdad que el maestro de la clase quiere que los estudiantes entiendan del pasaje
También se conoce como...	
• El principio del puente	• La idea para la enseñanza
• La idea central	
• La idea principal	
Responde a la(s) pregunta(s)...	
• ¿Acerca de qué habla el autor?	• ¿Qué quiero que el estudiante aprenda en esta lección?
• ¿Qué dice el autor acerca de aquello de lo que habla?	
Enfoca sobre...	
• El mundo de la Biblia	• El mundo del estudiante
Un ejemplo tomado de Hebreos 10.19-25	
El sacerdocio del creyente, establecido por la obra sacrificial de Cristo, junto con el ministerio de Cristo como sumosacerdote, invita a cada cristiano a acercarse a Dios, mantener su fe, y motivar a otros creyentes para que cada uno persevere en los tiempos y las situaciones difíciles.	• En tiempos de persecución, los estudiantes que siguen a Jesús deben aprender a depender y cobrar fuerzas de sus recursos más potentes—Dios (principalmente) y también otros creyentes.

afuera. El cambio de vida no es opcional, es el foco de aprendizaje para los maestros creativos de la Biblia.

La pregunta que el maestro debe responder es: «¿Cómo quiero que cambien mis estudiantes como resultado de esta lección?» Realmente la respuesta más inmediata a esta pregunta es que queremos que los estudiantes sean semejantes a Cristo. Queremos que se transformen. El problema es que la transformación es un gran objetivo, demasiado grande. Todos queremos esto, pero la idea de transformación o madurez cristiana no nos da suficiente guía para construir una lección específica. Decir: «Quiero que esta lección traiga madurez a mis estudiantes» será muy encomiable, pero realmente no tiene sentido. Es demasiado general. Sencillamente una lección no lo hará. Verá el porqué cuando desmenuce la idea de la madurez. ¿Qué involucra? Muchas, muchas cosas, como la relación de uno con Dios: oración, estudio bíblico, adoración, meditación, alabanza, confesión, honestidad. Y luego viene la relación con nuestros familiares: amor, paciencia, guía, disciplina y recibir disciplina, perdonar. Y qué de las relaciones con los no cristianos, y su grupo de asuntos: testigos, separación, vida ejemplar, consideración, sufrimiento y muchas otras. Y así podríamos seguir y seguir.

Ninguna clase, serie de lecciones ni años de lecciones, traerá a los estudiantes la madurez absoluta en Cristo ni una completa transformación. Así que, mientras que el gran objetivo de la transformación siempre esté ahí, nuestro objetivo de enseñanza tiene que ser más específico.

TIPOS DE APRENDIZAJE

El profesor Benjamin Bloom, de la Universidad de Chicago, desarrolló lo que se conoce como una «taxonomía de aprendizaje».[1] La palabra taxonomía significa «clasificaciones o géneros». Por ejemplo, uno podría desarrollar una taxonomía de estudiantes universitarios en un número de formas diferentes. Podríamos hablar de los estudiantes de primero, segundo y tercer año. Cada uno es una categoría diferente que podríamos describir y comentar. Podríamos desarrollar una taxonomía diferente de estudiantes basados en sus especialidades en la universidad: matemáticas, química, educación elemental, biología, sociología y demás. Podríamos clasificar a los estudiantes como residentes en la universidad o en sus casas, o como casados y solteros. Creamos taxonomía para ayudar a comentar y entender un asunto. Al crear categorías o clasificaciones, se pueden identificar y explicar diferencias y similitudes entre las clasificaciones.

Bloom desarrolló una taxonomía de aprendizaje que tiene tres clasificaciones. Él llamó estas clasificaciones «esferas» de aprendizaje. Cada esfera es una categoría que describe un tipo de aprendizaje que los humanos pueden lograr. La primera esfera que identificó era cognitiva, o esfera de pensamiento. La segunda era afectiva, o emotiva. Y la tercera la llamó sicomotora, o esfera de conducta. Es importante entender algo de lo que significa cada categoría, porque estas esferas proveen un objetivo para los cambios potenciales en la vida y aprendizaje del estudiante.

En Hechos 2 leemos el sermón de Pentecostés de Pedro. Pedro contó a los oyentes el plan de Dios para la salvación que se cumplió en la muerte y resurrección de Jesucristo. Como resultado del mensaje, su audiencia se transformó. Al oír la Palabra de Dios, que el Espíritu Santo de Dios les enseñó con poder, sus vidas cambiaron. En un versículo notable que escribió Lucas en Hechos 2.37 leemos: «Al oír esto, se compungieron de corazón, y dijeron a Pedro y a los otros apóstoles: Varones hermanos, ¿qué haremos?»

Nótese que el ministerio de enseñanza de Pedro afectó cada una de las esferas de aprendizaje de Bloom. Primero, los oyentes oyeron su mensaje. La enseñanza de Pedro brindó un contenido que la audiencia tenía que procesar y considerar mentalmente. Pedro enseñaba de forma tal que motivaba el aprendizaje cognitivo. Los estudiantes tenían que entender su mensaje. Tenían que cambiar su manera de pensar. La enseñanza que toca la esfera cognitiva motiva, de maneras importantes, la adquisición de la información y el proceso de esa información. Segundo, leemos que «se compungieron de corazón». Esta frase se refiere a un cambio en actitudes y valores. Los oyentes de Pedro estaban emocionalmente afectados con la enseñanza. Pedro no solo enseñaba a la cabeza, sino que su mensaje también enfocaba el nivel de aprendizaje del corazón: la esfera afectiva. Por último, leemos que en respuesta a lo que se enseñó, los aprendices en Hechos 2.37 preguntaron: «Varones hermanos, ¿qué haremos?» La enseñanza de Pedro no solo afectó el aprendizaje en la esfera cognitiva y afectiva, sino que también motivó una reacción de la conducta. Así que en este versículo tenemos las tres clases de aprendizaje potencial: cognitiva, afectiva y conducta. La Figura 11 nos ayuda a capturar y explicar visualmente estas tres esferas de aprendizaje.

La primera esfera de aprendizaje y cambio de vida es la cognitiva. Aquí se enfoca el proceso de pensar y saber. El propósito es comunicar información bíblica y ayudar a los estudiantes a comprender esta información. Por supuesto, el blanco del aprendizaje es la cabeza. Segundo, los maestros creativos de la Biblia, buscan cambiar estudiantes afectivamente. En esta esfera, los maestros buscan cambiar los valores y actitudes de los estudiantes. Esta meta es traer a los estudiantes al punto donde desarrollen nuevas conviccio-

Figura 11

LAS TRES ESFERAS
DE APRENDIZAJE
DE BLOOM

HECHOS 2.37

COGNITIVO

Pensamiento y
conocimiento

Cognición

«Cabeza»

Al oír esto,

AFECTIVO

Valores y
actitudes

Convicción

«Corazón»

se compungieron de corazón...

CONDUCTA

Acciones y
habilidades

Competencia

«Manos»

y dijeron a Pedro y a los otros apóstoles:
Varones hermanos, ¿qué haremos?

nes y creencias. Aquí el blanco es el corazón. Tercero, los maestros creativos de la Biblia buscan afectar la esfera de la conducta. Quieren cambiar las acciones de los estudiantes o impartir destrezas. El propósito es desarrollar cristianos competentes que no solo conozcan la Palabra, pero que también la practiquen. En este caso el blanco son las manos. Los tres son esenciales —cabeza, corazón y manos. Los maestros creativos de la Biblia crean objetivos en las tres esferas.

¿QUÉ ES UN PROPÓSITO?

Un propósito de la lección es una declaración que desarrolla el maestro para describir la clase de aprendizaje y cambio de vida que se desea o espera en la vida del estudiante como resultado de completar su lección, unidad o curso de estudio. Los maestros crean propósitos para describir cambios que se desarrollan del aprendizaje. Los propósitos describen la meta de la enseñanza. Al definir la meta o blanco, los maestros usan propósitos para diseñar y evaluar su plan de enseñanza y efectividad. Como los arqueros, los maestros necesitan tener blancos. Mientras mejor se defina el blanco, más seguridad hay que el maestro dé en el blanco con precisión. Por lo tanto, los maestros eficientes escriben cuidadosamente los propósitos de la lección para la sesión de enseñanza. Veamos las varias clases de propósitos que podríamos escribir para ayudar a enfocar nuestra enseñanza de la Biblia.

TIPOS DE PROPÓSITOS

Si existen tres clases de aprendizaje, es razonable que hayan tres clases de propósitos que los maestros creativos de la Biblia puedan escribir para sus planes de lecciones, cada uno relacionado a una de las esferas del aprendizaje. Los educadores cristianos sugieren que los maestros de la Biblia se concentren en uno o más de estos tipos de propósitos en su ministerio semanal de enseñanza. Uno es el propósito del contenido, en el cual su propósito es comunicar información bíblica. Luego está el propósito inspirador, en el cual su propósito es inspirar, tocar las emociones, cambiar o desafiar actitudes, afectar un valor personal escogido o engendrar consagración a un ideal o creencia. Por último está el propósito de la acción, en el cual su propósito es llevar a la acción o impartir una habilidad. Cada uno de estos propósitos tiene un lugar válido, pero diferente en la enseñanza cristiana.

Si nuestra meta es que el estudiante alcance la madurez semejante a Cristo, ¿qué clase de propósito lleva a la transformación? ¿Se pueden separar, o todas funcionan juntas? En 1 Corintios 2.15 Pablo declara que el hombre espiritual «juzga todas las cosas». Aquí, el verbo griego ανακρινς, se refiere a la capacidad de discernir. El creyente, en virtud de su salvación y relación con Dios, tiene la capacidad para el discernimiento espiritual de «todas las cosas». Puede mirar a la vida de igual manera que Dios. Puede ver las implicaciones de la verdad de Dios para las situaciones de la vida y puede responder en armonía a la voluntad de Dios. Pero esto es solo una capacidad, una que no se desarrolla en todos los creyentes.

El desarrollo de la capacidad a la habilidad está íntimamente relacionada a la madurez. Hebreos 5.14 dice que los creyentes maduros se han ejercitado «en el discernimiento del bien y del mal». La palabra discernir viene de la misma raíz (κρινς) que la palabra juzgar de 1 Corintios. Se distingue por el prefijo (δια) indicando que lo que es una capacidad en todos los creyentes, se ha convertido en una habilidad en los cristianos maduros.

Ahora bien, ¿cómo la madurez pasa de ser capacidad a ser habilidad? ¿Cómo llegaron a la madurez? Debido a la práctica para la cual han capacitado sus sentidos para «el discernimiento del bien y del mal». Son personas que han visto las implicaciones de la verdad y han respondido con propiedad.

Este es el significado educativo de Hebreos 5.14. El crecimiento viene por la experiencia, por el uso de nuestra capacidad para entender y reaccionar. Para el maestro cuya meta es el crecimiento espiritual, esto significa que los propósitos de su enseñanza serán producir una reacción. Por eso los que viven sensiblemente ante Dios, son los que se desarrollan y maduran. Como estos tres propósitos son esenciales, deben recalcarse en nuestro ministerio de enseñanza.

El propósito del contenido. Hace un momento sugerimos que los propósitos del contenido y el propósito inspirador son válidos para el maestro de Biblia. En los institutos bíblicos y seminarios, los estudiantes aprenden mucho acerca de la Biblia como contenido. Estudian teología, que es la sistematización de la información contenida en las Escrituras. En dichas clases no profundizan mucho en las implicaciones de esas verdades. Sin embargo, esta preparación es esencial. ¿Por qué? Porque la Biblia debe dominarse como contenido. Dentro del marco de una comprensión del todo, se arroja una tremenda luz sobre cada pasaje. Sin dicho marco, es posible malentender un pasaje o versículo. Los estudiantes de la Biblia, todos los estudiantes de Biblia, necesitan saber, contemplar y entender el contenido de la Biblia. Sin cambiar la base del conocimiento y las categorías de los pensamientos de los estudiantes, los cambios en las actitudes y comportamiento por lo general son solo superficiales.

Realmente, en alguna parte de la educación cristiana de nuestros niños, jóvenes y adultos, la iglesia debe ofrecer la enseñanza de la Palabra como un todo, como un sistema de verdad. Tal enseñanza es un marco importante para tener un estudio personal de la Biblia más significativo. Los estudiantes deben tener el gran cuadro y comprender el argumento de la narración de la Biblia. Para lograrlo, se debe enseñar a los estudiantes el contenido de la Biblia.

El propósito inspirador. Este es un tipo de propósito de reacción. Después de todo, para algunas verdades de las Escrituras la reacción apropiada es emocional. Es una de alabanza o una expresión de amor por Dios. Ninguna respuesta a Dios puede ser un desempeño de acción fría y falta de emoción que es de poco gusto para nosotros. Si damos una respuesta a Dios, el amor debe ser lo que la motive (cf. 1 Corintios 13). Menos que eso, no es una respuesta a Dios, sino a la ley. Y una respuesta a la Palabra de Dios como ley, solo lleva a la frustración de nuestras esperanzas y los propósito de Dios para nosotros.

Los propósitos inspiradores son unos de los más difíciles de lograr, no obstante es esencial que en sus esfuerzos de enseñanza los maestros se dirijan al corazón. Jesús enfocó mucho de su ministerio en el aprendizaje inspirador (afectivo). Podríamos abrir cualquiera de los Evangelios y encontrar a Jesús desafiando los valores y actitudes de la gente. Un ejemplo muy señalado del propósito de Jesús para el corazón de los aprendices se encuentra en Mateo 13. Nótese lo que Jesús tiene que decir a los discípulos:

Por eso les hablo por parábolas: porque viendo no ven, y oyendo no oyen, ni entienden. De manera que se cumple en ellos la profecía de Isaías, que dijo: De oído oiréis, y no entenderéis; y viendo veréis, y no percibiréis. Porque el corazón de este pueblo se ha engrosado, y con los oídos oyen pesadamente, y han cerrado sus ojos; para que no vean con los ojos, y oigan con los oídos, y con el corazón entiendan, y se conviertan, y yo los sane (Mateo 13.13-15).

Aquí Jesús explica a los discípulos las razones que tiene para hablar en parábolas. Su punto es que las parábolas llegan al corazón. Si una actitud es abierta y receptiva, se percibe el mensaje; pero si la actitud se ha endurecido, la reacción será de rechazo. Jesús reconoció que el contenido solo no cambiaría a los aprendices. Por el contrario, los tenía que enseñar de forma que desafiara el corazón o el aspecto afectivo de los aprendices.

El propósito de la acción. Para que en un cristiano se produzca el crecimiento espiritual y la madurez, los maestros creativos de la Biblia deben enfocarse en la reacción de la conducta y las habilidades del aprendiz. Es necesario que los aprendices oigan y entiendan el contenido bíblico. Por lo tanto, los propósitos del contenido tienen un lugar esencial en la enseñanza de la Biblia. También es necesario que el estudiante esté inspirado para creer y valorar la verdad que se enseña. Por esta razón los maestros deben incluir propósitos afectivos. Pero en último lugar, la bendición viene no a través de solo oír la Palabra de Dios, ni siquiera por una profunda convicción de corazón, como por la importancia y validez que tiene la misma. La bendición viene al obedecer o hacer lo que dice. Santiago aclara este punto.

Pero sed hacedores de la palabra, y no tan solamente oidores, engañándoos a vosotros mismos. Porque si alguno es oidor de la palabra pero no hacedor de ella, éste es semejante al hombre que considera en un espejo su rostro natural. Porque él se considera a sí mismo, y se va, y luego olvida cómo era. Mas el que mira atentamente en la perfecta ley, la de la libertad, y persevera en ella, no siendo oidor olvidadizo, sino hacedor de la obra, éste será bienaventurado en lo que hace (Santiago 1.22-25).

Los propósitos de acción están encuadrados en términos de la reacción del comportamiento o habilidad desarrollada. Cuando el maestro hace su lección, debe pensar en términos de lo que espera lograr en la reacción del aprendiz. Una encuesta de las lecciones evangélicas de la escuela dominical muestra que los editores y escritores a menudo descuidan este principio. Observe, por ejemplo, este propósito escogido a la suerte de materiales de varias casas de publicaciones independientes y denominacionales.

1. Enseñar que Cristo es una persona poderosa que puede cambiar nuestras vidas para el bien.
2. Ayudar a los párvulos a reconocer que Dios los ama y los cuida en situaciones difíciles.
3. Comunicar a los de secundaria la longitud, ancho y profundidad del amor de Cristo, y ayudar a cada uno a entender que al creer hoy en Cristo, tienen a su disposición ese mismo amor.
4. Convencer a cada alumno de la importancia de buscar a Cristo siempre que necesite ayuda.
5. Ayudar a cada estudiante a descubrir por qué el presente ministerio de Cristo como nuestro Sumo Sacerdote es importante para él.
6. Explicar con claridad y de modo convincente la necesidad de aceptar a Cristo como el Salvador personal.

7. Ayudar a los estudiantes a disipar cualquier temor que tengan que les impida dedicar su vida a Cristo para servirle.

8. Comentar las implicaciones del evangelio para nuestra situación nacional de racismo cada vez más tensa.

9. Ayudar a los adolescentes a entender que la membresía a la iglesia es una responsabilidad espiritual importante y una parte vital en el desarrollo de la vida cristiana.

Nótese que todos los propósitos están escritos en términos de lo que el maestro espera lograr del estudiante. Pero nótese también que ninguno de los propósitos realmente habla a lo que el estudiante hará o cómo el estudiante cambiará como resultado de la experiencia del aprendizaje. Cuando los maestros nada más confeccionan propósitos que destacan «saber que», entonces el maestro llega a pensar que su trabajo es enseñar la Biblia solo como información. Algunos propósitos guían al maestro a pensar en términos de implicaciones (véase 5-9). Pero ninguno de los propósitos citados dirige al maestro a donde debe ir si los estudiantes van a desarrollarse y a reaccionar. Es importante, entonces, que los maestros que usen los currículos, igual que los que no están usando auxiliares de enseñanza, escriban objetivos que requieran acción de parte del estudiante.

Recuerde, usted necesita entender las metas lo suficientemente bien para declararlas si espera crear una lección que lo logre. Así que vamos a considerar juntos cómo debemos confeccionar propósitos de lecciones que nos ayuden a planear las lecciones.

CREACIÓN DE UN PROPÓSITO PARA LA LECCIÓN

Estudio y comprensión del pasaje. Esto es lo primero. Cualquier respuesta que busquemos evocar debe ser apropiada al verdadero significado del pasaje. Es por eso que empleamos una gran parte del tiempo en el primer paso de la preparación de la lección desarrollando ideas exegéticas. Es importante estudiar con cuidado el pasaje.

En este momento podríamos citar un ejemplo para recordarnos la importancia de incluir este paso esencial de la preparación de la lección. Tal vez recuerde lo que Cristo le dijo a un hombre: «Anda, vende todo lo que tienes y dalo a los pobres, y tendrás tesoro en el cielo; y ven, sígueme, tomando tu cruz» (Marcos 10.21). ¿Vender todo lo que tenemos será la respuesta apropiada? No, si se entiende el contexto. No, cuando vemos que el propósito de Cristo fue señalar enérgicamente a este joven decente que inconscientemente violó el primer y gran mandamiento. No amaba a Dios con todo su corazón. Amaba sus bienes, tanto que lo escogió rechazando así la invitación de Cristo, su Dios.

Correctamente entendido, la respuesta apropiada a este pasaje es una autoevaluación cuidadosa y honesta. ¿Alguien o algo desplaza a Dios en mi afecto? Solo he reaccionado debidamente cuando examino mi vida y rechazo decisivamente cualquier ídolo que haya hecho.

Por lo tanto, «¿qué enseña este pasaje?» es la primera pregunta que debe hacerse al crear un propósito para la lección. La respuesta que buscamos debe ser apropiada a la Palabra.

Comprensión de las implicaciones para el aprendiz. Esto es particularmente importante cuando se enseñan a niños o jóvenes o adultos cuya situación en la vida es diferente a la suya. Los escritores del currículo de la escuela dominical a menudo tratan de seleccionar pasajes que presentan la verdad relevante para cada grupo de edad. Esta es una ventaja de un currículo por edades. Con este plan del currículo se puede dirigir una lección directamente a las características y necesidades de cada grupo de edad.

Este es un concepto importante, seleccionar pasajes que sean pertinentes para la vida presente y experiencias de los aprendices. Desde luego, existen áreas en las cuales el maestro necesitará ir más allá de las experiencias presentes del aprendiz. Podemos enseñar conceptos doctrinales a los niños que tal vez no les «interese» como la inspiración de la Biblia, la Trinidad, la naturaleza de la iglesia, o la Segunda Venida. Algunos fundamentos de la vida cristiana, como las enseñanzas de la Biblia acerca de la permanencia y naturaleza sagrada del matrimonio, debe dirigirse antes que el aprendiz sea lo suficientemente adulto para preocuparse mucho acerca del tema. Pero generalmente, las lecciones deben tratar los temas que ayuden a los estudiantes a saber cómo responder a Dios en la actualidad. Proverbios 22.6 nos presenta el mandato conocido para enseñarle a un niño cómo debe ser; el hebreo indica con claridad que dicha preparación involucra enseñar la verdad necesaria, de formas que se pueda usar en cada etapa del desarrollo de la vida. ¿Qué tan claro debe ser? Si el desarrollo espiritual viene mediante la respuesta, debemos enseñar uno al cual el aprendiz pueda reaccionar.

Para guiar esta reacción, el maestro necesita saber, tanto como sea posible, sobre la vida y patrones de las vidas de los estudiantes. Lea acerca de las características de la edad del grupo que enseña. Observe a los estudiantes, visite sus hogares y hable con ellos. Mientras mejor entienda sus vidas, mejor podrá adaptar las lecciones para llevarlos a reaccionar. De nuevo, las evaluaciones necesarias que dirigimos antes nos ayudan en este aspecto de escribir propósitos para las lecciones. Aquí también es donde la idea pedagógica bien considerada es crucial para diseñar una lección efectiva.

Asumamos que ya escribió la idea exegética y pedagógica, está listo para escribir propósitos de la lección para su clase. Aquí verá cómo típicamente se escriben los propósitos de las lecciones.

ESCRIBIENDO UN PROPÓSITO PARA LA LECCIÓN

Cuando entienda el pasaje y vea su importancia para la vida de los alumnos, entonces estará listo para declarar sus propósitos. Por lo general se sugieren cuatro criterios para construir los propósitos:

1. Suficientemente cortos para recordarse.
2. Suficientemente claros para que sean importantes.
3. Suficientemente específicos para lograrse.
4. Escritos en términos del estudiante.

Vamos a ver cómo Alex desarrolló los propósitos de la lección para su grupo de adolescentes urbanos que asisten a los estudios bíblicos semanales. Como recordará, Alex está planeando guiar un estudio en Hebreos 10.19-25. Alex desarrolló la idea exegética y la idea pedagógica. Ya está listo para comenzar a escribir algunos propósitos para la lección. Los propósitos de la lección describirán cómo quiere que los estudiantes cambien gracias a los resultados de la clase. Alex se podría concentrar en cualquiera de las tres esferas de aprendizaje: cognitiva, afectiva o de comportamiento, escribiendo propósitos de contenido, inspiradores o acciones. Decidió escribir uno de cada tipo de propósito. Usó una estructura simple para ayudar a escribir los propósitos de la lección. Aquí está cómo formó los propósitos.

Los estudiantes _____ el _____ al _____

(verbo de aprendizaje)(concepto del aprendizaje)(reacción del aprendizaje)

Esta estructura ayuda a mantener sus propósitos cortos, claros, específicos y escritos en términos de lo que el estudiante aprenderá en lugar de lo que el maestro enseñará. Aquí están los propósitos del desarrollo de Alex para su lección.

Propósito del contenido (Cognitivo): Los estudiantes descubrirán las tres implicaciones primarias de la vida que se desarrollan de la obra sacerdotal de Cristo al hacer un estudio inductivo de Hebreos 10.19-25.

Propósito inspirador (Afectivo): Los estudiantes se comprometerán a la práctica de animarse unos a otros durante tiempos de persecución y dificultades acordando reunirse para orar dos veces a la semana antes de clases.

Propósito de la acción (Comportamiento): Los estudiantes utilizarán tres medios vitales de supervivencia en medio de la persecución y las dificultades —oración, perseverancia y personas— reuniéndose todas las semanas para «motivarse unos a otros».

Nótese que el primer objetivo se enfoca en el contenido que se aprenderá o descubrirá. Aunque el contenido es importante para la vida cristiana, este propósito no llama a los estudiantes a vivir realmente el mensaje del pasaje. El cambio para el cual se ha llamado a los estudiantes es un cambio de sus conocimientos y comprensión de la obra sacerdotal de Cristo. El segundo propósito parece ser el comportamiento, aunque realmente no lo es. Se concentra en el compromiso para un ideal o acción. Este paso es importante, pero aún no es necesaria la acción en sí misma para completar el propósito. Comprometerse a tomar una acción es diferente a tomar la acción. Pero es necesario comprometerse si va a seguir la acción, así que Alex es sabio al incluir un propósito inspirador en su plan de lección. Nótese cómo Alex formuló la declaración de su tercer propósito. Su propósito es un propósito de acción porque requiere que el estudiante tome acción si el propósito se va a lograr. Alex sabrá que se logró el propósito cuando los estudiantes realmente comiencen a reunirse para animarse unos a otros. Este propósito lleva la lección de la clase a la vida real. Es mucho más difícil de lograr, pero da resultados en los estudiantes que son «hacedores de la Palabra» en lugar de solo ser «oidores de la Palabra».

El peligro, como Alex reconoció, está en que los maestros tratarán de jugar el papel del Espíritu Santo en la vida de los estudiantes. ¿Es posible que el estudiante pueda aplicar las Escrituras a su vida sin pasar a la acción específica que el maestro presentó? Claro que sí. Detallar las aplicaciones no es la única forma de aplicar la verdad en un pasaje en particular. Las aplicaciones masivas no son necesariamente las mejores, pero por razones prácticas a menudo el maestro las hace y entonces espera que la reacción de los estudiantes sea verdaderamente una reacción a la Palabra de Dios en lugar de ser solo al maestro que enseñó la lección y guió la aplicación.

Haddon Robinson[2] brinda una gráfica de verbos que es de mucha ayuda y se puede usar para escribir los propósitos de la lección. La Tabla 11 que aparece en la página 213 reproduce esta gráfica. Las columnas una y dos se refieren a los verbos para el propósito del contenido, la columna tres se refiere a los verbos para el propósito inspirador y la columna cuatro se refiere a los verbos para el propósito de la acción.

RELACIONAR LA VERDAD

Tal vez usted ya esté un poco confundido. Todas estas charlas acerca de las ideas exegéticas, las ideas pedagógicas y los propósitos de la lección parecen ser muchas cosas que entender. Quizás sea de ayuda solo recordar lo que aquí estamos tratando de lograr. Estamos tratando de relacionar la verdad de la Biblia, escrita en un contexto cultural específico hace dos mil o más años, con personas que viven en un mundo moderno dramáticamente cambiado en comparación con el contexto bíblico. Estamos tratando de ser maestros que puedan cruzar la brecha entre el mundo bíblico y el mundo del estudiante. Realmente, esta es una tarea muy desafiante. Consiste en algo más que solo abrir la Biblia y unidos contarnos unos a otros las meditaciones mentales acerca de un pasaje. Esto requiere un estudio dedicado y un esfuerzo para concentrar los resultados del estudio en los alumnos que enseñamos de forma tal que veamos vidas cambiadas. Aunque sea una tarea desafiante, está lejos de ser imposible. Con la práctica y siguiendo algunos preparativos de bosquejos en lecciones básicas, podemos llegar a ser maestros eficientes y creativos de la Biblia. La Tabla 12 de la página 214 resumirá lo que hemos aprendido hasta este punto en cuanto a la preparación de la lección. Repásela a medida que pasamos al tercer paso en nuestro estudio de la enseñanza creativa de la Biblia, *estructurar la lección.*

La noche antes de su trágica muerte, entrevistaron a Christa McAullife, «la maestra en el espacio» que murió en la explosión del Challenger el 28 de enero de 1986. Le preguntaron qué la motivó a enseñar. Ella contestó: «Toco el futuro, enseño». Christa tenía razón. Los maestros tocan el futuro cambiando a los estudiantes en el presente con las verdades del pasado. De forma muy real, como maestro de la Biblia, usted toca el futuro del pueblo de Dios.

Notas

1. Benjamin S. Bloom, et. al. *Taxonomy of Educational Objectives: Handbook I* (New York: MacKay, 1956).
2. Haddon Robinson, *Biblical Preaching* (Grand Rapids: Baker, 1980), pp. 111. [Versión en español: *La predicación bíblica* (Miami: Unilit-Logoi, 2000).]

Tabla 11

VERBOS ÚTILES PARA LAS METAS DE LAS LECCIONES

Si la meta es:	Conocimiento	Perspicacia	Actitud	Habilidad
El verbo puede ser:	listar	discriminar entre	determinarse	interpretar
	declarar	diferenciar entre	desarrollar	aplicar
	enumerar	contrastar	tener confianza en	internalizar
	recitar	comparar	apreciar	producir
	recordar	clasificar	estar convencido de	usar
	escribir	seleccionar	ser sensible a	practicar
	identificar	escoger	entusiasmarse con	estudiar
	memorizar	separar	desear	solucionar
	saber	evaluar	simpatizar con	experimentar
	trazar	examinar	ver	explicar
	delinear	comprender	planear	comunicar
	estar consciente de	reflexionar	sentirse satisfecho por	asistir en
	familiarizarse con	pensar	comprometerse a	orar por
	definir	discernir		
	describir	entender		
	reconocer	descubrir		

Tabla 12

La idea exegética	La idea pedagógica	La meta de la lección
¿Qué es…?		
• La verdad que el autor del pasaje intentó que entendieran los oyentes o los lectores originales	• La verdad que el maestro de la clase quiere que los estudiantes comprendan del pasaje	• Una afirmación que describe la clase de aprendizaje y cambio en la vida que se desea o espera en el estudiante como resultado de haber completado una lección, una unidad, o un curso de estudio.
También se conoce como…		
• El principio del puente • La idea central • La idea principal	• La idea para la enseñanza	• Objetivos para la instrucción
Responde a la(s) pregunta(s)…		
• ¿Acerca de qué habla el autor? • ¿Qué dice el autor acerca de aquello de lo que habla?	• ¿Qué quiero que el estudiante aprenda de esta lección?	• ¿Cómo quiero que mis estudiantes cambien como resultado de esta lección?
Enfoca sobre…		
• El mundo de la Biblia	• El mundo del estudiante	• La vida del estudiante
Ejemplo tomado de Hebreos 10.19-25		
El sacerdocio del creyente, establecido por la obra sacrificial de Cristo, junto con el ministerio de Cristo como sumosacerdote, invita a cada cristiano a acercarse a Dios, mantener su fe, y motivar a otros creyentes para que cada uno persevere en los tiempos y las situaciones difíciles.	• En tiempos de persecución, los estudiantes que siguen a Jesús deben aprender a depender y cobrar fuerzas de sus recursos más potentes—Dios (principalmente) y también otros creyentes.	**Meta de contenido (Cognitiva):** Los estudiantes descubrirán tres implicaciones principales para la vida que se desprenden del trabajo sacerdotal de Cristo por hacer un estudio inductivo de Hebreos 10.19-25. **Meta inspiracional (Afectiva):** Ellos se comprometerán a animarse el uno al otro en tiempos de persecución y dificultad y para lograr esto acordarán reunirse para orar antes de ir a clase dos veces por semana. **Meta de acción (Conducta):** Ellos utilizarán tres medios esenciales para sobrevivir la persecución y las dificultades—oración, perseverancia y otros creyentes por reunirse cada semana para exhortarse el uno al otro.

Figura 12

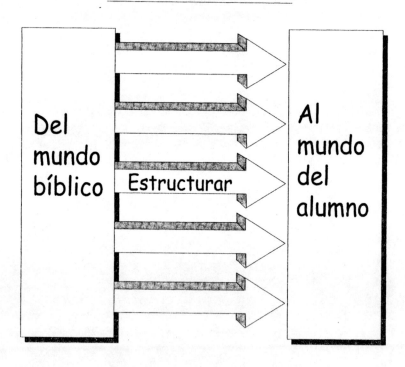

MODELO PARA
ENSEÑAR CREATIVAMENTE
LA BIBLIA

ESTRUCTURAR LA LECCIÓN

Enseñar una lección de la Biblia es algo como viajar en un avión. Después de apartarse de la terminal, el avión va hasta la pista. Se afirman los frenos. Aceleran los motores hasta obtener las RPM (revoluciones por minuto) necesarias para despegar. Entonces el avión comienza a rodar por la pista. Alcanza velocidad con rapidez y por fin está volando. En poco tiempo el aeroplano alcanza la altura ideal y usted disfruta el vuelo. A medida que va viajando, el piloto sigue un plan de vuelo que lo lleva sobre campos de maíz, lagos, montañas y ríos. Dentro, usted mira una película y disfruta una comida. Mientras que usted está llegando a su destino, el avión comienza a descender. En obediencia a las instrucciones, usted coloca la mesita portátil en su lugar y endereza su asiento. Guarda en su bolsa de mano el libro que ha estado leyendo y se amarra el cinturón. Luego de algunas otras vueltas, su avión está alineado con la pista. Unos minutos más tarde las ruedas del avión tocan el concreto con un chirrido y pronto usted estará rodando hasta la entrada. Saldrá del avión y se irá.

Como un vuelo en avión, la lección necesita un despegue poderoso. Al primer aspecto de la enseñanza le llamamos el

Anzuelo. En esta sección explicaremos qué queremos decir con el Anzuelo, pero por ahora sencillamente vamos a verlo como el comienzo, la introducción a la lección. Como el despegue en el avión, el Anzuelo despega a la clase de la pista. Una vez que la clase está encaminada, pasa a una segunda fase del proceso de la enseñanza creativa de la Biblia, el Libro.

El Libro es un poco como el vuelo a nivel. Se diseñó para llevar al estudiante al mundo de la Biblia y devolverlo. El Libro, igual que el vuelo, cruza el país, requiere planeamiento y algún navegante con la habilidad de un maestro-piloto para por fin traer a la clase al destino de un aprendizaje eficaz y su aplicación.

Eventualmente, su sesión de enseñanza va del Libro a Mirar. Mirar es la fase de la enseñanza en la cual la clase descubre las aplicaciones generales. Esto es como la maniobra que un avión hace antes de aterrizar. El piloto prepara el avión para aterrizar, doblando cuidadosamente para alinearlo con la pista. De forma similar, el maestro creativo de la Biblia debe ayudar al estudiante a explorar los puntos potenciales de la aplicación preparando el corazón del estudiante para el aterrizaje final: la aplicación personal.

Luego, viene la hora para la parte final y más importante del vuelo: el aterrizaje. Seamos realistas. Es posible tener una salida violenta y un vuelo lleno de sacudidas, y hasta tener turbulencias al acercarse, pero la medida final de un vuelo es la calidad del aterrizaje. Un mal aterrizaje puede arruinar lo que pudo ser un vuelo perfecto. El aterrizaje de un gran avión de propulsión a chorro es análogo al Apropiar, es decir, la última sección de una lección creativa de la Biblia. El Apropiar es el aterrizaje. Es el destino final de la lección, el corazón y vida del estudiante.

Esta sección le presenta el tercer paso del proceso de la enseñanza creativa de la Biblia, estructurar la lección usando estos cuatro elementos. Aquí descubrirá cómo planear el vuelo. Así que hagamos volar esta nave, ¿de acuerdo?

CAPÍTULO 9

EL PATRÓN: MÉTODO ALMA

Imagine estar abordando un avión sabiendo que se diseñó sin un plan. O qué de subir a un elevador que va al piso sesenta y siete de un rascacielos que se fabricó sin los dibujos arquitectónicos ni los planos. ¡Asusta de solo pensarlo! Debido al riesgo que corre la vida y el cuerpo, los métodos al azar en el diseño de aviones o en la ingeniería estructural, no son prudentes. Pero hasta en las cosas menores de la vida, planear parece ser una acción sabia que toma la gente prudente. Ya sea que estemos haciendo un vestido o inversiones, un plan bien pensado es esencial. La mayoría de las empresas requieren planeamiento. Como un principio general, las cosas bien hechas se hicieron con un plan. Los generales necesitan planes de batallas, los entrenadores necesitan planear los juegos, y los maestros necesitan planes de lecciones. Este capítulo es acerca de los planes de lecciones. Es acerca de hacer cosas bien hechas cuando se trata de enseñar la Biblia.

La espontaneidad tiene su lugar. Realmente es un aspecto agradable en una relación entre un esposo y una esposa. Que el esposo traiga flores a la casa solo porque vio a alguien vendiéndolas en la esquina, es una buena clase de espontaneidad. O si la familia se detiene en el Museo de las piedras de Juan yendo de camino para las Montañas Negras solo por curiosidad y convirtiéndose todo esto en un sobresaliente acontecimiento de vacaciones, es otra buena clase de espontaneidad. Cuando un estudiante de la clase de adultos de la escuela dominical cuenta abierta y espontáneamente la historia de las luchas de su vida que ilustran un punto destacado en la clase, y como resultado la gente realiza comentarios que hacen la clase más significativa, esto también es una buena clase de espontaneidad. Pero irónicamente, al enseñar la Biblia, el planeamiento debe hacerse para que la espontaneidad tenga sentido. De otra forma es más probable que la «espontaneidad» sea una conversación sin importancia. El maestro sabio sabe cuándo apartarse de su agenda y hasta incluso del tema, pero también tiene un tema que puede traer a los alumnos de vuelta para ver el pasaje cuando los comentarios tratan tópicos más convenientes para conversaciones informales fuera del salón de clase. Está preparado para aprovechar los momentos de enseñanza, pero evita que su clase divague sin propósito en nombre de la espontaneidad.

Es interesante cómo algunos asocian la espontaneidad con la guía del Espíritu Santo. El planeamiento se ve como una característica humana que impide que Dios obre en un grupo. Se cree que la obra de Dios es espontánea, de forma impredecible. Algunos consideran que los servicios de adoración y las clases debieran brotar libremente y sin planearse. Creen que las formas espontáneas en que Dios guía no pueden ocurrir si el servicio o lección está planeado. Vienen a la clase sencillamente confiando en que Dios los va a dirigir a ellos y a la clase en cuanto a qué decir y qué aplicaciones hacer. Sin embargo, la espontaneidad no es la manera en que Dios obra en la mayoría de las situaciones. Recuerde lo que dijo Pablo en respuesta a la iglesia de los corintios, quienes perdieron el control con el estilo de adoración espontánea. Él dijo: «Pues

Dios no es Dios de confusión, sino de paz . . . pero hágase todo decentemente y con orden» (1 Corintios 14.33,40). La naturaleza de Dios es planear. En efecto, esta verdad nos otorga ánimo en medio de nuestras luchas en la vida. Descansamos en el hecho de que Dios no obra fortuitamente. Él tiene un plan soberano para nuestras vidas. Dios diseñó Su mundo siguiendo planes muy precisos. Ordenó los hechos mediante un plan maestro. Y nosotros, como seres humanos, al ser hechos a su imagen, también tenemos una tendencia innata para planear. Planeamos nuestros días. Planeamos en los sucesos. Planeamos viajar. Planeamos nuestros hogares. Planeamos nuestras vidas. Planeamos los servicios de adoración. Hasta tratamos de planear nuestras familias. ¿Acaso no debemos desarrollar planes para también enseñar la Palabra de Dios?

Un plan para enseñar

Existen numerosas formas para planear la experiencia de una clase. En este libro vamos a ver una con usted. La llamamos el método ALMA. Eso quiere decir Anzuelo, Libro, Mirar y Apropiar. No se preocupe, ya sabemos que es un poco obvio, ¡pero por eso mismo usted nunca lo olvidará! Es un método fácil de recordar al preparar la lección, que al seguirlo, dispone al estudiante para aprender la verdad bíblica y hacer una aplicación significativa de la verdad en su vida.

No es un nuevo método. En efecto, cuando Pablo se dirigió a los filósofos del Areópago, en la loma del dios Marte en Atenas, su método para enseñar era paralelo al método de planeamiento de la lección que aquí presentaremos. Así que haga una pausa y lea el relato de Hechos 17. ¿Qué pasos siguió Pablo al enseñar su audiencia?

Mientras Pablo los esperaba en Atenas, su espíritu se enardecía viendo la ciudad entregada a la idolatría . . . Entonces Pablo, puesto en pie en medio del Areópago, dijo: «Varones atenienses, en todo observo que sois muy religiosos; porque pasando y mirando vuestros santuarios, hallé también un altar en el cual estaba esta inscripción: AL DIOS NO CONOCIDO. Al que vosotros adoráis, pues, sin conocerle, es a quien yo os anuncio.

»El Dios que hizo el mundo y todas las cosas que en él hay, siendo Señor del cielo y de la tierra, no habita en templos hechos por manos humanas, ni es honrado por manos de hombres, como si necesitase de algo; pues Él es quien da a todos vida y aliento y todas las cosas. Y de una sangre ha hecho todo el linaje de los hombres, para que habiten sobre toda la faz de la tierra; y les ha prefijado el orden de los tiempo, y los límites de su habitación; para que busquen a Dios, si en alguna manera, palpando, puedan hallarle, aunque ciertamente no está lejos de cada uno de nosotros. "Porque en él vivimos, y nos movemos, y somos"; como algunos de vuestros propios poetas también han dicho: "Porque linaje suyo somos".

»Siendo, pues, linaje de Dios, no debemos pensar que la Divinidad sea semejante a oro, o plata, o piedra, escultura de arte y de imaginación de hombres. Pero Dios, habiendo pasado por alto los tiempos de esta ignorancia, ahora manda a todos los hombres en todo lugar, que se arrepientan; por cuanto ha establecido un día en el cual juzgará al mundo con justicia, por aquel varón a quien designó, dando fe a todos con haberle levantado de los muertos . . .»

Mas algunos creyeron, juntándose con él; entre los cuales estaba Dionisio el areopagita, una mujer llamada Dámaris, y otros con ellos (Hechos 17.16, 22-31, 34).

Encontramos a Pablo en Atenas esperando por Silas y Timoteo con quienes se reuniría. Mientras que espera por sus compañeros en el ministerio, da una vuelta por la ciudad. Se incomoda con lo que observa. Es una ciudad llena de ídolos. Es un lugar completamente perdido y necesitado de Cristo. Existen tantos ídolos que hasta uno lleva la inscripción «Al dios no conocido». ¿Cómo se acerca Pablo a la gente que tan desesperadamente necesita la verdad de Cristo?

Luego de hacer una evaluación de las necesidades que observó, Pablo hace una estrategia del mejor método para este grupo. Comienza enseñando en el mundo de los estudiantes. Comienza por donde viven. Relata sus observaciones y estimula sus intereses. En particular, su declaración: «Al que vosotros adoráis, pues sin conocerle, es a quien yo os anuncio» está diseñada para estimular la curiosidad al mismo tiempo que dirige su enseñanza. De seguro, los oídos de los oyentes deben haberse abierto en este punto. ¡Los picó! Ahora estaban listos para oír más.

El próximo paso era explorar la verdad con ellos. Les dijo que Dios creó a todas las personas y que cada uno anhela tener una relación con él. También les declaró la verdad de que el Jesucristo resucitado brinda los medios para lograr esa relación.

Después de ganar la atención y presentar su mensaje, Pablo ayudó a los oyentes a identificar una implicación general para todas las personas. Dijo: «Pero Dios, habiendo pasado por alto los tiempos de esta ignorancia, ahora manda a todos los hombres en todo lugar, que se arrepientan; por cuanto ha establecido un día en el cual juzgará al mundo con justicia, por aquel varón a quien designó».

Por último, hubo tiempo para apropiar. El ministerio de enseñanza de Pablo se trasladó desde las implicaciones generales hasta la aplicación personal. No se nos dice con exactitud cómo Pablo hizo que los oyentes se apropiaran de la verdad. Tal vez fue sin sugerencia alguna de parte de Pablo. Pero algunos creyeron, y desde luego, otros no. La aplicación puede ir de cualquier forma cuando enseñamos la verdad bíblica. Algunos pueden responder con un rechazo. No hay garantía de que todos responderán como quisiéramos. El asunto importante es que todos lleguen al punto de apropiar. La lección nos debe guiar al punto de la acción, lo cual en verdad hizo Pablo.

LOS CUATRO ELEMENTOS DE LECCIÓN

El propósito de la enseñanza provino de un estudio del pasaje que se enseñará. Este propósito detalla de forma flexible el apropiar para el cual usted está enseñando. Usted tiene una idea clara de dónde quiere llegar. Ahora es el momento de diseñar la lección para llegar ahí. Los planes de lección para la enseñanza bíblica creativa están compuestos por cuatro secciones básicas: Anzuelo, Libro, Mirar y Apropiar.

Es mejor evitar el pensar en esto como pasos mecánicos. Son más como cuatro partes de un proceso continuo y sistemático, aunque emocionante. Es probable que en la clase los estudiantes ni siquiera noten el cruce de una parte del proceso a la otra. No hay una rutina que señale la presencia de una sección; cada una está llena de oportunidades para la flexibilidad y la interacción. No obstante, en el proceso cada una de estas partes tiene su función propia y esencial. Veamos las cuatro en secuencia.

ANZUELO

Usted ha preparado la clase. La verdad que enseñó lo ha impactado. Ha visto que funciona en su vida. Cuando viene a la clase, está entusiasmado con la lección. Pero los estudiantes no lo están. No han tenido su experiencia, y no están pensando en la lección. Tienen sus propios problemas. Quizás un adulto esté preocupado por una tardía devolución de impuestos. Otro está pensando en la plancha que dejó: ¿La habré dejado apagada o no? Otros están contemplando asuntos personales importantes como la pérdida del trabajo, relaciones quebrantadas o seres queridos enfermos o muriéndose. Tal vez un adolescente esté repasando en su mente el juego de anoche o lamentando la tragedia de un rechazo de una cita. Una muchacha quizás esté muy molesta por un pleito con su hermana y el hecho de que a ella la castigaron, pero a su hermana no. Todo difiere, pero cada uno viene a la clase pensando en su problema. Usted debe buscar cómo sacarlos de sus pensamientos privados y traerlos a este tiempo de aprendizaje. Así que use el anzuelo. Los pescadores lo usan para sacar el pez fuera del lago y arrojarlo al bote. Usted lo usa para traer los estudiantes a la Palabra de vida.

Existen varias cualidades para un buen anzuelo:

1. Obtener la atención.

«Cuando la Princesa Diana perdió la vida, pareció que el mundo entero sintió esa pérdida. Muchas personas dijeron que por fin ella había encontrado felicidad después de buscarla durante años. Reúnase con alguien cerca de usted y en dos minutos venga con una lista de lo que la mayoría de las personas piensan que los haría feliz», dijo Pete Carson en su clase de adultos de la escuela dominical. Aquí hay algo que todos pueden hacer, una forma en la cual todos pueden participar. Así obtiene la atención. El anzuelo está ahí. Pero obtener la atención no es la única tarea de un buen anzuelo.

2. Descubrir una necesidad.

Todos tenemos necesidades en nuestras vidas. Muchas están exactamente en la superficie de nuestras vidas conscientes, mientras que otras están más escondidas y son menos obvias para nosotros o para otros. Tal vez estemos experimentando tensiones con un compañero de trabajo o vecino. Es posible que la necesidad se presente en forma de tensión financiera o enfermedad crónica. Algunos tienen necesidad de amistades y un sentido de pertenencia. Otros quizás estén enfrentando problemas familiares y matrimonios en proceso de fracasar. Entonces hay necesidad de animarse o apoyarse mutuamente en la crianza cristiana de los hijos. Queremos ser esposos y esposas, madres y padres piadosos. Los niños encaran necesidades relacionadas a la familia, amigos o escuela. Ellos tienen necesidades que incluyen motivación, atención, reconocimiento y aceptación. Los adolescentes encaran necesidades que requieren comprensión, guía para tomar decisiones, edificar relaciones saludables con el sexo opuesto y desarrollar un sentido de identidad.

Cuando diseñamos el anzuelo, debemos recordar las necesidades del grupo. La evaluación de las necesidades que hicimos antes debe guiarnos para divisar un anzuelo que descubra las necesidades del grupo de forma que no amenace, pero que haga reflexionar. Si los estudiantes sienten que la clase está en relacionada a sus necesidades, estarán más dispuestos a participar en las actividades de la clase y en el proceso de aprendizaje. Esto puede ser difícil porque con frecuencia la percepción de las necesidades de los estudiantes y sus verdaderas necesidades pueden ser diferentes. El maestro debe trabajar para abrir las mentes y corazones de los estudiantes a las necesidades espirituales de las cuales tratan las Escrituras.

3. *Establecer una meta.*

Podríamos llamar esto el «paso de dirección». El Anzuelo debe ofrecer algo a la respuesta de la pregunta: «¿Por qué debo oír esto?» Esta es una pregunta justa. Si esta lección va a tratar algo importante para mí, quiero prestar atención. Si es un recuento poco importante de informes empolvados, no me interesa. Los alumnos hacen esta decisión con rapidez. Con solo las primeras pocas palabras que se digan, los estudiantes lo sintonizan o lo rechazan. Es por eso que un anzuelo establece dirección a la clase. El maestro debe dar a los estudiantes una razón para oírlo.

Después que los estudiantes de Pedro oyeron las ideas sobre las fuentes típicas de felicidad, él demostró que el escritor de Filipenses habló del gozo en un tiempo cuando su vida estaba muy lejos de cualquier cosa que se pudiera asociar con la felicidad. Entonces hizo esta declaración: «Nuestra meta hoy es descubrir qué le dio a Pablo gozo, cuando no tenía nada de lo que la mayoría de la gente piensa que los haría feliz». Con esta declaración le dijo a su clase por qué debían prestar atención. Todos queremos sentir gozo. La clase estará atenta para descubrir su fuente. Se ganó el derecho de enseñar. Sin embargo, encontrará que es difícil mantener la atención si los estudiantes no tienen razón para aprender, ninguna razón que sea importante para ellos. Pero establezca una meta que ellos quieran alcanzar, y allí se quedarán. A veces los estudiantes establecen metas muy por debajo —por ejemplo, la mayoría de nosotros preferiría evitar sufrir en lugar de encontrar un propósito en el sufrimiento— así que, se les debe ayudar a ver las Escrituras a través de la mente de Cristo y es parte de la tarea del maestro establecer metas de aprendizaje de valor.

4. *Una cosa más.*

El anzuelo se debe dirigir al estudio bíblico con naturalidad. Cuando Pedro volvió a Filipenses, la clase estaba en camino. Un buen anzuelo es uno de los secretos de la enseñanza bíblica efectiva. Usted tiene un buen comienzo en una clase creativa cuando se capta el interés, se establece una meta y se guía a los estudiantes por la Palabra.

LIBRO

En la sección del Libro el maestro busca esclarecer el significado del pasaje que se está estudiando. En esta parte del proceso enseñanza-aprendizaje, el maestro ayuda a los estudiantes a obtener —y comprender— la información bíblica. Existen muchos métodos disponibles para este propósito. El maestro puede usar uno de participación, como grupos de intercambios de ideas e informes de grupos pequeños. O puede usar un método de maestro-céntrico. Una buena conferencia es la forma más rápida de cubrir el contenido y presentar los puntos. O uno puede usar gráficas, visuales y demás. Cualquiera que sea el método, el propósito en esta parte de la lección sigue siendo el mismo: dar información bíblica y ayudar a los estudiantes a comprenderla.

Pedro decidió dividir la clase en pequeños grupos. A cada uno le dio un grupo de preguntas para considerar que les ayudó a explorar el significado del pasaje. Le dio a un miembro voluntario de cada grupo una transparencia en blanco para un proyector junto con un marcador para anotar lo que encontraran. Cada grupo tenía que revisar varias referencias sobre el gozo en Filipenses. Luego los grupos volvieron a reunirse para intercambiar el resultado del estudio. Después que los grupos dieron sus informes, Pedro resumió los comentarios diciendo: «Muy bien, ahora vamos a poner el mensaje de Filipenses en una sola oración». Después de varios intentos, la clase tuvo una sola oración que describió el tema de los Filipenses. Pedro dirigió la clase en una exploración del pasaje significativo y con propósito. Como resultado, la clase tuvo una mejor comprensión del mensaje general del libro. No solo Pedro estableció los fundamentos para las próximas clases en ese libro, sino que también estableció el escenario para una investigación de las implicaciones del gozo bíblico en las vidas de los estudiantes.

MIRAR

Cuando los estudiantes comprenden lo que dice la Biblia, es hora de pasar a las implicaciones. Su conocimiento debe estar templado con «toda sabiduría e inteligencia espiritual» (Colosenses 1.9). Así que el próximo paso que el maestro debe planear para el proceso de preparación de la lección involucra guiar la clase a descubrir y comprender la relación entre la verdad que se acaba de estudiar y la vida diaria.

En la sección del Libro, los estudiantes de Pedro descubrieron que las fuentes del gozo cristiano provienen del evangelio, autosacrificio por los demás y el mismo Señor. Esto lo aprendieron mediante el uso de métodos de investigación en pequeños grupos. En esencia, adquirieron un conocimiento mental para entender el pasaje. Lo que descubrieron juntos fue la verdadera información acerca de la naturaleza del gozo cristiano. Pero aún no habían identificado las implicaciones de esta información para la vida cristiana. Pedro tuvo que guiar al grupo un paso más allá. A través de la sección Mirar,

Pedro guió la clase al tratar con la pregunta esencial necesaria para revelar las implicaciones de la vida. Preguntó: «¿Pero qué significa esto en el patrón de nuestra vida diaria?» Este es el asunto que exploró en la sección Mirar del plan de enseñanza. Vamos a ver cómo esta sección se desarrolló en la clase.

Pedro reconoció que la clase de adultos mayores estaba compuesta de cristianos con un amplio rango de experiencias de la vida que utilizar. Decidió tomar ventaja de este caudal de experiencia en el grupo usando una combinación de un caso de estudio y preguntas penetrantes para motivar el descubrimiento de las implicaciones del estudio de Filipenses. Pedro distribuyó un caso de estudio. Aquí está el caso que la clase tuvo que comentar:

> Bob y Peg Short son una pareja de retirados que viven en el medio oeste. Hace casi ocho años Bob se retiró de su trabajo con una aerolínea de importancia. Acaba de cumplir setenta y tres años y tiene una salud moderadamente buena. Pero Bob tiene una condición debilitadora que se empeorará durante los próximos dos o tres años hasta el punto en que Peg sola no podrá cuidarlo. Así que, con pesar, decidieron mudarse a una comunidad de retirados que brindan cuidados de por vida. Ambos estaban descontentos con la decisión de mudarse, pero creyeron que era lo mejor que podían hacer en su situación. Les dolía la idea de dejar su hogar y mudarse al pequeño apartamento y se preguntaban si podrían volver a ser felices.

Pedro le pidió a la clase que consideraran cómo los principios que habían acabado de aprender juntos podían aplicarse a la vida de esta pareja. Luego de mucha discusión y contar historias personales relacionadas con el caso de estudio, la clase decidió que Bob y Peg debían mirar la mudada como una comisión para entrar a un nuevo campo misionero. Sugirieron que tendrían oportunidades de hablar de su fe, ministrar a otros y profundizar su dependencia en Cristo. En el proceso de comentar el caso de Bob y Peg, los estudiantes estaban explorando formas prácticas que el material cubrió en la clase que podía relacionarse con la vida diaria. Pedro resumió sus ideas en el proyector. El resultado es que la clase tomó un próximo paso en el estudio de la Biblia, identificando implicaciones para la vida diaria.

APROPIAR

Pero, como una vacuna, la Palabra de Dios no tiene efecto hasta que podamos decir: Aplicó. Se requiere la respuesta. Normalmente, la respuesta a la enseñanza se efectuará fuera de la clase, en la vida durante la semana. «Así también la fe, si no tiene obras, es muerta en sí misma» (Santiago 2.17). Para el desarrollo espiritual y la realidad en la experiencia cristiana, la fe demanda respuesta en cada situación variada de la vida humana.

En la sección Mirar, el maestro motiva estas respuestas. El maestro guía a los miembros de la clase a señalar áreas personales en las cuales ellos podrían responder y los ayuda a planear formas específicas a las que responderán. A menudo salimos de la iglesia llenos de buenas intenciones. Esa semana seremos más cariñosos, más dedicados. Pero la resolución es vaga porque no hemos ido más allá de la fase de aprendizaje de la generalización e implementación para realmente planear cómo vamos a cambiar, por consecuencia no se opera cambio alguno. El maestro creativo de la Biblia sabe esto. La meta es transformar vidas, cambiar. Así que, los maestros creativos de la Biblia ayudan a los estudiantes a apropiar guiándolos para ver la voluntad de Dios y ayudándolos a decidir y planear cómo hacerlo.

Pedro hizo esto distribuyendo tarjetas a la clase. Le pidió a cada uno que en un lado de la tarjeta escribiera su nombre y dirección. En el otro lado les pidió que escribieran cómo aplicarían el pasaje de la próxima semana. Le recordó al grupo las implicaciones que tenían que descubrir y luego les dio tiempo para pensar y escribir. Recogió las tarjetas. El lunes las envió por correo para que sirvieran de un recordatorio que llegaría al buzón más tarde durante la semana. Al próximo domingo, la clase comentó cómo aplicaron la clase sobre el gozo a las situaciones de sus propias vidas.

Un viaje a través del tiempo

Otra forma de entender los alcances del Anzuelo, Libro, Mirar, Apropiar es que el maestro lo guíe representando un viaje a través del tiempo. Llevar los procedimientos de la lección desde el presente (Anzuelo) al pasado (Libro), regresar al presente (Mirar) y luego al futuro (Apropiar). La Figura 13 representa la estructura de la lección en esa forma. El papel del maestro es el de un agente de viaje y guía turístico. Como un agente de pasaje, el maestro planea el viaje. Como guía de turista, el maestro guía el viaje. Pero siempre los estudiantes son el enfoque. Ellos son los que están viajando. Son los participantes en la experiencia del viaje. Los agentes de viaje y guías de turistas tienen un propósito, ayudar a otros para hacer el viaje.

Importancia de la estructura de la lección

La habilidad de manejar la estructura de una lección es inestimable para el maestro de Biblia. El proceso que hemos descrito y las palabras clave (Anzuelo, Libro, Mirar, Apro-

Figura 13

ANZUELO, LIBRO, MIRAR, APROPRIAR: UN PUENTE QUE ATRAVIESA EL TIEMPO

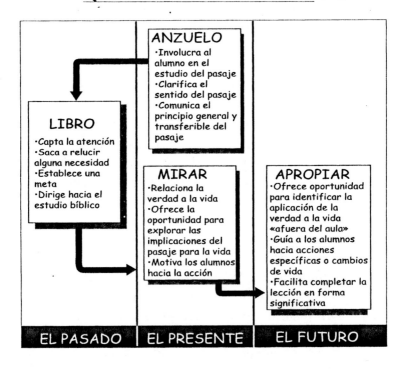

ANZUELO
- Involucra al alumno en el estudio del pasaje
- Clarifica el sentido del pasaje
- Comunica el principio general y transferible del pasaje

LIBRO
- Capta la atención
- Saca a relucir alguna necesidad
- Establece una meta
- Dirige hacia el estudio bíblico

MIRAR
- Relaciona la verdad a la vida
- Ofrece la oportunidad para explorar las implicaciones del pasaje para la vida
- Motiva los alumnos hacia la acción

APROPIAR
- Ofrece oportunidad para identificar la aplicación de la verdad a la vida «afuera del aula»
- Guía a los alumnos hacia acciones específicas o cambios de vida
- Facilita completar la lección en forma significativa

| EL PASADO | EL PRESENTE | EL FUTURO |

piar) sugeridas para caracterizar sus partes, son herramientas para el maestro. Estas son herramientas prácticas con las cuales se desarrollan habilidades estructurales. ¿Cómo se pueden usar estas herramientas?

Como guía para el método escogido. Cuando usted entiende el propósito de cada parte del proceso de enseñanza, es fácil escoger métodos. La mayoría de los libros sobre métodos son más bien confusos. Hablan de papeles que desempeñar, de grupos de comentarios, de tormentas de ideas, de docenas de otras técnicas, y ofrecen reglas para tener éxito con su uso. Pero lo que debe determinar la elección de métodos es la función, el trabajo que un método debe realizar en la clase.

Así es como usted debe entender la metodología. Un método es simplemente una actividad diseñada para pescar estudiantes, para comunicar información y significado, guiar la comprensión o motivar la respuesta. La próxima sección de este libro se refiere a las actividades aptas para estos propósitos de los varios grupos por edades. Pero el asunto principal es este. *Si usted entiende lo que está tratando de lograr, puede escoger o inventar una actividad para lograrlo.* Domine las partes del proceso de la lección, y a esto le seguirá la destreza del método.

Para simplificar el planeamiento de la lección. Dividir el proceso de la enseñanza bíblica creativa en cuatro partes simplifica el planeamiento de la lección. Es fácil para un maestro que entienda las partes de la lección construir una lección o encontrar y corregir debilidades en el material de la lección impresa. El planeamiento se aumenta cuando se sigue alguna clase de patrón. Esa es la ventaja del formato Anzuelo, Libro, Mirar, Apropiar.

Otro ejemplo

Los modelos son la forma en que muchos de nosotros aprendemos mejor. Tenemos que ver cómo se hacen algunas cosas, y entonces podemos seguir solos el patrón. Así que vamos a considerar un ejemplo más de planeamiento de una lección. Veremos cómo Alejandro, el obrero de los jóvenes que guía un grupo urbano de adolescentes en un estudio bíblico semanal, planeó su lección en Hebreos 10.19-25. La Tabla 13 es una copia del plan de la lección de Alejandro que muestra cómo diseñó el estudio. Notará que para planear la lección él identificó la idea exegética, la idea pedagógica y el propósito de la lección en su hoja de trabajo. Seguido de esto, su hoja de trabajo se divide en cuatro secciones donde él escribió los planes para su Anzuelo, Libro, Mirar y Apropiar. A través de la lección, Alejandro espera guiar su grupo para establecer un pacto de grupo que involucre una responsabilidad de reunirse regularmente para tener oración y apoyo mutuo.

Ahora es su turno

La Tabla 14 es una hoja de planeamiento de la lección diseñado para ayudarlo a reunir su plan de lección. Trae todo lo que ha aprendido hasta aquí en este libro. Muestra cómo puede usar su comprensión del proceso de la preparación de la lección para desarrollar un plan de enseñanza. En la parte de arriba de la hoja de trabajo hay un espacio para escribir la fecha y local, y llenar una referencia para archivar el plan. Use esto para una futura referencia. Al lado hay una caja para resumir información acerca del blanco del grupo. Escriba esta información de la evaluación de necesidades. Abajo hay un lugar para indicar el pasaje que se está estudiando y cualquier referencia suplementaria que planee usar. Más abajo, siguiendo en la hoja de trabajo, encontrará cajas para escribir la idea exegética, la idea pedagógica y los propósitos de la lección que comentamos en los capítulos previos. Seguido de esto hay espacio para su Anzuelo, Libro, Mirar y Apropiar. Nótese que la sección de Libro está dividida verticalmente para que pueda incluir el bosquejo del contenido y los métodos que planea usar para enseñar dicho contenido. Por último, hay un lugar para escribir cualquier evaluación de la lección que pueda tener después de enseñar la clase. Esto lo ayudará si alguna vez vuelve a enseñar este material.

Véase la Tabla 14. Úsela para preparar su próxima sesión de enseñanza. Repase los Capítulos del 1 al 9 si fuera necesario. Asegúrese de que su Anzuelo obtenga la atención, establezca la meta y se dirija a la Biblia. Planee el Libro para comunicar información y significado. Revise el paso Mirar para estar seguro de guiar sus estudiantes hacia las implicaciones. Finalmente, construya un Apropiar que lo guíe y motive la aplicación. El próximo capítulo le dará más ayuda con la aplicación de la enseñanza, ¡pero ya tiene las herramientas que necesita para planear su clase!

Tabla 13a

Fecha: 9/5/04   **Lugar:** Centro Evangélico del Norte   **Archivar bajo:** Hebreos

Grupo objetivo: Estudio bíblico de estudiantes de secundaria- Iglesia Bíblica del Norte
Todos bajo presión significativa a medida que tratan de vivir por Cristo en su escuela secundaria. Hay un número muy pequeño de creyentes en la escuela: los estudiantes necesitan ser animados constantemente a fin de permanecer fieles a Cristo. Algunos enfrentan tentaciones y dudas significativas. La aceptación por un grupo representa la principal necesidad que sienten los estudiantes.

Pasaje: Hebreos 10.19-25 | **Otras referencias:** Éxodo 25—31; Levítico 1—27

Idea exegética:

El sacerdocio del creyente, establecido por la obra sacrificial de Cristo, junto con el ministerio de Cristo como sumosacerdote, invita a cada cristiano a acercarse a Dios, mantener su fe y motivar a otros creyentes para que cada uno persevere en los tiempos y las situaciones difíciles.

Idea pedagógica:

En tiempos de persecución los estudiantes que siguen a Jesús deben aprender a depender y cobrar fuerzas de sus recursos más potentes—Dios (principalmente) y también otros creyentes.

META(S) para la lección

Cognitiva (Cabeza):

Los estudiantes descubrirán tres implicaciones principales para la vida que se desprenden del trabajo sacerdotal de Cristo al hacer un estudio inductivo de Hebroes 10.19-25.

Afectiva (Corazón)

Los estudiantes utilizarán tres medios esenciales para sobrevivir en medio de la persecución y las dificultades—oración, perseverancia y otros creyentes— al reunirse cada semana para exhortarse unos a otros.

Acción (Manos)

Los estudiantes utilizarán tres medios esenciales para sobrevivir la persecución y las dificultades—oración, perseverancia y otros creyentes por reunirse cada semana para exhortarse el uno al otro..

Anzuelo:

1. Un segmento de video— Utilice un segmento de la película El refugio secreto para mostrar la persecución de los cristianos que escondieron a judíos de las tropas SS de Hitler.
2. Pregunta: ¿Piensan ustedes que hubieran escondido a los judíos?
¿Qué riesgo hubieran corrido?
3. Pregunta: ¿Todavía hay persecución de cristianos?
4. Pregunta: ¿Alguna vez han sido perseguidos ustedes o alguien que conocen por ser cristiano?

Transición: Nuestro estudio de hoy trata de un grupo de cristianos que fueron perseguidos por seguir a Cristo. Nuestro pasaje proporciona consejo para cristianos perseguidos.

Tabla 13b

HOJA DE PLANIFICACIÓN PARA LA LECCIÓN (continuación)

Libro: Bosquejo del contenido	Metodología
1. El transfondo del texto	Mini conferencia: El maestro proporciona el transfondo con respecto a la persecución experimentada por los cristianos en el primer siglo.
2. La verdad: El sacerdocio del creyente en el Nuevo de Testamento (Hebreos 10.19-22)	Informe del estudiante: El estudiante hará un informe acerca del resultado de la investigación que hizo del sacerdocio. El grupo discutirá el papel de los sacerdotes. El maestro indicará el hecho de la función sacerdotal de Jesús como tratado en los estudios anteriores. Saldra a relucir que cada creyente es un sacerdote también. Se discutirán las razones por las cuales este es un cambio significativo del sacerdocio del Antiguo Testamento.
3. La aplicación: Tres medios esenciales para sobrevivir la persecución y las dificultades—oración, perseverancia, y otros creyentes—por reunirse cada semana a fin de exhortarse el uno al otro. (Hebreos 10.22-25) a) la oración b) la perseverancia c) los otros creyentes	Discusión: Los estudiantes serán guiados a reflexionar sobre cada una de las tres implicaciones sugeridas por el autor de Hebreos con respecto al ministerio sacerdotal de Cristo y la función del creyente como sacerdote. P1: ¿Como resultado del trabajo de Cristo a nuestro favor y de nuestro propio acceso a Dios, ¿qué acciones debemos tomar como cristianos? P2: ¿Qué beneficio traen estas acciones a los creyentes que sufren persecución?

Mirar:

1. Lluvia de ideas: Los estudiantes considerarán juntos todas las maneras posibles en las cuales ellos puedan aplicar la lección. Elios tomarán cinco minutos para hacer una lista de aplicaciones adquiridas con el uso de la lluvia de ideas. Si sale a relucir la idea de reunirse regularmente en un grupo pequeño antes de ir a clase se enfocará sobre ella y se relatará una historia acerca de un grupo que decidió reunirse en su escuela cada semana para el apoyo mutuo.

2. Establecer la meta: Bajo dirección, el grupo escribirá una meta acerca de sostenerse el uno al otro durante la persecución y frente a los desafíos a su fe. El líder enfatizará la importancia de que los creyentes se reunan y que no sean negligentes en esto.

3. Compromiso del grupo: el grupo diseñará un compromiso. Detallarán las cosas que el grupo se comprometerá a hacer para alentarse el uno al otro en tiempos de persecución.

Apropiar:

Ceremonia de firmar el compromiso: Cada persona recibirá una fotocopia del compromiso del grupo en el correo esta semana como un recordatorio.

Oración: Tiempo enfocado hacia el respaldo mutuo en tiempos de persecución y duda.

Evaluación:

Tabla 14a

HOJA DE PLANIFICACIÓN PARA LA LECCIÓN

Fecha:	Lugar:	Archivar bajo:

Grupo del blanco:

Pasaje: -	Otras referencias:

Idea exegética:

Idea pedagógica:

META(S) para la lección
Cognitiva (Cabeza):

- -

Afectiva (Corazón)

- -

Acción (Manos)

Anzuelo:

Tabla 14b

HOJA DE PLANIFICACIÓN PARA LA LECCIÓN (continuación)

Libro: Bosquejo del contenido	Metodología

Mirar:

Apropiar:

Evaluación:

CAPÍTULO 10

EL PROCESO: OBTENGA LA RESPUESTA DE LOS ESTUDIANTES

Ned Phillips es un líder de un grupo pequeño que tiene seis muchachos de secundaria en su ministerio con los jóvenes de la iglesia. Su papel consiste en conocer a cada uno de estos muchachos personalmente, crear una relación con ellos, y servir como líder de comentarios en la sesión de grupo pequeño que sigue después de un tiempo de enseñanza en un grupo grande que guía el pastor de los jóvenes. Alrededor de treinta y cinco estudiantes asisten a la sesión del grupo grande. Por lo general, el pastor de los jóvenes presenta muy habilidosamente una «conversación de jóvenes» que cautiva a los estudiantes. Él es un magnífico orador y un cuentista.

El trabajo de Ned es «tomar informes» de los estudiantes y ayudarlos a hacer la aplicación personal motivados por lo que dijo el pastor. Ned considera que su tarea es un enorme desafío. Parece que los estudiantes pueden recordar y hasta explicar lo que el pastor de jóvenes dijo, pero les cuesta mucho trabajo aplicar la verdad en forma específica a sus propias vidas. Por ejemplo, el domingo pasado el mensaje fue acerca de Juan el Bautista. El tema del mensaje fue que Juan estaba dispuesto a ir en contra de la corriente y adoptar una aptitud firme por Cristo a pesar de la persecución y ridículo que podría sufrir. Cuando Ned pidió a los estudiantes que relacionaran el pasaje con sus propias vidas, les fue imposible hacerlo. Juan el Bautista parecía estar tan lejos de su mundo que ellos no podían encontrar una aplicación directa. Un estudiante dijo: «Si se quiere ser popular, aléjate de la langosta, la miel y la ropa fuera de estilo». Está claro que perdió el punto. Ned estaba frustrado. ¿Qué podía hacer para que los muchachos de secundaria le dieran valor al mensaje de la Biblia dos mil años después de su cultura y contenido?

La dificultad de obtener una respuesta de los estudiantes

La tarea más difícil del maestro de Biblia es ayudar a los estudiantes a ver la verdad en los términos de sus propias vidas. Esto es particularmente difícil porque tal vez el mismo maestro no sepa las implicaciones de un pasaje para los estudiantes. ¿Qué queremos decir con esto? Digamos que usted enseña una clase de niños de segundo grado. Usted los enseña, pero no vive la vida de un niño de ocho años. Quizás usted sea un accionista de treinta y cinco años de edad, un mecánico de cincuenta años, o un estudiante universitario de veinte años. Usted no piensa como ellos ni siente como ellos. No tiene sus problemas, ni sus padres, ni ninguna de las personalidades. La cultura de un niño es muy diferente a lo que era cuando usted tenía esa edad, aunque todavía pueda recordar ser de esa edad. Puede enseñar jóvenes de la secundaria, pero su vida está asombrosamente separada de la de ellos. Aunque haya entendido bien a los estudiantes, se sabe que los adolescentes de hoy no piensan ni entienden de la misma forma que los adultos. Quizás usted enseñe adultos, pero no vive la vida de otro adulto. Aunque la verdad de Dios es importante para todos, y aunque vea implicaciones específicas de esa verdad para su vida, no verá todas las implicaciones para otros. Debido a que cada ser humano tiene una personalidad única y vive una vida que es distinta, ningún intruso puede determinar con seguridad todas las implicaciones de una verdad por la otra persona. Y realmente nadie se atreve a decir que conoce como otra persona debe apropiar una verdad, un apropiar que solo Dios tiene el derecho de dirigir.

Métodos para la aplicación

Casi todo el mundo que enseña Biblia cree que se debe usar la Palabra. Todos enseñan con un propósito, pensando que la Biblia es importante para la vida. Y la mayoría trata de hacerla importante. Intentan aplicar lo que enseñan.

El problema es cómo hacer una aplicación que funcione. El propósito de la aplicación es hacer que la verdad tenga uso, llevarla a la experiencia, a la vida del aprendiz. Sin embargo, muchos maestros de la Biblia hacen aplicaciones que no se ven más tarde en la vida de los estudiantes. Las técnicas que usan simplemente no funcionan.

El contenido no es suficiente. A veces encontramos a un maestro que dice: «Enseño la Palabra. La obra del Espíritu Santo es aplicarla». Muchos de nosotros no estaríamos de acuerdo con esto. Si el Espíritu Santo nos usa para enseñar la Biblia, ¡también nos querrá usar para relacionarla! No obstante, los maestros que no están de acuerdo con esta declaración e incluso algunos escritores de currículo, planean las lecciones como si el contenido fuera suficiente.

Una perspectiva peculiar de aprendizaje y personas fundamentan este método. El estudiante se ve casi como una computadora. El maestro ingresa el informe (la información bíblica) en el disco duro del estudiante (la mente del estudiante) donde se archiva para luego sacar y procesar. Cada vez que llega una situación en la cual se necesita la verdad, la mente del estudiante automáticamente debe buscar en toda la información que tiene, y ¡zas! allí está la verdad, lista para usarse.

Pero los seres humanos no operan de esa forma. Las mentes no buscan el contenido automáticamente para relacionarlo con las experiencias. Es cierto que cuando se enseña el contenido como información, está archivado. *Pero sin preparación, es difícil que el estudiante vea cómo relacionarlo a su vida.*

Si dudar esto, pruébese a sí mismo. Escriba lo que sepa acerca del presente ministerio de Cristo en el cielo. Ahora diga lo que esta verdad significa para usted en términos personales. Escriba cómo usarlo. ¿Es difícil? No obstante, casi no hay una doctrina más importante para la experiencia del cristiano en la Palabra de Dios. Pero la probabilidad es que si alguien no le ha enseñado la doctrina *considerando su significado para la vida*, no la puede aplicar. Y si no entiende lo que significa para su vida, ¡no es posible usarla!

La idea de llenar la mente con información permitirá que el individuo desarrolle la habilidad de usar esa información que ya se ha probado. Y el examen prueba que la idea simplemente no es cierta. ¿Qué podemos decir, entonces, acerca del maestro de Biblia que solo cubre el contenido y espera que las vidas cambien?

Una lección para la clase de secundaria de escuela dominical de un gran editor de currículo sirve de ejemplo. Es una lección sobre el compromiso del apóstol Pablo para predicar el evangelio a los perdidos en cualquier situación. La lección termina intentando aplicar la lección a la vida de los adolescentes en una sola oración: «Vamos a orar al Señor para que nos ayude a ser tan evangelistas como Pablo». Terminar la lección con una oración o una exhortación para «usar lo que hemos aprendido hoy» no es aplicarla, por lo menos no de forma que la verdad afecte la vida.

Mejor es la generalización. Un mejor maestro, reconociendo que debe ir más allá del contenido, puede ir a la generalización. Tome el mensaje del pastor de jóvenes acerca de Juan el Bautista que mencionamos al principio de este capítulo. El contenido estaba claramente organizado. Una sección ve a Juan en el desierto, señalando su forma de vida, la ropa y dieta. Con esto, el pastor de jóvenes destaca la idea de que Juan no consideraba que las comodidades materiales fueran importantes. En otra sección habló sobre el sermón de Juan a la multitud. El pastor de jóvenes señaló la franca honestidad de Juan. Les dijo a los estudiantes que Juan nunca le dijo a la gente solo lo que querían oír. Juan predicó el mensaje de Dios llanamente, y ninguna amenaza a su popularidad lo podía detener. En la tercera sección el pastor de jóvenes estudia a Juan después que los discípulos lo abandonaron para seguir a Jesús. En este punto subraya la aptitud de Juan: «Es necesario que él crezca, pero que yo mengüe». Juan puso a Cristo primero.

Ned, que es un buen maestro y no quiere que su clase solo se quede con información, preguntó: «¿Qué cualidades de carácter apartó Juan de otras personas —las cualidades que son importantes para los cristianos de hoy?» Con esta pregunta él podía dirigir los estudiantes a generalizar. Los guió desde los hechos hasta los principios. Llevar a los estudiantes de los hechos hasta los principios es importante para la aplicación efectiva. Pero también, se queda corta. Para lograr respuestas, Ned debe ayudar a los estudiantes a ver cómo usar los principios en sus vidas.

Las ilustraciones son de ayuda para la aplicación. Una forma en que podemos ver un principio en operación es a través de una ilustración. Pero esto tiene problemas. Vamos a decir que usted ha estado enseñando una clase de niños de siete años de edad. En la lección ha enseñado que ser honesto es una forma de agradar al Señor. La clase expresa el deseo de agradar al Señor y desea ser «honesta». Pero usted los quiere ayudar a ver qué la honestidad significa más que «no robar». Así que, para llevarlos al nivel de ellos, usa una ilustración.

Katie encontró un cordel para jugar la suiza en el patio. Tiene agarraderas rojas y era de colores, ella corrió hasta la casa para enseñársela a la mamá. Era como la que siempre había querido tener. Pero la mamá no estaba muy contenta. «Katie», le preguntó la mamá, «¿es realmente tuya»? «Claro que sí, mamá,» dijo Katie, «me la encontré». Todavía la mamá no parecía muy contenta. Le habló de una niña que la había perdido y cómo se sentiría. Y le preguntó a Katie si realmente era honesto quedarse con el cordel de alguien, aunque ella no se lo robó. Katie fue a su dormitorio y pensó y pensó. Cuando salió, se veía feliz. «Mamá», le dijo, «voy a llevar el cordel y dárselo a la maestra. Si nadie lo reclama, lo podré tener en dos semanas». Se sonrió y dijo: «Realmente quiero ser honesta para agradar al Señor Jesús».

Al día siguiente, una de los miembros de la clase encuentra una muñeca en el patio y se la lleva a la casa. Si fuera un cordel para jugar la suiza, se la hubieran llevado a la maestra. Considere esto. ¿Saben por qué? La idea de la ilustración descansa en la teoría de «transferir elementos idénticos». Verbalmente usted crea una situación «real», tan parecida como sea posible, a la experiencia del momento. La esperanza es que cuando el aprendiz se vea en una situación similar, recuerde y use la verdad que se enseñó.

La dificultad es que los elementos de las situaciones sean idénticamente iguales. Para la mente literal del niño el solo cambio de un factor (un cordel a una muñeca) puede cambiar tanto la situación que no notará la relación del uno al otro. Esto también sucede con los adultos. Un pastor cita una ilustración acerca de la falta de honestidad contando la historia donde un hombre cristiano de negocio no honra un compromiso. Pero la ilustración no hace pensar en las vacaciones que usted está planeando, aunque sepa que eso significa hacer pagos tardíos a algunas deudas. Ni tampoco lo hace pensar en los papeles y lápices que trae de la oficina para los hijos. El principio es el mismo, la ilustración es buena, pero no es suficientemente similar a las experiencias suyas como para ayudarlo a relacionar la verdad con usted.

El problema de la autoaplicación a la lección

El problema para aplicar estos métodos autodirigidos —solo contenido, generalización e ilustración— es que estos asumen que si uno sabe lo que es correcto, o si uno sabe la verdad bíblica que debe vivir, también seguirá la práctica. Cuando los maestros ven que su tarea es hacer que los estudiantes sepan la verdad o incluso sepan cómo aplicar la verdad, esperan que los estudiantes tomen el próximo paso y practiquen específicamente la verdad en sus propias vidas. Los maestros creativos de la Biblia quieren ir un paso más allá. Quieren cambiar vidas. Quieren resultados. Aunque no pueden hacer que los estudiantes apliquen el pasaje, pueden ir más lejos haciendo la aplicación más concreta. Findley

Edge, en su libro ahora clásico *Pedagogía Fructífera*,[1] identifica seis razones por las cuales fracasa la autoaplicación de la lección de la Biblia. Estas se pueden resumir como sigue:

1. El problema del significado: Puede ser que los estudiantes no entiendan el significado del pasaje, así que no les es posible hacer una aplicación a su vida personal.
2. El problema de relacionar: Tal vez un individuo no vea la relación entre una situación de la vida en particular en la cual se encuentre y cualquier enseñanza espiritual.
3. El problema del prejuicio: A veces el prejuicio nos impide querer aplicar a los ideales cristianos ... Cuando los prejuicios y la verdad espiritual están en conflicto, la gente a menudo guarda las verdades espirituales en sus mentes mientras permiten que el prejuicio guíe sus vidas.
4. El problema de la información: A menudo un individuo no tiene suficiente información para entender cómo el ideal cristiano podría operar en muchas relaciones normales de la vida.
5. El problema de la presión personal y social: El individuo puede ser incapaz o no estar dispuesto a hacer su aplicación específica por causa de las presiones de la sociedad o de su misma vida. Por ser humanos, estamos sujetos a las debilidades de la carne.
6. El problema de situaciones complejas: No hay una clara distinción entre lo correcto y lo incorrecto en muchas de las situaciones complejas de la vida. El cristiano no encara muchas dificultades al hacer decisiones cuando el asunto involucrado está en blanco o negro. Pero el cristiano tiene dificultad en tomar decisiones cuando el asunto es gris.

Luego de presentar estos obstáculos potenciales a la aplicación y reaccionar a la enseñanza de la Biblia, Edge concluye con estas palabras:

Parece ineludible la conclusión de que los maestros tengan que ser más específicos en su enseñanza. La enseñanza generalizada es la razón básica por la cual el maestro no consigue más resultado de su enseñanza en las vidas de los alumnos. Si vamos a enseñar para obtener resultados, debemos hacer la enseñanza personal. Asumir que el maestro puede enseñar principios generales y dejar a los miembros de la clase completamente sin guía para hacer su propia aplicación, no parece ser una asunción válida. Hay muchas cosas en contra de que se haga su propia aplicación, especialmente cuando esto involucra cambios de vida.[2]

UNA MEJOR FORMA

Proclamación del contenido, aplicación generalizada, hasta ilustraciones excelentes, no son suficientes. Ninguna es realmente efectiva. Realmente ninguna hace un buen trabajo al abrir las vidas de los estudiantes al ministerio iluminador del Espíritu Santo. De los tres, generalización más ilustración es la mejor. Los de secundaria que estudiaron la vida de Juan pueden ver una de sus cualidades como «hablar por Dios aunque sea poco popular». El maestro puede ilustrar esto y hablar de un estudiante de secundaria que testificó a los compañeros en un viaje aunque corría el riesgo de que se rieran de él. Tal vez esto tocó directamente a uno o más miembros de la clase, especialmente si el maestro conoce bien a su clase y escoge la ilustración porque sabe que esta es un área problemática. Pero es dudoso que esto toque a todos los miembros de la clase. Y nadie recibirá ayuda alguna para desarrollar la habilidad de relacionar el principio a situaciones de la nueva vida que enfrentarán esa semana. Para una aplicación verdaderamente efectiva, debemos buscar en otra parte.

OBTENGA UNA RESPUESTA DEL ESTUDIANTE MEDIANTE UNA AUTOAPLICACIÓN GUIADA

En la introducción a este capítulo notamos la relación de la individualidad a la aplicación. Cada estudiante necesita ver la verdad de Dios en relación a su vida única. Cada una tiene áreas diferentes en la cuales la verdad de una lección se aplicará, tanto como algunas áreas comunes a los compañeros de clases. El maestro creativo de Biblia quiere descubrir un número de estas áreas, para que el Espíritu Santo pueda dirigir a cada estudiante, individualmente, a la respuesta específica que Dios quiere que él o ella hagan. Entonces, la aplicación debe ser lo suficientemente flexible para incluirlo todo, y no obstante individualizada como para tocar la vida de cada uno.

PRERREQUISITOS DE LA APLICACIÓN EFECTIVA

La verdad debe relacionarse a la vida individual. Algunos maestros tratan de alcanzar a todos los miembros de la clase con una escopeta llena de ilustraciones. Es mejor que solo usar una o dos, pero aun así se queda corto. La razón vuelve atrás a la singularidad de la vida individual de cada uno. Cada persona vive su situación peculiar, en un todo de complejas relaciones y personalidades que hacen su vida única. Por lo tanto, cada individuo tiene oportunidades especiales de usar la verdad de la Biblia en sus propias áreas especiales de necesidad.

Es cierto que todos tenemos ciertas experiencias. Tenemos cosas básicas en común. Pero debido a nuestra individualidad se nos prueba en diferentes puntos. Uno de nosotros puede ver al hijo de un vecino cortando camino por medio de nuestro jardín y, de forma amigable, pedirle que no lo vuelva a hacer. Otro puede amar sus flores con tanta pasión que tendrá que hacer un gran sacrificio para ¡no estrangular al niño! Una persona puede permanecer calmada cuando otra es desagradable, mientras que otra se pondrá muy brava y le dolerá. Todos necesitamos el poder de Dios, su gracia tranquilizadora. Pero la necesitamos en situaciones diferentes, en puntos diferentes en nuestra experiencia.

Esto aclara la tarea del maestro creativo de Biblia. No es tan simple ilustrar la verdad usada en la «vida». Es ayudar a cada estudiante a descubrir cómo la verdad estudiada puede usarse en su vida. Así que cada uno de nosotros, por nuestra cuenta, debe descubrir estas situaciones, estos puntos personales de necesidades a los cuales una palabra de Dios se aplica.

Se deben explorar las áreas relevantes a la vida. Esto parece la mejor forma de ayudar al estudiante en el autodescubrimiento. Y dicho curso demanda participación de la clase. La búsqueda de la relación entre la verdad y la vida debe ser una cosa activa. Cada uno de los aprendices debe involucrarse. Y la participación estimula el pensamiento. Inicia la búsqueda.

Cuando varias personas dicen sus ideas, nacen nuevas ideas. Una aplicación lleva a otra a medida que los estudiantes tienen la oportunidad de descubrir juntos las implicaciones específicas y personales de un pasaje. Esto es lo que pasa cuando toda una clase busca poner la carne en la verdad bíblica. Nuevos canales de pensamiento se abren para todos. Y a medida que el grupo sigue explorando las áreas que se descubrieron, el Señor le da a cada individuo el conocimiento del significado de la Palabra para su vida y necesidades.

En un proceso como este, el maestro tiene que proteger a los miembros de la clase. Cada uno, ya sea que lo reconozca o no, arriesga exponer sus debilidades y pecados. Las cosas que sugieren revelan dónde puede residir el pecado. Lisa Williamson tiene una clase de estudiantes que aún no han establecido la verdad y franqueza y ella es eficiente motivando la interacción de los estudiantes acerca de la aplicación mientras que protege a los estudiantes. Después de enseñar una lección basada en el ejemplo de Pablo en 1 Tesalonicenses ella no pregunta: «Si estuvieran viviendo como Pablo, ¿en qué serían diferentes sus vidas?» Lisa considera que esta es una invitación a una confesión abierta de pecado, una invitación que pocos están listos a aceptar en el ambiente de su clase. En su lugar, preguntó: «Si alguien de nuestra iglesia fuera a vivir como Pablo, ¿cómo creen ustedes que se comportaría?» Esto es bastante parecido como para hacer la situación real, sin embargo está lo suficientemente distante como para permitir la objetividad. Nadie se siente amenazado en lo personal. Por lo tanto, la verdad será personal. La maestra sugiere que cada persona planee responder. Pero para la participación abierta ella estableció una situación en la que cada uno se puede expresar libremente, sin sentirse amenazado.

RESULTADOS DE LA AUTOAPLICACIÓN GUIADA

La clase de aplicación que se acaba de describir, una búsqueda en común de las implicaciones de la verdad de la Biblia, en la cual cada uno muestra sus percepciones y experiencias, produce resultados. El primer resultado es que los miembros de la clase descubren cómo usar la verdad en sus vidas. Solo cuando se conoce el uso se puede reaccionar al mismo. Pero también hay otros resultados.

Una vida sensible. La persona que ve una variedad de implicaciones para su vida derivada de una verdad, probablemente verá más. Después de cada clase sus miembros vuelven a la vida. Nadie sabe qué nuevas situaciones aparecerán esa semana, qué nuevas experiencias les esperan. Pero si en la clase un estudiante ha desarrollado conciencia de una gran cantidad de situaciones a las cuales relacionar una verdad en particular, es probable que reconozca nuevas oportunidades para reaccionar cuando estas lleguen.

Una habilidad independiente que desarrollar. Un niño de once años de edad le dijo a su maestra: «Usted es la maestra. Usted es la que tiene que hablar. Yo solo debo sentarme aquí». Ya ha desarrollado un hábito para acercarse a la Biblia que dice: «Yo escucho. No me involucro».

Pero para que la Palabra de Dios produzca crecimiento, tenemos que involucrarnos. Debemos involucrarnos en una búsqueda activa de implicaciones, en reacciones activas a cada palabra de Dios. Los estudiantes en una clase, que usan la autoaplicación guiada, están aprendiendo a estudiar la Palabra de Dios y desarrollarse. Están aprendiendo cómo aprender.

Este debe ser una de las grandes metas del maestro de Biblia: no permitir que los aprendices dependan de él, sino prepararlos para estudiar la Palabra independientemente al estudio de forma tal que se desarrollen. Dicho estudio requiere entender el contenido de la Biblia, reconocer las implicaciones del contenido y específicamente aplicar el contenido a la vida diaria.

EL PROCESO DE LA AUTOAPLICACIÓN GUIADA

En el último capítulo vimos la estructura de la lección: Anzuelo, Libro, Mirar y Apropiar. La aplicación se efectúa en los últimos dos pasos, en los cuales se guía al estudiante a descubrir la relación de la verdad estudiada en su vida y se le motiva a apropiársela. Cuando vemos estos pasos en detalles, los elementos del proceso se hacen claros y toman un patrón diferente.

El patrón descrito. Declarado sencillamente, el patrón es este: Generalización / Implicaciones / Aplicación personal / Decisión de actuar. Este patrón aparece en la Tabla 15.

En la generalización, que ya se comentó antes en este capítulo, se descubre la idea pedagógica. Al usar una variedad de métodos, el maestro creativo de la Biblia guía a los estudiantes en el estudio del pasaje bíblico. Esta es la función de la sección de la lección: Libro, como dijimos en el último capítulo. Cuando el principio del pasaje se define con claridad, el maestro lleva la clase más allá de las generalizaciones hasta las implicaciones en la transición Libro a Mirar en el plan de la lección. En lugar de solo dar ilustraciones, los maestros creativos de la Biblia animan a los estudiantes a crear ellos mismos las ilustraciones. Los maestros creativos de la Biblia usan métodos que guían a la clase a pensar cómo el principio bíblico puede funcionar en sus vidas. Con el uso de historias de final abierto, dramas de la situación de la vida, preguntas que provocan pensar, caso de estudios y otros métodos de participación, la sesión de la clase se crea para estimular o guiar al estudiante a pensar concretamente en un área nueva o pensar más profundamente acerca de una idea que ya se entendió. Aquí hay un breve ejemplo de cómo un maestro animó a los estudiantes a pensar en las implicaciones del evangelio de la vida cristiana.

Maestro: Vamos a imaginar que en la iglesia todos estuvieran viviendo diariamente de acuerdo a las implicaciones del evangelio. No quiero decir que nunca tengan un problema o que nunca estén tristes. Lo que quiero decir es que realmente viven como si Jesucristo tuviera todo control de sus vidas. De hecho, vamos a suponer que nuestras vidas sean tan distintas en cuanto a esto que una estación local de televisión planea enviar un camarógrafo para seguir a los miembros de la iglesia durante una semana y grabar segmentos especiales de noticias. ¿Qué grabarían?

La clase procede a comentar qué cualidades se deben esperar en las vidas de los cristianos comprometidos. Con el uso de este pequeño escenario, el maestro le da oportunidad a los estudiantes para comentar las implicaciones del evangelio en términos generales.

El próximo paso para motivar la reacción del estudiante es traerlos hasta el punto de identificar una aplicación específica en sus propias vidas. Este es el papel de la sección Apropiar del plan de la lección donde los estudiantes por fin descubren una forma específica para cambiar tomando una acción sobre el principio enseñado en la clase. En la práctica, las decisiones y reacciones normalmente se harán fuera de la clase. Durante la semana, cuando se presente la situación, cada individuo encarará de nuevo la oportunidad de apropiar. Pero por medio del proceso creativo en la clase usted preparará a los estudiantes para que abran los ojos y reconozcan nuevos significados a las verdades de Dios, con nueva sensibilidad a la importancia en sus vidas.

El proceso ilustrado. ¿Recuerda al pastor de jóvenes, que dio la lección sobre Juan el Bautista, descrita al principio de este capítulo? La tarea de Ned era darle seguimiento a los comentarios en la clase de adolescentes de escuela dominical después de la sesión del pastor de jóvenes. Si usted fuera Ned, ¿cómo hubiera dirigido esta sesión usando el proceso guiado de autoaplicación? ¿Cómo lo enseñaría? Bueno, vamos a ver el escenario según se hubiera desarrollado.

Tabla 15

CLASE PARA ADULTOS SOBRE FILIPENSES
(Preparada por Peter Carson)

(Un modelo del proceso de la aplicación de la enseñanza creativa de la Biblia)

→ Generalización	→ Implicaciones	→ Aplicación personal	→ Decisión de actuar
Hay gozo en servir a otros de manera sacrificial.	· por escuchar sus problemas y preocupaciones · por visitar a los enfermos · por ayudar a los que están confinados · por poner las necesidades de otros antes que las nuestras · por limpiar el apartamento o la casa de alguien · por hacerle las compras a un confinado · por cuidar los niños de una pareja joven que necesita tener tiempo libre · por servir en el ministerio educativo de la iglesia	Necesito disponer de tiempo para emplearlo con los que están solos y no pueden reunirse con otros creyentes. Es posible que pueda visitar a alguien de nuestra clase que ya no puede asistir a la iglesia y semanalmente tener un devocional con ellos.	Todas las semanas visitaré a Jorge y Ester en la comunidad de retirados para leer las Escrituras y orar con ellos.

258

Usted cubrió el contenido al revisar el mensaje del pastor de los jóvenes hasta el punto donde el principio se hace claro. Después de algunos comentarios, los muchachos sugieren dos cualidades que tenía Juan y que ellos consideran que otros cristianos deben tener: no le importaba la popularidad de su persona, ni tampoco le daba mucha importancia a las cosas materiales.

Ahora de varias formas usted guía a los estudiantes a ver cómo estas cualidades se mostrarían en la vida actual. ¿Cuáles son las presiones por la popularidad que existen en el mundo de la escuela superior? Piensen en las veces en que los deseos de la multitud y los de Dios van por diferentes caminos. Escriba sus ideas en una transparencia de un proyector o en una pizarra (véase la Tabla 16). Sigan hablando juntos de las maneras en que los amigos aprecian más las cosas. Esto también lo escribe. Este es el paso de la implicación. Es una aplicación general en lugar de una específica.

A medida que la clase sugiera varias aplicaciones, notará que la idea de «geeks» [tontos, lentos, bobos] aparece varias veces. Estos son los muchachos que no se llevan bien con nadie, los que no encajan en círculos populares. A menudo son los que no visten bien, tienen por lo menos un año de atraso en la moda; los que no tienen muchas habilidades atléticas, no tienen un buen parecido, ni la etiqueta correcta en su ropa o riqueza que los identifique como «aceptables». Están incluidos los «nerds» de computadoras, los incómodos sociales, los desafiados intelectualmente. Así que ahora guíe la clase a pensar acerca de este grupo. ¿Cómo una persona como Juan se puede relacionar con estos muchachos? ¿Cuál sería su aptitud? ¿Sus acciones? ¿Qué cuenta en una persona, si no es el dinero o la ropa o las apariencias? ¿Qué es realmente importante: satisfacer las necesidades de otras personas o ase-

Tabla 16

APLICACIÓN DE UNA LECCIÓN ACERCA DE JUAN EL BAUTISTA

(Ejemplo del proceso de la aplicación auto-guiada)

Generalización	Implicaciones	Aplicación personal	Decisión de actuar
Los cristianos deben tratar de agradar a Dios, aunque por consecuencia no sean populares, y no deben dar importancia a las cosas materiales.	• Aceptar a las personas que son diferentes.	• Podemos llevar un nuevo amigo al grupo social de la iglesia.	• Kurt: Invitará a Tom al juego de balompié el sábado.
	• Evitar estilos de vida que no agraden a Dios.		
	• Ser amigo de una persona no popular.	• Podemos almorzar con un muchacho de la escuela que no agrada a nadie.	• Alisa: Invitará a Ann a sentarse juntas para almorzar.
	• No decir malas palabras ni hacer algo que disguste a Dios solo por quedar bien.		
	• Tomar una posición pública por Cristo.	• Podemos hablar y decirle a la gente de nuestra relación con Cristo.	• Matt: Hablará con Jeff y Scott acerca de Cristo y los invitará a la reunión de jóvenes la próxima semana.
	• No juzgar a las personas por las cosas que tienen o dejen de tener.		
	• Preocuparse más con el hombre interior que sencillamente desarrollar la persona exterior.	• Podemos dejar de juzgar a las personas por la ropa que usan.	• Jan: Saldrá a pasear con Chris aunque él no use ropa que esté a la moda.
	• Ser amistoso con nuevas personas que visitan las reuniones de grupos jóvenes.		

gurarse de la posición dentro del grupo? ¿Cuál es el riesgo que un estudiante encarará si extiende la mano a estos tipos de individuos?

Termine la clase recordando a los estudiantes la mejor cualidad de Juan, la que es básica para todos los demás: Juan puso a Cristo en primer lugar. Y luego pregunte: «Si de veras ustedes quieren darle la prioridad a Cristo en sus vidas, ¿qué harán esta semana? ¿Cómo lo seguirán, en lugar de a la multitud, o cómo verán a la gente y las cosas desde Su punto de vista?»

¿Los resultados? Kurt expresa su decisión de tratar de traer a un nuevo amigo al grupo de la escuela. Matt, el jugador de balompié, comenta su determinación de contar su relación con Cristo a un par de amigos del equipo. Alisa decide almorzar con un muchacho de la escuela que a nadie le agrada. Jan, la muchacha aristocrática del grupo, dice que aceptará una cita con Chris, un muchacho cristiano de la escuela, aunque su ropa es vergonzosamente fuera de moda.

Bueno, piensa a medida que sale de la clase, *serios o cómicos, pero reaccionaron.* Kurt de forma honesta y seria, Matt al pararse valientemente, Alisa deseando alcanzar a los no deseados, y hasta Jan en su forma casi superficial. Y le da gracias a Dios porque reconoce que aunque usted era el «maestro», Dios fue quien tocó sus corazones.

NOTAS

1. Findley B. Edge, *Teaching for Results* (Nashville: Broadman, 1956), pp. 130-35. [Versión en español: *Pedagogía fructífera*, Casa Bautista de Publicaciones, 1999.]
2. Ibid, p. 135.

CAPÍTULO 11

LOS MEDIOS: LOS MÉTODOS HACEN UNA DIFERENCIA

Después de un viaje en ómnibus durante dos horas, los miembros del grupo de jóvenes de la secundaria estaban muy contentos de llegar al Campamento de la Libertad. Estaban ansiosos por celebrar el retiro anual de comienzo del curso. El campamento tenía unas magníficas facilidades, incluso una piscina interior. Estaba localizado en un lago privado rodeado de pinos y clavado en la ladera de una montaña de Tennessee. La comida era mejor que lo normal para los campamentos, y el líder de los jóvenes era célebre por planear muy buenos retiros.

Sin embargo, muchos de los adolescentes no estuvieron muy animados cuando la primera actividad del fin de semana resultó ser un juego de Monopolio en grupos de cuatro. «Parece que este será un retiro completamente aburrido», comentó uno de los jóvenes. La mayoría de los estudiantes compartían esa opinión. Bob, el pastor de los jóvenes, dijo: «Confíen en mí y jueguen el juego. En una hora terminaremos y cada uno sumará su dinero».

El juego se efectuó exactamente durante una hora, entonces Bob anunció que era hora de terminar. Todos los muchachos contaron su dinero. Algunos ya habían amasado una fortuna, mientras que otros casi estaban en bancarrota. Luego se celebró una subasta. Uno de los jóvenes hizo el papel de subastador. Todo el campamento se iba a subastar: el salón de juegos, la piscina, el comedor, el lago, las canoas, el equipo deportivo y hasta los baños. Las apuestas comenzaron lentamente, pero en breve los estudiantes se entusiasmaron y compraron todas las opciones posibles. Algunos no pudieron comprar nada.

«Durante las próximas veinticuatro horas vamos a tener una mini-economía», explicó el pastor. «Si quieren algo tendrán que comprarlo, alquilarlo o intercambiarlo». Y así fue. Los estudiantes pagaban sus comidas con el dinero que acumularon en el juego. Tenían que pagar para ir a nadar, usar el baño o jugar en el gimnasio. Todo tenía un precio marcado. Algunos estudiantes tenían que emplearse para poder vivir. El «dueño» del comedor empleó estudiantes que llevaran los platos a la cocina. El dueño de la piscina tenía que emplear estudiantes que recogieran el costo de la entrada. Algunos le arreglaban la cama al otro solo para conseguir suficiente dinero para comprar una comida. Hubo un caso donde casi se produce una pelea porque algunos asaltaron y robaron dinero al rico dueño del baño.

Por adelantado, le avisaron a diez estudiantes sobre esta actividad advirtiéndoles que no importaba lo que sucediera durante la misma, tenían que arreglárselas para vivir los valores del sistema cristiano. El sábado por la noche se terminaría la mini-economía. Después que todos disfrutaron de una gran comida, el grupo se reunió para rendir informes. El pastor guió al grupo en una charla acerca de los «que tienen» y los «que no tienen». Comentaron los lados buenos y malos de la competencia. Luego el pastor preguntó: «¿Cuántos de ustedes consideran que vivieron de acuerdo a sus principios cristianos durante este programa?» Solo se levantaron unas pocas manos. Lo siguiente fue una enseñanza poderosa del papel de los cristianos en la cultura. Hasta los diez a quienes se les pidió que vigilaran y mantuvieran los valores de su fe durante la actividad, admitieron lo difícil de hacerlo cuando se les trataba mal o cuando querían abusar de ellos.

El retiro fue un tiempo de poderosas enseñanzas. En forma experimental, los estudiantes aprendieron numerosas verdades bíblicas. El resto del tiempo de clases, el sábado por la noche y el domingo por la mañana, se dedicó a enseñar los principios de la vida cristiana en un mundo no cristiano.

Bob usó un método de enseñanza conocido como un simulacro para hacer que los estudiantes aprendan. Él descubrió que los métodos y la selección de métodos son un aspecto importante de la enseñanza bíblica creativa. Ese fin de semana Bob siguió la estructura del Anzuelo, Libro, Mirar y Apropiar para planear una experiencia de campamento. En este capítulo veremos cómo escoger métodos que afectarán a los estudiantes y lograrán sus metas.

CONSTRUYA EL PUENTE

Enseñar la Biblia es como fabricar un puente que va del mundo moderno al mundo bíblico, y de regreso. Estas dos vías permiten a los estudiantes explorar el significado de los antiguos textos de las Escrituras y su aplicación a la vida moderna. Pero a través del tiempo este puente demanda apoyo estructural. La Figura 14 ilustra algunos de los apoyos a la enseñanza bíblica incluyendo las ilustraciones, ejemplos, historias, analogías, explicaciones, modelos, citas, dibujos y metodología de la enseñanza en la clase.

Figura 14

UN PUENTE QUE ATRAVIESA EL TIEMPO

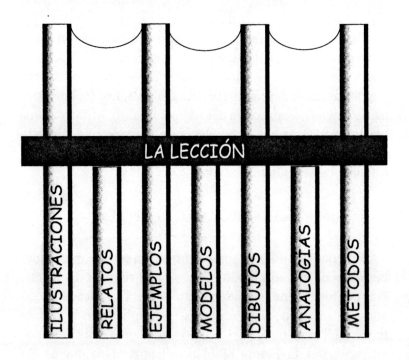

¿QUÉ ES UN MÉTODO DE ENSEÑANZA?

Dicho en términos más sencillos, un método es una actividad de aprendizaje. Los métodos se eligen con el propósito de motivar la participación de los estudiantes en el proceso del aprendizaje. Es lógico, entonces, que el aprendizaje de los estudiantes sea la clave para la selección y uso de un método de enseñanza. En el Capítulo 8 estudiamos que el aprendizaje puede ocurrir en tres esferas: cognitiva (cabeza), afectiva (corazón) y conducta (manos). Los métodos son los medios por las cuales los adolescentes se comprometen a aprender en estas esferas. Algunos métodos son más efectivos para estimular el aprendizaje cognitivo, donde otros parecen alcanzar el nivel afectivo con mayor éxito. Existen otros métodos que afectan la esfera de la conducta con más fuerza. Los maestros querrán conformar los métodos apropiados al campo de aprendizaje que buscan afectar. Con esto en mente, se puede decir que un método es una actividad de aprendizaje que estimula o compromete a los estudiantes en un campo particular de aprendizaje.

CATEGORÍAS DE LOS MÉTODOS

Métodos cognitivo. Una forma en la que podríamos ordenar los métodos disponibles para los maestros creativos de la Biblia sería mediante las esferas de aprendizaje. Vamos a considerar la esfera cognitiva. ¿Qué métodos son más efectivos para estimular el pensamiento? Bueno, eso depende del nivel de la transferencia de aprendizaje que esperamos lograr (véase la figura 10 en el Capítulo 7). Para el nivel de aprendizaje mecánico o por repetición, se desean los métodos que destacan recordar lo memorizado. Canciones, rompecabezas, juegos sencillos, acrósticos y otros auxiliares son útiles para recordar. Pero el maestro debe entender que estos métodos solo permiten que el estudiante recuerde información. Recordar un versículo memorizado usando un corito con las palabras de dicho versículo, no es lo mismo que entender el significado de las Escrituras. En niveles más altos de aprendizaje, tales como el reconocimiento, la expresión de una verdad en sus propias palabras, relación y niveles de realización, la metodología debe estar más centrada en el estudiante. El papel del maestro cambia de hablar a guiar y por lo tanto, el método cambia de centrarse en el maestro a centrarse en el estudiante.

Los métodos cognitivos pueden incluir tormenta de ideas, comentarios de grupos pequeños, análisis de casos de estudio, debates, foros, entrevistas, interacción entre vecinos (comentarios breves en grupos de dos), paneles de discusión, preguntas y respuestas, preguntas provocativas, historias inconclusas (historias que el grupo debe completar), parábolas, escenificaciones cortas, dramas y conferencias. Nótese que métodos diferentes demandan niveles diferentes para involucrar a los estudiantes. Por lo general, mientras más se involucran, más alto es el nivel de aprendizaje que se logra. Sin embargo, no es necesario que la participación sea una actividad. Los estudiantes pueden involucrarse en una conferencia bien dada que estimule altos niveles de pensamiento. Algunos métodos básicamente proveen información. Otros fuerzan a los estudiantes a pensar a través de la información o resolver un problema con la información (por ejemplo, el caso de estudio). Solo hay unas cuantas opciones disponibles para los maestros. En breve, examinaremos un grupo de criterios para identificar cuál método es mejor para su clase.

Métodos afectivos. Una segunda categoría de métodos incluye aquellos que están mejor adaptados a la esfera afectiva del aprendizaje. Recuerde, el campo afectivo trata con las emociones, valores, actitudes, convicciones y motivaciones humanas. Los métodos que ayudan a un maestro a entrar en estas áreas del aprendizaje del alumno por lo general requieren el uso de la historia. Por ejemplo, Jesús usó las parábolas para tratar el asunto del sistema de valores de los aprendices. Estas historias en parábolas enseñaron lecciones que provocaron pensar. En muchos casos, la lección requería que los oyentes se hicieran un examen de conciencia para entender bien la historia. Tome la parábola del famoso «Buen Samaritano». Esta parábola del robo y la piedad religiosa se creó para evocar una reacción entre los oyentes de Jesús. Fue el odiado samaritano quien ayudó al hombre necesitado, ya que los líderes religiosos egocéntricos no respondieron. Jesús contó esta parábola para que algunos se sintieran lo suficientemente incómodos como para evaluar sus valores y la sinceridad de su fe. ¿Cuál era el blanco de las enseñanzas de Jesús? La esfera afectiva.

Es probable que los métodos más potentes para enseñar en esta esfera sean los que modelan la verdad. Se ha dicho que «se aprende más del ejemplo que de lo que se enseña». Jesús usó el método de modelar para enseñar humildad al lavar los pies de los discípulos. La meta no era enseñar dando más información acerca de lo que representa ser un siervo sino demostrar la naturaleza del siervo. Y fue un momento emocionante para los discípulos. Él los impactó mediante el aprendizaje de la esfera afectiva.

Los métodos afectivos incluyen actividades de aprendizaje como los casos de estudios, historias, dramas, escenificaciones cortas, testimonios, viajes misioneros, días de trabajo, viajes a asilos de ancianos y cárceles, escritura creativa, debates y discusiones. Cualquier método que vaya más allá de sencillamente llenar la cabeza para afectar el corazón se cataloga con propiedad como una metodología afectiva.

Métodos de comportamiento. La tercera categoría de métodos está mejor relacionada a la esfera del comportamiento. Estos métodos ayudan al estudiante a cambiar su conducta, desarrollar una nueva conducta deseable, aprender una habilidad o aumentar una habilidad que ya existe. Típicamente, estos métodos requieren una forma de repetición y refuerzo para tener éxito, porque aprenderlos es un proceso que se lleva a cabo gradualmente a través del tiempo. La mayoría de los patrones de conducta y hábitos no cambian instantáneamente. Requieren práctica. Debido a que las conductas se han engranado a través del tiempo, los maestros deben proveer un medio por el cual el estudiante pueda marcar el progreso y encontrar una medida de satisfacción personal y motivación con cada éxito.

Considere, por ejemplo, un maestro que está tratando de motivar los devocionales personales entre un grupo de estudiantes de segunda enseñanza. Es muy probable que el maestro tendrá que demostrar la conducta o habilidad que quiere de los estudiantes. Entonces, debe usarse alguna manera de rendir cuentas y refuerzo para motivar el éxito de los estudiantes. A veces, hacer devocionales se convierte en un asunto de hábito y el refuerzo se hace más intrínseco que extrínseco. Llegado a este punto, el refuerzo se hace innecesario porque la nueva conducta se ha hecho hábito. Sin embargo, no ayudará las veces que se le diga al estudiante: «Debes tener tus devocionales». La conducta no cambia de esa forma, ni tampoco las destrezas se desarrollan por un mandato. Alguna forma de refuerzo es esencial para motivar la continuidad de la nueva conducta. Los maestros sabios irán más allá de lo verbal para guiar y apoyar los resultados deseados. Este apoyo o refuerzo puede venir de muchas formas, desde premios apropiados hasta el reconocimiento verbal.

Los métodos de conducta incluyen dar el ejemplo, talleres, experimentos, premios, aprendizaje programado, ser aprendiz, compañeros a quien dar cuenta, representar el papel de alguien, gráficas con estrellitas engomadas, reconocimiento público, sesiones prácticas y grupos de apoyo.

CRITERIO PARA SELECCIONAR MÉTODOS DE ENSEÑANZA

¿Cómo uno selecciona el mejor método para la enseñanza? Vamos a sugerir que cada método potencial de enseñanza se filtre por medio de cuatro preguntas. La Figura 15 lo demuestra.

Aprendices. La primera pregunta que se debe considerar tiene que ver con la edad y habilidad de los aprendices. Al preguntar «¿Quiénes son mis alumnos?» los maestros pueden eliminar métodos muy difíciles o sencillos para las habilidades del aprendiz. Los métodos tienen que estar al nivel del estudiante. Un método que requiera que los niños de jardín de infancia lean, está destinado a fracasar. Para seleccionar un método que exija que los adolescentes de 12 a 15 años analicen un asunto teológico tal vez sea demasiado. Por otro lado, algunos métodos harán sentir a los adultos un poco tontos. Los alumnos de la escuela superior se escandalizarán con el uso de un método inferior a sus habilidades. Así que comenzamos con el aprendiz y limitamos la selección de métodos basándonos en la edad del grupo que enseñamos.

Propósito de la lección. La segunda pregunta que debemos considerar al seleccionar un método es «¿Cuál es el propó-

Figura 15

CRITERIO PARA LA SELECCIÓN DE MÉTODOS

MÉTODOS

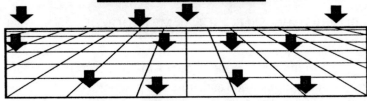

Pregunta #1: ¿Quiénes son mis alumnos?

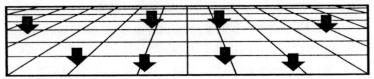

Pregunta #2: ¿Cuál es la meta de la lección?

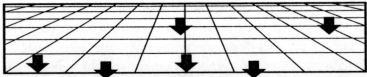

Pregunta #3: ¿A qué parte de la lección corresponde?

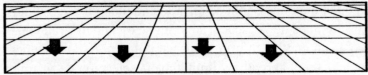

Pregunta #4: ¿Qué recursos necesito?

MÉTODOS USADOS EN SU PLAN DE LECCIÓN

sito de la lección?» A veces un método nos gusta no porque sirva para nuestra meta, sino porque el método nos gusta. Si nuestra meta es motivar los comentarios de los estudiantes sobre la función del sumo sacerdocio de Cristo, una simple conferencia sería de muy poca ayuda. Aunque una conferencia pueda ser necesaria para comenzar la lección, es importante dar tiempo a las ideas y percepciones de los estudiantes. El método elegido debe reflejar nuestro propósito al enseñar la lección. Muchos maestros han descubierto juegos o actividades de aprendizaje de gran estímulo, los usan para enseñar una clase y luego se dan cuenta que ni remotamente se relacionaba con la lección. Tal vez la clase pasó un buen rato con el método, pero no se alcanzó el objetivo de aprendizaje. Aunque quizás todos se fueron a la casa contentos por haber disfrutado de esa experiencia, la clase fue ineficiente. ¿Por qué? Porque el método no era apropiado al propósito de la lección.

Estructura ALMA. La tercera pregunta que el maestro creativo de la Biblia se hace al seleccionar los métodos es «¿en qué parte de la lección se usará este método?» Esto es importante porque algunos métodos son útiles para ganar la atención en la sección Anzuelo, mientras que otros funcionan más eficientemente al comunicar información en la sección Libro. Aun otros son más útiles en la sección Mirar donde la participación de la clase es esencial. Por último, algunos métodos son buenos para la aplicación personal en la sección Apropiar.

Los métodos que se usan en Anzuelo deben motivar el interés del estudiante. Con frecuencia estos métodos enfocan la esfera afectiva y evocan una reacción inicial en el estudiante. Contar una historia emocionante puede motivar que las emociones del estudiante se abran a la verdad que se presentará en la clase. La sección Libro tiende a llegar a la esfera cognitiva, por lo tanto, los métodos cognitivos funcionan bien. La sección Mirar se creó para motivar al estudiante a pensar de nuevo desde el nivel cognitivo al nivel afectivo. Así que, en la sección Mirar los métodos afectivos a menudo son preferibles. Por último, la sección Apropiar se concentra en cambiar al aprendiz. Aquí, los métodos de conducta son apropiados.

Recursos. El cuarto filtro que los métodos potenciales deben pasar es «¿Qué recursos necesitaré?» A menudo, aunque una idea sea maravillosa, conseguir los recursos puede ser un obstáculo. Usar un corte de grabación de un popular programa de televisión puede ser una forma de ganar interés en la sección Anzuelo de la lección. Pero si la máquina de vídeo se estropea u otro maestro la está usando, o si su iglesia no dispone de una de estas máquinas, usted tendrá que inventar otro método. A veces, el método que usted quiere usar requiere fuentes de las que no se dispone o simplemente son muy caras.

Es igualmente posible que los materiales necesarios requieran una significativa preparación avanzada. Si espera usar una actividad manual para ilustrar o reforzar una verdad que enseñó en la clase, tendrá que planear muy anticipadamente para tener los materiales necesarios y realizar el proyecto. Unos pocos minutos que emplee buscando materiales, interrumpirán la clase y aprendizaje durante suficiente tiempo como para perder el momento ideal de la enseñanza.

El asunto de los recursos también incluye factores como el tamaño de la clase, local del salón, ambiente del salón, tiempo disponible, equipo y facilidades y ambiente del grupo. Quizás los maestros tengan que desechar o modificar algunos métodos por causa de una o más de estas variables. Los maestros creativos de la Biblia deben conocer estos factores y variables. Cada uno de estos brinda desafíos únicos a una situación específica. Todas estas variables pueden ser recursos u obstáculos potenciales para la eficiencia de la clase. De cualquier forma usted, el maestro, debe considerar estos factores de los recursos en la selección del método.

MÉTODOS CREATIVOS PARA LOS MAESTROS CREATIVOS DE LA BIBLIA

Algunos métodos son como las herramientas de una persona hábil para solucionar problemas en una casa. Todos los dueños de casa tienen un martillo, unos cuantos destornilladores, una cinta de medir, algunas llaves ajustables y tal vez un par o dos de alicates. ¿Por qué? Porque estas herramientas se usan a menudo. Los maestros creativos de la Biblia también disponen de un juego de herramientas de enseñanza. Estos son los métodos que se usan una y otra vez para enseñar la Biblia. Permítanos sugerirles unos cuantos métodos que cada maestro de Biblia debe desarrollar y eventualmente dominar. Sugerimos los seis métodos fundamentales de la enseñanza creativa.

Contar historias. «Eso me recuerda la historia». Cuando el predicador dice eso en el sermón de la mañana, todos parecen escuchar. Muchos se enderezan en sus asientos. Hasta los que mentalmente están vagando de repente prestan atención a sus palabras. La audiencia se transforma en oyentes de historia. A la gente le encanta las historias. Llenamos nuestras vidas con historias. Los programas de televisión, las noticias de la noche, películas, videos, periódicos, revistas y conversaciones diarias, dependen en su totalidad de la habilidad de contar historias. Todos lo hacemos. Los estudiantes pueden decir una historia acerca de por qué su papel llegó tarde y esperan decirla tan bien que puedan ganar la simpatía del maestro. Los compañeros de trabajo comentan los hechos del fin de semana o el accidente que casi tienen de camino al trabajo. A la hora de acostarse los padres cuentan historias a los hijos y quieren oír de ellos qué les aconteció durante el día. Los esposos recuentan el incidente en el trabajo o en el supermercado que por la tarde les ocasionó tensión o gozo. Las historias son parte de la vida de las personas. Por lo general, la gente es el material del cual proceden esas historias.

Los maestros creativos de la Biblia entienden este aspecto de la naturaleza humana. Saben que contar una historia es parte de la enseñanza. Así que coleccionan historias. Lo que leen en el tren quizás es un artículo del periódico matutino o una historia de las páginas de *Selecciones*. Tal vez sea una historia personal o de un amigo. Cualquiera sea la fuente, los maestros creativos de la Biblia siempre están buscando historias que provoquen pensar o ilustrar un punto. Especialmente necesitan dominar este método los que enseñan niños. Aunque a los niños se les puede enseñar las verdades en otras formas que no sean historias, la mayoría de los currículos se presentan como historias, y las historias son un elemento básico para enseñar niños.

Jesús era un maestro del método de historia. Se considera que el treinta por ciento de las enseñanzas conocidas en el ministerio de Jesús fue en forma de parábolas,[1] una clase de historia con un tema de enseñanza. Jesús conocía a la gente y sabía que la gente se interesa en las personas. Se ha dicho que «los cuentistas siembran semillas que se maduran en el conocimiento, la sabiduría, el carácter y la conducta». El uso que Jesús dio a las historias realmente honra esa cita.

¿Por qué las historias son tan importantes para enseñar? Porque las historias crean interés. Las historias entretienen.

Las historias instruyen. Las historias ilustran. Las historias motivan. Las historias desafían. Las historias dan el ejemplo. Las historias tocan el corazón. Las historias enseñan. Las historias cambian a los oyentes. Es por eso que los maestros deben aprender a contar historias como parte de su repertorio de enseñanza.

Vale la pena recordar unas pocas palabras de consejos. Aquí hay una breve lista de sugerencias para los que cuentan historias. Esta lista está ajustada, primordialmente, para los que usan historias que ilustran la lección, no para los maestros de niños que usan una historia como una lección.

- Evite contar una historia sin practicarla.
- No analice la historia. Deje que la historia hable por sí misma.
- Absténgase de hacer un sermón. Las historias realzan los sermones; los sermones no realzan las historias.
- Manténgala vívida. Use palabras que pinten cuadros mentales.
- Asegúrese de que sean apropiadas. Los grupos de edad y el contexto son consideraciones importantes.
- Visualice la historia. En lugar de memorizarla, visualícela. Vea la historia con los ojos de la mente.
- Considere el nivel del vocabulario de los estudiantes.
- Cuídese de las asuntos sin importancia. Los asuntos sin importancia tienden a confundir.
- Evite tantos detalles. Los excesos de detalles también tienden a confundir.
- No haga uso excesivo de los objetos de ilustraciones. Deje que las palabras sean las que comuniquen.
- Evite pedir reacciones. Permita que la historia se procese en las mentes de los aprendices.

- No ilustre una historia. Las historias dentro de otra historia tal vez funcionen por escrito, pero no en la enseñanza.

Preguntas provocativas. «¿Quién dicen los hombres que soy yo?» preguntó Jesús a los discípulos en Marcos 8.27. Después de varias sugerencias, Jesús hizo una segunda pregunta: «Y *vosotros*, ¿quién decís que soy?» (Marcos 8.29, cursivas añadidas por el autor.) Jesús usó las preguntas enseñanza-provocativa para motivar el aprendizaje de los estudiantes. La primera pregunta no tuvo respuesta errónea. Todo lo que los discípulos tenían que hacer era brindar una respuesta consistente con la opinión pública. La segunda pregunta llevó a los discípulos un paso más adelante en sus pensamientos. Ahora ellos tenían que tomar una decisión respecto a Jesús. Por medio del uso cuidadoso de las preguntas, Jesús llevó a los discípulos de las implicaciones generales a la aplicación personal.

Las preguntas son parte esencial de la estrategia de enseñanza. Es importante formular preguntas que sean abiertas y desafiantes. La pregunta provocativa es la llave para que el estudiante responda. Las preguntas deben probar el pensamiento y motivar otros diálogos. Las preguntas cerradas tienen respuestas de palabras solas que están bien o mal. Por lo general, a penas proveen poca información y no permiten más comunicación. Las preguntas abiertas fomentan la participación del estudiante.

Pero las buenas preguntas no suceden por casualidad. Uno de los errores comunes que los maestros cometen es pensar que serán capaces de hacer preguntas al vuelo. Se asume que las buenas preguntas se le ocurrirán al maestro a medida que progrese la clase. Realmente, las preguntas que se formulan a la suerte a menudo son vagas e improductivas. Es mejor que por adelantado el maestro escriba las preguntas con cuidado. Debe evitar preguntas que se contesten con un sí o un no o respuestas breves y en su lugar favorecer las preguntas que motiven pensar. A menudo las preguntas vendrán de los mismos miembros de la clase. Los maestros deben resistir el instinto de contestar cada pregunta que se haga. Por el contrario, un simple: «¡Esa es una buena pregunta! ¿Qué piensan los demás?» llevará a estimular el aprendizaje de la clase.

Las preguntas llevan a un grupo o clase al punto de ver y hacer aplicaciones en sus propias vidas. «¿Qué pasos específicos podemos tomar para hacer de esto una realidad en nuestras vidas cotidianas?» es un ejemplo de una pregunta de aplicación. Recuerde, la clave de las buenas preguntas de aplicación es ser específico. Es una tentación escribir preguntas de aplicación general. Es mejor hacer preguntas de aplicación que guíen a los miembros de la clase a tomar acciones específicas para aplicar la lección durante la próxima semana. «¿Qué es algo que usted podría hacer en la oficina [o en la escuela] o en su casa con su familia que pueda demostrar un corazón de siervo?» es mejor pregunta que «¿Cómo podemos aplicar esto a nuestras vidas?»

Casos de estudio. Los casos de estudio son un tipo de historias. Brindan información a los estudiantes acerca de una situación o incidente en la vida de una persona. Al estudiante se le dan los detalles esenciales del caso y un juego de preguntas para considerar. Por lo general, los estudiantes en grupos intercambian impresiones acerca del caso basándose en las preguntas que se provean. Los casos de estudios son una forma excelente de generar interacción y opiniones en la clase. Pueden ser un medio por el cual se desarrollen las implicaciones del estudio del pasaje bíblico. Los casos de estudios pueden ser reales o inventados por el maestro. Son historias de final abierto que le ofrecen al estudiante la oportunidad de considerar una verdad a la luz de una situación humana, real o posible. Al principio, quizás los estudiantes no se sientan cómodos comentando un caso. Tal vez quieran más información que la que se brindó o tal vez tengan que esforzarse para entender la situación. Pero una vez que se acostumbran a trabajar con casos de estudios, la mayoría de los estudiantes los consideran estimulantes. La experiencia ha demostrado que los casos de estudios traen a la clase una dimensión excitante y del mundo real. El caso debe seleccionarse con cuidado para ofrecer a los estudiantes las oportunidades de aplicar una variedad de técnicas analíticas a los asuntos de la vida diaria.

Los casos de estudio se pueden usar para señalar asuntos importantes en la aplicación de un pasaje. Por ejemplo, digamos que usted acaba de estudiar el primer capítulo de Santiago y descubre algunos principios importantes en cuanto el rol de las pruebas en la vida del creyente. Entonces presenta a la clase un caso de estudio en el cual una familia está encarando una prueba importante —posiblemente la seria enfermedad de un niño. Esto puede establecer el paso para que el grupo aplique el pasaje al escenario que usted ha presentado.

Al usar casos de estudio, el enfoque del cuarto paso para analizar el caso hará que el proceso de toda la discusión sea más efectivo y además aumentará los beneficios de aprendizaje. Aquí están los pasos que sugerimos para usar los casos de estudio.

1. **Lea todo el caso.** Para entender completamente qué está pasando en el caso, es necesario leerlo con cuidado y minuciosamente. Esto quizás quiera decir leerlo más de una vez antes de comenzar cualquier análisis.

2. **Defina el asunto central.** Definir el o los asuntos centrales del caso. En ocasiones, un caso puede involucrar varios asuntos o problemas. Es importante identificar los problemas o asuntos más importantes del caso y separarlos de los asuntos más triviales.

3. **Catalogue el asunto.** Luego de identificar un asunto de mayor importancia, a menudo es de ayuda clasificar el asunto o problemas (e.g. problema espiritual, problema relacional, problema circunstancial, problema médico, etc.)

4. **Vea el problema bíblicamente.** Identifique cómo aplicar el pasaje al problema o asuntos bajo revisión. ¿Cómo se relaciona el pasaje a este caso? O, ¿cómo se relaciona este caso al pasaje?

Comentarios. La habilidad de facilitar los comentarios es de gran valor para el maestro creativo de la Biblia. Sin embargo, los requisitos para el que facilita los comentarios efectivos son más diversos que lo que comúnmente se perciben. Formular preguntas, mantener al grupo en el tópico que se está comentando, tratar con personas que monopolizan la conversación, trabajar con tipos de personas difíciles y alcanzar el consenso del grupo, son solo varias de las habilidades que el líder necesita desarrollar.

Los comentarios son apropiados en el proceso de la enseñanza creativa de la Biblia. Los mismos proporcionan una avenida para que un grupo explore el significado e implicaciones de un pasaje. Con frecuencia, entre los adultos se puede aprovechar un caudal de conocimientos y experiencia. Aunque algunos adultos consideran que los comentarios son una pérdida de tiempo y otros consideran que es reunir la ignorancia del grupo, la mayoría de los adultos verán el valor de una oportunidad para comentarios bien dirigidos.

Los comentarios tal vez parezcan ser superficialmente espontáneos. Pero para tener éxito, debe ser una experiencia de aprendizaje bien considerada y bien planeada. La clave para una buena discusión viene con el uso de preguntas que estimulan el pensamiento y el uso de casos de estudios que llevan a la clase a ver más de cerca las verdaderas experiencias humanas. Cuando se involucran estos ingredientes, los comentarios llegan a ser un medio por el cual los estudiantes piensan en grupo acerca de la aplicación de la verdad a la vida.

Una fuente excelente para aquellos que quieran dirigir comentarios en la clase, es el libro de Terry Powell que se titula *You Can Lead a Discussion Group!* [12] En este, Powell muestra a los lectores cómo preparar el ambiente para los comentarios, desarrollar las preguntas a comentar que motiven la participación del aprendiz, y tratar con los problemas que un líder pueda encarar.

Grupos de intercambio. Los grupos de intercambio son pequeños grupos a los que se les ha asignado un pasaje de las Escrituras y una lista de preguntas para comentar juntos. El grupo elige un líder, y a alguien más se le pide escribir las conclusiones del grupo. Luego de esto, el grupo queda libre para trabajar. El maestro circula por medio de los grupos para ver si han entendido las preguntas y asegurarse de que se estén contestando las preguntas de los grupos respecto a la tarea. Después de un período de trabajo en grupo, los grupos de intercambio se reúnen con el resto de la clase para informar las conclusiones. A veces se usan como punto de comienzo para que el maestro pase al contenido de la lección. Otras veces se sigue con un debate o intercambio en el grupo grande.

Los maestros pueden asignar diferentes grupos a diferentes juegos de preguntas, haciéndolos así expertos para cuando tengan que reunirse con el resto de la clase. Como alternativa, todos los grupos pueden recibir las mismas preguntas y pueden resumir las conclusiones a medida que los grupos hacen su informe.

La mayoría de los maestros creativos de la Biblia usan grupos de intercambio para involucrar a los estudiantes en el proceso del aprendizaje. No solo alivia la carga del maestro para comunicar todo el contenido de la clase, sino que cada estudiante se hace responsable. Los maestros pueden reforzar la importancia de la contribución de cada persona al destacar que el papel del maestro es facilitar en lugar de instruir. Al grupo que tenga mucha experiencia, opiniones y comprensión, se le puede recordar que todo el grupo se beneficiará. Con el tiempo, cuando el maestro crea esta clase de ambiente, los intercambios llegan a ser más fructíferos y sirven de herramientas importantes para el aprendizaje del grupo.

Conferencias. ¿Conferencias? ¡Sí, conferencias! Las conferencias, si están bien hechas, con ilustraciones adecuadas, ejemplos, visuales, historias y estructura siguen siendo un buen método para la enseñanza creativa de la Biblia. El método de conferencia ha caído en tiempos difíciles. Los educadores han señalado correctamente que las conferencias pueden impedir el desarrollo cognitivo del estudiante. Pero aun es cierto que la conferencia puede ser un método efectivo para enseñar y cambiar vidas. La conferencia también es el método que más extensamente se usa para enseñar, de acuerdo a algunos estudios, puede ser la más eficiente.[3] Si lo dudamos, consideremos el ministerio de Jesús.

Si le preguntaran, «¿cuál era el método de enseñanza preferido de Jesús?» es probable que la mayoría responda: «las historias». Pero un reciente análisis inductivo de la enseñanzas de Jesús, que dirigió Perry W.H. Shaw, indicó lo contrario. Su conclusión es que Jesús usó conferencias en el ochenta y uno por ciento de las veces que enseñó, según registran los Evangelios.[4] Aunque en el ministerio de Jesús las conferencias se combinaban con otros métodos, ese era su método preferido.

Parece que el problema en el uso de las conferencias no es el método en sí mismo, sino el nivel de habilidad que manifiesten los que las usen. Como dijo William McKeachi: «Las buenas conferencias combinan los talentos del erudito, escritor, productor, comediante, artista y maestro de formas que contribuyan al aprendizaje del estudiante».[5] Una conferencia que se desarrolle bien y se apoye en los métodos que hacen pensar al estudiante, es un medio poderoso para comunicar las verdades que cambian vidas.

MÉTODOS DEL MAESTRO PERITO

Jesús fue el modelo consumado de la enseñanza creativa de la Biblia. Los informes de la metodología de enseñanza son impresionantes. Robert Joseph Choun enumera veinte ejemplos del uso de la metodología variada de Jesús.[6]

1. Lecciones por medio de objetos (Juan 4.1-42)
2. Puntos de contacto (Juan 1.35-51)
3. Propósitos (Juan 4.34)
4. Solución de problemas (Marcos 10.17-22)
5. Conversación (Marcos 10.27)
6. Preguntas: Según dicen los Evangelios, Jesús formuló más de cien preguntas con el propósito de provocar que la gente pensara y buscara la verdad.
7. Respuestas: Jesús usó las respuestas para llevar a la gente de donde estaban a donde necesitaban estar para desarrollarse espiritualmente. Jesús motivó a la gente a descubrir la verdad.

8. Conferencias (Mateo 5–7; Juan 14–17)
9. Parábolas (Juan 10.1-21; 15.1-10)
10. Escrituras: Jesús citó extensamente el Antiguo Testamento para enseñar a la gente la verdad de Dios.
11. El momento para enseñar (Juan 4.5-26)
12. Contraste (Mateo 5.21-22, 33-34, 38-39, 43-44)
13. Ejemplos concretos y literales (Mateo 6:26-34)
14. Símbolos (Mateo 26.17-30; Juan 13.1-20)
15. Grupos grandes y pequeños (Mateo 5–7; Juan 14–17)
16. Oportunidades de enseñanza individual (Juan 3.1-21; 4.5-26)
17. Dar el ejemplo (Mateo 15.32; Lucas 18.15-17)
18. Motivación (Mateo 16.24-27; 20.21-28; Marcos 1.16-18)
19. Impresión y expresión (Mateo 4.19-20; 7.20)
20. A sí mismo (Mateo 28.19-20)

Jesús dio el ejemplo de la creatividad en la enseñanza y ese también debe ser nuestra meta. Seleccionar métodos que motiven la participación y reacción del estudiante es un aspecto crucial de la enseñanza creativa de la Biblia. Una vez que los aprendices se hayan involucrado en el proceso de aprendizaje mediante el uso de métodos creativos, estarán más abiertos para aplicar la Palabra de Dios fuera de la clase. Los métodos no son el fin. Son los medios para el fin. Pero los medios son importantes. Igual que aprendió nuestro amigo pastor de jóvenes al principio de este capítulo, la metodología correcta puede llevar al estudiante a profundas percepciones y aplicaciones de la Palabra de Dios. Los métodos son más que rellenos de tiempo o trucos. Son herramientas para aquellos que buscan colocar la Palabra de Dios en los corazones del pueblo de Dios.

NOTAS

1. Perry W.H. Shaw, «Jesus, Oriental Teacher Par Excellence», *Christian Education Journal*, Trinity Evangelical Divinity School, Deerfield, Ill., Vol 1 (Spring 1997): 83-94.
2. Terry Powell, *You Can Lead a Discussion Group!* Multnomah, Sisters, Ore., 1996.
3. R.J. Hill, *A Comparative Study of Lecture and Discussion Methods*, Fund for Adult Education, New York, 1960.
4. Shaw, «Jesus, Oriental Teacher», p. 83-94.
5. W.J. McKeachie, *Teaching Tips: A Guidebook for the Beginning College Teacher* (Lexington, MA: Heath and Company, 1986), p. 69.
6. kenneth Gangel y Howard Hendricks, Robert Joseph Choun, Jr., *Choosing and Using Creative Methods in The Christian Educator's Handbook on Teaching* (Wheaton, Illinois: Victor, 1988), pp. 166-68.

CAPÍTULO 12

LAS HERRAMIENTAS: SELECCIÓN Y USO DEL CURRÍCULO

Sin las herramientas, Steve sencillamente no podría trabajar. Steve y su familia dependen de las herramientas que él usa para ganarse la vida como un carpintero. Pero Steve, un padre joven, se afana para mantenerse a flote. Para ahorrar algún dinero hace, mensualmente, lo que probó ser una decisión poco sabia, pagar un seguro de responsabilidad limitada solo para el camión. Por eso el robo de las herramientas que estaban en el camión fue tan devastador. Esas herramientas eran caras, y remplazarlas representaba un infortunio para la joven familia con cuatro hijos. Pero la iglesia de Steve intervino como el pueblo de Dios hace a menudo para ayudarse mutuamente. La iglesia decidió hacer una «fiesta de herramientas» para Steve. La esposa de uno de los miembros de la junta de ancianos tuvo la idea. Se le pidió a Steve que hiciera una lista de las herramientas que le habían robado. La secretaria de la iglesia envió invitaciones para la fiesta de Steve y su familia que se celebraría un domingo por la noche en el templo. En las invitaciones iba la lista de las herramientas. La secretaria también se puso de acuerdo con una ferretería local para tener un registro de regalos. Cada familia de la iglesia debía traer a la fiesta una herramientas de la lista.

Steve estaba muy sorprendido cuando recibió cada una de las herramientas que apareció en la lista, incluso algunas herramientas eléctricas muy caras. Solo faltó una herramienta de la lista, una muy costosa sierra eléctrica de caja de ingletes que usaba Steve para construir gabinetes o hacer terminaciones ornamentales. ¡Pero qué regalos tan maravillosos le trajeron! Steve estaba muy emocionado y literalmente lloró ante la generosidad de la familia de la iglesia. El gerente de la tienda también estaba muy asombrado. Para completar la lista, decidió donar la sierra de caja de ingletes. Realmente Dios lo proveyó todo.

Las herramientas son esenciales para un carpintero o mecánico. Un cirujano estaría inutilizado si le faltaran los instrumentos quirúrgicos. Un dentista tendría que regresar al cordelito tirado por una puerta para extraer un diente. Una de las características exclusivas del ser humano al compararse con los animales es la habilidad de crear y usar herramientas.

Los maestros creativos de la Biblia también necesitan herramientas. Una buena Biblia de estudio, comentarios, libros de estudio de palabras, atlas bíblicos y estudios de computadoras, sirven todos como las herramientas para el maestro de Biblia. Una herramienta que el maestro laico de Biblia de seguro querrá tener es un currículo publicado de buena calidad.

Larry enseñó la primera clase de escuela dominical siendo un marinero recién convertido, en una iglesia que «enseñaba Biblia». ¿Materiales del currículo? No los usaban. Él no sabía si los seis muchachos desde primero hasta tercer grado sufrieron por la falta de los materiales, pero él sí lo sentía. Para un nuevo cristiano no era muy fácil seleccionar los pasajes para muchachos de ocho años, saber cómo planear una lección que pudiera satisfacer sus necesidades y capturar el interés. El currículo hubiera hecho más fácil el tiempo de clase para el maestro y la clase. Al enseñar a los adultos, los maestros creativos de la Biblia deben ir más allá de los límites de su currículo. Algunos currículos para adultos no están bien diseñados y no deben dictar el método o contenido que un maestro eficiente pueda enseñar a la clase. Recuerde, el currículo es una herramienta, no un capataz, especialmente para enseñar adultos. Pero nunca es fácil para un laico, ni siquiera un graduado de seminario o universidad, enseñar sin un currículo, y por lo general tampoco es sabio hacerlo debido a una variedad de razones.

En este capítulo veremos por qué. Veremos los valores de usar currículos publicados y algunas de las cosas que buscar cuando se trata de conseguir buenos materiales de enseñanza. (¡No todo lo que se publica, aunque sea conservador y evangélico, es bueno!) Por último, vamos a sugerir cómo un maestro puede usar los recursos que ofrece un buen currículo.

DEFINICIÓN DE CURRÍCULO

La palabra currículo viene de una palabra latina que significa una pista de carrera. Tiene la misma raíz que la palabra en español: corriente, que se refiere a la corriente de agua en un río o un océano que se mueve en cierta dirección. De estas imágenes podemos comprender el significado de la palabra currículo tal y como se usa en la educación. El currículo es el curso o dirección que un maestro establece y mediante el cual los estudiantes progresan en su educación. El currículo es la suma de todas las experiencias del proceso de enseñanza-aprendizaje. En sus términos más simple, el currículo es el contenido de lo que usted planea enseñar. Pero el término se puede usar en un sentido más amplio que solo el de contenido de la clase. En la educación, el término currículo se usa para hablar de todos los estudios, actividades, recursos o experiencias que un estudiante encuentra en su empeño educativo. El currículo se puede considerar en tres categorías. Primero está el currículo formal. El currículo formal es el contenido que se planeó y las experiencias que el maestro busca llevar a los estudiantes. El segundo es el currículo informal. Este consta de las experiencias y contenido no planeados y que suceden durante la enseñanza. Por ejemplo, como obreros jóvenes enseñamos no solo con lo que decimos, sino también con nuestra conducta. Cómo reaccionamos en situaciones inesperadas, cómo tratamos a la gente, cómo vivimos alrededor de los estudiantes y la forma en que nuestras actitudes y acciones comunican lo que tratamos de enseñar. Cómo reaccionamos cuando el ómnibus se descompuso de viaje para el campamento, enseñará más que cualquier cosa que realmente digamos una vez que lleguemos al campamento. Esto es lo que quiere decir un currículo informal.

La tercera categoría de currículo es lo que los educadores llaman el currículo nulo. La palabra nulo significa «no» o «ninguno». El currículo nulo es lo que no decidimos enseñar. Por ejemplo, una clase de ciencia de la escuela superior que excluye cualquier referencia al creacionismo cuando se estudian los orígenes humanos, enseña algo al excluir este tema. El mensaje que recibe el estudiante es que el creacionismo no es una alternativa viable. La evolución se estudia extensamente porque el maestro cree que tiene mérito. El creacionismo ni siquiera se menciona porque, para el maestro, es inválido. El punto es que también se enseña lo que decidimos no enseñar o excluimos de nuestra enseñanza de una materia. Para nuestro propósito en este capítulo, vamos a concentrarnos en la elección y uso formal del currículo en el ministerio de la educación.

SELECCIÓN DEL CURRÍCULO

En vista de los más conservadores, la Biblia habla por sí sola. Resentimos (correctamente) la idea de que algunas autoridades de la iglesia deben hablar antes que sepamos el verdadero significado del pasaje, o antes que podamos responder a Dios, quien se comunica a sí mismo con nosotros, mediante su Palabra. En algunas iglesias, y algunos individuos, este resentimiento se lleva a la escuela dominical y a otros planes de estudio. Se sospecha de los escritores y editores porque parecen estar reclamando una autoridad que no les pertenece.

Realmente ningún escritor o editor puede considerarse una autoridad. Hasta Pablo, quien en la actualidad tiene la autoridad apostólica, elogió a los creyentes bereanos por no aceptar su palabra como verdad sin revisarla. Cada uno de nosotros es personalmente responsable de buscar las Escrituras para ver si lo que se está enseñando es verdad. Pero los usuarios de los materiales del currículo normalmente no buscan una autoridad extra bíblica. Son usuarios porque necesitan ayuda. Necesitan la ayuda de hombres capacitados en teología, como un pastor necesita ayuda de los comentarios y materiales de estudio. Y los laicos definitivamente necesitan la ayuda de aquellos que son educadores expertos. La naturaleza del currículo es una herramienta, no una autoridad.

VALORES DEL CURRÍCULO

Apreciamos los valores de los materiales del currículo, cuando vemos algunos de los desafíos de la educación que encaran la mayoría de los educadores cristianos laicos.

Cuestiones de desarrollo. Primero está el asunto de los cambios por la edad. A medida que los niños maduran, pasan a través de etapas marcadas por el cambio de necesidades, intereses y patrones de pensamiento y reacciones. Esto es importante, como señala el texto en hebreo de Proverbios 22.6. Los niños, cuando crecen, no se van a apartar del «camino» que se les ha enseñado, si se les enseñó la verdad necesaria en la forma adecuada a cada nivel de desarrollo. Hacer menos que esto no es realmente enseñar, es llenar el tiempo.

La mayoría de nosotros sabemos que los niños pasan a través de períodos característicos de cambio y desarrollo. Pero, ¿cuántos de nosotros ha dominado una comprensión de los desarrollos característicos de los estudiantes en el grupo por edad que a menudo enseñamos? ¿Conocemos las implicaciones de estos patrones de desarrollo lo suficientemente bien como para estar seguros de que un método en particular que hayamos escogido se dirigió de la forma en que ellos piensan, sienten y se comportan? Pocos conocen la Palabra y al aprendiz tanto como para seleccionar conceptos y pasajes e historias que satisfagan el patrón de cambios de los estudiantes. Esta es una ventaja de usar un currículo. Los escritores del currículo pueden ser (y por lo general son) expertos en características de los grupos por edades para los cuales escriben los materiales de los planes de lección. La mayoría de los laicos, y hasta algunos maestros de escuelas públicas, necesitan la ayuda experta y guía que dichas personas ofrecen.

Metodología educativa. Otro factor en que el currículo publicado ayuda al maestro de Biblia es la habilidad de permanecer al día y ser eficiente en la selección de la metodología. En este ambiente de tantos cambios rápidos en la teoría educativa y programación, es un desafío para los maestros mantenerse al día. Cada año se desarrollan nuevas tecnologías y técnicas de enseñanza. A un maestro laico de escuela dominical le es difícil mantenerse al día, sin embargo no es así cuando se trata de un editor o escritor. Por ejemplo, piense en el editor principal del departamento de educación de una casa evangélica de publicaciones. Entre a su oficina y encontrará listas maestras de niveles de vocabulario para los varios niveles de primero, segundo y tercer grado. Encontrará textos de escuelas al día, currículo de escuelas locales y numerosos libros de referencias para el grupo por edad en que se especializa. Los métodos de enseñanza se revisan constantemente basándose en estos recursos y se introducen nuevas formas de ayuda en el aprendizaje en la creación de lecciones de escuela dominical. Se desarrollan lecciones desafiantes e interesantes.

Otro beneficio estrechamente relacionado a currículos publicados se encuentra en la variedad de recursos que ahora se usan en la educación. Una editorial cristiana puede desarrollar una variedad de materiales de aprendizaje, incluyendo visuales, manuales y papeles para el hogar que sencillamente consumen demasiado tiempo o son caros para que el maestro promedio de la escuela dominical los pueda producir independientemente. Cuando se usan estas ayudas, aumenta el interés, las verdades se aprenden mejor y se motivan las aplicaciones prácticas. Aunque los programas de computadora como Power Point, producidos por la corporación Microsoft y Word Perfect Presentations por la corporación Corel, ofrecen excelentes programas gráficos para desarrollar auxiliares de enseñanza para la clase, la mayoría de los laicos no pueden producir la cantidad ni la calidad de auxiliares suplementarios de enseñanza que las casas de publicaciones publican en la actualidad.

Planeamiento de lecciones. Finalmente, existe la necesidad de un planeamiento general. No solo es necesario considerar lo inmediato (lo que enseñaremos esta semana, este mes, este trimestre, hasta este año en una clase), también necesitamos considerar a largo plazo. ¿Cómo queremos que los estudiantes cambien durante los próximos años? ¿Qué contenido queremos exponerles a medida que desarrollan o maduran? ¿Cómo sabemos lo que otros han enseñado antes que nosotros? ¿Qué aprenderán después que dejen nuestra clase y vayan con otro maestro en otra clase? ¿Cómo evitamos enseñar las mismas historias de la Biblia una y otra vez? Este tipo de preguntas señalan la necesidad para un plan de estudio comprensivo.

La mayoría de las iglesias no desarrollan planes de estudio. La gente está muy ocupada tratando de prepararse para enseñar esta semana. La falta de planeamiento significa que cada uno hace lo que le parece correcto a sus propios ojos. Aunque cualquier clase sea una experiencia excepcional de aprendizaje, la experiencia general del aprendiz puede ser repetitiva y, a veces, insuficiente. Sin un plan maestro, los estudiantes se mueven a través del ministerio educativo de la iglesia y pierden áreas enteras de estudio. Los currículos publicados ayudan a prevenir esto ofreciendo un plan total de estudio o aspectos variados de su plan de currículo incluyéndolo en un plan que una iglesia local haya desarrollado. (Las iglesias que usan más de una editorial pierden esta ventaja, aunque le permiten a los maestros de cada clase escoger sus propios currículos. Tales iglesias necesitan tener un cuidado especial para evitar la repetición excesiva.)

Por esta y otras razones, los materiales de un buen currículo son una ayuda para el maestro creativo de la Biblia. El maestro creativo utiliza y adapta recursos que pocos laicos, si acaso alguno, puede incluir en la enseñanza sin el currículo. El problema, entonces, no es si usar o no un currículo, es cómo escoger un buen currículo para usar.

PALABRAS DE PRECAUCIÓN EN EL USO DEL CURRÍCULO

John H. Walton, Laurie D. Bailey y Craig Williford cuentan una historia en su artículo Bible-Based Curricula and the Crisis of Scriptural Authority [El currículo basado en la Biblia y la crisis de la autoridad bíblica] que vale la pena repetir en esta coyuntura porque provee un importante aviso.

«¿De qué se trataba tu historia de hoy?» le pregunté a mi hijo de tres años.

«Caín y Abel», me respondió. Comencé a preocuparme, preguntándome cómo le presentaron una historia tan sensible a niños de tres años.

«Bueno, y qué aprendiste acerca de Caín y Abel?»

«Dios hizo sus cuerpos» fue la respuesta indiferente que recibí. Rápidamente afirmé esa verdad, pero lo presioné para que me dijera más.

«¿Qué hacían Caín y Abel?» Estaba tratando de buscar cómo explicaron el asunto del sacrificio. «No hacían nada», me respondió.

Resultó ser que mi hijo no era ni olvidadizo ni poco atento. Eso me lo confirmó el volante con la historia bíblica que trajo a la casa y que (por suerte) confirmó que ningún sacrificio ni traición se había tratado a esta tierna edad. El punto de la lección era «Dios nos dio cuerpos». Me quedé pensando acerca de lo que este currículo estaba enseñando a mi hijo indirectamente acerca de la interpretación de la Biblia cuando las historias se manipulaban de esta forma. El había crecido en una iglesia evangélica que usaba un currículo evangélico. Pero, ¿aprendería cómo interpretar la Biblia si el currículo que formaba su educación a menudo desatendía la verdadera enseñanza del texto y moldeaba las historias para cumplir con sus propósitos?[1]

Es esencial que el plan de lección aclare la enseñanza de la Biblia, no que la oscurezca. Los maestros deben cuidarse de preguntar si el currículo realmente enseña la Palabra de Dios o simplemente busca satisfacer los objetivos del escritor del plan de lección. Todo currículo, aunque proceda de una editorial evangélica, debe revisarse y escudriñar su mensaje con cuidado.

SEÑALES DE UN BUEN CURRÍCULO

Es muy raro que un maestro haga el tipo de planeamiento necesario para desarrollar un plan de estudio comprensivo y luego escriba un currículo apropiado para toda la gama de etapas del desarrollo del niño. Algunas iglesias lo han hecho, pero más a menudo se emprende la tarea con la ayuda de un experto en educación y en planes de estudio. Para la mayoría de las iglesias y la mayoría de los líderes del ministerio educativo, un currículo de calidad producido por una editorial reconocida es muy bienvenido. Pero, ¿cómo uno elige el currículo entre tantas posibilidades que se ofrecen? Evaluar el currículo es una tarea complicada. Primero se estudia el plan general por edades. Se determina la teología de los materiales. Se prueba la pedagogía e importancia de la lección para cada nivel de edad. Un líder de programa, maestro o pastor puede ver áreas cruciales que se deben considerar si un laico va a usar un currículo para enseñar la Biblia. ¿Cuáles son las áreas importantes que deben considerarse al seleccionar los materiales del plan de estudio?

Una mirada correcta a las Escrituras y su función. Los conservadores se apegan a un concepto proposicional de la revelación: que Dios revela verdadera información de su Palabra. Los materiales que enseñan y reflejan otros puntos de vista de autoridad bíblica y revelación, sencillamente no son aceptables, aunque algunas iglesias las usan debido a las presiones denominacionales. Muchas editoriales evangélicas, independientes y denominacionales ofrecen de igual forma materiales que se basan con toda seguridad en la creencia ortodoxa. Pero muy pocos de estos son tan claros en su enfoque sobre la función de la revelación proposicional. Pierden de vista el hecho de que la revelación nos lleva más allá de la información para comunicarse con Dios, y que dicha comunicación llama a una reacción apropiada. Tome la lección para adultos sobre el apóstol Pablo que vimos en el Capítulo 10. Se creó para comunicar información. Sí comunicó información, pero la lección no estaba estructurada para llevar a los estudiantes más allá de la información, llevarlos a confrontar a Dios y sus demandas para una respuesta personal. Por consecuencia, la lección no se diseñó aceptablemente. Enseñar contenido sin referencias a la necesidad del estudiante para obtener una reacción personal, es no enseñar la Biblia coherentemente con su naturaleza y propósito.

Otro error, que se encuentra con frecuencia en los materiales para niños y jóvenes, es pedir una reacción de la conducta, pero no la reacción que demanda el pasaje estudiado. A veces hasta las lecciones de las editoriales más conservadoras caen en este error. El escritor quiere que los niños sean generosos y compartan. Así que se escoge un pasaje, como alimentar a cinco mil. El enfoque está en un pequeño niño que comparte su almuerzo. Y de este pasaje, se enseña: «Debes compartir». ¿Pero es este el significado del pasaje? ¿Es «tienes que compartir» la enseñanza principal del pasaje? ¿Es compartir la reacción correcta? Realmente se dice poco del niño. No es el punto básico, sino Cristo. El acto del niño al compartir su almuerzo no se destaca como para que otros niños lo imiten. El poder de Jesucristo para satisfacer cada necesidad es lo que se demuestra para que confiemos. Esta es la preocupación que expresa antes Walton, Bailey y Williford. Un buen currículo enseñará lo que enseña el pasaje y pedirá reacciones que provienen del texto de las Escrituras.

Es fácil establecer nuestras reglas de conducta y luego buscar pasajes que parezcan indicar algún apoyo bíblico. Pero eso no es enseñar la Biblia. Es enseñar un legalismo que puede llegar a ser amenazante. Dichas enseñanzas oscurecen, a maestros y aprendices por igual, el Dios que se revela a sí mismo y que exige no conformarse a un código de conducta, sino vivir en respuesta a una Persona, una vida que no se vive en una fría conformidad, sino que desea una reacción flexible y dispuesta a Dios. Se deben rechazar las lecciones de editoriales si estas caen característicamente en cualquiera de estos patrones: información sin reacción, o reacción distorsionada.

Un concepto creativo de la enseñanza de la Biblia. Un buen currículo busca levantar el nivel de aprendizaje de los estudiantes de la Biblia. Para lograrlo, un buen currículo (tanto en lecciones individuales como unidades de lecciones) sigue el patrón que se sugiere en el Capítulo 9. Esto no quiere decir que se requiera la misma estructura del Anzuelo, Libro, Mirar y Apropiar. Pero el flujo general es importante. ¿Gana atención el material y atrae el aprendiz al tema que se dirige? ¿Presenta el material un sólido contenido bíblico y explora con precisión el principio central del pasaje? ¿El currículo refleja una conciencia de los vacíos que bloquea la respuesta a Dios? ¿La lección declara los propósitos y se orienta para motivar una reacción en la vida? ¿Los propósitos exhiben una estructura que guía y explora la Palabra y dirige a los estudiantes a explorar el significado y planear una reacción? En un buen currículo, la aplicación se planea para ser flexible, lograr la máxima participación de los estudiantes, y autodescubrimiento de las implicaciones de las verdades bíblicas en la vida de los estudiantes. Una buena lección refleja las advertencias de los escritores sobre los factores estructurales que ayudan a crear el deseo de aprender.

En resumidas cuentas: Un buen currículo tiene una filosofía distintiva de la enseñanza de la Biblia, y esa filosofía se aplica cuidadosamente al desarrollar cada serie de lección. De hecho, pocas editoriales especifican su postura en los temas teológicos y educativos que se tratan en este libro. ¡Aunque si así lo hicieran, los usuarios aun tendrían que revisar sus prácticas en contra de la filosofía que proclaman! Así que la responsabilidad vuelve a los usuarios, que esperan y pagan a las editoriales para tener ayuda en la enseñanza de la Biblia. Por último, le corresponde a los hombres y mujeres de nuestras iglesias locales seleccionar las lecciones correctas teológica y pedagógicamente. La Tabla 17 enumera preguntas de mucha ayuda que pueden guiar en la evaluación del currículo.

USO EFICIENTE DEL CURRÍCULO

Es importante recordar que los currículos publicados son una ayuda, pero no la respuesta. Todos los materiales de las lecciones tienen un valor limitado. Cuando se usan como un bastón hasta los mejores pueden quitarle libertad y flexibilidad, tan esencial en la enseñanza creativa de la Biblia, la cual el escritor espera motivar. Los maestros necesitan una actitud saludable hacia los materiales de la lección. Deben verla con apreciación para guiarse al seleccionar las verdades oportunas para el grupo de edad que enseñan. Deben esperar ideas sobre el significado de los pasajes que enseñan y un plan de enseñanza que motivará las reacciones de los estudiantes. Se alegrarán de los nuevos métodos que las lecciones puedan sugerir y de las visuales y otros materiales de enseñanza. Pero no deben ver los materiales del currículo como un patrón establecido que en todo momento el maestro debe seguir en la clase. Los maestros creativos de la Biblia usan los currículos como una herramienta de enseñanza, no como un capataz.

Una dependencia esclava en los planes impresos, aunque sirven de ayuda para el maestro novato, limita mucho el potencial para la creatividad. No es difícil ver el por qué. La enseñanza creativa es un proceso en el cual los estudiantes participan vitalmente. En este proceso con frecuencia las ideas se desarrollan y salen a la luz algunas necesidades que ningún escritor podría prever. El maestro tiene que sentirse libre en estos casos para responder a la dirección de la clase y, cuando sea apropiado, modificar su plan para seguir la dirección del Espíritu Santo. Tal vez esto represente acortar actividades de aprendizaje, agregar otras que no se planearon y eliminar algunas que fueron planeadas. Esta clase de libertad sencillamente no es posible para el maestro que confía completamente en los materiales impresos.

Tabla 17a

Editorial que publica el currículo: _____

Uso del contenido

Considera la Biblia como la Palabra objetiva, proposicional de Dios	Sí No
Considera la Biblia como autoritativa e inerrante	Sí No
Acentúa las verdades esenciales: la salvación, el discipulado, el servicio	Sí No
Presenta los hechos bíblicos en la manera exacta	Sí No
Usa una sana hermeneútica cuando interpreta y aplica los pasajes	Sí No
Desarrolla la idea central del pasaje del estudio y aplica apropiadamente esa idea a la vida del estudiante	Sí No
Apoya el uso de las mejores traducciones y del erudismo contemporáneo	Sí No
Comunica valores bíblicos y una cosmovisión cristiana	Sí No
Promueve la internalizacion y aplicación de la verdad por el estudiante	Sí No
Se dirige a los problemas y asuntos de la vida contemporánea desde una perspectiva sinceramente bíblica	Sí No

Uso de la experiencia

Ayuda el individuo en el crecimiento hacia la madurez en Cristo	Sí No
Provee oportunidad para interacción y expresión de experiencias	Sí No
Anima al estudiante a descubrir cómo responder en la vida	Sí No
Proporciona sugerencias prácticas para la aplicación en la vida en los contextos del hogar, el trabajo, la escuela, y el vecindario	Sí No
Proporciona las conexiones pertinentes a las experiencias típicas de la vida	Sí No
Promueve la discusión abierta acerca de asuntos comunes que nos preocupan y que corresponden a las verdades que se han de enseñar	Sí No
Proporciona ejemplos recientes y apropiados con relevancia cultural	Sí No
Enseña una verdad transferible principal claramente arraigada en el texto	Sí No

Tabla 17b

GUÍA PARA LA EVALUACIÓN DEL CURRÍCULO

Método educacional y enfoque de la preparación

¿Se usa la Biblia como una herramienta para producir el cambio en la vida de los estudiantes?　　Sí No

¿Cumple la materia con las necesidades que corresponden al desarollo y las capacidades de los estudiantes?　　Sí No

¿Se escriben metas para la lección en términos que los estudiantes comprenden?　　Sí No

¿Demuestra la materia una comprensión del proceso aprendizaje-enseñanza como se relaciona a la edad de los alumnos?　　Sí No

¿Anima al maestro a usar estrategias contemporáneas de enseñanza?　　Sí No

¿Proporciona la materia suficientes ayudas para el maestro?　　Sí No

¿Prcporciona instrucción en el uso de las ayudas incluidas?　　Sí No

¿Suministran ayudas de estudio para el maestro, inclusive el transfondo del pasaje?　　Sí No

¿El material suplementario (inclusive ayudas visuales) trabaja adecuadamente con las Escrituras?　　Sí No

¿Sigue el material el proceso para la enseñanza creativa de la Biblia de una manera semejante al formato Anzuelo, Libro, Mirar, Apropiar?　　Sí No

¿Se proporcionan los materiales suplementarios para los estudiantes? (hojas para llevar para la casa, etc.)　　Sí No

¿Es igual la calidad de los materiales suplementarios a las materias del currículo?　　Sí No

Características del material

¿Son agradables los materiales en su apariencia y diseño?

¿Conducen al estudio eficaz y a la preparación la estructura y la tipografía?

¿Tiene buen uso del color? ¿Tiene contenido ilustrativo de buena calidad?

¿Es aceptable la calidad de impresión y de encuadernamiento?

¿Son costeables los materiales para el grupo?

Hemos escrito este libro para ayudarlo a desarrollar sus propios planes. Le hemos provisto una estructura y algunas ayudas sobre cómo prepararse. Pero el currículo que usa su iglesia o los materiales que usted haya seleccionado en una librería cristiana son herramientas maravillosamente útiles para construir planes para la enseñanza creativa.

Entonces, ¿qué necesita el maestro al entrar a la clase? No es una serie detallada de pasos que planee tomar. Por el contrario, necesita un resumen del proceso que espera estimular. Necesita una vista flexible del final hacia el cual se debe mover el proceso. Y necesita una vista bien clara que lo haga sentir libre de adaptar o cambiar sus planes a causa de la reacción del desarrollo de la clase, tan claros que a pesar de los cambios todavía pueda llevar a los estudiantes al clímax del aprendizaje, responder a Dios que les ha hablado en Su Palabra. Así que, aunque se use el currículo, el maestro sigue siendo quien diseñe la tarea del aprendizaje.

Esta necesidad de estructura con flexibilidad nos ayuda a ver con más claridad lo que requiere ser un maestro creativo de la Biblia. Antes que nada, requiere, una comprensión de la naturaleza de la Biblia que enseñamos. Segundo, requiere un conocimiento de cómo estudiar la Biblia para determinar los principios del puente. Luego, un maestro necesita una clara comprensión de cómo enfocar la lección de acuerdo a las necesidades del estudiante para aplicarlo a la vida y obtener resultados del cambio. Finalmente, los maestros necesitan desarrollar habilidades para planear y usar actividades de aprendizaje (métodos) que les permitan alcanzar los propósitos de su ministerio. Hasta aquí, este ha sido el enfoque de este libro.

Ahora es tiempo de fijar nuestra atención en el tema de enseñar una clase. El cuarto paso en el modelo de la enseñanza creativa de la Biblia es enseñar la lección. La próxima sección se creó para brindar instrucciones necesarias en los factores principales pertinentes a la enseñanza de varios grupos por edades e ilustrar actividades de aprendizaje apropiadas para esos grupos por edades. Así que vamos a empezar. Veamos cómo podemos enseñar a nuestros estudiantes con más eficiencia.

NOTAS

1. John H. Walton, Laurie D. Bailey, Craig Williford, «Bible-Based Curricula and the Crisis of Scriptural Authority», Christian Educational Journal. Vol. XIII. Número 3, p. 83.
2. Los contenidos de las tablas fueron compilados y revisados por R.E. Clark, L. Johnson, A.K. Sloat, Christian Education: Foundations for the Future. (Moody, Chicago, 1991), pp. 499-501; D. Eldridge, *The Teaching Ministry of the Church* , (Nashville: Broadman y Holman, 1995), pp. 291-292; y L.E. LeBar, J.E. Plueddemann, *Education That Is Christian*, (Wheaton, Illinois: Victor, 1989), pp. 271-72.

Figura 16

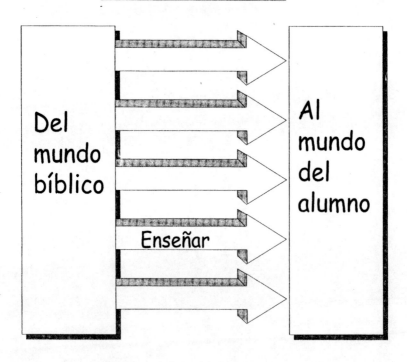

MODELO PARA ENSEÑAR LA BIBLIA CREATIVAMENTE

Del mundo bíblico

Enseñar

Al mundo del alumno

ENSEÑAR LA LECCIÓN

Durante meses, Diane y Sean habían planeado la boda. Querían que la ceremonia de bodas honrara a Cristo de todas las maneras posibles. Querían presentar un mensaje a los asistentes. A través de la música, las palabras que se dijeran, el simbolismo y los votos que iban a recitar, esperaban comunicar la verdad acerca de Cristo y la relación con su novia, la iglesia.

Diane y Sean escogieron la música que dijera exactamente lo que ellos querían que dijera. Se reunieron con el pastor para comentar lo que querían del mensaje. Se reunieron con cada participante: los músicos, el solista, hasta con los que estarían parados con ellos al frente de la iglesia. Se estableció el orden del servicio y todos participaron de los planes. Esta era una boda que tendría un tema, un mensaje. Sería algo más que un servicio legal o una ceremonia religiosa uniendo a un hombre y a una mujer. Debía ser una lección en vivo.

Pasaron los días. Y por fin llegó el gran día. Los planes estaban listos. La iglesia estaba decorada. Ya se habían vestido con los esmóquines y trajes. Los invitados estaban sentados. Comenzó la música. La novia estaba lista en la parte de atrás del santuario y preparada para caminar por la senda. Y en la habitación, al lado derecho del frente de la iglesia, estaban el novio, los caballeros y el pastor. Habían orado juntos. Y luego el pastor comentó: «Sean, para esto se hicieron todos los planes. Ya es la hora de decir "sí, acepto"». Con ese comentario los hombres dejaron la habitación y se colocaron en los lugares respectivos frente a la congregación y comenzó el servicio.

Planear es una parte esencial de casi todas las actividades humanas. Pero llega el momento que los planes llevan a la acción. Los planes para jugar llevan al juego, los vuelos planeados llevan a volar, los planes de construcción llegan a ser edificios y los planes de lecciones se convierten en las lecciones. Eventualmente llega el momento de decir: «sí, acepto». En este libro hemos llegado a ese momento. Considere lo que ha aprendido. Estudió su pasaje, se concentró en el mensaje, y estructuró la lección. Ahora está listo para enseñar la clase. En esta sección le brindaremos alguna ayuda para que salga bien.

En esta sección hay seis capítulos. El Capítulo 13 comenzará por presentarle algunos principios esenciales de enseñanza eficiente observando lo que habitualmente hacen los grandes maestros. Luego, en el Capítulo 14, comentaremos el asunto importante de motivar el aprendizaje del estudiante. Los próximos cuatro capítulos tratarán sobre los asuntos específicos relacionados a enseñar varios grupos por edades. Comenzaremos con los alumnos adultos, luego los adolescentes y por último los niños de grados escolares y preescolares, discutiremos algunos principios transferibles, tanto como algunos modelos de enseñanza creativa de la Biblia con estudiantes en cada una de estos niveles por edades. Así que vamos a continuar nuestro vistazo a una enseñanza creativa de la Biblia. Es hora de decir: «sí, acepto».

CAPÍTULO 13

PRINCIPIOS DE ENSEÑANZA: PRÁCTICAS COMUNES DE LOS GRANDES MAESTROS

Warren Benson es un gran maestro. Tiene credibilidad entre los estudiantes, se comunica con claridad, estimula interés en el aprendizaje, enseña con estilo, busca ser creativo y valora y respeta a los estudiantes. Hay muy pocos como él. Vale la pena emularlo. Una vez estaba acostado de espalda con un severo dolor muscular, pero se reunió con un estudiante que tenía una gran dificultad en el trabajo. Aunque tenía tanto dolor, tomó tiempo para brindar el apoyo necesario y guiar al joven seminarista de quien era mentor. Esta acción sobrepasó el llamado del deber. ¿Por qué? ¡Porque Warren Benson verdaderamente es un gran maestro!

Sencillamente, algunos maestros son mejores que otros. Estudios de investigación parecen indicar que los comunicadores eficientes en los salones de clase tienen en común ciertas características y comportamientos. Las prácticas del maestro verdaderamente bueno pueden servir como una guía para los que desean enseñar la Biblia con habilidad e influencia.

LOS GRANDES MAESTROS GOZAN DE CREDIBILIDAD

Un elemento esencial de la enseñanza efectiva es la credibilidad del maestro. «¿Cómo se percibe al maestro?» «¿Son confiables las declaraciones del maestro?» Estas son las primeras preguntas que un estudiante considera cuando evalúa la calidad del maestro, especialmente el maestro de Biblia. La credibilidad, como un comunicador, tiene la influencia de seis factores, de acuerdo a las investigaciones que hizo David W. Johnson y Frank P. Johnson.[1] Estas incluyen: confianza en la información, pureza de motivos, afecto y cordialidad, reputación, conocimientos y pasión.

La aplicación de estas investigaciones a la enseñanza de la Biblia debía ser obvio. La credibilidad es fundamental para la comunicación, y el maestro de Biblia que no la tenga está encarando algo más serio que una batalla cuesta arriba para ser eficiente. Si al maestro de Biblia le falta credibilidad, los oyentes seguramente dudarán del mensaje del maestro. Este parece ser el punto de vista de Pablo al instruir a Timoteo acerca de su ministerio pastoral. Así escribe:

Ninguno tenga en poco tu juventud, sino sé ejemplo de los creyentes en palabra, conducta, amor, espíritu, fe y pureza. Entre tanto que voy, ocúpate en la lectura, la exhortación y la enseñanza. No descuides el don que hay en ti, que te fue dado mediante profecía con la imposición de las manos del presbiterio. Ocúpate en estas cosas; permanece en ellas, para que tu aprovechamiento sea manifiesto a todos. Ten cuidado de ti mismo y de la doctrina; persiste en ello, pues haciendo esto, te salvarás a ti mismo y a los que te oyeren (1 Timoteo 4.12-16).

El mensaje de Pablo a Timoteo es que la credibilidad es esencial para el éxito del ministerio. Pablo le está diciendo al joven Timoteo que construya una reserva de respeto entre los que está llamado a enseñar. Hacer esto podría requerir su vida, estudio, acciones y actitudes para destacar la naturaleza fidedigna de su enseñanza. Un mandamiento similar se podría hacer para todos los que desean enseñar la Biblia.

La confianza en la información, pureza de motivos, afecto y cordialidad, reputación, conocimientos y pasión, estas seis características según indican las investigaciones, son esenciales para construir y mantener la credibilidad. La falta de solo una de estas medidas de credibilidad le restan eficiencia al maestro. El estudiante restará valor al mensaje del maestro si la credibilidad no se atiende y mantiene. Por lo tanto, desarrollar y mantener credibilidad es la primera sugerencia para aumentar su eficiencia como maestro de Biblia. ¿Cómo el maestro creativo de Biblia se convierte en un comunicador de confianza de la Palabra de Dios? Vamos a examinar cada una de las seis medidas de credibilidad con más detalles.

CONFIANZA EN LA INFORMACIÓN

¿Sabe de qué está hablando? ¿Es precisa la información que provee? ¿Se prepara adecuadamente de forma que pueda anticipar y resolver preguntas y mal entendidos acerca del texto? Estas son preguntas importantes que el maestro de Biblia debe considerar al evaluar su eficiencia. Francamente, estudiar un pasaje toma tiempo. ¡Es trabajo fuerte! Pero considere la alternativa, falta de credibilidad y eficiencia como un maestro de las Escrituras. Esto no quiere decir que debe saberlo todo o que pueda contestar todas las preguntas. Eso sería imposible e improductivo, aunque lo hiciera. Lo que significa es que usted ha hecho su tarea con el pasaje, y anticipa algunas de las preguntas que pueden llegar.

PUREZA DE MOTIVOS

¿Por qué está enseñando? ¿Llena esto una necesidad de que usted tiene de estar a la vista del público? ¿Busca emplear su papel como maestro para lograr algún fin personal inapropiado? Todos debemos probar nuestros motivos para ver si son puros y correctos ante el Señor.

Hank es un atleta profesional retirado del mundo del *hockey*. Es cristiano y es un orador en demanda. En varias ocasiones ha hablado en banquetes para recaudar fondos y alcanzar a varias organizaciones cristianas e iglesias. Pero Hank tiene un problema, tiende a ir de iglesia en iglesia para ser el foco de atención de la gente. Hank extraña los vítores de la multitud y la atención de los medios de comunicación, así que busca la atención de los compañeros cristianos. Le encanta que la gente se fije en él. Le encanta ver cómo la gente trata de acercársele para decir que conocen al que fuera el famoso estrella del *hockey*. Le gusta que lo presenten desde el púlpito y lo inviten a decir algunas palabras. En algún momento, luego de ir a la iglesia durante un breve tiempo, la mayoría de los pastores le piden que hable. Obtiene los reconocimientos del público, aunque con el tiempo se convierte en otro miembro cualquiera de la congregación. Cuando eso sucede, Hank sigue adelante. A conocer una nueva iglesia, una nueva multitud, más vítores y más reconocimientos.

Tal vez nosotros, igual que Hank, estamos enseñando para satisfacer una necesidad personal y no para honrar a Cristo. Muchos maestros necesitan estar al frente, ser el centro de atención, el que tiene la respuesta. Muchos quieren ser notados por sus conocimientos, humor o habilidad. Cualquiera que sea la razón, cuando procuramos satisfacer nuestras necesidades a través de la enseñanza, eventualmente se daña la credibilidad. Y eventualmente las personas lo perciben. Por último se nos ve por nuestros motivos. Jesús nos advierte en cuanto a estos maestros.

> Guardaos de los escribas, que gustan de andar con ropas largas, y aman las salutaciones en las plazas, y las primeras sillas en las sinagogas, y los primeros asientos en las cenas; que devoran las casas de las viudas, y por pretexto hacen largas oraciones; éstos recibirán mayor condenación (Lucas 20.46-47).

¿Qué pasa cuando dudamos del motivo de un maestro? ¿Qué hace que dudemos de la credibilidad de la persona? Si creemos que un maestro sencillamente está trabajando con el fin de satisfacerse a sí mismo, se pierde la confianza. Y sin la confianza, la enseñanza se convierte en una simple presentación de información. Como maestros, no es suficiente hacer las cosas bien. Debemos hacer las cosas bien, motivados por razones debidas.

AFECTO Y CORDIALIDAD

La humanidad de la persona gana la credibilidad. La credibilidad es del ser humano. ¿Alguna vez ha notado cómo los locutores de radio se comunican? El medio de la radio les permite hablar con usted como un buen amigo. Cuando una persona se sienta frente a un micrófono en una estación de radio, solo hay dos personas en el mundo: el locutor y el radio oyente. La mayoría de los locutores de radio piensan de esa forma. Ellos saben que la eficiencia en la comunicación depende de proyectar un sentido de afecto y cordialidad. Esto se hace mejor al imaginar una conversación con un solo oyente. Ese estado mental también permite que el maestro sea más transparente y comunicador.

En forma similar, los maestros pueden ganar credibilidad al proyectar un afecto y cordialidad genuinamente personal. Si los estudiantes detectan que usted es humano, vulnerable y real, también ellos serán más abiertos e interactivos. El humor es una forma de comunicar el afecto y la cordialidad. Es importante, a veces, reírse juntos en el grupo. Desde luego, el humor debe ser apropiado y nunca a expensas de un estudiante. La risa es un indicador de la salud del grupo y de un maestro que es abierto y humano. En un grupo, la tensión siempre impide la risa, mientras que la franqueza lo genera. Esto no significa que tenga que convertirse en un cómico. Usted no necesita contar chistes. Por el contrario, todo lo que se necesita es el humor que viene de momento, que simplemente se desborda gracias a la interacción saludable de un grupo. El resultado será un maestro que se recibe no como a un dador distante de información, sino como a un verdadero coaprendiz y amigo.

El Dr. Joseph Stowell, presidente del Instituto Bíblico Moody, posee esa clase de humor. Mediante el humor, y a veces hasta se ríe de sí mismo, tiene la forma de romper barreras entre él y los oyentes. Se convierte en un ser humano, que no es perfecto, pero personal. Y en el proceso gana credibilidad porque sus oyentes se pueden relacionar con él. La gente se relaja en su presencia. Bajan la guardia y se abren a la verdad de la Palabra de forma fresca y pertinente. Pasan a ser más entusiastas. Mediante el humor, habilidosamente hace del aprendizaje un placer, su ministerio es informativo y cambia vidas, pero es divertido.

Otra forma por la cual usted como maestro puede comunicar afecto y cordialidad es ser tan abierto que muestre cómo la verdad funciona en su vida. Interesará a los estudiantes siendo personal y transparente acerca de sus propias luchas y experiencias. Las personas se interesan en personas, especialmente en sus vidas personales. Solo piense, existe toda una revista dedicada a publicar historias sobre las vidas de personas importantes o bien conocidas. Y por causa de nuestra fascinación por las celebridades, la prensa sensacionalista está llena de declaraciones de verdades, medias verdades y ficción acerca de las personas. Nos interesa la gente. Si se quiere conectar con su clase y ganar una mayor credibilidad, deje que la clase conozca sus propios esfuerzos para aplicar el pasaje, sus éxitos y fracasos.

REPUTACIÓN

En un pueblo del oeste, un consejero financiero guió una clase de escuela dominical de personas de treinta y cinco a cincuenta años de edad. Predicaba la necesidad de tener un presupuesto y fielmente pagar las cuentas de uno. La clase resultó buena y los asistentes lo elogiaron por ser un «abridor de ojos» y «de mucha ayuda». Después de la clase, muchos vinieron al frente del salón para darle las gracias al maestro. Parecía que todos apreciaban mucho su ministerio, todos, excepto un hombre que se sentó en la parte de atrás del salón. Era un dentista cristiano de la localidad. Todo lo que pudo hacer este hombre fue sentarse y oír al maestro, pues sabía algo más. El consejero de finanzas no había pagado el trabajo dental que varios años antes le había hecho. No importaba el dinamismo de su enseñanza, ni tampoco lo bien que se preparó, ni importaba lo fuerte de su contenido, le faltaba credibilidad ante el dentista que se sentó en la fila de atrás. Y si en la clase ese estudiante hubiera contado su experiencia a los demás, sin duda alguna el ministerio del maestro habría perdido toda su eficacia.

La reputación es importante para el maestro. ¿Qué fama tiene usted, su vida y ministerio de enseñanza? Proverbios 22.1 dice: «De más estima es el buen nombre que las muchas riquezas, y la buena fama más que la plata y el oro». La reputación involucra la integridad de uno como pasó en el caso del consejero financiero que hemos mencionado, o simplemente puede relacionarse al estilo del maestro y método de enseñanza. Se ha dicho que «los adultos eligen con sus pies». En otras palabras, los adultos saben lo que quieren y cuando lo encuentran, vienen, de lo contrario, no vienen. Con frecuencia, la reputación del maestro influye en cómo reaccionan los adultos. Pregunte a cualquier estudiante universitario. La mayoría tiene una opinión acerca de los maestros. Esa opinión, sea buena o mala, se pasa de un estudiante a otro. Los estudiantes entran al curso del maestro predispuestos a que la clase les guste, la consideren aburrida o poco desafiante. Lo mismo se puede decir de los maestros de escuela dominical. Algunos atraen estudiantes; otros no. Pero cuando se trata de enseñar en la iglesia, los estudiantes no tienen que tomar el curso, así que la reputación es aun más importante.

DESTREZAS

Tenemos la tendencia de oír y valorar a los expertos. Cuando su carro no está funcionando bien, usted quiere un mecánico experto que le de su opinión. Si sus hijos no están bien, usted quiere el consejo de un experto en el desarrollo de los niños. Cuando la vesícula no está bien, usted necesita un médico experto. Y con toda razón. La destreza es una gran ventaja en la mayoría de las situaciones porque los expertos conocen su materia. También es verdad que a veces los expertos están alejados de la realidad y pueden perder de vista lo que es obvio, pero son más las veces en que un experto trae gran conocimiento a una situación o necesidad dada. En la enseñanza, el conocimiento en una materia puede fortalecer la credibilidad del maestro.

Tal vez quiera concentrar sus esfuerzos en comprender y enseñar la Biblia en áreas específicas para obtener destrezas y aumentar su credibilidad como un maestro de la Biblia. Algunos han llegado a ser expertos en la enseñanza del Antiguo Testamento. Otros se han concentrado en los Evangelios y vida de Cristo. Algunos tienen una plena comprensión de la profecía bíblica. Al concentrar su estudio y ministerio de enseñanza en un campo en particular, usted puede aumentar su eficiencia como maestro. Tal vez esto no sea así si enseña niños o adolescentes. Pero usted se puede convertir en un experto en el grupo por edad y sus necesidades. Necesitamos expertos que enseñen adolescentes tanto como expertos que enseñen niños. En cualquier cosa que concentre sus estudios, ganará credibilidad con los estudiantes si desarrolla experiencia.

Pasión

Los grandes maestros sienten pasión por la enseñanza. Cuando enseñan, uno se siente como si le estuvieran comunicando la verdad más importante que se pudiera oír jamás. Tienen fuego en los ojos, sinceridad en sus palabras y convicción en los corazones. Y expresan esa pasión dramáticamente. Generan emoción, y esa emoción es realmente contagiosa.

Personas de negocios como Zig Zigler, Lou Holtz entre los atletas y el ex presidente Ronald Reagan en política, son todos conocidos como personas apasionadas. Les encanta lo que hacen y les gusta comunicarlo a otros. En el mundo de la enseñanza de la Biblia y la educación cristiana, podemos señalar personas como Howard Hendricks. Con frecuencia

Hendricks ha dicho: «Si vas a aburrir a la gente, no los aburra con el evangelio. Abúrrelos con cálculos, abúrrelos con la ciencia terrestre, abúrrelos con historia mundial. Pero es un pecado aburrir a la gente con el evangelio». Jamás nadie podría acusar a Hendricks de esta falta.

Enseñe con ánimo y vida mediante los gestos, la voz y las maneras en el salón de clase. Sea un apasionado sobre la verdad que está queriendo comunicar. Enseñe los pasajes sintiendo que realmente puede cambiar vidas. La gente responde a esa clase de pasión.

El entusiasmo da credibilidad. Sabemos que los oyentes son más dados a creer a una persona que es entusiasta que a una que no lo es. Este hecho presenta altibajos. El lado malo es que es más probable que crean una mentira dicha con entusiasmo que una verdad dicha sin expresión. Eso explica por qué los cultos pueden ser tan atractivos. Ya sea que estemos hablando de David Koresh o Joseph Smith, la pasión es convincente. Pero el poder del entusiasmo también tiene un lado bueno. Y este es que tenemos algo por lo cual apasionarnos. Estamos enseñando la Biblia, la Palabra del Dios viviente. Es más deseable que el oro, y su mensaje es capaz de darnos sabiduría que nos lleva a la vida eterna (Salmos 19.7-11). Así que no tenemos razón para creer que es inapropiado enseñar con pasión. ¡Tenemos razón para entusiasmarnos y seguir así!

Los grandes maestros comunican con claridad

Claridad no siempre quiere decir que los mensajes de los grandes maestros son más fáciles de entender o no requieren un proceso mental, pero sí que su contenido, propósito, ejemplos, elección de palabra y la estructura de su enseñanza se desarrollen con precisión. No era fácil entender a Jesús. La gente tenía que luchar con el significado de su mensaje, pero era preciso en lo que quería comunicar. Sus palabras no eran casuales. Sabía exactamente cómo quería manejar una frase y lo hacía para el beneficio del aprendizaje. Jesús enseñó con enfoque y precisión.

CLARIDAD DE CONTENIDO

La claridad requiere que los maestros tengan algo que decir. Esto involucra investigación, tiempo para organizar los pensamientos, mucha lectura y prepararse adecuadamente para enseñar. ¡Piénselo! La proporción promedio para hablar es de 120 a 170 palabras por minuto. A esa proporción los maestros producen algo cerca a diez mil palabras en una hora de clase de la escuela dominical, si son los únicos que hablan. Eso es equivalente a veintidós páginas de este libro. Haga esto cada semana durante un año y estará diciendo más de mil páginas de texto. ¡Eso representa cinco o seis libros al año! ¡Ni el apóstol Pablo produjo tanto material bajo la inspiración del Espíritu! Este solo hecho subraya la dificultad del ministerio eficiente de enseñanza y la necesidad de la preparación adecuada.

CLARIDAD DE PROPÓSITO

Asumamos que usted tiene algo que decir, es importante reducirlo a una sola oración que declare el propósito. Los estudiantes se quejan de que a veces es difícil seguir a los maestros porque nunca dicen hacia dónde se dirigen. Los maestros eficientes tienen un tema unificador para cada sesión de enseñanza. No presentan simplemente un bosquejo de información. Presentan una idea y la desarrollan.

Haddon Robinson, autor del libro *La predicación bíblica* al cual nos referimos antes, ha dicho esto acerca de la importancia de convertir nuestros pensamientos en ideas claras y concisas:

> A veces las ideas están escondidas en el sótano de nuestras mentes como fantasmas difíciles de contener. A veces luchamos para dar expresión a las ideas. «Sé lo que quiero decir», decimos, «pero no sé cómo decirlo». A pesar de la dificultad de expresarse con palabras, el predicador [o, en nuestro caso, el maestro] tiene que hacerlo. Si las ideas no se expresan con palabras, es imposible entenderlas, evaluarlas o comunicarlas.[2]

Los grandes maestros no enseñan más; tienden a enseñar menos, pero con más enfoque. Enseñan una «gran idea» que intentan hacer llegar al fondo mediante toda la lección. Evitan enseñar muchas cosas y en su lugar enseñan una sola cosa, pero con precisión. Los mayores obstáculos para la enseñanza eficiente no es que enseñemos muy poco, sino que enseñemos demasiado. Un gran maestro tiene un enfoque.

CLARIDAD DE ESTRUCTURA

La gente desea estructura. Pensar demanda estructura. Y la información no se organiza a sí misma. Los hechos son como ladrillos: sencillamente no se organizan solos en un edificio. Es necesario planear. Se deben confeccionar dibujos. Y cuando los planos se implementan, los dibujos se convierten en realidad. De forma similar, la enseñanza demanda estructura y planeamiento. La información requiere una presentación ordenada. Al crear una estructura para la experiencia del aprendizaje, los maestros capacitan a los estudiantes a pensar con claridad acerca de un tema y a procesar las ideas en las que han pensado. Un auxiliar para que el estudiante provea estructura al aprendizaje es un bosquejo o un volante. Los estudios muestran que los estudiantes que toman notas recuerdan mejor el material que los que no lo hacen. Aun más, las investigaciones indican que los estudiantes asimilan mejor los conceptos que están «agrupados» que los diversos o los puntos separados.[3] Los estudiantes aprecian simples bosquejos de la clase porque estos los ayuda a fortalecer el patrón zig-zag que a menudo encuentran en el salón de aprendizaje.

CLARIDAD DE PRESENTACIÓN

Los bosquejos solo son esqueletos para enseñar. La verdadera presentación en el salón de clase demanda más del maestro que solo el desarrollo de un bosquejo de enseñanza. Los maestros deben proveer ilustraciones, historias y ejemplos para poner carne a los huesos. Una de las responsabilidades de un maestro es tomar una idea abstracta y explicarla en términos concretos. Las ilustraciones e historias hacen esto. Hacen que las verdades sean creíbles. Permiten que mentalmente los estudiantes sigan al maestro. Evitan que el aprendiz se canse. Y agregan ternura y vitalidad a la experiencia del salón de clase. La claridad de presentación proviene de ejemplos concretos, ilustraciones e historias. Los maestros eficientes comprenden esto, y los maestros que son verdaderamente buenos lo dominan.

LOS GRANDES MAESTROS ESTIMULAN INTERÉS

PESQUE AL ALUMNO

Las investigaciones nos dicen que las primeras veinticinco palabras que un maestro dice son las más importantes para ganar la atención e interés de los alumnos en el tema.[4] En el Capítulo 9 ya hemos comentado extensamente el «Anzuelo», el aspecto del plan para presentar la lección, pero es importante que de nuevo recordemos el significado de estimular el interés del estudiante muy al principio de nuestra clase. Eso es lo que un gran maestro hace bien. Tiene que aprender a «pescar» al estudiante. Luego, una vez que tiene la atención, debe mantenerla. La atención de los aprendices constantemente tiende a desviarse con otros asuntos, así que usted no puede asumir que el interés en aprender sea automático.

Considere la televisión como un ejemplo. La mayoría de los espectáculos usan una introducción breve, de uno a dos minutos, para enganchar a la audiencia. El show de Tim Allen, Home Improvement [Mejoras para el hogar] es un ejemplo apropiado. Cada programa comienza con una breve escena, por lo general con Tim y su compinche, Al. Estos breves cortos con frecuencia son la parte más cómica. El segmento es entretenido, estimulante y llama la atención. ¿La meta? Pescar a los miembros de la audiencia y hacer que los sigan viendo.

Los grandes maestros ganan la atención de los estudiantes desde el mismo principio. Saben que si no obtienen la atención al principio de la clase, probablemente nunca lo harán.

INVOLUCRE AL ALUMNO

Los grandes maestros saben que la gente tiende a aprender más cuando están involucrados. Mientras usted está hablando, tal vez los estudiantes estén o no involucrados en el aprendizaje. Pero si ellos están hablando, van a involucrarse. Así que el primer principio para involucrarse en el aprendizaje es este: hasta cierto punto, mientras menos hable el maestro de Biblia, más aprenderán los alumnos. Es importante recordar que muy pocos maestros son tan dinámicos para que los estudiantes estén sentados absorbiendo cada frase. De hecho, todos los estudiantes tienen un tiempo de atención limitada. Mientras más jóvenes sean los alumnos, más breve será la atención que prestan. Así que encaremos esto, si usted enseña y ellos escuchan, deles un tiempo y se aburrirán. Pero si usted no está hablando, entonces algo más debe estar sucediendo en la clase. Si la planeó bien, entonces eso quiere decir que los estudiantes están participando. ¡Le llevará mucho planeamiento! Pero la participación disminuye el aburrimiento y aumenta el aprendizaje.

CAPACITE AL ALUMNO

Los grandes maestros capacitan a los alumnos para enfrentarse a la vida diaria. Buscan ser pertinentes y prácticos. Esto no quiere decir que solo vale la pena aprender la verdad de una aplicación inmediata, sino que los estudiantes necesitan ver lo práctico de lo que aprendieron para así aprenderlo bien. «Por lo tanto, ¿cuál es la diferencia?» Por lo general el estudiante no preguntará directamente esa pregunta, pero puede estar seguro de que está en su mente. Es la pregunta que todos se hacen. Es importante recordar que la gente, particularmente los alumnos adultos, no están interesados en solo reunir más información. Ellos quieren ver la relación de la información que se enseñó el domingo en la clase con sus vidas el lunes. Nuestra tarea como maestros de Biblia es asegurarnos de que la Palabra de Dios se aplique. Una forma de lograrlo es asegurarnos de que se presente de manera práctica y aplicable. Enseñar creativamente la Biblia trata de la aplicación. Pero esta respuesta del alumno debe ser para Dios. La Biblia se debe aplicar, pero no se aplica en un vacío como si la Escritura solo fuera una lista de buenas obras.

LOS GRANDES MAESTROS ENSEÑAN CON ESTILO

Un estudio hecho en el 1963 descubrió que para la eficiencia de la enseñanza, la presentación de un maestro es casi dos veces más importante que el contenido de la lección.[5] Esto no significa minimizar la importancia y necesidad de un contenido adecuado en la enseñanza, sencillamente señala que el contenido solo no es suficiente para producir una experiencia poderosa en el salón de clase. No existe una fórmula simple que se pueda dar para enseñar con estilo. Todos los maestros deben desarrollar sus propios estilos de enseñanza basándose en sus propios puntos fuertes y limitaciones. Pero hay algunos principios de estilo de enseñanza que serán de gran ayuda para cualquier ministerio de enseñanza. Aquí presentamos algunos.

PALABRAS VÍVIDAS

Mark Twain dijo una vez: «La diferencia entre la palabra casi correcta y la palabra correcta es . . . la diferencia entre la luciérnaga y el relámpago». Es decir que nuestra selección de palabras es importante para una comunicación eficiente. Los grandes maestros escogen palabras que pinten cuadros mentales para los estudiantes.

ACCIONES CON PROPÓSITO

Los movimientos y gestos contribuyen al interés de los estudiantes en la experiencia del salón de clase. Dios hizo el cuerpo humano para que se moviera. Por causa de nuestra propia naturaleza relacionamos acción y gestos con el pensamiento a medida que hablamos unos con otros. Pero algo pasa cuando nos paramos frente a una clase. Un tipo de parálisis se apropia de las coyunturas. Los grandes maestros superan esta parálisis con acciones y gestos deliberados. Los gestos y movimientos dan a la enseñanza la vida necesaria. En la enseñanza, las acciones con propósito son como diagramas y gráficas en un libro. Aclaran ideas y agregan interés. Los gestos capacitan a los estudiantes para entender mejor el punto que se está tratando. Se estima que hay más de siete mil gestos distintivos que se pueden hacer con las manos, brazos y muñecas. De seguro valdrá la pena usar algunos de estos en el empeño de la comunicación en las clases. El resultado será que nos sentiremos más cómodos y los alumnos obtendrán mucho más de nuestra clase.

CONTACTO VISUAL

Los ojos pueden comunicar mucho. Al mirar a los estudiantes comunicamos interés, vemos cómo reaccionan y obtenemos mayor atención. Es un buen comienzo para mejorar la eficiencia del maestro y usted puede comenzar inmediatamente en su clase. Busque una persona que lo apoye y conéctese con los ojos de esa persona. Cuando se sienta más cómodo, trate de hacer contacto con los ojos de cada estudiante por lo menos una vez en cada clase, o más a menudo en clases pequeñas.

VARIEDAD VOCAL

La voz es una herramienta de enseñanza. Por medio de la inflexión, volumen, velocidad y entonación que se escoja el maestro puede dar un significado específico a las palabras. Al variar la velocidad, la extensión de la entonación de la voz y el volumen de una palabra, los maestros motivan a los estudiantes a oír con más cuidado. Todos hemos tenido un maestro o profesor que ha hablado interminablemente con una voz monótona. Sabemos lo difícil que era oírlo. Como el maestro de ciencia del programa The Wonder Years [Los años maravillosos], estos maestros son mejores para motivar el sueño que el aprendizaje. Mientras esté enseñando considere su voz como los signos de puntuación. Piense cuánto más fácil es leer una página con buena puntuación que cuando tiene poca o ninguna.

EXHIBICIONES VISUALES

De acuerdo a un estudio tanto de jóvenes como de adultos, la atención de los estudiantes en clase aumenta en los primeros diez minutos y luego disminuye hasta el final de la sesión. Las investigaciones encontraron que los estudiantes pueden recordar setenta por ciento del material que se presentó en los primeros diez minutos de clase y solo el veinte por ciento de los últimos diez minutos. Mientras más activo está el estudiante en la clase, más retiene. Y mientras más exhibiciones visuales de conceptos de enseñanza usó el maestro, más retuvieron los alumnos.[6]

Los estudios de la compañía Mobil Oil apoyan la importancia de «exhibir artefactos» para enseñar. Han descubierto que por solo oír, el setenta por ciento del material enseñado se recordaba tres horas más tarde y diez por ciento se recordaba tres días más tarde. Lo que solo se mira se recuerda setenta y dos por ciento a un nivel de tres horas más tarde y un veinte por ciento se recuerda tres días más tarde. Pero la combinación de ambos, ver y oír, tiene un dramático impacto en la recordación. Los participantes en el estudio recordaron ochenta y cinco por ciento de lo que vieron y oyeron tres horas más tarde y recordaron un sesenta y cinco por ciento tres días más tarde. Estas cantidades indican la importancia de la función de los auxiliares visuales en la enseñanza.[7] Pero el uso de los auxiliares visuales tiene un beneficio secundario, aumenta la libertad y flexibilidad del maestro. Los auxiliares visuales permiten al maestro desprenderse de las notas mientras que por otra parte le permiten retener la estructura de la lección.

LIBRE DE NOTAS

Los grandes maestros no se amarran a las notas. La mayoría conoce el material tan bien que podrían enseñar sin sus notas en la mano. Una confianza excesiva en las notas de uno tienden a amarrar al maestro al atril o a sus alrededores. Mucha dependencia impide que el maestro se mueva alrededor de la clase e interfiere con el manejo de la clase. Cuando el maestro conoce su tema, solo necesita unas pocas notas. Esto le da una gran libertad para interactuar con los miembros de la clase y verdaderamente oír sus comentarios. También es verdad que tantas notas le da al maestro un sentido falso de seguridad acerca de su dominio del tópico. Pero, al limitar su uso los maestros se ven forzados a pensar en otras alternativas para hacer llegar al punto.

También es verdad que sin el uso de las notas estamos limitados en cuanto a lo que podemos cubrir, pero véalo de esta manera: Si no sabe su tópico suficientemente bien para enseñarlo sin las notas, tal vez no necesita enseñarse. ¿Acaso es razonable esperar que los estudiantes tengan información de memoria para la cual usted mismo necesita notas para enseñar? Por el contrario, el material detallado debe estar en forma de volante o transparencia. Si usted enseña su clase sin notas, aumentará su credibilidad con los estudiantes como una fuente de información.

Por lo tanto, ¿qué sugerimos usar si no es un juego detallado de notas? Recomendaríamos un bosquejo simple de enseñanza como el que presentamos en el Capítulo 9. Al usar un máximo de dos páginas de un plan de lección, los maestros son concisos y deben conocer bien su material. Combine esto con otras herramientas de enseñanza y tendrá todo lo que necesita para enseñar con confianza.

Los grandes maestros toman el riesgo de la creatividad

Así sucederá. Los que pretenden ser creativos algunas veces fallarán para su propio asombro. Ser un maestro creativo es un riesgo porque esto demanda enseñar métodos que tal vez no haya probado antes o ni siquiera los haya visto usar. Por ejemplo, el uso del caso de estudio puede intimidarlo si ha usado conferencias como el método principal de enseñanza. ¿Qué si no funciona? ¿Qué si los estudiantes no participan? ¿Qué si el caso es muy sencillo o muy difícil para el grupo? Habrán días cuando nada sale como se planeó. Eventualmente, tratará nuevas ideas creativas, y no serán tan efectivas como esperaba. En ese momento comenzará a cuestionar si ese método de enseñanza es realmente funcional y si usará técnicas más seguras. Muchas preocupaciones, preguntas y experiencias pueden venir a la mente que podrían convencerlo de que esa creatividad es muy riesgosa. Pero los maestros verdaderamente grandes corren ese riesgo. Así que, ¿cómo toma su riesgo? La clave es tener una sana filosofía de enseñanza. Usted debe creer que comprometer al estudiante en un aprendizaje significativo es más importante que su desempeño personal o transferir información. Cuando falla una sesión de clase que ha planeado, su filosofía de enseñanza se convierte en el puerto seguro. Si su enseñanza se fundó en el compromiso de motivar el aprendizaje y si aparecen las dudas inevitables acerca de la selección del método, entonces le será posible considerar el fracaso a la falta de experiencia con el método, un método que no funciona para su clase en particular, o solo como un día malo. Querrá ajustarlo y volverlo a probar. Pero si solo está cautelosamente convencido de su filosofía de enseñanza, cuando los esfuerzos creativos fallan, su confianza puede sacudirse y quizás prefiera viajar por la ruta conocida.

Los maestros creativos tienden a superar lo que es común. Inventan e imaginan. No es que inventen ideas completamente originales. En su lugar, se concentran en el aprendizaje del estudiante, y planean maneras de involucrar a los estudiantes en el proceso de aprendizaje. Tienen un espíritu experimental. Debido a su pasión por el aprendizaje, saldrán de su cómodo circuito para llevar a los alumnos al punto de un aprendizaje con éxito.

LOS GRANDES MAESTROS VALORAN Y RESPETAN A LOS ESTUDIANTES

Las personas se crearon a la imagen de Dios. Ese hecho hace que nuestros alumnos tengan valor y dignidad. Es importante que nuestra teología de ser humano filtre en nuestro ministerio de enseñanza. Debemos ver a todos y cada uno de los estudiantes como individuos diferentes a los que debemos respetar. Los grandes maestros —especialmente los grandes maestros de la Biblia— ven a los estudiantes de esa forma. Los grandes maestros llegan a entender que el ministerio va más allá de solo pasar una información o estimular el pensamiento. Los grandes maestros dan a los estudiantes el respeto que merecen como seres humanos. Y los estudiantes lo detectan y cambian debido a eso.

A Laurie le encantan los aretes en forma de lágrima. De hecho, los ha usado todos los días durante más de trece años. La razón es la influencia de una maestra que también los usaba, una maestra que Laurie nunca olvidará por el valor y respeto que esa maestra siempre le mostró cuando ella cursaba el sexto grado. La Sra. Lake tenía el pelo rojizo, ojos azules brillantes y aretes en forma de lágrimas que reflejan el sol de la tarde.

La familia de Lauri tenía problemas. Su padre era alcohólico. Noche tras noche, cuando se emborrachaba, peleaba con la mamá de Lauri y ella oía los gritos, tirones de puerta y el llanto de la mamá. La vida de esta niña era cualquier cosa menos pacífica. Fue una vida que una niña de once años no debiera sufrir. Una vida de agitación, soberbia, amargura y negligencia. Por eso, los padres de Laurie nunca fueron a una charla informativa de padres y maestros en la escuela.

Durante toda la tarde la Sra. Lake saludaba a los padres en la puerta del salón de clase. Los padres venían a ver cómo progresaban sus hijos en la escuela. Padres que se reían y abrazaban a sus hijos para expresar apoyo y satisfacción. Pero el día pasó y los padres de Lauri nunca aparecieron. Realmente ella tampoco los esperaba, aunque eso no aminoró el pesar que Lauri sentía. Se imaginaba cómo sería tener padres que se preocuparan por ella.

Luego que todos los niños se encontraron con los padres y maestros, la Sra. Lake llamó a Lauri al pasillo. Lauri se sentó en una silla plegable, cerca de la mesa de la maestra, la cual habían sacado para la conferencia. La Sra. Lake buscó entre los archivos y entonces, con una sonrisa, encontró los de Lauri. Ella miraba el piso fijamente, abochornada por la ausencia de sus padres. La Sra. Lake le levantó la cara. La miró directamente a los ojos y comenzó: «Antes que nada, quiero que sepas lo mucho que te quiero. Segundo, debes saber que no es tu culpa el hecho de que tus padres estén aquí o no». Nunca antes Laurie había oído palabras como estas. Jamás había sentido tanta compasión. «En tercer lugar», continuó la Sra. Lake, «tú mereces una charla informativa aunque tus padres no estén aquí. Tú mereces oír lo bien que te va y lo maravillosa que yo creo que tú eres». De esa forma, Lauri tuvo su charla con la Sra. Lake. Vio sus calificaciones, le mencionaron sus puntos fuertes y la reconocieron por el valor que merecía. Ese día cambió la vida de Lauri. Ella se convirtió en una persona con una nueva seguridad y sentido de dignidad.[8]

Los grandes maestros hacen más que enseñar. Valoran a los estudiantes y los tratan como se debe tratar a las personas. Y es correcto que los grandes maestros de la Biblia hagan esfuerzos especiales para hacerlo así. Como maestros, esa perspectiva debe motivarnos a andar el kilómetro extra. Pablo lo dijo de esta manera: «Antes fuimos tiernos entre vosotros, como la nodriza que cuida con ternura a sus propios hijos. Tan grande es nuestro afecto por vosotros, que hubiéramos querido entregaros no solo el evangelio de Dios, sino también nuestras propias vidas; porque habéis llegado a sernos muy queridos» (1 Tesalonicenses 2.7-8). Los grandes maestros comparten sus vidas, tanto como los conocimientos, con los estudiantes.

Notas

1. David W. Johnson y Frank P. Johnson, *Joining Together: Group Theory and Group Skills* [Grupo de teoría y grupo de habilidades unidos] (Englewood Cliffs, Prentice Hall, N.J., 1982), p. 186.

2. Haddon Robinson, *Biblical Preaching* (Grand Rapids: Baker, 1980), p. 39. [Versión en español: *La predicación bíblica* (Miami: Unilit-Logoi, 2000).]

3. R.J. Peper y R.E. Mayer, «Note-taking as a Generative Activity», *Journal of Educational Psychology*, (1978): 70(4), p. 514-22.

4. K.E. Anderson, *Persuasion Theory and Practice* (Boston: Allyn and Bacon, 1971), p. 98ss.

5. Paul Heinberg, «Relationships of Content and Delivery to General Effectiveness», *Speech Monographs*, (1963): 30, pp. 105-7.

6. J. Hartley y I.K. Davies, «Note-taking: A Critical Review», *Programmed Learning and Educational Technology* (1978): 15, pp. 207-24.

7. O.E. Lancaster, *Effective Teaching and Learning* (New York: Gordon and Breach, 1974), p. 81.

8. Esta historia fue sacada de una historia titulada «Tear Drops of Hope», [Lágrimas de esperanza], escrita por Nancy Sullivan Geng. Apareció en la revista *Selecciones* en Septiembre de 1997. Originalmente la publicó Focus on the Family en noviembre de 1996.

CAPÍTULO 14

EFICACIA DE LA ENSEÑANZA: MOTIVE AL APRENDIZ

Bob Michael enseña una clase a la cual la gente está ansiosa de asistir. Todas las semanas en su iglesia, en los suburbios de Toronto, enseña a un animado grupo de estudiantes de enseñanza media. Es conocido por su viveza y habilidad para cobrarle vida a un pasaje. Pero lo más notable de su clase es la participación e interacción que genera. Bob realiza sesiones de grupos pequeños de exploración bíblica con los que asisten. En estos pequeños grupos se guían a los estudiantes en el proceso de aplicar la verdad en sus vidas.

Este cuadro de estudiantes ansiosos y animados por explorar juntos la Biblia, quizás parezca demasiado ideal. Si enseña adolescentes o adultos se estará preguntando cómo hacerlos hablar y mucho más hacer lo que se describe en capítulos anteriores de este libro. Si usted enseña niños, se preguntará cómo hacer para que se estén quietos o por lo menos que sigan el tema. ¿Cómo guiarlos para explorar las verdades de la Biblia? Ellos no piensan como los adultos y cuando empiezan a hablar, no hay cómo controlarlos.

Nadie ha dicho que enseñar creativamente la Biblia es cosa fácil. Todos estos problemas existen. Pero todos se pueden solucionar. Hasta los adultos más ancianos, seriamente entronados lado a lado en sus bancos en el lado izquierdo del santuario en muchas de las iglesias, se pueden involucrar activamente. ¡Y hasta les puede llegar a gustar! En parte, la solución descansa en el área de habilidades del maestro y en preparar la clase para que participe en el proceso creativo. Pero solo parcialmente. Más importante es la motivación del estudiante: Ese deseo indispensable de tomar parte, de querer aprender.

LA IMPORTANCIA DE LA MOTIVACIÓN EN LA ENSEÑANZA

MOTIVACIÓN GENERAL Y ESPECÍFICA

La motivación general se refiere a la actitud general del estudiante hacia el aprendizaje. La motivación general tiende a permanecer estable al pasar el tiempo y en una variedad de situaciones. Para un maestro es lo más difícil de alterar. Algunos estudiantes parecen tener un deseo innato de aprender. Constantemente sienten atracción hacia nuevas experiencias de aprendizajes, libros, maestros. Aunque no todos los aprendices motivados buscan aprender en un salón de clases, a todos parece motivarles el simple amor al descubrimiento fresco. Otros aprendices están menos enamorados del aprendizaje solo por aprender. Esto no quiere decir que no puedan aprender o que no aprendan. Sencillamente no buscan las experiencias de aprendizaje. Requieren una gran motivación de los maestros y padres para alcanzar metas de aprendizaje.

La motivación específica es menos estable y se refiere a una motivación de la persona, en un momento dado, hacia un tópico específico o clase. Quizás un día el estudiante sienta una gran motivación porque el tópico que se estudia le interesa mucho, mientras que al otro día el estudiante encontrará que el tópico no lo motiva tanto. Este aspecto de la motivación es el que los maestros más fácilmente pueden modificar. Para lograrlo, el maestro debe comprender los intereses del estudiante y debe identificar los puntos de contacto del ministerio. Una evaluación de necesidades, como la que explicamos en el Capítulo 6, puede ser de gran beneficio para descubrir cómo motivar a los estudiantes.

MOTIVACIÓN EXTRÍNSECA E INTRÍNSECA

La motivación extrínseca se refiere a la motivación que viene de afuera del estudiante. Algunas veces los estudiantes necesitan ayuda para comenzar el aprendizaje, y los métodos extrínsecos de motivación pueden llenar esta función. Si un estudiante no tiene interés en una asignatura, tiene un nivel mínimo de motivación general para el aprendizaje, o simplemente está desanimado, las formas de motivación extrínseca lo pueden ayudar a reaccionar a la situación de aprendizaje. Por lo general, aunque no siempre, los motivadores extrínsecos se encuentran en forma de refuerzos positivos y negativos.

La motivación intrínseca se refiere a la motivación que viene del estudiante. Los estudiantes que están intrínsecamente motivados encuentran alguna satisfacción personal en el aprendizaje. Tal vez disfruten la asignatura, tienen un alto nivel de motivación general, buscan conocimientos por una razón específica (como buscar empleo en un campo en particular o preparar un sermón), o personalmente desean desarrollarse. Cualquiera que sea la razón, las personas intrínsecamente motivadas tienden a buscar el aprendizaje y no se satisfacen hasta dominar una asignatura en particular.

En el Capítulo 8 dijimos que el aprendizaje sucede en tres áreas: cognitiva, afectiva y conducta. Pero para que el aprendizaje tome lugar en cualquiera de estas áreas, el individuo debe ejercitar su voluntad de aprender. La voluntad y actitud humana juegan un papel enormemente poderoso en el aprendizaje. Si podemos entender lo que motiva al alumno, es posible que podamos guiar las actitudes del estudiante. Al hacerlo, podemos motivar al alumno a practicar su voluntad para aprender. Aunque no podemos hacer que un estudiante aprenda, podemos ofrecerle un ambiente donde le sea más fácil decidirse a involucrarse en el aprendizaje. Las investigaciones han descubierto los factores tanto personal como estructural en la educación que motiva la participación del estudiante en el proceso del aprendizaje.

FACTORES QUE MOTIVAN EL APRENDIZAJE

Este es un dicho gastado de los evangélicos: «Visite a los alumnos, emplee algún tiempo con ellos fuera de la clase y todo saldrá bien en la clase». Como la mayoría de los clichés, está gastado y al mismo tiempo es verdad, por lo menos, es cierto hasta cierto grado. Pero lo que omite es más importante que lo que dice. Lo que deja fuera se refiere a la calidad del contacto exterior, además del hecho de que la relación maestro-alumno en la clase es realmente tan importante como cualquier cosa que se realiza fuera de la clase, y ¡quizás hasta más importante! Asimismo, omite que la vida de la clase en grupo también está involucrada en la motivación. ¡Deja fuera mucho más de lo que dice!

FACTORES PERSONALES QUE MOTIVAN EL APRENDIZAJE
Relación estudiante-maestro. ¿Alguna vez tuvo un maestro que pudiera decir esto?: «Deseo irme a vivir con Cristo,

lo cual es mucho mejor, pero por causa de ustedes es más necesario que me quede en el cuerpo. Estoy tan convencido de esto, que sé que me voy a quedar y continuaré con todos ustedes, para que progresen y disfruten en la fe». O esto: «Los he tratado con ternura, como una madre cuida de sus hijitos. Los quiero tanto que me encantó compartir con ustedes no solo el evangelio de Dios sino también mi vida, por lo mucho que he llegado a quererlos».

Pablo lo dijo, desde luego. Él tuvo esa clase de relación querida con los que enseñó. Está escrito en Filipenses 1 y en 1 Tesalonicenses 2. ¿Alguna vez tuvo un maestro que pudiera decir esto y lo creyeran? Son raros los maestros que llegan a preocuparse por lo estudiantes hasta ese punto.

Pablo declaró vivir por aquellos a quienes enseñaba. Y así lo hizo. Cuando los reprendía, aconsejaba o motivaba, los estudiantes sabían que les hablaba así porque los amaba. La vida con ellos estaba impregnada de su amor por ellos. Al vivir esta clase de amor, Pablo parecía más un maestro laico de Biblia que un pastor, al que después de todo, le pagan para que ame a sus ovejas. Pablo trabajó «de noche y de día, para no ser gravosos a ninguno de vosotros» mientras que predicaba el evangelio de Dios (1 Tesalonicenses 2.9). Hacía carpas en una tienda para ganarse su propio sustento y dedicaba el tiempo libre a los alumnos.

La mayoría de los maestros laicos de Biblia tienen familias, amigos y vecinos. No estamos sugiriendo que se descuiden. Solo estamos señalando que la profundidad del amor de Pablo por los alumnos no se podía dudar. En el contexto del amor incuestionable, los estudiantes se pueden motivar a aprender. Involucrarse en la vida de los estudiantes es lo que el amor motiva a hacer. Se puede expresar de maneras diferentes. Todos lo hemos visto. Lo hemos visto en la maestra de una clase preescolar que viene los sábados a preparar su salón y que el domingo siempre está allí para con cariño saludar a los que llegan temprano. Lo hemos visto en el maestro de niños de ocho años que invita a los alumnos a desayunar panqueques en su casa y luego a hacer una excursión para jugar golf en miniatura. Pero no son solo estas actividades las que lo hacen popular. Los muchachos reconocen el interés que tiene y reaccionan. También hemos visto al maestro de adolescentes que, aunque ya está ocupado con la enseñanza y servicio en la junta de la iglesia, se interesa tanto en la juventud como para también hacerse responsable de patrocinar a los jóvenes. Y es el maestro de los adultos cuyo interés lo guía a reunirse con grupos pequeños para hacer estudios especiales, y hasta va semanalmente a reunirse con un hombre hasta satisfacer su necesidad.

Hay muchas formas de expresar el amor. Pero el verdadero amor se debe expresar. La realización de una visita al hogar o una actividad de la clase no significa nada si se lleva a cabo como una obligación reglamentaria por causa de una conciencia inquieta. Si la preocupación es motivar a los aprendices, estas actividades vacías no valdrán la pena. Sin embargo las que provengan de un verdadero amor serán reconocidas. Maestros que así hagan habrán ganado el derecho a ser escuchados.

La actitud del maestro en la clase puede cultivar o destruir la relación de maestro-estudiante. Inclusive un maestro que ama puede impedir la motivación del estudiante dentro de la clase más rápido que la que puede crear fuera de ella. ¿Qué queremos decir? *Motivar el aprendizaje de los estudiantes es una función principal de la relación maestro-estudiante en el salón de clase.* No importa cómo el maestro se relacione con los estudiantes, de forma individual y fuera de la clase, lo importante es su relación como maestro. Con frecuencia, algunas personas se sienten amenazadas cuando se les pide que enseñen. Esto se ve en pequeñas cosas en el salón de clase: la demanda extra para que los niños atiendan, la irritación cuando los adolescentes tratan de expresar un punto de vista diferente, el sentido de amenaza cuando alguien hace una pregunta que es difícil de contestar, la indisposición para admitir: «No lo sé».

Cada una de estas cosas indica que la persona se hizo cargo de un trabajo de enseñanza con una visión distorsionada de lo que representa ser maestro. ¿Cuál es la visión distorsionada? Que en primer lugar un maestro es una «autoridad». Es peligroso igualar las palabras *maestro* y *autoridad*. Una autoridad es, por definición, una persona con poder para declarar asuntos, el derecho (hasta la obligación) de controlar, mandar y determinar. ¡Y cada una de estas actividades destruyen la motivación del estudiante, niegan la verdadera función del maestro!

Si el maestro es una autoridad, entonces debe tener las respuestas. Debe dar las respuestas. Los estudiantes deben buscarlo para obtener respuestas, y aceptar sus respuestas para ser buenos estudiantes. Este punto de vista afecta sutilmente la relación entre el maestro y el estudiante. Incluso, cuando la clase es de niños y el maestro debe ejercitar la administración y control del salón, la administración de la clase no es la función principal del maestro. Si la maestra se ve principalmente como una autoridad o una administradora de la clase, comienza a tratar a los estudiantes como si fueran objetos, no como personas. Estos se convierten en mentes para rellenar y sujetos que gobernar. Mientras trata de llenar, controlar y gobernar, deja de enseñar.

Las personas no son objetos. A nadie le gusta que lo traten como objetos, y si lo fueran no querrían aprender. Dios es la verdadera autoridad, Dios habla mediante la Palabra. El maestro no es el mediador entre Dios y el hombre, no es el sumo sacerdote. El maestro es un aprendiz con los estudiantes, uno que viene a la Palabra de Dios como ellos, ansioso, expectante, humildemente buscando que el Espíritu de Dios lo ministre. El maestro solo tiene autoridad cuando enseña la Palabra de Dios.

Los maestros que se ven a sí mismos de esta manera, tienen una actitud diferente hacia los estudiantes. No tienen poder para establecer cada asunto educacional o social. Dios sí. Mientras que el maestro es el administrador de la experiencia en el salón, es Cristo quien a la postre tiene el control o mando de la clase, el maestro está para dirigir la clase en el aprendizaje en grupo. Los maestros con esta perspectiva viven una gran aventura con los estudiantes, una aventura de la que Dios es el responsable de los resultados. En esta situación, los maestros tratan a los estudiantes como personas, personas mediante las cuales Dios puede hablar. Los maestros que valoran a los estudiantes y los tratan con dignidad oyen y motivan las preguntas. No tienen miedo de admitir: «No lo sé», ya que no tienen un estatuto falso que mantener. Los maestros que se ven a sí mismo como facilitadores del aprendizaje esperan que sea Dios quien les hable a través de los estudiantes; esperan aprender de la clase.

Un maestro que ve de esa manera su función, que ve a los estudiantes como humanos completos, compañeros en la aventura diaria con la Palabra de Dios, los trata diferente. Existe una actitud diferente que se muestra en las cosas que el maestro dice y en la forma en que las dice. Cuando de acuerdo a su actitud, los maestros establecen el modo de compartir la aventura del aprendizaje, la mayoría de los estudiantes querrán aprender.

Dinámicas de grupo. Las palabras «dinámicas de grupo» describen las relaciones y ambiente de un grupo a medida que este interactúa en conjunto y se desarrolla unido. Un maestro puede establecer el tono del aprendizaje que se espera motivando un sentido de comunidad en un grupo y motivando la interacción eficiente del grupo. Cuando toda la clase comparte su actitud, hasta se desarrolla una motivación más profunda. Los estudiantes comienzan a verse unos a otros como personas, compartiendo una vida común en Cristo. Se desborda el estímulo que se desarrolla a causa de estas vidas en grupo y en lugar de ser una experiencia dominical pasa a afectar las relaciones cotidianas y actividades de cada miembro.

Es importante para una clase de adultos jóvenes o adultos, desarrollar dicha vida de grupo. En el Nuevo Testamento se le llama compañerismo a esta vida. El compañerismo es compartir la vida cristiana, más allá de encuentros casuales que caracterizan las relaciones en tantas iglesias y clases. En el aprendizaje, ¿qué guía a desarrollar el compañerismo? Como se acaba de describir, la actitud del maestro es básica. Este debe tratar a los estudiantes como verdaderos humanos, compañeros. También es básico el enfoque en la vida. Cuando el estudio solo se concentra en el contenido, no se comparte la vida, solamente la información. Solo cuando una clase pasa al proceso creativo de observar juntos las implicaciones y reacciones, se introduce la vida. Y aun así, el desarrollo del compañerismo lleva tiempo. Puede ser seis meses, o hasta un año. Al principio la gente se retrae. Realmente no hablan acerca de ellos mismos, de sus problemas ni sus necesidades. Existe una razón para esto. Es peligroso abrir su vida al escrutinio de otros. En las iglesias hay muchos que están listos a chismosear; muchos listos a asentir y decir piadosamente: «Sabía que en ella había algo que no andaba bien».

Toma tiempo desarrollar un ambiente en el que nos podamos abrir con confianza. Carl ya lo sabía, así que tuvo paciencia y persistencia. Semanalmente motivaba los comentarios, la oración y la participación abierta. Planeó varias actividades juntos fuera de clase, disfrutando cada cosa desde las comidas hasta los juegos de pelota. Le llevó mucho tiempo desarrollar cohesión e interés cristiano sincero en el grupo. Pero un día, en una clase que exploraba el concepto bíblico de juzgar, una mujer notó una falta que cometía y casi involuntariamente comenzó: «Entonces yo estaba equivocada cuando...» A medida que hablaba, uno podía ver el cambio de expresión en la cara de los demás. Nadie estaba recostado, indiferente. Todos se involucraron plenamente, con sincera simpatía, compartiendo la experiencia como participantes de esa falta y admitiendo la necesidad de la gracia. Desde ese momento la clase comenzó a ser más y más abierta, más y más interesada en abrirse con honestidad para sobrellevar «los unos las cargas de los otros, y cumplid así la ley de Cristo» (Gálatas 6.2). La clase se convirtió en un compañerismo. Demoró ocho meses para comenzar. Pero la vida del grupo hizo que la enseñanza fuera dinámica cuando la aplicación se comentaba libremente.

La vida de grupo no es solo importante para motivar. Es un requisito para alcanzar un desarrollo espiritual máximo. En Efesios, Pablo señala que el cuerpo se desarrolla «cuando cada parte funciona bien» (4.16, versión Dios habla hoy). Todo debe contribuir a obtener este desarrollo. Desde luego, no quiere decir que la contribución necesariamente signifique hablar en clase. No es así. Significa participar en la vida real de los demás, y conocer sus necesidades. Pero el contexto de la contribución se desarrolla al hablar todos juntos sobre un estudio de la Palabra de Dios. Es en este momento, cuando juntos se enfocan en el Dios de la Palabra, que el Espíritu Santo derrite corazones y crea una unidad sincera. El resultado es una armonía de mentes y corazones unidos en reacción a la revelación de la voluntad de Dios.

Por consecuencia, el maestro creativo de Biblia no puede pasar por alto los factores personales. Los estudiantes deben querer aprender si van a aprender. Las relaciones interpersonales realmente encienden o matan dicho deseo. ¿Saben sus estudiantes, sin lugar a dudas, que usted los ama? Todos nosotros reaccionamos ante un verdadero amor (no egoísta ni forzado). En la clase, ¿trata a los estudiantes como personas o como objetos? ¿Es usted una «autoridad»? ¿O también es un aprendiz, uno que puede guiar a otros, pero uno que aprende con ellos en grupo en búsqueda de la verdad? Por último, si enseña adolescentes o adultos, ¿se ha convertido su clase a un compañerismo? Eso sucederá si enseña como coaprendiz, y si dirige a los alumnos en un proceso que los haga explorar juntos sus vidas a la luz de la Palabra. Dios hará que suceda. Entonces, en la comunidad de vidas y propósitos unidos, los alumnos querrán aprender sinceramente.

FACTORES ESTRUCTURALES QUE MOTIVAN EL APRENDIZAJE

Cuando los educadores cristianos ven la motivación, por lo general ven los factores personales. La Biblia los obliga. Es imposible pasar por alto las dimensiones personales en un libro que habla de la comunidad única, la unidad única en Cristo, una vida que se desarrolla mediante las contribuciones del todo. Pero a menudo los factores estructurales se pasan por alto.

¿Cuáles son los factores estructurales? Estos incluyen los elementos construidos en la estructura de la lección. Estos elementos van desde las clases de métodos escogidos a la forma en que se presenta el material.

Los educadores han tomado muchos métodos diferentes para el estudio del aprendizaje. Algunos han tratado de definir el aprendizaje, descubrir cómo la gente aprende, pero no han tenido mucho éxito. Otros han mirado situaciones en las que la gente parece aprender mejor y tratan de aislar las condiciones que facilitan el aprendizaje. Estos han progresado más, pero ni aún así han encontrado teclas que el maestro pueda tocar para cambiar a cada estudiante. Pero en los casos donde la mayoría de la gente parece aprender, ciertas condiciones sí parecen existir. El maestro de la escuela dominical y el escritor del currículo deben estar consciente de estas condiciones para hacer lecciones que motiven el deseo de aprender. Brevemente vamos a ver cinco de estos factores.

La gente aprende mejor cuando el aprendizaje tiene un formato establecido. ¿Qué queremos decir con un formato establecido? Este aprendizaje involucra tener una experiencia de aprendizaje estructurada, una que esté organizada alrededor de una meta que los estudiantes perciban y que los lleve a progresar. Usamos el formato Anzuelo, Libro, Mirar y Apropiar para dar estructura a la experiencia del aprendizaje en la clase. La gente necesita sentir que hay un plan ordenado para la clase. Además necesitan saber que el contenido que se presenta se ha organizado de una manera lógica. De otra forma, sin el formato cuidadoso de la clase, los estudiantes se quedan sintiendo que la clase divagó sin propósitos. La mayoría de la gente siente la falta de la motivación cuando sucede con regularidad.

John Franks creyó que semanalmente podría leer el pasaje correspondiente, escribir algunas preguntas estimulantes y «dejar que todo pasara» en la clase. Razonó que siendo una clase de adultos jóvenes, ellos podrían llegar a tener todo tipo de ideas. Bueno, estaba en lo cierto en cuanto a una cosa. Todos participaron clase participó, y muchos dieron su opinión, pero a las clases les faltaba propósitos. Un día, uno de los miembros sugirió que la clase necesitaba más planeamiento. John se sorprendió. Pensaba que a todos les gustaba su estilo libre. Pero cuando los otros confirmaron que también ellos sentían que la clase necesitaba más estructuración, John entendió el mensaje. Al principio estaba algo dolido con los comentarios porque los tomó como críticas y una expectativa que no era justa para él. Después de todo, ¿quién tiene tiempo para tanta preparación?

Pero luego John se detuvo para considerarlo. En verdad se preocupó porque la gente aprendiera algo y por enseñar la Palabra de Dios de forma que los afectara. Así que John decidió hacer algunos cambios. Pronto comenzó a presentar la clase usando nuevas historias estimulantes del periódico. Luego dirigía un estudio de un pasaje importante y dejaba que la gente comentara las implicaciones del pasaje para la vida. John se sentía complacido. Los miembros de la clase estaban más entusiastas con las clases y hasta comenzaron a traer amistades por lo mucho que estaban aprendiendo. John descubrió, de una forma difícil, que la gente necesitaba estructura para aprender eficientemente.

¿Recuerda el Anzuelo? Su función es ganar el interés de los alumnos y presentar la meta de la lección de forma que tenga sentido para el estudiante. Basados en los propósitos de la clase, se diseña la lección alrededor de una estructura que lleva a los estudiantes desde su mundo hasta el mundo de la Biblia, y de nuevo a su propio mundo para descubrir las aplicaciones. Finalmente, la estructura que presentamos lleva al estudiante a contemplar y responsabilizarse con las aplicaciones que se extienden hasta el futuro que va más allá de la clase.

El método Anzuelo, Libro, Mirar, Apropiar, tiene el propósito de brindar el formato de organización necesario para un aprendizaje eficaz. Es solo un método, pero le da a los estudiantes un sentido de orden y dirección en el aprendizaje. Al comenzar con un propósito definido, cada actividad se relaciona claramente para alcanzar ese propósito. Cuando las actividades de aprendizaje no tienen una relación aparente con la meta, los estudiantes pierden interés. Es por eso que hemos presentado este método para estructurar lecciones. No es la única forma posible para estructurar una lección, pero es notablemente eficiente, ya que la gente lo ha usado una y otra vez desde que se presentó por primera vez hace más de veinticinco años. Nosotros lo recomendamos porque ha probado tener la habilidad de ayudar el aprendizaje del estudiante.

La gente aprende mejor cuando el aprendizaje tiene secuencia. No solamente nos gusta alguna estructura en las experiencias de aprendizaje, también nos gusta tener un plan general de aprendizaje que ofrezca una secuencia lógica. Preferimos ideas donde apoyar unas y otras. Cuando los estudiantes ven progreso en la empresa del aprendizaje, se mantienen motivados y sienten que están ganando comprensión del tema. Ya sea una secuencia de pensamiento seguida a una clase sencilla o una secuencia que se edifique a través del tiempo en una serie de lecciones, los conceptos deben construirse unos sobre otros.

Imagine aprender álgebra o geometría a la suerte. Una semana estudiamos triángulos rectos y la próxima semana aprendemos acerca de líneas discretas. Tal vez la información sea muy buena, sin embargo no parece que las ideas estén relacionadas. Pronto un estudiante se confunde y se le hace difícil recordar lo que antes aprendió. Un buen libro de texto de matemáticas tendrá una secuencia de ideas cuidadosas para que el estudiante aprenda de lo anterior. Cada capítulo lleva al estudiante un paso más allá en el campo de las matemáticas. A la suerte, el método qué-quieres-estudiar-esta-semana será un desastre. Lo mejor que aprendería la mayoría de los estudiantes sería un concepto de matemáticas en retazos. Como aprendiz, dependemos de que los maestros sigan una secuencia de aprendizaje y si no lo hacen, nos desconcertamos y queremos irnos. A menudo, es así como se enseña la Biblia. Es una serie de sermones y lecciones desconectados que pueden ser estimulantes por sí solos, pero que no nos llevan a aumentar el conocimiento de la Biblia. Como resultado, la mayoría de la gente no tiene una comprensión de la secuencia, la historia, y ni siquiera de la teología de la Biblia. La mayoría tiene una comprensión fragmentada del mensaje y contenido de la Biblia. Por desgracia, las lecciones publicadas con frecuencia se añaden a este problema. El maestro creativo debe encontrar formas creativas para ayudar a la clase a comprender cómo encajar las lecciones en un contexto bíblico más amplio.

La gente aprende mejor cuando se motiva el aprendizaje. Créalo o no, algunos maestros no quieren realmente que sus estudiantes aprendan. Quieren enseñar. Pero el verdadero aprendizaje representa que los estudiantes se involucren mentalmente y sean participantes en la experiencia del aprendizaje. El ambiente de aprendizaje que permite descubrir y explorar, preguntar y debatir, es superior a los que solo permiten una opinión, la del maestro. La participación es la clave. Los estudiantes deben ser activos en la experiencia del aprendizaje si es que van a aprender lo que se enseña. Aprenden mejor cuando tienen éxito como aprendices, cuando tienen evidencias de estar dominando de forma real y personal el material que se enseña. En una clase centrada en el maestro, la información pasa en una dirección: del maestro al aprendiz. Eso no le da al estudiante una oportunidad de probar su aprendizaje, saber si realmente entendieron la verdad. Pero cuando los estudiantes tienen la oportunidad de participar, expresan sus ideas y de esa forma prueban su aprendizaje. Se prueban a sí mismo que entienden. En una clase de escuela dominical esto se efectúa en un ambiente de aceptación, donde los malentendidos no se ridiculizan. Los estudiantes se animan a preguntar y pensar críticamente.

Pensar motiva que el aprendizaje ocurra en niveles más avanzados. Pero algunos maestros lo consideran amenazante. Tienen miedo de no poder contestar las preguntas que surjan. Otros sienten que el contenido es muy importante como para «perder tiempo» con comentarios y opiniones de las personas. Después de todo, piensan, yo soy el maestro. Yo soy el que estudió la Biblia durante toda la semana. ¿Qué van a añadir los estudiantes? Los maestros creativos de la Biblia son diferentes. Saben que para ser eficientes como maestros, deben buscar formas de animar a los estudiantes para que luchen con ideas y aprendan de maneras activas y significantes.

La gente aprende mejor cuando el aprendizaje se estimula. Los maestros pueden crear ambientes de aprendizaje estimulantes. Dichos ambientes mejoran y promueven el aprendizaje. Sabemos, por ejemplo, que a los niños les atraen los salones claros y coloridos, es preferible encontrar esos ambientes en lugar de ambientes más grisáceos. También sabemos que en la clase los adultos prefieren participar de los comentarios donde los asientos están dispuestos de forma casual y se usa ropa menos formal que donde todos están vestidos formalmente y sentados en filas.

Pero más importante que el ambiente de aprendizaje es la selección de la metodología del aprendizaje. El aprendizaje se estimula mediante métodos que promuevan la curiosidad y la interacción entre aprendices en lugar de simplemente brindar información de una sola fuente. Esto no quiere decir que los métodos de conferencia no tengan lugar, o que no haya algunos oradores dotados que motiven el aprendizaje. Pero, generalmente hablando, la gente aprende más en clases que sean interesantes y tengan participación.

A menudo una necesidad de resolver el problema es lo que motiva la clase. Sue Phillips no tenía interés en aprender cómo arreglar un inodoro roto. Realmente no era de las que miraba el show de cómo mejorar el hogar. Pero cuando el inodoro se rompió y comenzó a salirse el agua y a mojarse las alfombras nuevas, sí se interesó en aprender. Como no quería pagarle a un plomero, cerró la llave del agua que iba al inodoro y fue a una tienda de la localidad para comprar un juego de reparaciones y un video para arreglar tuberías. Dos horas más tarde lo había arreglado y lo dejó tan bueno como cuando era nuevo. La necesidad de resolver un problema apuró el aprendizaje.

Este principio de aprendizaje también se aplica a las verdades del aprendizaje bíblico. A veces, los hechos de la vida nos urgen a estudiar la Biblia como jamás lo hubiéramos hecho. Los maestros también pueden usar métodos de solucionar problemas para estimular el aprendizaje. ¿Recuerda a John, el maestro cuya clase quería más estructura? Él encontró que el uso de los artículos del periódico de los domingos por la mañana relacionados a la lección traían comentarios e interés. Se dio cuenta que cada vez que elegía artículos del periódico del día, los estudiantes estaban más interesados en lo que la Escritura tenía que decir en respuesta a ellos. La mayoría de los estudiantes, encontró él, tienen opiniones sobre los sucesos de la actualidad, y los asuntos controversiales los estimulan. Juan descubrió que los estudiantes realmente aprenden mejor cuando se estimula el aprendizaje.

La gente aprende mejor cuando el aprendizaje es importante. Los maestros creativos de la Biblia saben que deben edificar sobre los conocimientos previos del estudiante y enseñar de forma que se relacione con la experiencia de los estudiantes. Un método efectivo de enseñar es comenzar con lo que ya sabe el estudiante y pasar a lo que no sabe. Eso es cierto no solo para estudiar la Biblia, sino en todas las clases de aprendizaje. Por ejemplo, la introducción de la computadora. Las computadoras tienen el mismo teclado que las máquinas de escribir. El teclado de las máquinas de escribir se creó hace tiempo cuando estas tenían teclas manuales que tenían que tocar el papel sin trabarlo. La colocación de la tecla era un asunto práctico. Cuando llegaron las computadoras, la clave de trabarse no era importante. El asunto importante era aprender. Los fabricantes de computadoras usaron el teclado de la máquina de escribir como el aparato para ingresar información porque los nuevos usuarios de las computadoras se podían relacionar con este fácilmente. Los fabricantes sabían que si la gente tenía que aprender el uso de esta nueva tecnología, la gente necesitaba un punto ya familiar para iniciar. Así que el teclado perduró casi sin cambios. La gente aprende mejor cuando el aprendizaje va del conocimiento a lo desconocido.

De esto se trata la relación. Al buscar puntos de relación en la enseñanza, los maestros son capaces de fabricar sobre algo que ya los estudiantes conocen. La nueva información tiene un punto viejo de contacto. Los estudiantes se quedan motivados porque tienen una plataforma de la cual comenzar su aprendizaje. Al encontrar formas de relacionar el aprendizaje con la experiencia anterior de los estudiantes, los maestros son capaces de enseñar nuevos conceptos.

Jesús usó este principio cuando enseñaba. A menudo contó historias que comenzaron con experiencias y conocimiento que la gente ya entendía, y luego introdujo una nuevo concepto que llevó a los estudiantes a un paso adelante. Por ejemplo, él declaró ser la viña y los discípulos las ramas. Sabía que los estudiantes estaban bien familiarizados con la viña y las ramas. Ellos habían visto a los podadores cortando las ramas muertas y echándolas al fuego. Así que cuando Jesús escogió esta analogía para explicar la necesidad de tener una relación permanente con él, los discípulos estaban preparados para entender el mensaje. Así, con el uso de conocimientos previos, Jesús podía enseñar cosas nuevas.

Una idea es relevante cuando los estudiantes pueden relacionarla a su base existente de conocimiento o experiencia. Si sienten que hay un lugar en el cual puedan usar la información que aprendieron y encuentran un «anzuelo» mental donde colocar las ideas, les será más fácil procesar esas ideas. Los estudiantes necesitan ver una relación de lo que están aprendiendo con sus vidas y motivos. Cuando una lección presenta verdades importantes para los estudiantes, y cuando el proceso de la clase involucra una exploración significativa de la verdad bíblica en términos de la vida, los estudiantes se sienten motivados.

La gente aprende mejor cuando se aplica lo aprendido. Cuando una persona responde a Dios, descubre que las verdades que ha aprendido en la clase lo ayudan a vivir victoriosamente como cristiano. Esa persona viene a la clase motiva-do, listo a aprender. Esto también se motiva mediante la es-tructura de la lección que sugerimos en el Capítulo 9. Una clase motivada eficientemente debe animar la reacción de los estudiantes. Hay algo acerca de la aplicación de la verdad a la vida, cuando vemos el cambio en nuestras vidas, que nos motiva a regresar. A medida que los estudiantes aplican la verdad bíblica a la vida, tienen la motivación de ir más ade-lante en la comprensión de la Palabra de Dios.

El viejo adagio de «aprenda haciendo» es cierto. De al-guna forma, cuando comenzamos a vivir lo que hemos apren-dido, nos interesamos en aprender aun más. El corazón es como una esponja. Llénelo de conocimientos de la Palabra sin aplicarlos y se estancará. Pero el uso de los conocimientos prepara el corazón para recibir más. La aplicación tiene una forma de motivar el aprendizaje.

Dé un vistazo a la clase. ¿Los estudiantes quieren apren-der? ¿Tiene la clase una meta, una que los alumnos puedan ver y considerar que es importante? ¿Tienen tiempo para que ellos comenten la relación de la verdad con la vida, para interactuar, y hablar para probar que dominan la verdad que se estudió? ¿Ven en la culminación de la lección cómo tienen que reaccionar? Las lecciones estructuradas para proveer es-tas oportunidades, motivan. Sus lecciones también pueden motivar.

CAPÍTULO 15

CÓMO ENSEÑAR LA BIBLIA A LOS ADULTOS: ¿PODEMOS SER PRÁCTICOS EN ESTO?

«Servir y aprender unidos» fue el nombre que el grupo escogió para la nueva clase de adultos de la escuela dominical. Comenzó con un grupito de adultos, durante un período de cuatro años la asistencia a la clase aumentó a cincuenta y a veces hasta sesenta. Era una clase que se creó con un concepto definido sobre cómo aprenden los adultos. Se estructuró alrededor de la observación que los adultos buscan continuar la educación por una variedad de razones. Esta clase comenzó con la creencia de que la diversidad de estilos de aprendizajes y dones es una ventaja. Se ayudó a los estudiantes a ver que se necesitaban unos a otros para evitar las trabas de las clases que están al servicio de un solo estilo de aprendizaje. En lugar de segregar la clase, el liderazgo ayudó a los estudiantes a comprender que el plan de Dios es la diversidad en el cuerpo de Cristo. Así que todos tenían que aprender a ajustarse a los demás y no simplemente concentrarse en sus necesidades. Cinco miembros ilustran algunas de las motivaciones que tienen los adultos para venir a la clase.

Marty es un asistente regular de la clase. Es un soltero de treinta años, jefe de los bibliotecarios en la universidad local de la comunidad. Marty es un verdadero estudiante. Le encanta aprender. Ha leído mucho y es conocido por la capacidad de su comprensión cuando ofrece comentarios en la clase, lo cual no es frecuente. Marty está interesado en el estudio de la Biblia. Le motiva obtener conocimientos bíblicos, así que a menudo lee libros paralelos al material que se enseña en la clase. Debido a su deseo de entender la Biblia, Marty prefiere clases que usen un formato de conferencia. Marty es un adulto aprendiz *orientado al contenido*.

Karen es una muchacha de logros. Le encanta sentirse vigorizada luego de terminar una tarea o alcanzar una meta. Disfruta el orden, la estructura y el planeamiento. Su hogar se administra como una de las empresas mayores de los Estados Unidos. Su estilo de vida ordenado le brinda gran satisfacción. Cuando viene a la iglesia, quiere sacar algún provecho de la experiencia. Quiere aprender de forma ordenada. Demuestra poca tolerancia por una clase de adultos en la escuela dominical que, como ella dice, «se acomodan en los asientos para reunir su ignorancia». Ella prefiere una maestra que tenga gran destreza en el tema que se enseña y divulgue esos conocimientos de manera bien planeada y sistemática. También prefiere una clase que tenga un sentido definido de conclusión. Se siente muy complacida cuando la clase completa un estudio. Le gusta saber que se ha terminado algo. Ella es una aprendiz adulta *orientada a las metas*.

Barb nunca ha considerado que las mañanas de los domingos se parezcan a un día de reposo. Tiene cuatro niños y ni siquiera con la ayuda del esposo casi se da abasto para vestir a todos los hijos, vestirse ella también, alimentarlos a todos, hacerlos subir a la camioneta, hacer el recorrido de quince minutos manejando hasta la iglesia y luego llevarlos a tiempo a las clases de la escuela dominical. Sin embargo, considera que el esfuerzo vale la pena. Después de todo, no solo se benefician los niños con la enseñanza que reciben, sino que ella logra salir de la casa, socializar con amigos y disfrutar la compañía de otros creyentes que tienen experiencias similares. A Barb le encanta servir a la gente. A menudo enseña niños. Pero cuando va a la clase de adultos de la escuela dominical, no le interesa tanto el contenido como el contexto. Ella es una aprendiz adulta *orientada a la actividad.*

Liz quiere oír respuestas. Quiere ver cómo la Biblia se aplica a las situaciones de su vida, y quiere investigar maneras en que los demás se han conectado a las verdades bíblicas de sus vidas. Prefiere métodos que hagan que la clase explore las implicaciones de un texto, en lugar de sencillamente estudiar su significado. Para ella, los grupos pequeños son esenciales. Estos le permiten oír cómo otros han confrontado sus luchas. Ella quiere un grupo que esté abierto para hablar acerca de verdaderas dificultades, fracasos y temores. También quiere oír acerca de victorias. Disfruta explorar ideas con otros. Estima que las conferencias son muy aburridas y faltas de motivación. Liz necesita ver cómo un pasaje es relevante. Prefiere una enseñanza práctica que se relacione a su situación. Liz es una aprendiz adulta *orientada a la aplicación.*

A Carl le es difícil sentarse en una clase de adultos de la escuela dominical. No es que le disguste aprender. Realmente, es exactamente lo opuesto a eso. Carl disfruta aprender y leer materiales intelectualmente estimulantes. Pero a Carl le gusta más aprender mientras enseña a otros. Aprende mejor cuando se prepara para enseñar, en lugar de sentarse en la clase. Tiene cualidades de liderazgo y disfruta comunicar las Escrituras. Así que, cuando el horario de su negocio le impide enseñar durante un tiempo, se siente frustrado. Ahora mismo quiere enseñar, pero está obligado a ser un participante. Sabe que también hay otros dotados para enseñar y dirigir la clase, pero contempla cómo manejaría la clase, el pasaje y los comentarios de forma diferente. Carl es un aprendiz adulto *orientado al liderazgo*.

Una de las cosas más difíciles al enseñar adultos es definir la forma que debe tomar el aprendizaje de los adultos. Algunos consideran un método formal y más concentrado en el contenido para la enseñanza del adulto llamado *pedagogía*. Otros prefieren algo más informal, un método interactivo llamado *androgogía*. Y hay los que hablan de los beneficios de un método intermedio llamado *sinergogía*. ¿Qué métodos debemos usar para enseñar a los adultos? Y antes que nada, ¿qué motivo tienen los adultos para buscar enseñanza? ¿Cómo estructuramos la enseñanza para el nivel diverso del aprendizaje de adultos? Para contestar estas preguntas, debemos tener una mejor comprensión de la naturaleza del aprendiz adulto y luego usar la estructura ALMA para ver algunas estrategias de enseñanza para los adultos. Por último, resumiremos algunos principios que los maestros querrán recordar a medida que se preparan para enseñar adultos.

Comprenda al aprendiz adulto

La enseñanza a los adultos demanda comprender a los adultos como aprendices. Los aprendices adultos son diferentes en muchas cosas. Esta es una razón por la cual enseñar adultos puede ser una tarea desafiante. Pero las investigaciones que Stephen Brookfield dirigió señala algunas características comunes de los aprendices adultos. Brookfield le llama a estas características «ritmo o patrón del aprendizaje de adultos». Los adultos parecen seguir estos patrones de forma constante, por lo tanto, es sabio que el maestro de Biblia de los adultos conozca estos patrones de aprendizaje.

PATRONES DEL APRENDIZAJE DE ADULTOS

Deseo de un ambiente seguro. Tenemos la tendencia de considerar a los adultos como confiados, autodirigidos y cómodos en el ambiente de aprendizaje y consideramos a los niños como incómodos y temerosos. No obstante, el caso parece ser completamente lo opuesto. Stephen Brookfield ha observado que la mayoría de los aprendices adultos se sienten como «impostores» cuando están en situaciones de aprendizaje de adultos.[1] Con frecuencia sienten que otros del grupo son más brillantes, tienen más experiencia y tienen mayores promesas. Esta perspectiva genera una coletilla que es muy negativa para la enseñanza de los adultos. Cada maestro de adultos debe entender que por lo general estos se sienten cohibidos y temerosos del ambiente educacional. Esto significa que existe la necesidad de ayudar a todos los estudiantes creando un ambiente cómodo y seguro donde las relaciones se apoyen mutuamente. Debemos crear «zonas seguras» en las clases de adultos para aminorar el temor al fracaso y aumentar la libertad de explorar y descubrir.

Deseo de comprometerse emocionalmente. Cuando los adultos informan tener un aprendizaje positivo de una experiencia educativa, a menudo están hablando en términos emotivos, no en términos cognitivos. «Esta clase es magnífica. Hemos tenido algunos intercambios intensos de experiencias de la vida con mucha libertad de expresión. He aprendido mucho de los comentarios. Bob es un gran maestro», estos son comentarios mucho más probables que: «Bob tiene muy buenos conceptos en la clase. He aprendido mucha información importante de sus conferencias». Esto no quiere decir que la segunda declaración no se pueda oír alguna vez en nuestra clase de adultos de la escuela dominical cuando enseña un conferencista excepcional. Pero de los dos, el primer comentario es mucho más probable. Los adultos prefieren maestros que los comprometan emocionalmente y hablan mejor de la experiencia educativa cuando su lado afectivo se conmueve.

Deseo de enfrentar un desafío. Brookfield encontró que el aprendizaje más importante entre los adultos sucede cuando estos experimentan una exitosa conclusión de un desafío intelectual significativo. La mayoría de los adultos se sienten incómodos cuando encaran un dilema intelectual difícil, pero sienten un gran estímulo cuando el dilema se resuelve eficientemente. El resultado es una satisfacción en cuanto a la experiencia del aprendizaje y los altos niveles de retención de la nueva información.

Deseo de tener una oportunidad para reflexionar. La mayoría de los adultos consideran que no tienen suficiente tiempo en la clase para reflexionar adecuadamente ante la información que se les presenta en situaciones educativas. A menudo sienten que reciben demasiada información para procesarla de forma satisfactoria. Los aprendices adultos a menudo consideran que han experimentado una sobrecarga de información porque los maestros no le dan tiempo suficiente para asimilar la nueva información con sus experiencias y comprensiones pasadas.

Deseo de sentir que llegaron a los límites. Los aprendices adultos realmente desean llegar al límite. Pero parecen preferir que esos límites sucedan en lo que Brookfield llama «fluctuación por incremento». Con esto quiero decir que los aprendices adultos comienzan sintiéndose entusiasmados con la nueva información, pero luego se sienten algo frustrados porque no asimilan la nueva información en el patrón y experiencias ya existentes. Así que, el resultado es que los adultos dan una aceptación mental a la idea, pero regresan a la comodidad de las anteriores perspectivas y patrones de la vida. Pero nunca más volverán a sentirse cómodos allí. Nuevos pensamientos han hecho que el viejo patrón limite a la persona. De nuevo el aprendiz adulto reúne el valor para considerar la nueva idea. Finalmente, la persona puede tomar un aspecto del nuevo pensamiento y lo implementa. Este patrón adelante-atrás-adelante del aprendizaje es normal. No indica falta de compromiso, sino que es la naturaleza de los adultos como aprendices.

Deseo de lo inesperado. Pensamos en los adultos como personas de rutinas. Esto es cierto hasta un punto, pero también es verdad que los adultos disfrutan y reaccionan activamente ante lo inesperado. Es como si en los adultos sucediera un inesperado paso gigante cuando el pensamiento va de lo anticipado a lo imprevisto.

Deseo de un aprendizaje comunitario. Los aprendices adultos a menudo informan lo importante que para ellos es una dinámica de grupo en su experiencia de aprendizaje. Prefieren un ambiente de aprendizaje que fomente un sentido de apoyo mutuo en lugar de la competencia. Los adultos parecen necesitar un grupo más pequeño dentro del grupo grande para apoyar el aprendizaje y brindar un sentido de pertenencia.

FORTALEZAS DEL APRENDIZ ADULTO

Los adultos tienen muchos puntos fuertes que son maravillosos. Estos necesitan la comprensión del maestro creativo de la Biblia. Los maestros eficientes saben que deben edificar en esos puntos fuertes del grupo en lugar de ir en contra de las debilidades potenciales. Así que, ¿cuáles son los fuertes de los aprendices adultos?

Automotivación. Al contrario de los niños y jóvenes, nadie obliga a los adultos a asistir a la clase de la escuela dominical. Cuando los adultos aparecen en la clase es porque decidieron estar allí. Los aprendices adultos tienden a venir con por lo menos algunas medidas de automotivación.

Autodisciplinados. La administración del salón de clase y la disciplina es tal vez la única gran preocupación de los que enseñan niños y adolescentes. Pero con los adultos ese, sencillamente, no es el problema. En algunas situaciones sucede que alguien dice algo inapropiado o alguien monopoliza los comentarios, pero la mayor parte de los adultos son lo suficientemente autodisciplinados como para manejar su conducta en el salón de clase. Con frecuencia, debido a la automotivación y autodisciplina, los adultos caminarán un kilómetro extra en el aprendizaje y hasta buscarán apoyar los esfuerzos del maestro dentro y fuera de la clase.

Variedad de experiencias. Los adultos vienen a la clase con un caudal de experiencia. Esa experiencia es la clave en la enseñanza eficiente de adultos y sirve para atraerlos al aprendizaje. Si el maestro utiliza la experiencia del grupo, puede transformar conceptos abstractos en concretos e involucrarlos activamente en el proceso de aprendizaje.

Enfoque en la relevancia. Por lo general, los adultos son prácticos y pragmáticos. Con frecuencia entran en el aprendizaje para obtener algo. Los adultos buscan una aplicación inmediata de los conceptos aprendidos. En ocasiones pueden disfrutar una discusión intelectual sobre el dispensacionalismo contra la teología del pacto, pero cuando llegan al grano, quieren saber qué diferencia haría en sus vidas. Los adultos quieren una enseñanza que sea aplicable. Los maestros de adultos tienen que incluir esto en sus cálculos para los métodos de instrucción.

Aprendizaje independiente. Los adultos no necesitan al maestro. Ellos tienen capacidad para el aprendizaje independiente. No quiere decir esto que todos serán aprendices independientes ni que saben qué materiales usar en la tarea del aprendizaje, sino que tienen la habilidad para hacerlo. Casi todos los adultos pueden aprender y aprenden independientemente más y más a menudo de lo que creen los maestros de adultos.

Aportaciones perceptivas. Los que enseñan a adultos deben reconocer el hecho de que los estudiantes pudieran tener un mejor y más valioso aporte para el aprendizaje del grupo que el maestro. Eso puede ser amenazante para algunos maestros de adultos. En lugar de sentirse amenazados, el maestro debe ver los aportes y reacciones de las clases como uno de las mejores ventajas en la educación a los adultos. Los adultos pueden tomar una clase promedio y convertirla en una sobresaliente, si los maestros aprovechan esta característica del aprendiz adulto.

Aprendizaje más allá del salón de clase. Los adultos tienen la capacidad de llenar los vacíos de lo que se trata en la clase y lo que desean o necesitan saber. El maestro de adultos no debe sentir la necesidad de cubrir cada punto o concluir totalmente un tema. En la mayoría de los casos, es mejor no finalizar el estudio. El aprendizaje que deja finales inconclusos motiva un futuro aprendizaje por parte de los adultos. No lo harán todos los adultos, pero una vasta mayoría podrá hacer un estudio personal aparte de la clase y completar su propio aprendizaje.

Aprendizaje en grupo. Otra ventaja de la enseñanza de adultos es el hecho de que la mayoría de ellos funcionan bien en grupos. Los maestros no necesitan preocuparse por dejar un grupo solo con una serie de preguntas. Por lo general, el grupo escogerá un líder y encontrará un rumbo aunque falte dirección del maestro. Esta habilidad para emprender una tarea adecuadamente ayuda al maestro a facilitar el aprendizaje del adulto. Los adultos aportan mucho a la experiencia del aprendizaje. Están lejos de ser pizarras en blanco esperando que el maestro escriba; los adultos pueden ser activos en el proceso del aprendizaje. Ahora volveremos nuestra atención a ejemplos concretos de cómo animar a los adultos a hacer verdaderos socios del aprendizaje en el estudio de la Biblia.

Uso de la estructura ALMA entre los adultos

La Biblia es un libro escrito por y para adultos. Así que comenzamos con el asunto de cómo enseñar la Biblia a los adultos. Enseñar cualquier otro grupo por edad siempre requiere modificar cualquier estrategia de enseñanza. En esta sección consideraremos cómo los adultos pueden participar en la enseñanza creativa de la Biblia utilizando la estructura ALMA.

Anzuelo: Enfoque la atención de los aprendices adultos

Los adultos son capaces de entender y reaccionar a la Palabra de Dios de formas que sencillamente no son posibles para los niños. Al enseñar a adultos, la meta del maestro es estimular una interacción profundamente personal con la Palabra. Debido a su perspectiva madura, el maestro puede llevar a los adultos a través de la experiencia del aprendizaje como compañeros verdaderos. En efecto, es la tarea del maestro edificar un compañerismo sensible y responsable de adultos compañeros en el aprendizaje. Consideramos que la mejor estructura para una clase de adultos es una en la cual el currículo se desarrolle inductivamente, relacionando temas de la actualidad, preocupaciones, tensiones y necesidades de los estudiantes con la verdad de la Palabra de Dios que cambia vidas. Cuando se enseña a los adultos, el Anzuelo ayuda a traer estos asuntos al enfoque, y luego dirigir la atención a la Palabra, buscando las soluciones, perspectivas para la vida y direcciones de Dios.

Durante el paso Anzuelo se despierta un sentido de necesidad. Esto es especialmente importante cuando se enseña a los adultos que están orientados al aprendizaje práctico y relevante. Cada aprendiz adulto es responsable de sacar los beneficios del aprendizaje. Los adultos deben sentirse partícipes desde los primeros momentos de la clase, y es más probable que esto suceda cuando se gana atención y surge una necesidad. Se usa una cantidad de actividades de aprendizaje para enfocar atención y hacer surgir un sentido de necesidad.

Hemos escogido Juan 14.22-24 como un pasaje modelo para mostrar cómo pescar a los adultos en el proceso de aprendizaje. Este breve segmento tiene la respuesta de Jesús a una pregunta que hizo uno de los discípulos antes que crucificaran a Jesús. Cristo les había contado que partiría. Les prometió que, aunque no iba a estar físicamente presente y el mundo no lo vería, Él volvería a dejarse ver por sus seguidores. Tomamos la respuesta con la pregunta:

Le dijo Judas (no el Iscariote): Señor, ¿cómo es que te manifestarás a nosotros, y no al mundo? Respondió Jesús y le dijo: El que me ama, mi palabra guardará; y mi Padre le amará, y vendremos a él, y haremos morada con él. El que no me ama, no guarda mis palabras; y la palabra que habéis oído no es mía, sino del Padre que me envió (Juan 14.22-24).

El principio del puente del pasaje es este: Cristo se experimenta como una persona real, presente cuando el creyente es sensible y obediente a su palabra. El propósito de la enseñanza, enmarcado en términos de la respuesta deseada, se declara como sigue: Los aprendices vendrán a experimentar a Jesucristo como una persona que es real y está presente con ellos.

Las actividades Anzuelo para esta lección deben dirigirse para despertar los sentidos de la necesidad del aprendiz de tener una experiencia personal con Cristo, una fe que exista como una relación vital, y no solo estar mentalmente de acuerdo con las doctrinas bíblicas. Pero deben ser actividades que tomen en consideración la naturaleza del aprendiz adulto. Las actividades deben ser lo suficientemente abiertas como para motivar el pensamiento e interacción del estudiante por estar relacionadas con los asuntos que en verdad le preocupan. Aquí hay tres posibles estrategias Anzuelo que se podrían usar para enseñar adultos.

Estrategia de enseñanza 1

Muestre la siguiente declaración y pregunte a los estudiantes que opinan: «Si no pudiera experimentar la presencia de Cristo todos los días, dudaría de la verdad del cristianismo». Usted debe intentar una conversación circular (pidiendo a cada uno dar la reacción en una oración o dos, y yendo de la izquierda a la derecha alrededor del círculo) o formando pares de estudiantes que comenten su pensamiento antes de decir sus ideas al grupo completo.

A medida que lleguen las opiniones, es posible que hayan tantos acuerdos como desacuerdos con las declaraciones. Ayude a traer el asunto a colación con las preguntas: ¿Qué importancia tiene que el cristiano realmente experimente a Cristo? ¿Cuál es la función de una relación personal diaria con Cristo en la vida del creyente? ¿Estamos satisfechos de que nuestra experiencia cristiana sea real, vital y significativa? ¿Por qué o por qué no? ¿Qué hace la experiencia cristiana «vital y significativa»? ¿Qué significa «experimentar a Cristo»? ¿Se limita a los sentimientos, o significa algo más que eso?

Estrategia de enseñanza 2
Lea la siguiente carta al editor de religión del periódico del área de Chicago, el *Kane County Chronicle*, [Crónicas del Condado Kane] que apareció en la edición de Septiembre 25 de 1997.

Querido Lee: ¡Su columna es muy inspiradora para todos los lectores! Nuestro Señor profetizó en los últimos días que haría milagros en los cielos y en la tierra (Hechos 2.1-21). Además, en Juan 3.11, declaró que «lo que sabemos hablamos, y lo que hemos visto, testificamos; y no recibís nuestro testimonio». Quiero compartir el milagro más sobresaliente de mi vida:

Una tarde soleada de agosto, mi esposo y yo íbamos manejando por nuestro pueblo. Escuché un susurro por la parte de afuera de la ventana del carro. Miré arriba a los cielos, y allí vi una visión magnífica de Jesús, ¡en una nube negra formándose en contraste con un cielo soleado! Me quedé sin habla, a medida que me sacudía una gama de emociones y lloraba en silencio.

Este es uno de los muchos milagros de los cuales he sido testigo personalmente, pero fue ¡el más magnífico!
C.T. Rural Houston, MN

Pida a la clase que exprese sus reacciones a la «visión». Pregunte a la clase: «Si ustedes fueran Lee, ¿cómo responderían la carta? ¿Qué significa experimentar a Cristo»? Use la carta como un medio para presentar el pasaje y el concepto de conocer personalmente a Cristo?

Estrategia de enseñanza 3
Entregue una hoja de papel en blanco a cada estudiante y pídales que escriban una breve descripción de algún incidente reciente en que estuvieran conscientes de la presencia de Cristo y pudieran decir que Cristo «se les reveló». Cualquiera que esté inseguro puede dejar el papel en blanco o brevemente contar las incertidumbres que tenga acerca de la tarea. Recoja los papeles y lea uno o dos. Luego invite a hacer comentarios sobre la tarea asignada. ¿Debemos ser capaces de describir un incidente como ese? ¿Podemos esperar que Cristo sea real en nuestra experiencia diaria? ¿Cómo? ¿O por qué no? ¿Cuál es la función de la relación personal con Cristo en la experiencia cristiana? En cada caso, una simple declaración de la meta del aprendizaje del día, en que hayamos realmente experimentado a Jesucristo como una persona que es real y está con nosotros, puede servir como una transición al estudio del contenido bíblico, la sección Libro.

LIBRO: COMUNIQUE EL CONTENIDO DE LA BIBLIA A LOS APRENDICES ADULTOS

Enseñar, para los evangélicos, es enseñar la Biblia. Y así la comunicación del contenido toma una función central y a menudo dominante en la sesión de la clase. Desde luego, es correcto que la comunicación del contenido se considere fundamental. El contenido es fundamental. Nos encontramos con Dios en su Palabra. Allí Él nos comunica verdades y a sí mismo. Y así es esencial que se enseñe la Palabra y que las palabras de las Escrituras sean correctamente interpretadas y entendidas.

Pero no es necesario que la comunicación del contenido, particularmente un monólogo dado por un maestro o un sermón, domine el tiempo de la clase. Es posible comunicar creativamente el contenido. Es posible entusiasmar a cada miembro de la clase para que se responsabilice en el estudio personal. Es posible hacer del estudio del Libro un proceso interactivo.

En este segmento de la lección, entonces, nos preocupa descubrir lo que realmente está diciendo Dios en el pasaje estudiado y ayudar a los aprendices para que tengan una clara comprensión de su mensaje. Usted recordará que usamos Juan 14.22-24 como un ejemplo del pasaje para considerar cómo aplicar la estructura ALMA a la enseñanza de adultos. El pasaje trata de lo que involucra verdaderamente experimentar a Cristo. Hemos escrito un propósito que dice: Los aprendices vendrán a experimentar a Jesucristo como una persona que es real y está presente con ellos. Aquí hay algunos ejemplos de estrategias para enseñar la sección Libro de nuestra lección para aprendices adultos.

Estrategia de enseñanza 1

El punto clave en estos versículos dependen del significado de *manifestar* y el papel dado aquí a la Palabra. Esto se puede cubrir explicando que la palabra en el original es «hacer visible», «hacer saber, o claro». Así que, el discípulo de Jesús estaba preguntando cómo Cristo puede ser una realidad que experimente el creyente, cuando el mundo no lo conoce así. La Palabra, la cual Cristo destaca, es la del Padre, la cual el creyente debe obedecer. Solo cuando el creyente vive en obediencia a las palabras de Cristo, el Padre y el Hijo estarán presente en su vida de manera tal que esa presencia se experimente.

En lugar de cubrir el material por sí solo, pida a dos estudiantes que investiguen las dos palabras clave (manifestar y obedecer) y prepare informes para la clase. Cualquiera con una concordancia que distinga las palabras usadas en el original (como las concordancias de Young o Strong) puede descubrir cuál palabra griega se usó y lo que significa. Pueden hacerse otras investigaciones con un comentario o con una de las ayudas excelentes para griego-español. Luego que entreguen los informes, resuma e integre la información que le dieron.

Estrategia de enseñanza 2

Divida la clase en parejas, entregue a cada pareja una lista de preguntas clave que serán respondidas de acuerdo al estudio del pasaje. Motive a los miembros de la clase para que usen traducciones diferentes cuando hagan dicho estudio.

Las preguntas que se pueden usar con este pasaje son:

1. ¿Qué motivó la pregunta del discípulo (cf. 14.18-21)?
2. ¿Qué parece decir «manifestar» en este contexto?
3. ¿Qué condiciones declara Cristo que se debe cumplir si él va a aparecerse al creyente?
4. ¿Qué promesas se asocian con las condiciones?
5. ¿Qué razones se sugieren o implican para la importancia de obedecer la Palabra de Cristo? ¿Por qué la Palabra juega un papel tan importante?

Luego que las parejas comenten las preguntas, también se comentarán con el grupo completo, entonces se sigue con un resumen.

Estrategia de enseñanza 3

Divida la clase en grupos de cuatro a seis personas, para estudiar pasajes relacionados que puedan aclarar el significado e impacto del pasaje de Juan. Bosqueje el contexto de la pregunta y señale la naturaleza de la pregunta que el discípulo de Cristo estaba haciendo. Tenga pedazos de papel preparado en los cuales se escriban las tareas de intercambio de ideas de los grupos. Entregue a cada grupo dos o más de las preguntas que se sugieren antes. O escoja otro pasaje paralelo de la Escritura (como Santiago 1.19-25; 1 Juan 3.19-24) que le pueda dar a los estudiantes una perspectiva del pasaje que se está estudiando.

Estrategia de enseñanza 4

La semana antes de cubrir este pasaje en clase, pida a cada miembro de grupo que lea el contexto del pasaje en la casa y que repasen Juan 14.22-24 en por lo menos un comentario. Si lo desea, también puede dar una lista de preguntas (como las que se incluyen en estrategia 2). El tiempo de la clase entonces se puede usar para que los estudiantes expliquen sus descubrimientos y amplíen lo que entendieron de las respuestas de Cristo a la pregunta del discípulo.

Existen muchos métodos disponibles para animar a los estudiantes a prepararse para la hora de la clase. Este ejemplo ilustra solo uno. Aquí hay una lista parcial de otros métodos que se pueden considerar, dependiendo de su conveniencia en relación al pasaje en particular que se va a cubrir.

Lecturas

1. Lea diferentes interpretaciones del pasaje que se estudiará.
2. Lea de una bibliografía preseleccionada.
3. Lea relatos paralelos de las Escrituras.
4. Lea varias versiones.
5. Lea para prepararse específicamente para los comentarios.
6. Lea para preparar un informe oral o escrito.
7. Lea buscando relaciones (por qué, dónde, cuándo, cuál, cómo).
8. Lea para hacer una encuesta, evaluar, defender, comparar y resolver.
9. Lea para hacer un bosquejo o resumir.
10. Lea repetidamente.
11. Lea para memorizar.
12. Lea para responder preguntas preparadas.

Proyectos

1. Construya esquemas y gráficas.
2. Diagrame un pasaje de las Escrituras.
3. Prepare una prueba sobre el tema que se ha estudiado.
4. Desarrolle un bosquejo del tema.
5. Prepare un informe oral.
6. Prepare una investigación sobre el tópico.
7. Prepare un drama en la clase.
8. Prepare un panel, foro o discusión.
9. Prepárese con otros para un debate.
10. Prepare audiovisuales para presentar un tópico.
11. Escriba el tema como una historia o un artículo del periódico.
12. Defina términos sin ninguna otra ayuda.
13. Dirija una encuesta de opiniones personales sobre el tema.
14. Desarrolle un cronograma para la historia.

15. Haga un afiche y exhíbalo o preséntelo durante la clase.
16. Lea un poema a la clase o cuente una historia con sus propias palabras.

Entrevistas y encuestas

1. Entreviste fuentes individuales sobre el tema.
2. Entreviste un «hombre en la calle» que diga su opinión.
3. Prepare y distribuya un cuestionario.
4. Una y analice las respuestas de la encuesta.
5. Haga una lista de los problemas que las personas tienen con este tema.

Preguntas

1. Haga preguntas para contestar en la clase.
2. Haga preguntas que se contesten con porciones seleccionadas de lectura.
3. Haga preguntas que se contesten por escrito.
4. Haga preguntas que sean contestadas por la experiencia.
5. Haga preguntas basadas en clases anteriores como fundamento para la próxima sesión.
6. Haga que los estudiantes preparen una lista de preguntas personales que tengan sobre el tema.
7. Haga preguntas que motiven pensar.
8. Haga que los estudiantes preparen un juego de preguntas que harían sobre un examen del tema.

Resolución de problemas

1. Exponga un problema de la vida real para resolverse.
2. Diga puntos de vista opuestos al problema y evalúe posibles soluciones.
3. Use casos de estudios como problemas para solucionar.
4. Cree un problema hipotético relacionado al tema.

5. Prepare un problema en la clase, entonces deje salir a la clase y permita que trabajen en dicho problema.
6. Presente un problema y varias soluciones, pida a la clase que escoja el mejor.
7. Permita que los estudiantes creen o relacionen sus propios problemas y luego resuélvalos.
8. Haga que los estudiantes enumeren todas las soluciones posibles a un problema.
9. Haga que los estudiantes desarrollen un método para resolver problemas.
10. Dé información o materiales incorrectos sobre algunos problemas.

Tareas escritas
1. Enumere implicaciones de las verdades sobre este tema.
2. Escriba un comentario, informe, etc.
3. Escriba respuestas a preguntas y soluciones a un problema.
4. Escriba una defensa para su posición.
5. Escriba una lista de definiciones personales sobre el tema.
6. Escriba cartas, tratados, poemas, drama, testimonios, etc.
7. Bosqueje una lectura o pasaje de las Escrituras.
8. Parafrasee una porción de las Escrituras.
9. Escriba un papel sobre «Qué significa_____para mí».

Trabajo en grupo
1. Haga comentarios con otros en pequeños grupos informales antes de comenzar la clase.
2. Comente con «oponentes» que tienen un punto de vista diferente sobre el tema.

3. Reúnase en un grupo para planear y preparar cómo enseñar la clase.

4. Haga trabajos en grupo sobre proyectos para presentar en la clase.

5. Reúnase para preparar un debate, panel, drama, etc., para la clase.

6. Asigne grupos diferentes para trabajar en aspectos separados del tema e informe a la clase.

7. Reúnase después de lecturas individuales y preparación para discutir el tema.

MIRAR: GUÍE A LOS APRENDICES ADULTOS A LA COMPRENSIÓN

En el Capítulo 10 estudiamos la importancia de animar y guiar a los aprendices para comentar abierta y personalmente la aplicación de las Escrituras. En el proceso que hemos descrito en este libro, el paso Mirar requiere exactamente el tipo de comentarios abiertos, comentarios que claramente se centran en la Palabra de Dios y que motivan la expresión de cada experiencia personal con Cristo. Es este contexto el que brinda máxima oportunidad para el desarrollo espiritual mediante la aplicación de la verdad a la vida. Y es en este contexto de apertura que las actividades de aprendizaje del paso Mirar deben motivarse y desarrollarse.

Los comentarios abiertos y significativos no vienen rápido ni fácilmente, pero llegan. Llegan cuando el maestro entiende el propósito de Mirar. Vienen cuando el maestro se resiste a tomar un papel autoritario y por el contrario estimula a los estudiantes a tomar completa responsabilidad para descubrir y comentar las implicaciones de la Palabra estudiada. Vienen cuando el maestro motiva los comentarios inductivos.

Veamos algunas actividades de aprendizaje que se pueden usar para ayudar a alcanzar la meta. De nuevo consideraremos actividades para enseñar a los adultos el pasaje de Juan 14.22-24. Como recordará, el propósito de nuestra lección era: Los aprendices llegarán a experimentar a Jesucristo como una persona que es real y está presente con ellos. El énfasis de este pasaje, como se desarrolló en la última sección, consiste en la relación de obedecer la palabra de Cristo para experimentar a Cristo como una realidad en nuestras vidas. Buscábamos enseñar que Cristo se experimenta como una persona real, que está presente cuando el creyente es sensible y obediente a su palabra. Las actividades Mirar deben ayudar a los adultos a explorar las implicaciones de esta verdad y ayudarlos a definir áreas de la vida donde necesitan ser más sensibles y obedientes.

Estrategia de enseñanza 1

Pida a la clase que analice una o más de los siguientes casos y aplique a cada uno la enseñanza de Juan 14.22-24. Los casos se designan para traer a colación diferentes puntos de vista en los que la habilidad del individuo o interés en responder a Dios se puedan quebrantar. Motive a la clase para identificar estos puntos a medida que se comentan los casos, luego desarrolle sugerencias constructivas sobre cómo ayudar a cada persona.

Primer caso

Jack es un creyente nuevo que piensa que al convertirse en un cristiano se resolverán todos sus problemas. Al principio, después de su conversión, la vida parecía ser muy emocionante, como si fuera una aventura diaria. Pero luego las cosas empezaron a salir mal. Jack descubrió que todavía tenía muchos de sus viejos hábitos y deseos y que sentía esas influencias más fuertes que nunca. Tuvo un contratiempo en el trabajo, y descubrió que ser cristiano tampoco le garantizaba una vida cómoda. Ahora Jack se pregunta si lo que sintió en esas primeras semanas como un cristiano, no sería una ilusión.

Segundo caso
Frank es uno de los líderes de la iglesia, una persona que conoce bien su Biblia. Pero en la iglesia Frank no le cae bien a nadie ni confían en él. Tiene la reputación de ser un politiquero y un manipulador. Es reconocido por atacar a otros cristianos por la espalda. Y en el negocio de la comunidad lo consideran demasiado astuto como para confiar en él.

Estrategia de enseñanza 2
En la pizarra, escriba varias oraciones para que la clase haga una evaluación desde el punto de vista de Juan 14.22-24. Aquí hay algunos ejemplos.

La mayoría de los cristianos en la actualidad solo están interesados en Dios como una segunda opción para sus vidas.
Los miembros de esta clase experimentan diariamente que es posible tener una relación con Dios.
Podemos ayudarnos unos a otros, como familias y como amigos, a experimentar a Cristo en la manera en que Él prometió en su pasaje.
Solo hay una causa posible debido a la cual no perseveramos como cristianos ni desarrollamos una relación cotidiana importante con Cristo.

Experimentar a Cristo parece magnífico, pero existe una gran cantidad de buenas razones para que esto no sea para mí.

Estaría interesado en «cumplir las palabras de Cristo» si no tuviera temor de todos los cambios que tendría que hacer.

Realmente no conozco a alguien que honestamente se proponga como meta hacer diariamente lo que Cristo quiere que haga... en todo.

¿Existe una «primera clase» y «segunda clase» para los cristianos, o todos tenemos que estar en un terrible sometimiento?

Si obedecer a Cristo es la medida de nuestro amor por Dios, creo que nuestra (mi) calificación sería...

Una o más de estas declaraciones, o similares declaraciones, ayudarán a estimular los comentarios y guiar la clase hacia una exploración de las implicaciones de la verdad estudiada en este pasaje. Nótese que no todas las declaraciones son «verdad». Algunas hasta expresan un punto de vista distorsionado. Pero cada una requiere evaluación, no una reacción de sí o no. Cada una está relacionada a la verdad revelada en el pasaje de la Biblia que se estudia.

APROPIAR: MOTIVE REACCIONES EN LOS APRENDICES ADULTOS

«¿Cómo debo responderle a Dios?» Esta es una última e intensa pregunta personal. Cada uno de nosotros debe responder según lo guíe Dios, en la persona del Espíritu Santo, y Él nos guiará a cada uno de manera diferente. El mandato simple a testificar, que a todos se nos da, tal vez lo use Dios para señalarme a un vecino, dirigirme a otra persona para establecer una clase de Biblia en el hogar, o enviarlo a usted a un nuevo campo misionero. Cada vida es diferente de otra, con sus propias oportunidades, contactos y experiencias. Y solo Jesucristo, como Señor de nuestras vidas y cabeza de la iglesia, tiene derecho a dirigirnos, mediante su Palabra, hacia su perfecta voluntad. Es cierto que Dios solo nos ha dado su Palabra, pero nuestras oportunidades de responder son infinitas.

¿Cómo entonces podemos mediante la enseñanza ayudar a cada aprendiz a encarar la necesidad de una respuesta personal a Dios? ¿Cómo animamos a cada estudiante a buscar la guía de Dios para «cumplir» con la Palabra? Debemos tener cuidado de no tratar a los alumnos como un producto en masa. Las personas no son copias de otras. Somos originales hechos a mano. Las manos de Dios nos dieron forma, y cada uno de nosotros es único, cada uno de nosotros está hecho exactamente para la tarea que Él ha planeado especialmente para nosotros. Y solamente Dios mismo puede mostrar al creyente cuál es su tarea y cómo debemos hacerla. Por lo tanto, el maestro creativo de la Biblia resiste la tentación de hacer aplicaciones en masa. Por el contrario, los maestros creativos de la Biblia buscan maneras de animar a los aprendices a encarar la necesidad de una respuesta personal y buscar la guía de Dios para las respuestas específicas que cada uno debe hacer.

¿Pero qué clase de actividades de aprendizaje puede un maestro estructurar que ayude a cada uno a reconocer sus propias necesidades para reaccionar? ¿Qué tipo de actividades de aprendizaje llevará al aprendiz hacia una decisión personal para apropiar? Volvamos a Juan 14.22-24 como nuestro ejemplo. El propósito de la lección era: Los aprendices experimentarán a Jesucristo como una persona que es real y que está presente con ellos. En la clase hemos buscado comunicar la idea de que Cristo se experimenta como una personal real y presente cuando el creyente es sensible y obediente a su palabra.

Las actividades de Mirar para esta lección se crearon para ayudar al grupo a explorar algunas de las razones de la falta de sensibilidad y algunas maneras para que un creyente sea más sensible. Mediante estas actividades de Mirar, se guió a la clase a explorar áreas específicas de la vida en la cual era particularmente necesaria la sensibilidad hacia Dios. Ahora pasamos a Apropiar. Aquí enseñamos para lo que se enfrentará fuera de la clase. El enfoque pasa a la aplicación en el futuro. Aquí, el maestro busca guiar a los aprendices adultos a identificar una aplicación personal para el futuro y hacer un compromiso de llevar la acción de la lección. Generalmente, las actividades Apropiar se correlacionan con las actividades que se hicieron en la sección Mirar. Vamos a considerar algunas posibilidades de las actividades de Apropiar adecuadas para los aprendices adultos que acaban de estudiar Juan 14.22-24.

Estrategia de enseñanza 1

Entregue a cada persona una tarjeta de 7.5 x 12.5 centímetros. Pida que cada individuo identifique y escriba una acción necesaria o reacción que debe tomar para ser más sensible a Dios. Concluya pidiéndole a varios miembros de la clase que oren. Pida al Señor que ayude a cada miembro a experimentar la presencia de Cristo a medida que busca saber y hacer la voluntad de Dios en la áreas que identificó.

Estrategia de enseñanza 2

A la conclusión del análisis del caso de historia que se sugirió en la última sección, pida a cada estudiante que decida a cuál de los individuos que se mencionaron se parece más. ¿Qué pasos necesita tomar para ser más sensible a Dios? Dé tiempo para escribir un corto autoanálisis, luego cierre en oración coloquial.

Estrategia de enseñanza 3
Pida al grupo que durante la próxima semana oren pidiendo que todos y cada uno sea sensible a Dios. Diga al grupo que la próxima semana les dará tiempo para que digan lo que Dios ha hecho en sus vidas. Si la clase tiene compañerismo, cada uno confía en los demás, tome tiempo al final de los comentarios para enumerar peticiones de oración. Anime a los individuos para que pidan apoyo del grupo a medida que sientan problemas y necesidades personales.

Estrategia de enseñanza 4
Entregue o envíe a cada persona preguntas de seguimiento para comentar durante la semana. Por ejemplo, una pregunta para una pareja que tenga hijos puede ser: «¿Cómo puedo guiar a nuestros hijos para que sean más sensibles a Dios?» o «¿Cómo la conversación en el hogar demuestra a nuestros hijos que Cristo es real para nosotros?»

PRINCIPIOS PARA ENSEÑAR A ADULTOS

Hemos estudiado a los adultos como aprendices y hemos provisto algunos ejemplos de cómo comprometerlos en el estudio de la Palabra de Dios. Vamos a concluir con un sumario de seis principios para la educación de los adultos en la iglesia. Si recuerda esto mientras se prepara y enseña, creemos que usted llegará a ser un maestro de adultos más capaz y creativo.

LOS ADULTOS DESEAN APRENDER

Luego de muchos años trabajando con los adultos, y por medio del apoyo de investigaciones en la educación de adultos, está visto que la vasta mayoría de los adultos realmente desea aprender. Un caso que señalar es el número creciente de programas de educación para adultos. La educación de adultos es uno de los segmentos de más rápido crecimiento en el mercado americano de la educación.

LOS ADULTOS TIENEN MOTIVACIÓN PARA APRENDER

Los adultos buscan continuar la educación por tres razones básicas: placer, necesidad y conocimientos. Aunque quizás los adultos no estén interesados en aprender alguna información muy teórica, con frecuencia les interesa entender cómo la teoría se relaciona a la vida. Un adulto tal vez no esté interesado en «la teoría del motor de combustión», pero quizás esté muy motivado a leer acerca de «cómo hacer reparaciones menores y ahorrar dinero». Si se les da el tema, método y contexto correctos, los adultos son aprendices muy motivados.

LOS ADULTOS SON PRÁCTICOS Y ORIENTADOS A SOLUCIONAR PROBLEMAS

Una de las maneras más satisfactorias y poderosas para que los adultos aprendan es mediante la solución de problemas. Ya sea un inodoro que está goteando y necesita arreglarse o un amigo que está pasando problemas matrimoniales, los adultos aprenden mejor cuando están lidiando con un problema y buscan solucionarlo. Los maestros de adultos saben esto, así que suelen exponer problemas, métodos prácticos para enseñar. Los adultos tienen opiniones e información que pueden guiar a soluciones de problemas. Los maestros eficientes de adultos aprenden a facilitar la participación de adultos para aumentar el aprendizaje.

LOS ADULTOS SON AUTODIRIGIDOS

Los adultos deciden cómo prefieren aprender. Deciden si será mediante una clase, un libro, un video o por «un canal de educación por cable». Se administran sus propias experiencias de aprendizaje. Los adultos no necesitan ser aprendices dependientes. Pueden ser independientes y autodirigidos a medida que se apoyan mutuamente en la búsqueda para la comprensión y aplicación.

LOS ADULTOS TEMEN AL FRACASO

Como se mencionó antes, casi todos los adultos tienen alguna medida de incomodidad durante el aprendizaje en la clase. Debido a que temen fracasar, debemos crear ambientes que sean «aprendices amistosos». Los maestros de adultos saben que parte de su función es reducir el sentido de riesgo personal que sienten los alumnos adultos.

LA EDUCACIÓN DE ADULTOS DEBE OFRECER DIVERSIDAD

Cuando comenzamos este capítulo, mencionamos cinco miembros de una clase de escuela dominical. Cada uno de ellos tenía su propia combinación de características y trasfondos. Y cada uno tenía sus propias expectativas y necesidades. Es imperativo que la educación del adulto en la iglesia se cree para satisfacer las diversas características y necesidades de los adultos. Debemos ayudarlos en una clase a entender la diversidad del grupo y los beneficios de esa diversidad. Al hacerlo así, podemos funcionar como el cuerpo de Cristo. Ninguna clase de adultos jamás podrá satisfacer las necesidades de cada uno. Pero todos llegan a ser parte de la solución de una gama de necesidades en la clase, a medida que buscamos capacitarnos unos a otros. Esta es la esencia del ministerio con los adultos y la educación en la iglesia.

Para aquellos que buscan alternativas a clases que incorporan diversidad dentro de su estructura, se pueden ofrecer clases electivas que se enfocan en los intereses individuales y estilos de aprendizaje. El riesgo aquí está en la creación de grupos homogéneos separados en la iglesia, pero para algunos esto puede ser beneficioso, por lo menos al principio. Ofrecer una variedad de opciones brindará un punto inicial para los aprendices adultos. Sin embargo, creemos que a largo plazo es mejor ayudar a los adultos a entender las necesidades de los que son diferentes a ellos. Aunque las clases para personas semejantes son a menudo más cómodas, pueden impedir el desarrollo cristiano.

NOTAS

1. Stephen Brookfield, *Understanding and Facilitating Adult Learning*, San Francisco: Jossey-Bass, 1990, 43-56.

CAPÍTULO 16

CÓMO ENSEÑAR LA BIBLIA A LOS JÓVENES: ¿CUÁL ES LA DIFERENCIA?

Para enseñar a los jóvenes no existe un instructor más poderoso que la experiencia. Kurt descubrió esto cuando llevó a varios de los adolescentes de su grupo de jóvenes a un viaje misionero a México.

Kurt trabaja con los jóvenes de una iglesia evangélica grande en la costa este de los Estados Unidos. Muchos de los padres de los estudiantes son ejecutivos, a un alto nivel, de corporaciones. La iglesia es muy próspera y los estudiantes con los que trabaja han experimentado una vida de abundancia. Kurt quería enseñarles la servidumbre bíblica, así que planeó un viaje al pueblo Juárez, en la frontera de México, donde los estudiantes trabajarían en la construcción y en el trabajo de pintura para un orfanato cristiano. Kurt hizo arreglos para que el grupo se hospedara al otro lado de la frontera, en los dormitorios de la Universidad de Texas, en El Paso.

Había un contraste muy marcado, en un lado de la frontera había unos dormitorios bien atendidos con una piscina interior y centro de salud. Al otro lado había una sección de pueblos pobres. Las calles no estaban pavimentadas. Los alcantarillados estaban abiertos y había excusados. Las casas estaban hechas de listones de madera y cartón.

Todos los días viajaban en ómnibus para cruzar la frontera e ir a trabajar en el orfanato. El calor era casi insoportable. Al mediodía las temperaturas alcanzaban los 41°C.

Los trabajadores del servicio de comida de la universidad preparaban los almuerzos para que los estudiantes lo llevaran al lugar donde estaban trabajando. Por lo general, el almuerzo consistía en un pedazo de fruta, algunas papitas fritas, un emparedado de jamón con lechuga y mostaza, y para la merienda un bizcocho. Con el calor, a menudo el emparedado se pegaba y no era muy apetecible.

A los estudiantes le asignaron diferentes lugares y tareas. Cinco de los adolescentes fueron con Kurt. Ellos eran del tipo de chicos con la reputación de ser problemáticos y demasiado en «la onda». Ya que ninguno de los otros líderes los querían en su grupo, se convirtieron en el equipo de trabajo de Kurt. Su tarea era abrir un hueco para un excusado. En un área donde la tierra casi era roca dura, las herramientas elegidas eran picos y palas.

Los adolescentes se quejaron durante los dos primeros días que trabajaron. Después de dos días, el hueco solo tenía unos pies de profundidad. Al tercer día, el más caliente de la semana, Kurt y su equipo tomaron un descanso para almorzar. Comieron la fruta, el bizcocho y las papitas fritas, pero nadie se pudo comer el emparedado. Cuando terminaron botaron la basura y volvieron a excavar. Entonces oyeron risas. Los muchachos y Kurt se viraron y vieron a unos niñitos parados alrededor del basurero. Los niños estaban muy contentos al compartir los emparedados que Kurt y los muchachos habían votado. Lo que era basura para el equipo de Kurt, para estos pequeñitos hambrientos era una fiesta. El impacto en la cara de los jóvenes era obvio. Kurt se volvió para observarlos mientras ellos miraban a los niños. Las lágrimas rodaban por las mejillas de cada uno de estos jóvenes fuertes y tan conscientes de su imagen. Cada uno estaba emocionado con lo que había visto. Esa noche, en una breve sesión del grupo, uno de estos jóvenes contó su reacción. Dijo así: «No puedo entender. ¿Por qué Dios me ha dado tanto mientras que estos niños tienen tan poco? No creo que podré volver a ver mi mundo de la misma manera. Al salir de aquí, yo seré una persona diferente a la que llegó».

Esa noche Kurt dirigió al grupo en un devocional. Estudiaron Lucas 10.25-37, donde Jesús cuenta la historia del viaje del samaritano que cuidó del hombre que atacaron los bandidos. Kurt tuvo la oportunidad de apoyarse en la experiencia que los jóvenes tuvieron ese día para explicar la necesidad de que los cristianos tengan compasión y hagan algo por cuidar a los que lo necesitan. Luego cambió la atención del grupo a Santiago 1.26-27 y dirigió los comentarios de la «verdadera religión». Por último, guió al grupo a considerar maneras en que pudieran expresar su fe en Cristo a aquellos en necesidad cuando regresaran a casa. El grupo decidió que una vez al mes servirían en los refugios para desamparados en el centro de la ciudad. Como resultado de esto, los proyectos para servir a los necesitados se convirtieron en una actividad regular del planeamiento de actividades del grupo de jóvenes.

COMPRENDA CÓMO APRENDEN LOS JÓVENES

Es importante que los que trabajan con jóvenes entiendan cómo los adolescentes aprenden mejor. Aquí hay cinco principios sobre cómo aprenden los jóvenes. Aunque se pudieran identificar algunos otros, creemos que estos cinco son esenciales para el ministerio con los jóvenes.

LOS JÓVENES APRENDEN MEJOR MEDIANTE LA EXPERIENCIA DIRECTA

Tal vez no parezca que sea así, pero Kurt hizo uso de la estructura Anzuelo, Libro, Mirar y Apropiar al enseñar a los estudiantes. Su Anzuelo fue el viaje mismo. Kurt buscaba aumentar la conciencia del grupo en cuanto a las necesidades humanas y las necesidades de los cristianos de involucrarse para satisfacer esas necesidades. Pero el bienestar y abundancia del grupo representaba un obstáculo enorme para realmente iniciar cualquier tipo de ministerio con el grupo. Así que Kurt, luego de consultar con el pastor y la junta de la iglesia, decidió que un viaje a México sacaría a los jóvenes de su comodidad mostrándoles las necesidades de la gente. Kurt sabía que los jóvenes aprenden experimentado.

Pero el aprendizaje experimental no requiere un viaje caro a otro país. Los viajes misioneros son maestros poderosos, pero las oportunidades para experimentar la obra del cristianismo nos rodean por todas partes. Un líder de jóvenes involucró a los estudiantes en una caminata pro-fondo del centro local para crisis de embarazo. Otro líder de jóvenes hizo que sus jóvenes participaran en una comida de cena de pascua que dirigió una organización judía mesiánica. Para enseñar a los jóvenes, la experiencia de primera mano es esencial.

LOS JÓVENES APRENDEN MEJOR DE LOS MODELOS A IMITAR

Hace unos años, la estrella de baloncesto Charles Barkley le dijo a la prensa que no estaba interesado en ser un modelo a imitar. Pero los modelos a imitar no tienen la oportunidad de escoger si servirán o no. Los jóvenes van a emular a cualquiera que observen. Eso también incluye a los obreros de jóvenes.

Durante un retiro de jóvenes, es posible que usted enseñe más demostrando el trato que da a otros miembros del equipo de líderes que en una clase formal. Ellos observan a quienes los enseñan. Importa poco lo eficiente que sean sus métodos de enseñanza o la habilidad muy buena que tenga para contar historias si los jóvenes no sienten que usted es sincero en su fe y que es un maestro cuidadoso. Además de lo mucho que en este libro hemos tratado acerca de la preparación de la lección y la metodología, debemos aclarar que aparte del estudiante, la variable más importante en el proceso de la enseñanza-aprendizaje, es el maestro.

En un curso de educación introductora el profesor pidió, en un salón de clase lleno de estudiantes de universidad, que describieran los atributos de los maestros eficientes recordando aquellos maestros que más profundamente afectaron sus vidas. Las respuestas incluían cualidades como estas: si es abierto, tratable, capaz de oír, paciente, bondadoso, deseoso de hacer un esfuerzo extra para ayudar a los estudiantes a aprender y ser sincero. La gran mayoría de los comentarios de los estudiantes se concentraron en los asuntos de carácter y el ejemplo que ofrecían. Pocos comentarios se referían a los asuntos de contenido o estilo. Un estudiante lo dijo de esta manera: «Es probable que nunca recuerde la lección que me enseñó, pero nunca olvidaré cómo mi maestro de enseñanza media se preocupó por mí, individualmente». Dar el ejemplo nunca reemplazará una enseñanza apropiada para la edad ni la falta de contenido, pero un estilo de enseñanza superior nunca se sustituirá por ser la persona que usted desea que ellos aprendan a ser.

Para ofrecer una variedad de funciones ejemplares, es mejor desarrollar un equipo de adultos que trabajen con los adolescentes. Sugerimos que hasta donde sea apropiado para su programa, use estudiantes de universidad, parejas casadas, solteros, adultos de edad media y hasta adultos mayores. Los jóvenes responden a estos modelos de diferentes maneras. Realmente no existe un obrero de jóvenes «estereotipado» que se pueda buscar. De hecho, los jóvenes necesitan un gran rango de personalidades. Los requisitos primarios deben ser la dedicación a Cristo, interés en comprender y ministrar a los adolescentes y una buena disposición para servir.

LOS JÓVENES APRENDEN MEJOR CUANDO DESCUBREN LA VERDAD POR SÍ MISMOS

Leslie es una verdadera maestra en cuanto a enseñar estudiantes de enseñanza media. Sabe cómo comprometerlos. Su secreto: nunca les diga algo que ellos puedan descubrir por sí mismos. Sus métodos a menudo emplean casos de estudios y pequeños grupos de comentarios. Estableció equipos de estudio en la clase y prepara líderes de estudiantes que dirigen a los grupos de estudio. Su perspectiva es que si ella brinda la estructura y los estudiantes proveen el liderazgo del grupo pequeño, la clase funcionará. Así que para preparar la lección, se reúne todas las semanas con los maestros de grupos pequeños. Estos son jovencitos de 11 a 13 años, y de 14 a 18 años, como también algunos recién graduados de enseñanza media. Juntos decidieron qué sería necesario hacer para que los estudiantes se interesaran en el estudio bíblico. Ella les había enseñado la estructura Anzuelo, Libro, Mirar y Apropiar, la cual usan como su marco de enseñanza. Dentro de esta estructura, desarrollan métodos y actividades de aprendizaje usando el descubrimiento.

En el contexto del descubrimiento, la libertad de hacer preguntas es esencial. Los jóvenes deben llegar al punto donde se adueñen de su fe. Esto solo sucede cuando las preguntas se hacen cómodamente sin temor alguno de reacciones negativas. Los maestros deben crear un ambiente donde las dudas y preguntas se vean como normal y como medios importantes para el desarrollo y la comprensión. Si se desea lograr una fe madura, los estudiantes deben ser capaces de formar sus propias convicciones personales.

En una discusión sobre la autoridad de la Biblia, un estudiante hizo este comentario: «Me parece que la Biblia está llena de mitos y cosas. ¡Adán y Eva y una serpiente que habla! ¿No sería eso la forma antigua que usaban las personas no científicas para explicar algo? ¿Qué diferencia hay con los dioses griegos?» Esto fue un asunto honesto y bien considerado. Este era un estudiante tratando de pensar de acuerdo a lo que estaba diciendo el maestro. Imagínese que la reacción del maestro fuera algo como esto: «Todos conocemos que la Biblia es la Palabra de Dios. ¡Si Dios lo dijo, es suficiente para mí! Desde luego que Adán, Eva y la serpiente eran verdaderos. No estaría en la Biblia si no fuera cierto. Lo que necesitamos es aprender a confiar en la Biblia y entonces no tendremos estas dudas». ¿Cree usted que ese estudiante se atreverá a hacer otra pregunta? ¡Es muy dudoso!

Los estudiantes necesitan tener libertad para hacer preguntas. Sería mejor que la maestra dijera: «Esa es una buena pregunta. Yo también me he hecho preguntas parecidas. Déjame explicarte el proceso que he usado para resolverlas». Entonces el maestro tiene la libertad de explicar su perspectiva de la pregunta. O el maestro puede decir: «Has hecho una de las más importantes preguntas que se puedan formular. ¿Podemos realmente creer en la Biblia y en la exactitud de su historia? Esto muestra que no te interesan las respuestas tan simples y yo respeto eso. Me gustaría que todos los cristianos fueran tan honestos al buscar respuestas a sus preguntas. Vamos a reservar la próxima clase para tratar ese tema. ¿Te parece bien?» En este caso la maestra afirmó al estudiante y tendrá tiempo para prepararse adecuadamente antes de contestar una pregunta difícil.

LOS JÓVENES APRENDEN MEJOR SI SE USA UNA VARIEDAD DE MÉTODOS

Los jóvenes se cansan de tener siempre el mismo estilo de clase. No importa lo creativa que pueda ser una actividad, si la usa semana tras semana pronto va a oír: «esta clase es aburrida». Y el aburrimiento es el pecado imperdonable en el ministerio de los jóvenes. Los jóvenes no aprenden como los adultos. Ellos tienen la tendencia de demandar mucha más variedad para el aprendizaje. Ya que con frecuencia los jóvenes son muy sociables, los métodos que se empleen deben incluir la participación. Los que trabajan con jóvenes deben emplear muchas actividades de aprendizaje diferentes en los planes de lección. La estructura ALMA seguirá funcionando, pero los métodos escogidos son la clave para su eficacia. Más tarde, en este capítulo, revisaremos algunos de los métodos más efectivos para usar con los adolescentes.

LOS JÓVENES APRENDEN MEJOR SI LAS LECCIONES SON RELEVANTES Y SE ENFOCAN EN LAS NECESIDADES

A Erin realmente le gusta el grupo de estudio bíblico al que asiste una vez a la semana. Cuando se le pregunta por qué, responde: «Porque el líder comprende lo que significa ser un adolescente y hace una buena aplicación de la Biblia». Es crucial saber lo que a los estudiantes les importa y los sucesos que están dando forma a sus vidas para obtener los resultados deseados cuando se trabaja con adolescentes. También es importante saber lo que *necesitan* conocer aunque de inmediato no lo consideren aplicable, enseñar dichos materiales será particularmente difícil entre estudiantes de enseñanza media.

¿Se acuerda de Alex, el maestro que trabaja con adolescentes urbanos? Hizo una evaluación necesaria y le fue más fácil relacionar su enseñanza con los estudiantes. Entender las necesidades y luego enseñar de acuerdo a esas necesidades es importante con todos los grupos de edades, pero es especialmente necesario al enseñar jóvenes. Repase el Capítulo 6, que trata sobre esas evaluaciones de las necesidades, para guiarlo en este proceso.

La enseñanza de manera pertinente, enfocada en las necesidades, no es tan fácil como parece, especialmente en la iglesia evangélica. Pamela y Stanton Campbell explican por qué.

La enseñanza de cualquier tipo es una obligación intensa y exigente, pero los maestros de las iglesias evangélicas tradicionales tienen un desafío aun mayor. Para ser eficiente, deben aprender a enseñar en dos niveles diferentes. Un gran segmento de los estudiantes es el que se ha criado en la iglesia. Tienen acumulado cientos de horas de escuela dominical, escuela bíblica de vacaciones, grupos de jóvenes y otras funciones de la iglesia. Han pasado por todo tipo de maestros y planes de lección. Y, francamente, ya empiezan a pensar que ya lo han oído todo. Usted tendrá que ir más allá de las historias y aplicaciones básicas para mantener la atención de estos muchachos.

Pero entonces, existe el otro segmento de estudiantes, los que asisten ocasionalmente, los «marginados». Este grupo tal vez ni siquiera sepa quién estaba en el foso de los leones, ni quién enseñó el Sermón del Monte, ni en cuál Testamento están esas historias.

En el medio de estos dos grupos, está el maestro. Si el líder trata de desafiar a los muchachos que tienen los conocimientos, los otros se sienten estúpidos, se quejarán de que las reuniones son aburridas o se alejarán calladamente. Pero si el líder cambia su enfoque para los muchachos que asisten pocas veces, los asistentes regulares con rapidez exclamarán: «¡ya conocemos esta historia!»[1]

La respuesta es mucho más difícil que presentar el problema. Según todas las probabilidades la respuesta requerirá más de una acción. En la clase se puede usar a los estudiantes asiduos de la iglesia para enseñar a los no asiduos. Fuera de la clase se pueden formar grupos pequeños de discipulado. Estos estarán mejor dispuestos para enfocarse en las necesidades de los estudiantes que participan. Enseñar de manera renovadora puede desenterrar los tesoros de la Biblia que sean nuevos para ambos grupos, de manera que ninguno se aburra ni tampoco le sea incomprensible. Cuando los estudiantes indagan por su cuenta en las Escrituras, esto les permite ver cosas que nunca antes vieron y les da la oportunidad de comenzar a estudiar la Biblia solos en un ambiente donde hay personas que contestan las preguntas que ellos tienen. «Clasificar por niveles» a los jóvenes de más conocimientos en el servicio para la iglesia es otra forma de resolver el factor del aburrimiento, y animar la aplicación de la verdad que han aprendido.

Uso de la estructura ALMA con los jóvenes

Es necesario hacer algunas modificaciones del formato Anzuelo, Libro, Mirar, Apropiar para enseñar a los jóvenes. Nuestro enfoque aquí consiste en usar el modelo ALMA en la escuela dominical para adolescentes, pero muchas de las ideas se pueden usar en grupos pequeños y en otros ambientes del ministerio. .

Como en el caso de los adultos, el Anzuelo debe atraer la atención, pero la relevancia es primordial. El uso del humor o escenificaciones cortas conmovedores puede ser efectivo. Enseñar cortos de una película popular, tocar una canción, o poner un video musical son formas de interesar a los alumnos para oír un punto de vista bíblico. Poco después de la muerte de la princesa Diana, un maestro usó un corto de los funerales. Sabía que todos estaban ansiosos de comentar por qué tanta gente se conmovió con esa muerte. La lección trataba sobre «Cristo, el Rey de los corazones», y usó la idea de la princesa Diana que se conocía como la Reina de los corazones. Si el maestro conoce bien a los adolescentes, la música que oyen, películas que están viendo, los sucesos a los cuales reaccionan, encontrar un anzuelo que los lleve al estudio de la Biblia le será mucho más fácil. Comience con sus adolescentes. Pésquelos relacionando la enseñanza con el mundo de ellos.

La sección del Libro se puede dirigir en un grupo grande o en pequeños grupos. Preferimos el grupo grande con un comunicador joven que presente un pasaje o concepto bíblico. Es mejor mantener esto a un máximo de veinte minutos. La atención promedio que brindan los de quince años de edad es de quince a veinte minutos. Después de eso, es contraproducente. En los grupos pequeños, varios métodos de descubrimientos se emplean para ver el pasaje. En el alcance al grupo grande, el maestro probablemente dirigirá una «charla para jóvenes». Debe enfocarse en la Palabra de Dios. Esta sección debe presentar la verdad bíblica y explicarse de forma que sea tanto comprensible como motivadora. Es imprescindible usar ilustraciones, historias y analogías. El humor apropiado puede ser una ventaja en la presentación. La meta de esta parte del plan de la lección es encarar al estudiante con la verdad bíblica. El maestro de grupo grande debe asegurarse que una idea se comunique con claridad.

La sección Mirar puede ocurrir en grupos pequeños de cinco a diez estudiantes guiados por miembros de un equipo de adultos o estudiantes maduros del grupo de jóvenes. La meta del grupo pequeño es identificar implicaciones del tópico que se presenta en la sesión del grupo grande. Este segmento puede durar alrededor de treinta minutos, porque frecuentemente los comentarios llevan tiempo. El equipo debe preparar por adelantado las preguntas para los comentarios. Una variedad de métodos se pueden emplear para motivar a los alumnos a involucrarse y participar.

La sección Apropiar debe comprometer a los estudiantes para que la semana siguiente lleven a la práctica las ideas y mensaje que oyeron. Es mejor desarrollar una aplicación de grupo, debido a que los estudiantes parecen fortalecerse cuando son numerosos. Los jóvenes parecen seguir mejor la aplicación cuando tienen un grupo o un par de personas a quienes rendir cuentas. Esto se ve con claridad en las prendas que simbolizan un compromiso y que en años recientes se han hecho muy populares entre los adolescentes cristianos, incluyendo «WWJD» (siglas en inglés que significan ¿Qué haría Jesús?) y anillos y collares con un corazón y llave indicando el compromiso de una muchacha de permanecer virgen hasta casarse. Estos símbolos de compromiso sirven para aplicar principios piadosos a la vida diaria. Los adolescentes consideran que es más fácil ser fiel a Cristo cuando están con otros. Las aplicaciones del grupo sirven de ayuda a los adolescentes que necesitan tomar decisiones individuales.

MÉTODOS QUE FUNCIONAN CON LOS JÓVENES

Algunos métodos son más efectivos con los jóvenes que con otros grupos. En este capítulo excelente sobre enseñanza a los jóvenes, Daryl Eldridge sugiere algunos métodos.

Arte. Los jóvenes aprecian la estética. Muchos jóvenes son aprendices visuales. Algunos jóvenes tienen dificultad para expresarse verbalmente, pero pueden expresar su fe por medio de dibujos, tiras cómicas, *collage,* etiquetas que se pegan al parachoques, camisetas con logos pintados, murales, fotografías, afiches y esculturas.

Drama. Un drama no tiene que ser profesional ni tener un guión. Puede hacerse en vivo o mostrarse en un vídeo. El drama hace que la historia bíblica cobre vida. Algunas formas de drama incluyen representar un hecho bíblico, una escenificación corta actual, una coral hablada y diálogos. Los maestros pueden usar el drama para comenzar comentarios que motiven interés en la lección. Los jóvenes disfrutan representar un papel y representar una solución a un problema de la actualidad. El drama también se usa para entrevistar un personaje bíblico. Otras formas de drama puede incluir monólogos, pantomimas, espectáculos de títeres y formatos de programas de radio o televisión.

Música. Los adolescentes llenan su mundo con música. Cuando suben al carro, encienden el radio para oír su música favorita. Entérese qué música le gusta a sus adolescentes. Use la música de ellos para ilustrar principios bíblicos. Use música cristiana contemporánea para ilustrar verdades bíblicas. Analice la música secular y ayúdelos a ver los valores y el mensaje que algunas músicas tienen.

Lápiz y papel. Los papeles y lápices brindan una forma económica para que los jóvenes participen en el estudio de la Palabra de Dios. Use una variedad de métodos para prevenir que los jóvenes lo perciban como tareas de la escuela. Los maestros pueden crear actividades que requieran de los jóvenes una investigación de la Biblia. Escribir cartas es otro método excelente. El maestro puede pedir que los jóvenes le escriban una carta a Dios, a los amigos o personas importantes en sus vidas. También pueden escribir artículos de periódicos, poesía, líricas, historias y escenificaciones cortas.

Técnicas verbales. Los métodos verbales probablemente son los más comunes que usan las actividades de estudio bíblico para jóvenes. Los maestros tienen que aprender cómo usarlos eficientemente. Recuerde que [no todos los jóvenes] son aprendices verbales... A los jóvenes les encantan las tormentas de ideas, discusiones, casos de estudios, debates y solucionar problemas... Los jóvenes responderán a las conferencias si se usan visuales, equipos de oyentes, hojas de anotación y contar historias de experiencias personales.

Técnicas visuales. Nuestro desafío es enseñar un Libro sempiterno a una generación que vive en un mundo de comunicaciones. Los jóvenes están acostumbrados a un *collage* de imágenes que se interrumpe cada diez minutos con un comercial. No son pensadores lineares ni de secuencia. Miran varios escenarios al mismo tiempo. La vida no es en blanco y negro, es una cinematografía digital. Así que, ¿cómo podemos competir? No lo hacemos. No podemos... Pero podemos usar las técnicas visuales que tenemos disponibles.

Experiencia personal. Los jóvenes aprenden mejor haciendo. Busque medios para que ellos apliquen lo que están aprendiendo. Ellos necesitan avenidas para compartir su fe y servir a otros. Los maestros pueden involucrar a los jóvenes en proyectos misioneros, visitación de alcance, ministerio entre los confinados a la casa y testificación personal. El idealismo de los jóvenes se puede desafiar para que hagan grandes cosas para Dios.[2]

PERSONAS EN TRANSICIÓN

Una transición se ha definido como «un período de inestabilidad precedido y seguido por un período de estabilidad». Los jóvenes están en ese período de inestabilidad. Ya dejaron de ser niños, pero aún no son adultos. Necesitan un ministerio de cuidados especializados. Si Dios lo ha llamado a trabajar con adolescentes, usted tiene un llamado único y un campo misionero esencial. Como si fuera un misionero que fuera al extranjero, hay una cultura que entender, un idioma que aprender, música que apreciar, y ropa y costumbres que comprender. Como un misionero en la cultura de jóvenes, no solo tendrá que tener un puente entre el mundo de la Biblia y el presente, sino también entre los adultos y los jóvenes. Es un gran desafío, pero muy satisfactorio al ver vidas cambiadas por Cristo. Su tarea es enseñar la Biblia de forma culturalmente sensible y relevante. Tenga la disposición de probar, fracasar, aprender y desarrollarse, ¡se puede hacer!

Notas

1. Pamela T. y Stanton D. Campbell, «Junior and Senior Highers» in Clark, Johnson, and Sloat, *Christian Education: Foundation for the Future* (Chicago: Moody, 1991), pp. 257-58.
2. Daryl Eldridge, *The Teaching Ministry of the Church* (Nashville: Broadman and Holman, 1995), pp. 250-253.

Capítulo 17

CÓMO ENSEÑAR LA BIBLIA A LOS NIÑOS: POR FAVOR, COMPRÉNDEME

Paul, el hijo de Larry, estaba en tercer grado. Como sucede con muchos niños de tercer grado, desarrolló el temor a la oscuridad. Desde luego, él no vino a decir: «la oscuridad me da miedo». En efecto, negó la idea con vigor. Cuando llegaba la hora de acostarse, era asombroso ver cuántas excusas diferentes buscaba para no ir solo hasta su habitación por el largo pasillo oscuro. «Papá, ¿me quieres traer la pijama? Quiero terminar de pintar.» «Papá, no creo que la pijama esté en mi cama, ¿quieres ir a ver?» «Papá, ven conmigo hasta el cuarto. Te quiero enseñar algo.» El temor estaba presente, lo negaba, pero lo sentía.

Así que, una noche, Larry sugirió escribir juntos un libro. Dicho libro sería uno que luego él pudiera leer a los hermanos más jóvenes para ayudarlos a no tener miedo. El padre de Paul señaló que a medida que los niños crecen, a menudo experimentan distintas clases de temores. Alrededor de los tres años, los niños desarrollan temor a los ruidos fuertes. A veces tienen miedo de otros niños, y temores en la escuela dominical cuando la mamá o el papá los dejan. El libro que Paul y su papá iban a escribir sería para ayudar a los pequeñitos a aprender a vencer los temores.

La primera noche revisaron una concordancia, buscaron porciones de la Biblia donde aparecían las palabras temor o miedo y confianza. Juntos hicieron una lista de cuarenta versículos que hablaban del temor y la confianza, y por fin estaban listos para comenzar el libro. Compraron un libro de composición y algunos papeles de construcción y comenzaron a trabajar. Primero Paul escogió el versículo para el título: «No temas, Abram» había dicho Dios, «porque yo soy tu escudo». Paul cortó un escudo de papel de construcción, y luego una cantidad de lanzas de papel que mostraba rompiéndose contra el escudo. Esta era su propia idea, al igual que la percepción: «este muestra que Dios nos protege». Esa noche le puso nombre al libro y escribió el título en la portada: «No temeré, por Paul». Paul y su papá escribieron varios capítulos. Uno fue «En las horas que tenga miedo, confiaré». Juntos pensaron en un personaje bíblico que pudiera tener razón para sentir miedo. Paul pensó en Daniel y dibujó varios leones fieros como ilustraciones. En la próxima página enumeró las veces en que niños de su edad —los niños que conocía en la escuela— pudieran sentir miedo. Su lista incluía temor a los tornados, al rapto y por supuesto, a la oscuridad. Al verlo desde el punto de vista de otro, y al comprender que los temores eran naturales incluso para los adultos, a Paul se le hizo más fácil encarar sus temores. Con el contexto de la Palabra, le fue más fácil ver que aunque el creyente tenga temor, debe confiar en Dios.

Realmente Paul nunca terminó ese libro, pero algo sucedió mientras lo hacía con su papá. Gradualmente diminuyó el terror a la oscuridad. También disminuyeron las peticiones al papá, a la hora de acostarse, para que fuera a la oscuridad en lugar de él. Y de alguna forma estuvo más consciente de que Dios iba a la oscuridad con él, hasta que fue capaz de confiar aun cuando sentía miedo.

Los adultos no son los únicos que tienen necesidades que el Señor debe satisfacer. Los niños también tienen necesidades. Confiar en Dios, y tener experiencias personales con Él, no es algo que sucede repentinamente cuando se llega a la adolescencia. La niñez es un tiempo para tener experiencias fundamentales con Dios: saber que es capaz de ayudarnos en momentos de temor, consolarnos en las desilusiones, fortalecernos en los desafíos que encaramos. Dios le habla a los niños con el mensaje consolador o de fortaleza que necesitan en su hora presente, incluso cuando nos habla a nosotros. Los niños, por lo tanto, necesitan conocer a Dios en la misma forma que los adultos necesitan conocerlo. También los niños necesitan oír la voz de Dios y aprender el gozo de reaccionar.

Ya que la Biblia es la forma de Dios para comunicarse con nosotros, está claro que la Palabra también debe ser para los niños. Es mediante la Biblia que los niños llegan a conocer a la persona de Dios, a entender su amor y constancia, a discernir su carácter y cuidados, y a conocer su voluntad para guiarse en su reacción a Dios en la vida cotidiana. Mediante la Biblia también los niños llegan a estar conscientes del Dios que ahí se revela a sí mismo. Dios le habla a los niños. Nuestra tarea es comunicarles, de forma tan significativa como podamos, todo lo que Él les quiere decir.

El problema de enseñar la Biblia a los niños

Verdaderamente la Biblia es un libro de adultos, escrito por adultos y para adultos. La mayoría de las secciones de la Biblia, como los profetas, la mayoría de los libros poéticos y mucho de la enseñanza detalladamente razonada del Nuevo

Testamento va más allá de la comprensión de un niño. ¿Quién se imagina enseñarle Sofonías a un niño de siete años, versículo por versículo? De modo que, enseñar la Biblia a los niños presenta un problema. ¿Qué partes de la Biblia debemos enseñar? ¿Qué aspectos de este mensaje los niños pueden comprender? ¿Cómo debemos enseñar la Biblia a los niños?

Los niños no pueden excavar en las verdades teológicas profundas, pero la fe es más natural para ellos que para los adultos. Los adultos han aprendido autosuficiencia y la han tenido que desaprender; los niños comen y duermen porque alguien les ofrece los medios para hacerlo. Ellos tienen facilidad para confiar en Cristo, y oran en una forma que parece ingenua, pero que Dios —sorprendentemente— contesta. Su amor por las canciones, por la creatividad, el hecho de que mucho de la Biblia es completamente nuevo para ellos, y su casi intuitiva comprensión de la presencia de Dios, compensa sobremanera las dificultades enumeradas aquí. En su Palabra, Dios tiene algo que decirle a los niños de edad elemental. Y es nuestra tarea comunicar lo que realmente Él les está diciendo. Existen dos requisitos primarios para enseñar la Biblia que ayudará mejor a los niños a comprender lo que Dios tiene que decirles. Lo primero es asegurarse que realmente enseñamos lo que Dios está diciendo. Lo segundo es una estructura creativa de la enseñanza-aprendizaje.

¿Cómo debemos enseñar la Biblia a los niños?

Hay varios factores que el maestro que enseñe la Biblia a los niños debe reconocer cuando ministre a la clase.

Primero, la enseñanza debe ser fiel a la Palabra de Dios. Con frecuencia, a los niños se les enseña «verdades» que más tarde en la vida tienen que desaprender, como la idea de que la Biblia es un libro de reglas morales, de listas de cosas para hacer y no hacer. La vida cristiana no se puede resumir en compartir, o ayudar, o ser generosos u obedecer a los padres o ser amistosos. Sin embargo, esta es la impresión que a veces se da a los niños. La alimentación de los cinco mil se enseña para promover la generosidad y se exalta al pequeño niño; la historia de Dorca se enseña como el modelo brillante de una persona que fue bondadosa con otras; David y Jonatán se alaban por su amistad poco común.

Cuando este tipo de cosas se convierte en el corazón de un plan de lección, ¿dónde está Dios? La justicia por las obras de los méritos reemplaza la médula bíblica de la gracia y oscurece y pierde el concepto bíblico de que la reacción humana es una expresión de amor a Dios, cuya gracia la permite.

Desde luego, esto no es para sugerir que la Biblia no revela una expresión moral inconfundible de la voluntad de Dios para todos nosotros. «Obedecer a los padres» es un mandamiento inconfundible. También lo es «amarse los unos a los otros». Pero estos mandamientos se dieron en el contexto de una respuesta a Dios. ¡El objetivo de la mayoría de las historias que se enseñan a los niños no es enseñar moral!

Tanto la historia de alimentar a los cinco mil como la de Dorca se enfocan en Cristo y su poder. La historia de David y Jonatán es una maravillosa historia del compañerismo humano, pero la gloria de esto es que Dios capacitó a Jonatán para que amara a David en detrimento de sus propio intereses. En el contexto, las historias no están allí como ejemplos de principios morales.

La Biblia nos fue dada para que pudiéramos conocer y responder a Dios. ¿Cómo nos atrevemos a recortar incidentes de su contexto para enseñar ideas que nunca tuvieron el propósito de comunicarse? Historias de la vida y ministerio de

Cristo que aparecen en el Nuevo Testamento son una rica fuente de material para la enseñanza. Cuán emocionante es la historia de Cristo calmando la tormenta cuando el enfoque se coloca en Cristo, y nosotros, (como hicieron los discípulos) aprendemos el poder de nuestro Señor. Cuán profundamente significativo es la alimentación a los cinco mil, cuando el enfoque está en la compasión de Cristo y su disposición para hacer algo por los necesitados. Así que las historias, enseñadas en armonía con el propósito en el contexto, ocupan un lugar importante en la enseñanza de la Biblia a los niños.

Es cierto que a los niños desde seis a once años no se le pueden enseñar todos los temas bíblicos. Pero ellos necesitan entender las verdades que les dice quién es y cómo es Dios. Necesitan entender las doctrinas (aunque tal vez su comprensión sea rudimentaria) que se relacionen a su experiencia cristiana: doctrinas tales como las de la morada de Cristo en el creyente y su presencia que nos da poder para obedecerlo.

La enseñanza clara de la voluntad moral de Dios también ocupará un lugar. Debemos amarnos unos a otros. Esto tiene significado para los niños, que pueden expresar amor en su propio hogar y en la escuela y juegos. Seguramente la voluntad moral de Dios deberá conocerse para que los niños sepan cómo responderle. Pero la voluntad de Dios nunca debe enseñarse separada de Él, nunca como un juego de reglas, sino como la respuesta de amor y como un medio para emular el carácter de Dios.

La enseñanza a nuestros niños debe ser fiel a la revelación de Dios. Es cierto que la Biblia contiene verdades objetivas, leyes objetivas de comportamiento. Pero primordialmente la Biblia es para que podamos conocer y saber cómo es Dios mismo. Solo cuando la conducta se presenta como una respuesta a Dios, a quien hemos conocido y aprendido a amar, la enseñanza bíblica estará de acuerdo a su revelación. La débil moraleja de muchas lecciones simplemente no es enseñanza bíblica.

Segundo, la enseñanza debe relacionarse a las presentes necesidades y experiencias de los niños. La meta en la enseñanza de la Biblia no es principalmente instalar ideas que los estudiantes necesitarán saber «algún día». ¡La meta es llevar a los alumnos a una relación vital con Dios, hoy! Los niños, como sugerimos antes en este capítulo, tienen experiencias en las cuales necesitan a Dios. Los niños tienen temores que se pueden aquietar si llegan a confiar en Dios. Los niños pecan y necesitan conocer el perdón de Dios. Los niños encaran decisiones y necesitan encontrar fortaleza para hacer lo que saben que es correcto. Dios está ansioso por ser una realidad en cada niño, ahora, en sus experiencias presentes de la vida.

Tercero, la enseñanza debe hacer que las Escrituras sean relevantes para el nivel del niño. Una cosa es decir a un niño que teme a la oscuridad: «No tengas miedo; Dios te cuidará». Y otra muy diferente es estructurar una situación en la cual el mismo niño llegue a reconocer esta verdad y responda a Dios con confianza. Muy a menudo en la enseñanza a los niños, se ofrecen soluciones simples a problemas y fórmulas fáciles para satisfacer sus necesidades. «Confía y obedece, Jimmy». «Pídele a Dios que te ayude, Paul». «Sue, dile a tus amigas que vengan a la escuela dominical». Las soluciones simples tal vez sean las correctas. Confiar y obedecer son asuntos centrales en nuestra vida con Dios. Pero simplemente pasar la verdad como un consejo no es hacer que la revelación de Dios sea importante para la vida, ni para los niños ni para los adultos.

¿Qué incluye hacer que la revelación sea importante? Nuestra enseñanza debe ayudar al aprendiz a estar consciente del asunto crucial en su propia vida. Debe guiarlo a tener contacto con Dios, no con las reglas. Debe permitirle descubrir cómo Dios se relaciona a sus necesidades. Debe ayudarlo a descubrir sus propias oportunidades para responder a Dios apropiadamente. Aunque ningún niño comprenda profundamente la relación del Señor en los asuntos de su vida como un adulto, la percepción que un niño tenga sí le será de gran importancia. Y así, nuestra enseñanza debe estructurarse para ayudar a los niños a hacer sus propios descubrimientos y responder a Dios de acuerdo a su nivel y maneras propias. Cuando enseñemos a los niños, los conceptos básicos bosquejados en capítulos anteriores deben guiar nuestra expresión.

¿CÓMO APRENDEN LOS NIÑOS?

Los niños no aprenden igual que los adultos ni los adolescentes. Es importante que entendamos la naturaleza del aprendizaje a medida que se aplica a los niños antes de explicar cómo enseñar mejor a los niños. Doris Freese identificó maneras en que los niños procesan ideas y qué significan esas maneras para los maestros. Entender esos principios es de mucha ayuda al designar programas efectivos de educación para la niñez.

Los niños aprenden al experimentar y hacer. Al descubrir, interactuar, jugar y manipular, los niños experimentan lo que los rodea en su mundo. Aunque los niños desarrollan el uso del idioma, aún necesitan tener experiencias directas. Hablar sobre cosas (abstractas) no ofrece suficiente información para desarrollar conceptos.

Permita experiencias manuales en lugar de solo hablar con los niños. Use visuales, videos, grabadoras, representaciones o dramatizaciones que les permita participar en el proceso de aprendizaje. Por ejemplo, deje que miren los versículos de la Biblia, en lugar de solo memorizarlos.

Los niños aprenden de los ejemplos. Aprenden cuando observan a sus compañeros, hermanos, padres y maestros. Prueban conductas y aprenden de las reacciones. Un niño a menudo observa a un compañero hablar a sus padres de cierta forma, entonces regresa a la casa y prueba hacer los mismo con sus padres. La reacción de los padres le enseñará la conducta apropiada.

Esté consciente de la conducta y actitudes que usted modele como maestro. Use historias de personas que dieron un ejemplo correcto. Halague a los estudiantes por su aprendizaje y conducta apropiada para que [otros] estudiantes observen su ejemplo.

Los niños aprenden mediante la repetición con variaciones. Los niños disfrutan leer los mismos libros y hacer las mismas actividades una y otra vez. Pero gradualmente, comenzarán a variar las repeticiones, agregando o alargando las actividades.

Provea libros familiares y use historias y conceptos repetidamente. Mientras más exponga los conceptos, más profunda será la comprensión.

Los niños aprenden mediante un lenguaje y experiencias concretas, y piensan literal y concretamente. Aunque pueden repetir respuestas correctas, eso no quiere decir que entiendan un concepto. Los conceptos mal entendidos se producen a veces cuando los maestros usan conceptos abstractos como por ejemplo describir a Jesús como una «roca» o «el lirio de los valles». Con niños pequeños no use lecciones con objetos simbólicos. Ellos no pueden entender cómo un faro representa la Biblia o las rocas representan el pecado.[1]

MÉTODOS PARA ENSEÑAR A NIÑOS

Norma Hedin sugiere varios métodos que son aplicables para enseñar la Biblia a los niños. Aquí están sus seis categorías de la metodología de enseñanza de la niñez.

Contar historias. Los niños son imaginativos. Les encantan las historias. Las historias bíblicas, sus historias, los cuentos clásicos, representar papeles y pantomimas capturarán su atención y les estimulará el pensamiento. Las historias ayudan a preparar a los niños para las altas y bajas de la realidad. Por medio de las historias de la Biblia, los niños aprenden acerca del gozo y problemas de las relaciones humanas. Las historias de los héroes motivados por Dios, proveen modelos para las vidas jóvenes.

Dramas. Representar historias, dramas, escenificaciones cortas, representar papeles, mímica, juegos de dedos, y actividades rítmicas, tienen todos gran valor al ayudar a los niños a aplicar lo que aprendieron. A medida que se ven en los zapatos de otras personas, comienzan a pensar y sentir lo que hacen otros. Pretender es parte del desarrollo de los niños y les provee la oportunidad de representar sus sentimientos e impresiones. Pretender ser un personaje también sirve para que los niños revelen sus pensamientos al maestro.

Preguntas. Los maestros usan las preguntas como medio para estimular interés, probar los conocimientos, ayudar a los alumnos a expresar sus pensamientos y revisar lo aprendido. Preguntas de hechos y para pensar estimulan el pensamiento y profundizan el conocimiento. Los juegos de la Biblia hacen uso de preguntas para repasar el material.

Comentarios. Los comentarios, o conversaciones dirigidas con niños, motiva a los estudiantes a participar en el aprendizaje, compartir las ideas, probar sus conocimientos y obtener impresiones del maestro. A los niños les encanta hablar y expresar sus ideas. Los comentarios les dan la oportunidad de hablar acerca de los conceptos que refuerzan sus conocimientos.

Proyectos. Los proyectos ayudan a los aprendices a hacer algo relacionado a su aprendizaje. Ya sea en el interior o exterior de la clase, los aprendices emplean tiempo activamente involucrados en crear y completar un plan. Actividades de investigación usando manuales bíblicos, diccionarios, mapas, atlas y libros hacen que los niños participen en la comprensión y aplicación de las verdades bíblicas.

Actividades creativas. Escritura creativa, actividades de música, arte y trabajos manuales, mosaicos, son actividades creativas. Las actividades creativas traen nuevas dimensiones a la experiencia de aprendizaje. Los niños se activan para crear y expresarse a sí mismos. Las actividades creativas hacen que el aprendizaje sea más divertido, perdurable y significativo. Proveen oportunidades para la expresión y la satisfacción por los logros.[2]

USO DE LA ESTRUCTURA ALMA CON NIÑOS

El proceso descrito e ilustrado en los Capítulos 9 hasta el 12 pueden y deben usarse con niños y también con adultos. Los principios desarrollados allí se pueden aplicar a los niños de enseñanza elemental, sin embargo los maestros tal vez consideren que sea más difícil planear actividades de aprendizaje que ayude a los niños a descubrir verdades relevantes y motive respuestas apropiadas. Por lo tanto, para enseñar a los niños es necesario modificar la estructura ALMA. En esta sección brindaremos ejemplos de una variedad de actividades de aprendizaje que se pueden usar para guiar a los niños a través de cada paso.

Las actividades de aprendizaje son significativas solo cuando se presentan en relación al papel que juegan en la estructura de la lección. En esta sección desarrollaremos una lección para niños, paso por paso, usando una variedad de actividades de aprendizaje. Al ilustrar este proceso, esperamos capacitarlo para que visualice métodos que servirán para los propósitos de enseñanza.

Vamos a imaginar que somos los maestros para enseñar el hecho donde Jesús calma el mar embravecido de Galilea. Se encuentra en Mateo 8.23-27, Marcos 4.37-41 y Lucas 8.22-25. En cada libro la sección donde aparece este suceso se preocupa por desarrollar conciencia acerca de la persona y poder de Cristo. Y en cada libro el informe contiene una reprensión clara a los discípulos incrédulos, que no confiaron en el Salvador que duerme, y además expresa el asombro de los discípulos al ver la demostración vívida de la deidad de Cristo. El suceso, un milagro privado para los discípulos, claramente sirvió para alimentar una creciente fe en este Hombre a quien se habían encomendado. Esta es una lección que todos necesitamos, adultos y niños. Cristo se demuestra como un Salvador que participa en nuestras vidas, que está con nosotros aunque no lo veamos, o a veces temamos que no nos vea. Sin embargo, su poder como su amor es ilimitado. Y nosotros, también, podemos encomendarnos a Él completamente.

Veremos cómo esta historia se puede desarrollar para enseñarse a niños de edad elemental, digamos de siete a nueve años de edad. El objetivo de este hecho será: Los estudiantes identificarán formas para confiar en Jesús cuando tienen miedo. Así que volvamos nuestra atención al principio de cada una de estas lecciones para descubrir qué actividades de aprendizaje están disponibles para el maestro creativo que desea (1) ganar y enfocar la atención, (2) llevar al estudio bíblico y (3) ayudar a los alumnos a fijar una meta de aprendizaje que le sea significativa.

Anzuelo: Enfoque la atención de los niños

«Muy bien, niños. Vamos a repasar lo que aprendieron la semana pasada. David, ¿de qué se trataba la lección? Karen, ¿te acuerdas de qué hablamos la semana pasada?»

¡Es difícil considerar esto como un principio fascinante para una clase de la escuela dominical! Es difícil considerar que esta sea la clase de actividad que atraerá el interés de los alumnos para concentrarlos en el tema. Es difícil considerar que esto les ayudará a establecer una meta significativa para ellos. De alguna forma, desde el mismo principio es necesario ganar y enfocar el interés y establecer la meta de aprendizaje. ¿Cómo? Veamos algunas maneras.

Estrategia de enseñanza 1

Para animar a los estudiantes de enseñanza elemental a pensar en situaciones por las cuales sienten temor, juegue al comenzar la clase: «qué está pasando». Diga a los alumnos que les describirá cómo se siente un amigo de ellos de ocho años de edad, y pídales que adivinen qué está haciendo o qué pasa. Comience diciendo: «Jack está muy entusiasmado». Permita que ellos le digan qué creen que esté pasando. Luego sugiera: «Jack está triste», «Jack está contento». Cuando los alumnos estén participando con entusiasmo, dígales: «Jack tiene miedo».

Escriba en la pizarra las posibles situaciones de «miedo» que sugieran. Motívelos a pensar en tantas situaciones parecidas como sea posible. Entonces pregunte: «¿Es divertido tener miedo?» «¿Cómo creen que una persona puede dejar de tener miedo?» Para hacer una transición, después que la clase comente esta última pregunta, establezca una meta de aprendizaje que sea importante para ellos: «Hoy veremos cómo Jesús ayudó a sus amigos a no tener miedo, y cómo Jesús los ayudó cuando tenían miedo».

Estrategia de enseñanza 2

Diga a los alumnos que esta es una historia «sin final». Explique que usted va a comenzar una historia acerca de Jack, un niño de ocho años, y pida a cada uno que piense cómo le gustaría terminar la historia.

Había una escuela muy grande que estaba vacía y muy oscura. Jack se recostó en la pared del corredor, tenía miedo de caminar por el pasillo oscuro. ¿Cómo era posible que se quedara dormido en el gimnasio detrás de un colchón para la lucha libre? Cuando se despertó, ya estaba oscuro. Las puertas de la escuela tenían seguro, todas las luces estaban apagadas, y los árboles de afuera hacían una sombra que parecían gigantes arrastrándose por los salones vacíos.

De pronto, Jack oyó un fuerte toque en las puertas de entrada y alguien o algo comenzó a sacudirlas violentamente. Se abrieron con un fuerte ruido y en la entrada apareció una figura gigante y oscura.

«¡Jack!» se oyó una voz gritando. ¡Era su papá! «¡Papá!» Gritó Jack y corrió por el corredor para arrojarse en los brazos fuertes y tiernos.

Más tarde, en la casa, después de una comida caliente, Jack le contó a su mamá y papá lo que había sucedido. «¡Fue horrible, mamá!» «Sentí...»

Permita que cada niño le diga lo que cree que Jack le contó a su mamá. Escriba en la pizarra las palabras y frases que describan ese sentimiento. Luego pregunte: «¿Puedes recordar otro momento cuando los niños y las niñas se sintieron igual que Jack?» Permita que durante unos minutos la clase piense y enumere otras ocasiones en que sintieron miedo. Pase a la transición, como se sugiere en la estrategia 1.

Estrategia de enseñanza 3

Divida la clase en grupos de dos y pida a cada pareja que planee y represente (pantomima) una o dos situaciones en las cuales los niños de su edad sienten miedo. Otros equipos tratarán de adivinar qué se está representando. Escriba en la pizarra cada representación según la adivinen. Cuando cada equipo haya representado una o dos pantomimas, comente las situaciones que escogieron. Deje que los niños comenten estas preguntas: «¿Es divertido estar en situaciones como estas? ¿Cómo creen que nos pueden ayudar cuando sentimos miedo?» Pase a la lección diciendo: «Hoy vamos a ver cómo Jesús ayudó a sus amigos cuando tenían miedo y cómo Jesús nos puede ayudar cuando también tenemos miedo».

LIBRO: COMUNIQUE A LOS NIÑOS EL CONTENIDO DE LA BIBLIA

La Biblia, ese libro de «adultos», es central en la enseñanza evangélica. Así que la Biblia se debe comunicar a los niños. Dicha comunicación presenta dos dificultades principales.

Primera, lo que se comunique debe estar de acuerdo con las Escrituras. La Palabra se debe presentar con exactitud, interpretarse en completa armonía con su significado literal, histórico y gramatical, con plena atención al propósito que se le dio al inspirado autor. Segundo, lo que se comunique debe estar al nivel de los niños. Se debe presentar la Palabra de manera que ellos la entiendan, tan completamente como sea posible no solo dentro del marco de su nivel mental, sino también dentro del marco de su experiencia actual. Enseñar la Biblia a los niños no es fácil, pero es necesario y se puede hacer. Los siguientes ejemplos demostrarán cómo hacerlo. Volvemos a la lección de cómo Jesús calmó la tormenta. En el informe bíblico este incidente se bosqueja aguda y brevemente.

Aquel día, cuando llegó la noche, les dijo: Pasemos al otro lado. Y despidiendo a la multitud, le tomaron como estaba, en la barca; y había también con El otras barcas. Pero se levantó una gran tempestad de viento, y echaba las olas en la barca, de tal manera que ya se anegaba. Y El estaba en la popa, durmiendo sobre un cabezal; y le despertaron, y le dijeron: Maestro, ¿no tienes cuidado que perecemos? Y levantándose, reprendió al viento, y dijo al mar: Calla, enmudece. Y cesó el viento, y se hizo grande bonanza. Y les dijo: ¿Por qué estáis así amedrentados? ¿Cómo no tenéis fe? Entonces temieron con gran temor, y se decían el uno al otro: ¿Quién es éste, que aun el viento y el mar le obedecen? (Marcos 4.35-41).

La situación está clara: la fiera tormenta; el terror de los discípulos (muchos de los cuales eran pescadores experimentados) a medida que se convencieron que estaban a punto de morir; la calma de Cristo; la tranquila reprimenda a los elementos desenfrenados y la milagrosa respuesta; la gentil reprimenda a los discípulos por los temores; la reacción del temor reverencial de los que han viajado con Él, a medida que de nuevo encaran su poder.

Aunque es seguro que las circunstancias justificaban el temor de los discípulos, la presencia de Cristo transformó la situación y debía capacitar a los discípulos a confiar hasta en medio de los temores. Mientras más usted y yo y nuestros hijos estemos conscientes del poder y la presencia de Cristo en nuestras experiencias, más capaces seremos de confiar, hasta en medio de nuestros temores.

El método básico que se usa para enseñar a los niños más jóvenes, es contar historias. Los elementos de la narración bíblica se tejen en un cuadro verbal que interesará e impresionará a los niños. Se hace para atraer no solo las mentes de los niños, sino también sus emociones; para «atraer» al oyente, hacerlo pensar y sentir, experimentar y decidir. Relatar cuentos, como veremos, es también un método que brinda una casi infinita variedad de experiencias de aprendizaje.

Estrategia de enseñanza 1

Cuando las primeras nubes oscuras comenzaron a reunirse en la noche, los hombres del bote no se preocuparon. Eran pescadores y habían visto muchas tormentas. Tampoco se preocuparon cuando el viento comenzó a soplar. No se preocuparon cuando las olas comenzaron a chocar contra los costados del bote. Tampoco se preocuparon cuando los rayos comenzaron a destellar y los truenos se oían cada vez más fuerte.

Pero el viento sopló más y más fuerte. Y las olas eran más y más grandes. Ahora las gotas de agua fría comenzaron a rociar los lados del barco. Y los hombres, con frío y mojados, comenzaron a temblar. Temblaron aun más a medida que los truenos retumbaban más y más fuerte y los relámpagos caían más y más cerca.

Sin embargo, ni siquiera en esas circunstancias los hombres se preocuparon. Cuando comenzaron a sentirse un poco asustados, miraron hacia la parte de atrás del bote. Y vieron a alguien acostado allí, durmiendo profundamente. Era Jesús. Si Jesús puede dormir, deben haber pensado los hombres, la tormenta no debe ser tan mala. Si Jesús puede dormir, probablemente estaremos bien.

¡Pero la tormenta seguía empeorando más y más! Con un crash, crash, crash, chocaban las olas contra el bote. Las olas comenzaron a entrar en el bote, tirando galones y galones de agua sobre los hombres. Todos los amigos de Jesús buscaron cubos y vasijas para tratar de sacar el agua del bote. Lo hacían con tanta rapidez como les era posible. Pero las olas tiraban más agua adentro, más y más rápido. ¡El bote comenzó a llenarse! Y ahora los hombres sí tenían miedo. En la oscuridad y con los ruidos horribles de la gran tormenta, sabían que el bote se hundiría. ¡Y pronto! Estaban perdidos.

Pero, ¡un momento! ¿Qué de Jesús? ¿Dónde está Jesús? Otro rayo los iluminó y lo vieron. ¡Todavía estaba durmiendo! Aterrorizados, uno de los amigos de Jesús lo sacudió gritándole: «¡Señor! ¿No te importa? ¡Nos estamos hundiendo! ¡Nos ahogaremos todos!»

Entonces Jesús se despertó. Miró a su alrededor y vio la tremenda tormenta. Vio el miedo dibujado en la cara de los amigos. Se paró en el bote y le dijo al viento: «Para». ¡Y el viento cesó! Jesús le dijo a las olas: «¡Tranquilícense!» Y se tranquilizaron. Sencillamente así. Y de repente, en lugar de estar en medio de una gran tormenta, el bote flotaba tranquilamente en un mar sereno. Luego Jesús se volvió para mirar a los amigos. Con tristeza les dijo: «¿Por qué tenían miedo? ¿No confían en mí?»

Los amigos de Jesús estaban maravillados. ¿Quién otro podría cesar una tormenta y calmar el mar? Nadie, excepto Jesús. Realmente, ¿quién era este Jesús? Se preguntaron los amigos de Jesús. Y allá, en lo más íntimo de su ser, seguramente pensaron: *Es cierto que debíamos confiar en Jesús en todo momento. No teníamos que tener miedo porque Jesús estaba con nosotros. Nunca olvidaremos confiar en Jesús cuando volvamos a sentir miedo.*

Y, niños y niñas, ustedes saben que cuando tenemos miedo también nosotros podemos confiar en Jesús. Jesús nos ama, y nos ha prometido: «No te desampararé, ni te dejaré» (Hebreos 13.5). ¡No tenemos que sentir miedo, porque Jesús está con nosotros!

Estrategia de enseñanza 2

Si cortáramos los dos últimos párrafos de la historia y lo sustituyéramos con una serie de preguntas, los maestros guiarían a los niños a descubrir por sí solos el puente central de la historia. Aquí hay algunas preguntas que se pueden usar:

Pregunta	**Patrón de respuesta que se espera**
¿Por qué los amigos de Jesús tenían miedo?	Le tenían miedo a la tormenta.
¿Por qué Jesús no tenía miedo?	Jesús supo que podía detener la tormenta, tenía más poder, era Dios, etc.
¿Cómo Jesús mostró su poder para ayudar?	Jesús detuvo la tormenta.

Ahora, detente y piensa durante un minuto. ¿Tenían los amigos de Jesús que tener miedo? ¿Por qué? ¿Por qué no?

No, porque Jesús estaba con ellos en el bote. Él podía cuidarlos y los cuidó.

¿Ustedes creen que Jesús nos cuida hoy?

Normalmente, los niños que han venido a la iglesia o que proceden de hogares cristianos, responderán que sí. Cualquiera que sea la respuesta (sí o no), busque Hebreos 13.5, que puede servir como un versículo para memorizar o versículo clave.

Estrategia de enseñanza 3

Otra variación es dejar que los niños representen la historia después de oírla. Esta clase de experiencia única, permite que los niños penetren y participen en la experiencia completa, y así sentir indirectamente la presencia consoladora de Cristo.

Estrategia de enseñanza 4

Una variación que puede ser muy efectiva en animar a los niños para que pretendan que realmente ellos están en el bote y «entrevistarlos». Una cinta grabada o una cámara de video para el «reportero» hará la experiencia especialmente emocionante. Al usar la técnica con niños mayores, divida la clase en dos grupos, uno de los cuales serán los reporteros y los otros discípulos que estaban en el bote. Los reporteros deciden las preguntas que les gustaría preguntar, y los discípulos comentarán la experiencia, antes que la entrevista se realice.

MIRAR: DIRIJA LA PERSPECTIVA CON LOS NIÑOS

Los niños necesitan participar activamente para aplicar las Escrituras a la vida. La tarea del maestro, entonces, es estructurar las actividades de aprendizaje de manera concreta con suficientes elementos sólidos para que los niños la comprendan y además buscar actividades de aprendizaje que ayuden a los niños a trabajar en situaciones e ideas concretas en lugar de conceptos abstractos.

Al trabajar con los niños es importante recordar que la respuesta apropiada para una verdad dada acerca de Dios puede ser una acción, pero debe ser un cambio de actitud o motivación. ¡Estas reacciones tardías no son inmediatamente perceptibles al maestro y ni siquiera para el aprendiz! Entonces, la actividad de aprendizaje escogida debe ayudar a los niños a enfocar, por sí mismos, cuál es la respuesta apropiada a la verdad que se estudió, y también facilitar la respuesta.

El paso Mirar de esta lección debe enfocarse en desarrollar la conciencia de los niños en cuanto a las situaciones incómodas en las cuales ellos pueden confiarse en un Cristo siempre presente. O puede enfocarse en animar a los niños a pensar cómo pueden volverse a Él cuando tienen miedo. Las actividades de aprendizaje que aquí se sugieren se enfocan en el uno o en el otro. Tal vez en la clase usted quiera usar dos actividades, que le permitan ayudar a los niños de ambas maneras.

Estrategia de enseñanza 1

Para los niños de enseñanza elemental (primero y segundo grado) recorte de un catálogo láminas de un hombre, una mujer y dos o tres niños. Pegue las figuras a cartulinas. Presente la «familia» a la clase y cuente una historia acerca de un niño de edad primaria que se perdió. Mueva las figuras apropiadamente mientras cuenta la historia. Diga lo preocupado que estaban el padre y la madre, y el miedo que tenía el niño cuando se dio cuenta que estaba perdido. Luego cuente cómo cada uno recordó que el Señor estaba con el niño perdido, porque Él ha prometido que nunca nos dejará ni nos desamparará. Cuente cómo cada uno oró y pidió ayuda al Señor (igual que hicieron los discípulos en el bote), y cómo se consolaron cuando confiaron en Él hasta que apareció el niño.

Luego deje que cada niño que lo desee use la familia para contar su propia historia acerca de tener confianza. Recuerde a la clase las varias situaciones que ha comentado al principio del período. Preparados así, los niños tendrán muchas ideas para sus propias historias.

Este mismo método se puede usar con títeres para los dedos, títeres de bolsas de papel, etc.

Estrategia de enseñanza 2

Para cada niño prepare cuatro paneles de cuadros que muestren una situación en las cuales un niño o adulto sienta miedo. Uno de los paneles debe mostrar al niño. El segundo debe ser una «ampliación» de la cara mostrando miedo o infelicidad. Una tercera debe mostrarlo en oración o pensando en el Señor. Y el cuarto debe mostrarlo confiando en el Señor y sin miedo.

Pida a los niños que hagan historias acerca del niño en el cuarto panel, contando algunos detalles de lo que está pasando. Tal vez usted quiera escribir la historia mientras los niños la dictan.

Otra variación en este método es dejar uno de los cuatro cuadrados en blanco (es preferible que enmarque 3 ó los 4) y pida que cada niño dibuje en el cuadro lo que considere que ayudará a completar la historia.

Estrategia de enseñanza 3

Para los estudiantes mayores de elemental, pida que la clase desarrolle un escenificación corta o historia para representar que aplique el concepto de la lección a la vida cotidiana de un niño de su edad. Hablen juntos sobre ideas para la escenificación, y luego deje que los niños escriban juntos el guión. Divídalos en grupos si la clase es muy grande. Pida que la clase haga su escenificación, y luego déjelos identificar la aplicación.

APROPIAR: ESTIMULE LA RESPUESTA EN LOS NIÑOS

La respuesta a Dios es siempre algo íntimamente personal. Solo Dios conoce el corazón; solo Él puede moverse soberanamente para tocar nuestros motivos y voluntades y crear el amor que motiva que una acción sea una sincera respuesta para Él. Sin embargo, desde el punto de vista de nuestra percepción, la respuesta es decisión nuestra. Y desde el punto de vista de la responsabilidad del maestro, nuestros estudiantes deben y pueden motivarse para responder y decidir hacer la voluntad de Dios.

El maestro de la clase tiene la tarea de guiar al aprendiz para que tome una decisión. Es decir, el maestro necesita ayudar a los jóvenes alumnos a encarar la necesidad de apropiar, dándole cualquier ayuda que sea adecuada al grupo sin coaccionarlos para que respondan. A menudo los niños necesitan un estímulo externo que los ayude a responder, pero no es el estímulo de un premio, el cual los estimula a responder al premio en lugar de responder a Dios. Los niños necesitan el tipo de estímulo que los ayude a responder apropiadamente en la vida fuera de la clase. Necesitan el tipo de apoyo que los ayude a estar alerta para responder a las oportunidades.

¿Qué tipo de actividades de aprendizaje puede servir a esta función? Veamos algunas.

Estrategia de enseñanza 1

Entregue a cada niño una tarjeta postal, dirigida a usted (el maestro). En la tarjeta coloque una figura engomada de Cristo e imprima esta declaración incompleta: «Hoy recordé confiar en el Señor cuando...» Invite a los niños a completar la tarjeta durante la semana en cualquier momento que reconozcan que el Señor los ha ayudado, luego le enviarán a usted la tarjeta. Al próximo domingo traiga a la clase las tarjetas que haya recibido y exhíbalas. Además, deje que los niños cuenten al resto de la clase cómo el Señor los consoló y ayudó.

Estrategia de enseñanza 2

Con varios pedazos de papel de cuatro por seis pulgadas, haga un libro sobre la confianza «un capítulo por día». Pida que cada niño escriba su nombre en la cubierta de su libro, y también el versículo clave del día («No te desampararé, ni te dejaré»), o algún tipo de frase como «Confío en Jesús». Anime a los niños para que hagan un diario sobre la confianza dibujando, cada día, un cuadro de alguna situación en la cual estaban conscientes de que Jesús estaba con ellos y los cuidó. Los libros se comentarán en la clase del próximo domingo.

Estrategia de enseñanza 3

Durante la semana, llame por teléfono a los niños y hable con ellos sobre la lección. Deje que le cuenten de algún momento dado en que confiaron en el Señor de manera especial. O envíeles por correo una nota personal.

ENSEÑE A LOS NIÑOS EN EL AMPLIO CONTEXTO DE LA VIDA

La reacción a Dios por lo general se efectúa en el contexto de la vida, la vida que se vive fuera de la iglesia y fuera del salón de clases. El maestro y los padres cristianos necesitan entender un punto básico: la instrucción formal en la clase no puede, por sí sola, desarrollar cristianos fuertes o criar niños y jóvenes en la fe cristiana. Para estar en armonía con la naturaleza de nuestra fe, la educación cristiana se debe integrar al diario vivir. Es cierto que los estudiantes deben estudiar la Biblia en la clase, pero también deben ser guiados a experimentar las verdades estudiadas en el contexto de la vida diaria. ¿Quién está en posición de llenar esta responsabilidad? Sinceramente no es el maestro de la escuela dominical, sino los padres. Para obtener un impacto máximo en los niños, la enseñanza en los departamentos de la iglesia debe integrarse a un ministerio de guía informal en el hogar. Aunque dicha integración es difícil de lograr, se puede hacer. ¿Qué requiere? A continuación verá algunas sugerencias sencillas.

1. *Informar a los padres de su responsabilidad.* Los líderes del ministerio de los niños deben asegurarse de que ni los padres ni los maestros confíen solo en la preparación iglesia-céntrica para alcanzar las metas de la crianza espiritual.

2.*Dejar saber a los padres lo que están enseñando los maestros.* Entregue a los padres los temas de las lecciones semanales. Visite los hogares y celebre reuniones con los padres para explicarles las metas, materiales y métodos que se emplean en el programa de educación de los niños.

3. *Los líderes de programas y maestros deben ser más sensibles a la necesidad de trabajar con el hogar.* Los padres necesitan ayudar a relacionar la experiencia diaria a las verdades de la Biblia. Es importante comunicar estas necesidades a los padres. Los padres necesitan ver el ministerio de la iglesia para los niños como un socio que los ayuda a cumplir sus responsabilidades como mentores espirituales de sus hijos. Se pueden enviar hojas de información, al principio de cada unidad de lecciones, que tengan ideas, copias de nuevas canciones, versículos para memorizar que aprenderán los niños, etc. Lo más importante es que las hojas resuman el contenido bíblico que se enseña cada domingo y sugiera a los padres el sistema general de aplicación que se sugiere en la clase. Debido a las limitaciones que son inherentes hasta en los mejores salones de clase, cuando se enseña a los niños debemos considerar seriamente cómo integrar el ministerio de enseñanza con un ministerio de orientación en el hogar.

Notas

1. Doris A. Freese, «How Children Think and Learn» en Robert E. Clark, Joanne Brubaker y Roy Zuck, *Childhood Education in the Church*, (Chicago: Moody, 1986), p. 74.
2. Norma Hedin, «Teaching Children» en Daryl Eldridge, *The Teaching Ministry of the Church*, (Nashville: Broadman and Holman Publishers, 1995), p. 237.

Capítulo 18

CÓMO ENSEÑAR LA BIBLIA A LOS PREESCOLARES: MÁS QUE CUIDAR UN BEBÉ

Uno de los anuncios en el boletín del domingo decía:

Se solicita: Alguien para trabajar en la clase de niños de dos y tres años. Ayude a los adultos a sacar provecho de la adoración cuidando a sus pequeñitos durante el culto. Solo se requiere un domingo al mes. No es necesario enseñar.

Considere lo que este anuncio, para buscar un ayudante, realmente dice acerca de los niños de dos y tres años de edad y los que trabajan enseñando a ese grupo por edad. En un anuncio como este se está comunicando un mensaje sutil. Las frases entre paréntesis dicen lo que en verdad comunica el mensaje.

Se solicita (*auxilio, estamos desesperados*): Alguien (*cualquiera, no importa cuáles sean sus calificaciones*) para trabajar en la clase de niños de dos y tres años (*esto es trabajo, no un servicio ni un ministerio*). Ayude a los adultos a sacar provecho de la adoración (*aquí, el verdadero ministerio es para los adultos*) cuidando a sus pequeñitos durante el culto (*necesitamos sacar del culto a estos niños que están llorando para oír el mensaje del pastor).* Solo se requiere un domingo al mes *(aunque nunca lo hacemos con los adultos, rotamos personas en las clases de los niñitos).* No es necesario enseñar *(solo vemos esto como un cuidado de niños, en realidad no se puede enseñar nada a esta edad, así que oiga, no es gran cosa).*

La creencia, sostenida durante muchos años, que considera que el ministerio con los preescolares no es una enseñanza auténtica, es el problema principal para nombrar la clase de persona apta para enseñar a los niñitos. Y los líderes de la iglesia a menudo son los que promueven estos malos entendidos. Tal punto de vista, algunas veces dicho directamente, pero más a menudo visto en el nombramiento de personas y en la provisión de materiales, se deriva de la definición errónea de la enseñanza y aprendizaje. La enseñanza se ve como una presentación de información que hace el maestro en un aula, que da por resultado un proceso cuidadoso y pensado de dicha información por parte del estudiante. Debido a que los niños de dos y tres años no pueden reaccionar de maneras formales al contenido, muchos concluyen que el verdadero ministerio tiene que comenzar más tarde. Así que la iglesia vuelve al método de cuidar los bebés. En muchas iglesias, la meta es *mantener a los niños entretenidos hasta que sus padres vengan a recogerlos y orar para que el sermón no se extienda demasiado.* Al final, terminamos brindando cuidados a los niños en lugar de una temprana educación cristiana.

Algunos de nuestros programas hacen un mejor trabajo. Los maestros ven su función como una que cultiva la fe ofreciendo un ambiente seguro para desarrollar relaciones interpersonales. Ellos se enfocan en los aspectos no formales de la educación. Provenientes del reconocimiento de las necesidades de la edad de los niños, estos programas se enfocan en la comunicación implícita en lugar de explícita de las verdades cristianas. Esto es verdaderamente encomiable y apropiado, pero todavía creemos que el contenido de la Biblia y la verdad de la Biblia se puede enseñar a los pequeños. Creemos que es posible establecer un fundamento, tanto emocional como cognitivo, sobre el cual el maestro pueda edificar a medida que el niño desarrolle poderes cognitivos cada vez mejores y a medida que llegue a conocer al Señor como su Salvador.

Enseñar la Biblia a los preescolares seguramente es otra cosa muy diferente a enseñar adultos, adolescentes o incluso niños de edad elemental. Francamente, esto requiere una revisión importante de la estrategia Anzuelo, Libro, Mirar y Apropiar. En este capítulo exploraremos algunas revisiones de la estructura ALMA que capacita al maestro para que este provea conceptos e informaciones básicas que los niños del preescolar necesitan para formular el fundamento de un punto de vista bíblico del mundo. Nuestra meta es aconsejar cómo enseñar a los preescolares, las verdades de la Palabra de Dios de una manera apropiada.

Hemos hecho énfasis en la idea de que el maestro de Biblia enseña para obtener una respuesta. La respuesta a Dios es de suma importancia cuando se refiere al desarrollo espiritual. Pero, ¿qué decir de los niños de dos, tres, cuatro y cinco años? El desarrollo espiritual presupone un nacimiento espiritual. Y la mayoría de los niños en los departamentos de preescolares no son nacidos de nuevo.

Así que nuestra primera tarea es contestar esta pregunta: ¿Cuál es el propósito de enseñar a los preescolares? Convertirlos no es primordial. No es producir crecimiento espiritual en lo que no tiene vida espiritual. Y definitivamente tampoco es ayudarlos a actuar como cristianos, si no lo son.

Entonces, ¿cuál es la meta en nuestra enseñanza de la Biblia? Cuando sepamos nuestra meta, tal vez podamos ver cómo enseñarlos.

Muchas veces se enseña con la filosofía consciente o inconsciente de que mediante la experiencia «cristiana» dirigida, los niños preescolares desarrollarán personalidades cristianas. Pero es acerca de Dios para lo cual nos comunicamos con Dios. Así que, cualquiera que sea el método que empleemos para la educación cristiana del preescolar, no se puede descuidar el que la Palabra y palabras de Dios sean comprensivas para los niños preescolares que están en víspera de la comprensión.

En otro asunto que este tipo de pensamiento no encaja es en el cuadro bíblico de un cristiano. No existe una justificación bíblica para la idea de que las «personalidades cristianas» se desarrollan naturalmente mediante la preparación en los principios morales cristianos. Una personalidad cristiana se produce supernaturalmente. El carácter cristiano se hace patente cuando una persona ejercita su fe personal en Jesucristo como el Salvador, y Dios le imparte una vida nueva y supernatural. Esta vida supernatural, que se vive por el Espíritu que mora en el creyente, es la única clase de vida que la Biblia nos permite llamar «cristiana».

Por tal motivo, en la iglesia no podemos tomar la posición de que la preparación de los preescolares es para producir «personalidades cristianas», o ayudarlos a «vivir la vida cristiana». Pero aún no hemos contestado la pregunta para qué lo hacemos.

El preescolar en desarrollo está ansioso de aprender información acerca de su mundo, si relacionamos esto con la naturaleza de la Escritura como una verdad revelada acerca de la naturaleza de la realidad, logramos el propósito distintivo para la educación de los preescolares. Sencillamente dicho, es esto: *La tarea primaria del maestro de cuna y principiante de la escuela dominical es brindar los conceptos básicos e información que los niños necesitan para formular un punto de vista bíblico del mundo.*

Todos estos comentarios acerca de la cosmovisión bíblica suena oscura y difícil. Pero póngalo más abajo, al nivel que enseñamos, y usted entenderá lo que queremos decir. Los niños necesitan saber quién es Dios. Es muy importante que vean el mundo como la creación de un Dios amoroso, que ellos desarrollen confianza en que Jesús, el Hijo de Dios, es un amigo poderoso que los ama y se interesa en ellos. Necesitan saber que Dios les habla en la Biblia, su libro, que allí les cuenta de su amor, y cómo ellos pueden demostrar su amor por Él. Los niños que desarrollan estos conocimientos, que tienen un lugar para Dios en sus pensamientos y un cuadro de la manera que realmente son las cosas, estarán listos para responder al mensaje del evangelio del amor de Dios expresado en el sacrificio de Cristo cuando ellos lleguen a una edad en que puedan comprenderlo. Los niños que crecen sin un concepto bíblico de Dios considerarán el mensaje del evangelio completamente extraño a su manera de pensar acerca de la vida y el mundo.

¿Qué significa esto en la práctica? *Primero, la Biblia debe enseñarse.* Los niños de dos, tres, cuatro y cinco años necesitan y se les debe enseñar la información bíblica. La información que es particularmente relevante no es moral en carácter, pues no dicen lo que Dios quiere que los creyentes hagan. Las verdades relevantes son aquellas que dicen quién es Dios; verdades que le dan a los niños preescolares un cuadro bíblico del mundo, de ellos mismos, de Cristo. Estas ideas deben ser la médula del currículo.

Segundo, la reacción se debe motivar. Los preescolares pueden responder a las verdades de la Biblia. Un niño que sabe que «Jesús siempre me ve» puede recordar esto y reaccionar cuando siente la tentación de hacer algo malo por detrás de mamá, o cuando está solo y tiene miedo en la oscuridad de su habitación.

En cuanto a pedir reacción, no podemos esperar que los preescolares sin vida espiritual se desarrollen espiritualmente. Debemos motivarlos a expresarse u orar en reacción a una verdad en particular, pero con esto no estamos sugiriendo que cualquiera de estas reacciones agraden a Dios. Antes que un niño o adulto pueda agradar a Dios, debe ser aceptable a Él en Cristo.

Entonces, ¿por qué hacemos énfasis en la respuesta? Estamos tratando de establecer, temprano en la vida, un patrón de respuesta a la verdad. Estamos tratando de ayudar a los niños a desarrollar la conciencia de que una respuesta es el compañero necesario y normal del aprendizaje de las verdades bíblicas. «Yo aprendo la Palabra de Dios» y «respondo a Dios» son inseparables, y no nos atrevemos a separarlas, aunque nuestra meta de la enseñanza sea primordialmente informativa.

Tercero, la Biblia se debe enseñar eficientemente. La información bíblica se debe enseñar en el nivel preescolar. Y debe enseñarse de formas que los preescolares puedan aprender con más facilidad. A los niños de tres años no les hablaremos de la omnipresencia u omnisciencia, pero le podemos enseñar «Jesús siempre me está viendo». En el resto de este capítulo continuaremos explorando cómo podemos comunicar mejor la verdad a los preescolares.

CÓMO ENSEÑAR A NIÑOS DE DOS Y TRES AÑOS

Visite un salón de escuela dominical perteneciente a niños de dos o tres años de edad y lo que posiblemente verá no va a parecer una clase. Los niños estarán moviéndose, jugando con bloques o muñecas, o mirando libros coloridos. El salón será grande y espacioso, no habrán cubículos. ¡Y quién puede enseñar sin tener clases! Pero quédese y escuche por un rato. Observe el patrón de las actividades. Observe a las maestras próximas al centro de cada actividad. Escuche las conversaciones sencillas que tienen con los niños y niñas mientras juegan. Quédese allí durante una hora y observará una sencilla historia de la Biblia, narrada con claridad y con una variedad de visuales. Luego más actividades —canciones con movimientos, juego de dedos, representación de la historia, trabajos de proyectos sencillos con papel— todos los cuales refuerzan el total del impacto del aprendizaje. Una clase de niños de dos o tres años de edad tal vez no parezca una de escuela dominical, quizás no se vea ninguna enseñanza. Sin embargo, en un buen departamento se enseña a los niños. En esta sección queremos explorar la clave para la enseñanza efectiva de niños de dos y tres años.

CÓMO APRENDEN LOS NIÑOS DE DOS Y TRES AÑOS

Los buenos maestros enseñan a los estudiantes. No es simplemente «contar verdades». La verdad se debe comunicar en forma tal que los niños la aprendan. Es importante recordar esto cuando pensamos enseñar niños de dos o tres años. Los niños de esta edad sencillamente no aprenden significativamente si se les enseña de la misma manera que a los niños mayores. Para ellos, el aprendizaje comienza con actividades, no con palabras. Son aprendices pre-lógica.

Para los preescolares las ideas toman significado *a medida que las asocian con experiencias*. Así que, la mejor forma de comunicar ideas bíblicas es enseñándolas en un contexto de actividades y experiencias. Recuerde que por naturaleza, los pequeñitos se mueven mucho. Llevan en sí la necesidad de moverse. Además, tienen una atención que se desvía con facilidad. En términos generales, los niños tienen una duración de atención equivalente a la edad en minutos. Un niño de dos años pueden escuchar a un adulto hablar durante dos minutos. Uno de tres años se concentra en un aprendizaje verbal durante tres minutos. Cuando los adultos les hablan, las cosas en el otro lado del salón naturalmente atraen a los pequeños cuerpos a una investigación personal. Si su lección va a prolongarse más que la duración de la atención de ellos, usted necesita cambiar su estilo, quizás permitiéndoles representar parte de la lección a medida que la enseñe. Los preescolares jóvenes necesitan actividades y libertad de movimiento. Por lo cual, en nuestra enseñanza debemos incluir actividades. Si su período de enseñanza es de una hora para los niños de dos años, podrán haber tanto como treinta cambios de actividades de aprendizaje. Imagínese: ¡treinta!

Características sociales. Estas también juegan una gran parte en el desarrollo guiado de un programa de aprendizaje para preescolares. Los niños de dos y tres años normalmente no están preparados para actividades en *grupo*. Tenga una docena de niños de tres años perdidos en un salón bien equipado y algo interesante sucederá. Se dispersan. Se alejan los unos de los otros. Aunque varios de ellos vayan al mismo lugar del salón, no estarán «juntos». Jugarán uno al lado del otro, pero no juegan el uno con el otro. Las investigaciones del desarrollo le llaman *juegos paralelos*. Dos de ellos jugarán con bloques, pero cada uno de ellos hará su torre. Tres de ellos tal vez miren libros, pero cada uno mirará su propio libro. Otros quizás jueguen con rompecabezas de madera, pero de nuevo cada uno con el suyo. El juego cooperativo, jugar con los demás, llega más tarde.

Todo esto se combina para destacar el hecho de que los niños son especiales y deben enseñarse de maneras especiales. Son individualistas que no caben en grupos y que necesitan que se les enseñen y quieran individualmente. Se mueven mucho y necesitan libertad de movimientos. No hablan mucho y necesitan aprender ideas asociadas con las actividades que les dará significado a esas ideas. Se requiere un programa de enseñanza estructurado para comunicar las verdades bíblicas que niños como estos puedan asimilar.

UN PLAN PARA ENSEÑAR A NIÑOS DE DOS Y TRES AÑOS

Una clase de escuela dominical de niños de dos y tres años es una clase donde se enseña. Está estructurada para comunicar las verdades de la Biblia. Pero en este departamento, la enseñanza tiene una cara poco común. La hora se llena de actividades que se efectúan con muchos cambios entre momentos de actividad y momentos de tranquilidad. No obstante, el conjunto es un patrón cuidadoso. En general, la hora se divide en tres períodos básicos en los cuales se deben seguir tres *métodos diferentes* de enseñanza.

El primero de estos comienza con la pre-sesión y continúa aproximadamente durante quince a veinte minutos en la hora misma de la escuela dominical. Durante ese tiempo, los niños tienen libertad de participar en una variedad de actividades en centros provistos en diferentes partes del salón. En el segundo período, se cuenta una historia bíblica. *Solamente durante este breve tiempo* están todos lo niños juntos en un grupo. En el tercer período de enseñanza, los niños y niñas están ocupados en actividades (cantos, trabajos manuales, etc.) Aunque todos están trabajando en las mismas cosas aproximadamente al mismo tiempo, lo harán en áreas diferentes del salón (*no en grupo*), con maestros que los guiarán y ayudarán a reunirse en pequeños grupos alrededor de ellos.

1. Hora de la pre-sesión y centro de aprendizaje

Con frecuencia, los grupos grandes angustian a los niños de dos y tres años, y fácilmente se alteran debido a la poca experiencia con los grupos. Esta característica es una de las razones principales para arreglar el salón como se muestra en la Figura 18 en la página 437. Nótese que en cada esquina del área se tiene un centro de actividad. Estos centros de actividades (también llamados centros de aprendizaje) brindan materiales de juego que capturarán y mantendrán el interés. El juego es el medio principal por el cual aprenden los niños de esta edad. Y también los materiales que se ofrecen están cuidadosamente seleccionados para relacionar los propósitos de enseñanza del día y proveer experiencias mediante las cuales las verdades bíblicas del día se revistan de significado.

Cuatro principios son importantes para hacer que este «período de juego» sea uno de enseñanza:

Primero, solo tenga disponible los materiales de juego que estén relacionados con el propósito de la enseñanza bíblica. Los objetivos para este grupo siempre son sencillos y deben relacionarse a la comunicación de un concepto bíblico básico. «Jesús siempre me está viendo» es un ejemplo de un tema en el cual basar la hora de actividades de enseñanza.

Otros temas acerca de Jesús son apropiados. Desarrolle la siguiente idea: Él es el Hijo de Dios, el amigo de los niños, que los ama y cuida.

«Jesús nos da los alimentos» pudiera ser otra de las ideas de enseñanza reflejando la verdad de cómo todas las bendiciones se derivan de Él. Para un tema así, los bloques pueden ser unidades para representar granjas, centros domésticos, un lugar para jugar a preparar y servir comidas, láminas de comidas, sacadas de revistas, una comida favorita para pegar en platos de cartón. Cada actividad se relaciona al tema y provee una experiencia en la cual la idea se comunica con el significado.

Segundo, coloque una maestra u obrero en cada centro de aprendizaje. Los materiales para jugar y las actividades de los niños deben relacionarse al tema del día. Por sí solos los niños no asociarán patrones de actividades que refuercen la enseñanza. Sin embargo, niños de dos y tres años son muy sugestionables. Con facilidad se pueden guiar a otro patrón de juegos que le acomode.

Por ejemplo, escuche al maestro del centro doméstico: «¡Qué olor! Juanita, creo que estás preparando una comida muy buena. ¿Vas a servirme un poco en el plato? Gracias. Siempre debemos decir «gracias», ¿verdad? ¿A quién oramos para darle las gracias por los alimentos cuando nos sentamos a la mesa? Sí, a Jesús. ¿Verdad que es bueno que Jesús nos de alimentos? Ahora vamos a darle las gracias.

Tercero, permita que los niños tengan libertad para ir de un centro a otro. La atención de los niños cambia a menudo y necesitan moverse. Así que durante este período la libertad de movimiento es importante. El niño debe tener libertad para ir de un centro a otro según lo desee. Esta libertad de movimiento no molesta el enfoque de la enseñanza de la hora

Figura 17

MODELO PARA EL USO DEL TIEMPO CON NIÑOS DE DOS A TRES AÑOS

6-8 min.

Pre-sesión: A medida que lleguen los niños

TIEMPO EN EL CENTRO DE APRENDIZAJE

ACTIVIDADES DE APRENDIZAJE RELACIONADAS

HISTORIA DE LA BIBLIA

Figura 18

ARREGLO DEL AULA PARA
NIÑOS DE DOS Y TRES AÑOS

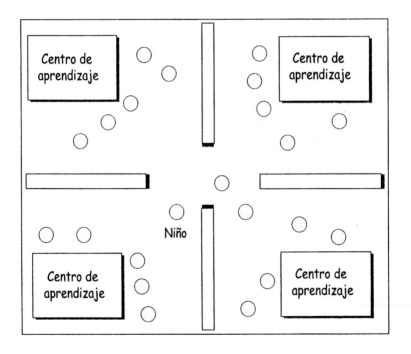

porque no importa a cuál centro el niño se dirija, la misma verdad sencilla se repite.

Si Juanita se cansa de cocinar y va a jugar con los bloques, la maestra de allí puede decir: «Hola, Juanita, me alegro que hayas venido. Pedrito y María están jugando a la granja. Están cultivando un alimento bueno para la familia. Jesús nos manda la lluvia y el sol para que los alimentos crezcan. ¡Qué bueno es que Jesús nos de alimentos de esta forma! ¿Te gustaría a ti también hacer una granja? ¿Qué le pedirías a Jesús que te ayudara a cultivar?

De esa forma, mediante una variedad de actividades, se presenta una idea sencilla y se le da significado en términos del mundo y experiencias del niño. Y a su vez, el niño va desarrollando una idea de Jesús, que puede hacer cosas maravillosas y que los ama.

Cuarto, visualmente separe los centros de aprendizaje. Aunque los niños tengan libertad de movimiento, los cambios rápidos y repetidos de un centro a otro deben limitarse. Una división portátil en el salón limitará la distracción. Estas divisiones también brindan a los niños un sentido de confianza haciendo que estén relativamente inconscientes del número de niños que hay en el salón. Las divisiones también reducen el contacto de niños con niños permitiendo que todo el programa permanezca más tranquilo y más estable.

Por último, nótese que la estructura para el primer período de la hora provee la enseñanza individual. Las maestras y obreros pueden hablar personalmente con cada niño a medida que viene a unirse a los pequeños grupos de su centro. Y la repetición constante hace que penetre la verdad bíblica principal de la lección.

2. *Hora de la historia de la Biblia*

En términos de comunicación de la verdad bíblica del día, la hora de la historia de la Biblia puede ser la parte menos eficaz de la clase. Las actividades son mejor medio para comunicar que las historias. Los niños se sentarán en un grupo para la historia de la Biblia, una situación poco común para niños de dos y tres años. Será difícil mantenerlos juntos y aun peor mantener el interés y la atención. Particularmente difícil es el hecho de que el que cuente la historia estará hablando a un grupo, no a un niño individualmente. Todos estos factores limitan el valor de la enseñanza a la hora de contar historias de la Biblia. Entonces ¿para qué se tiene? Primero, porque cada verdad que se enseña en el departamento debe asociarse con la Biblia, el Libro de Dios. El maestro debe mostrar y abrir una Biblia como si la estuviera leyendo.

Realmente, las historias de la Biblia pueden hacerse interesantes y divertidas para los pequeñitos. Son importantes los medios visuales: arena, mesa, figuras, murales, delantales con sorpresas (con bolsillos grandes de donde inesperadamente saldrán figuras) todo lo que ayude a aumentar el interés. Si la historia no es muy larga, si se visualiza y se cuenta bien, puede fomentar un feliz entusiasmo acerca de la hora de la Biblia. Desarrollar una conciencia acerca del Libro de Dios como algo interesante y una fuente de verdad es una meta importante para el personal que enseña a los preescolares.

3. *Relacione las actividades de aprendizaje*

Después de la historia de la Biblia, los niños se dividen. Ahora pueden circular libremente y unirse a uno de los grupos pequeños que se reúne alrededor de cada maestra. Se realizan varias actividades de aprendizaje durante el resto de la hora. Una maestra puede dirigir un juego con los dedos en su grupito para repasar la historia de la Biblia o repasar la lección que se enseñó. En otra parte del salón una maestra puede dirigir canciones con movimientos divertidos y palabras que de nuevo se relacionen con la lección del día. A menudo, la actividad de cada grupo será paralela a todos los otros. Por ejemplo, todos estarán trabajando al mismo tiempo en el trabajo manual. Pero siempre cada maestra trabajará con solo cuatro o cinco niños, prestando a cada uno atención y conversación individual.

Entre las actividades de aprendizaje, que por lo general se usan con niños de dos o tres años, están los cantos y trabajos manuales. El propósito de la enseñanza es central en todas las actividades. También es central en los cantos. La mayoría de las casas de publicaciones destacan las canciones que se escriben especialmente para enseñar las verdades de la Biblia. Desde luego, algunas canciones con ejercicios divertidos se incluyen para beneficios de todos. Pero los coros que usan palabras y frases simbólicas que van más allá de la habilidad de los jóvenes preescolares definitivamente se dejan a un lado. No es necesario tener un piano para cantar. A los niños de esta edad se le hace mucho más fácil aprender la música mediante la voz humana que de un instrumento musical. Pero las nuevas canciones deben tararearse y cantarse a menudo para que los pequeñitos puedan aprender las sencillas palabras y música. Las canciones son unas herramientas de aprendizaje especialmente buenas, ya que un preescolar, después de aprenderlas, casi seguro la cantará una y otra vez en la casa, imprimiendo todavía más la verdad bíblica que proclaman las palabras.

En la escuela dominical, el proyecto de trabajos manuales se diseña para enseñar. Dichos proyectos enseñan una de dos formas primarias: (1) Algunos permiten que los niños vuelvan a presenciar la historia de la Biblia. (2) Algunos proyectos demuestran una respuesta apropiada a la verdad de la Biblia. Las maestras pueden terminar estos proyectos manuales, antes de la clase. En este caso, la hora de trabajos manuales no se empleará para hacer el objeto sino para aprender cómo usarlo. La maestra contará la historia y mostrará a cada niño cómo mover o jugar con su objeto. Aunque a menudo se reservan algunas cositas para que el niño haga su proyecto, el énfasis de la clase siempre será ayudarlos a ver cómo se usa. Los proyectos de trabajos manuales también son herramientas de enseñanza.

Cada currículo provee ideas para actividades de instrucción. Algunos tienen libros de trabajos. Otros sugieren maneras de representar la historia. Aun otros sugieren simples excursiones afuera para buscar objetos asociados con la lección del día. Cualquiera sea el método que se use, la función básica sigue siendo la misma: repetir, en una variedad de situaciones y mediante una variedad de actividades, las verdades básicas de la Biblia que estructurarán el pensamiento del niño preescolar dentro de un marco bíblico. Esto sucederá en una ambiente relajado, flexible, en una hora de verdadero disfrute en la iglesia, y culminará con actividades de juego que los niños disfrutarán y mediante las cuales sus amigas adultas les enseñan.

CÓMO ENSEÑAR A NIÑOS DE CUATRO Y CINCO AÑOS

Los niños de cuatro y cinco años son diferentes a los de dos y tres años. Pero también hay similitudes importantes. Los preescolares mayores siguen siendo preescolares. Aún no han ido a la escuela elemental. No pueden leer. Aunque su vocabulario sea extenso, estos niños siguen aprendiendo mejor cuando las palabras, con la experiencia, cobran significado. Aún necesitan moverse. Como los demás niños, los de cuatro y cinco todavía están construyendo su comprensión del mundo. Y siguen necesitando verdades básicas para ayudarlos a hacer un cuadro bíblico de ellos mismos y del mundo en el que viven.

¿Qué de las diferencias? Esto se destaca particularmente en las áreas sociales. Los preescolares mayores están interesados los unos por los otros. Juegan juntos. Se escuchan unos a otros. Pueden cooperar. Y, lo que es muy importante, se sienten involucrados cuando participan del grupo. No requieren el método de solo-háblame-a-mí que mantenía la atención de los más jóvenes.

Todas estas —diferencias y similitudes— son importantes. Ellos, también, necesitan un programa hecho a la medida según sus características de desarrollo.

CÓMO APRENDEN LOS NIÑOS DE CUATRO Y CINCO AÑOS

«¿Tú puedes gruñir como un león hambriento?»

«¡GRRR-RRR, GRRR-RRR!»

«¡Oh, mira, leones! Alguien nos está abriendo la puerta de la guarida. Vamos a gruñir más fuerte, para que sepan que tenemos mucha hambre.»

«¡GRRR-RRR!»

Un grupo de «leones» de ojos brillantes de cinco años en el departamento de jardín de infancia de Juan, respondió con entusiasmo: «GRRR-RRR».

«¡Mira, leones! ¡Nos están tirando algo! ¡Es una persona!

Es Daniel. Apúrate, vamos a comérnoslo. Vamos... ¡Ay! Esperen un momento. ¿Qué pasa ahora?»
«Dios cerró la boca de los leones. Dios no permitió que los leones se comieran a Daniel. Dios cuidó a Daniel».
«¿Pueden ustedes gruñir como leones hambrientos, con las bocas cerradas?»
«GR-MMMMMM».
Tomás representa a Daniel. Luego Susana quiere hacerlo. Ansiosos los niños se reúnen. «¡Yo soy el próximo!» Y así la historia de la Biblia se representa una y otra vez, a medida que cada niño vive el gran suceso y experimenta la protección de Dios. Dios cuidó a Daniel. Dios no podía permitir que le hicieran daño a Daniel.

Los estudiantes del departamento de Juan están aprendiendo, de la mejor forma que ellos aprenden. Están jugando. Están experimentando el suceso bíblico, experimentando el gozo de la liberación, mientras encuentran confianza en Dios. Más adelante, durante la clase, láminas de preescolares en situaciones que les son familiares servirán para guiarlos a considerar cómo Dios los cuida mientras juegan, viajan en el carro o caminan con mamá. Los niños tendrán la oportunidad de hablar, sugerir lugares donde Dios los puede cuidar. Tal vez uno diga algo sobre la vez que paseó en un bote, otros pensarán en el hogar, jugar en el patio, o estar en la iglesia. Quizás dibujen cuadros representando una de las experiencias de las cuales hablaron. Mediante todo eso, la representación imaginada, el estudio de las láminas, las experiencias personales relatadas, se imprimirá el hecho grandioso que es el cuidado de Dios.

Para niños de cuatro y cinco años, este es la manera para enseñar significativamente la Biblia. ¿Qué involucra programar este patrón de aprendizaje? Un aprendizaje «apropiado» a las características del desarrollo de la edad es especialmente importante.

Primero, los niños deben involucrarse. Esto significa involucrarse físicamente en una variedad de actividades, tanto como verbalmente al hablar. Representar la historia, moverse con la música, representar aplicaciones, son cosas que requieren movimiento, actividad. Dicha participación requiere un salón grande y abierto, un salón con espacio para moverse y jugar.

Segundo, estos momentos de aprendizaje son actividades de grupo. Los preescolares mayores no se dividen en pequeñas clases ni se fuerzan para que se sienten en «sus» mesas para aprender solo mediante palabras. Estos niños aprenden mejor mediante actividades. Necesitan moverse, ser «leones», ser «Daniel» y saltar de una silla bajita a una guarida imaginaria. Actividades como estas son bulliciosas y ocupan espacio.

Pero las actividades mediante las cuales aprenden los principiantes, son la clase de actividades que todo el grupo puede realizar. Los niños de cuatro y cinco años son capaces de trabajar juntos en un grupo. Pueden oír juntos a un solo narrador de historia o seguir a un solo líder que canta. Han recorrido un largo trecho desde los dos y tres años.

Debido a este desarrollo social, y a las actividades de programas de aprendizaje, es necesario para obtener un aprendizaje máximo, mantenerlos juntos en un grupo, excepto durante la hora de trabajo manual.

Lo que necesitamos, entonces, es un modelo de programa de enseñanza para todo el grupo del departamento (por lo general, lo ideal es un máximo de veinticinco). El modelo debe brindar actividades, aunque también tenga momentos de tranquilidad para adorar y escuchar. Dentro de un programa bien planeado es que se pueden comunicar significativamente las verdades de la Biblia a los niños de cuatro y cinco años.

UN PLAN PARA ENSEÑAR A NIÑOS DE CUATRO Y CINCO AÑOS

La escuela dominical es divertida para la mayoría de los niños de cuatro y cinco años de edad. Pero la diversión tiene propósito. Los niños aprenden mediante cada actividad. Como en los programas para los otros grupos de edades, durante cada clase de la escuela dominical debe comunicarse una verdad principal de la Biblia además de motivarse una respuesta. El programa, entonces, no está «suelto» (en el sentido que los niños escojan cualquiera de las actividades variadas y hagan lo que se les ocurra); está «ceñido» (ya que todas las actividades están cuidadosamente planeadas para ayudar a los niños a aprender la verdad bíblica del día). Cada actividad debe encajar en el propósito de la lección y añadir una dimensión a la verdad enseñada. No obstante, con todo y la estructura «ceñida», es una hora relajada, flexible y divertida tanto para los niños como para las maestras. Es mejor dividir la hora en grupos de actividades que se enfoquen en la historia de la Biblia, adoración y expresión. Y, desde luego, la maestra tiene esos minutos mientras llegan los niños antes de comenzar la clase. Vamos a ver cada uno de estos segmentos por separado.

1. Pre-sesión

La escuela dominical —y la enseñanza— comienza cuando do aparece el primer niño por la puerta del salón. Este es el momento cuando él puede hablar con una de las maestras, adaptarse al salón y al grupo, e involucrarse en actividades que lo ayudarán a pensar siguiendo el tema del día.

En un buen currículo, se encuentran las actividades de la pre-sesión que se relacionan al tema de cada lección. Las actividades de la pre-sesión pueden incluir elegir láminas y ayudarlos a hacer una tablilla de información, aprender una canción nueva, colorear o cortar, hacer un cuadro de pared, representar escenas, etc. Pero, repito, estas actividades están relacionadas al propósito de la lección. Pueden introducir nuevas palabras e ideas que necesitan los niños para entender la historia de la Biblia. Tal vez solo ayude a los niños a recordar experiencias como las de los personajes de las historias de la Biblia o situaciones en la cual se aplique la verdad bíblica. De cualquier forma, las actividades de la pre-sesión crean una disposición para la lección y la hora de clase. Y esto es importante.

Normalmente la pre-sesión no se extiende mucho hasta la hora de clase, como sucede con niños más jóvenes. Las actividades sugeridas tal vez se lleven a los grupos pequeños que se reúnen alrededor de diferentes maestras. A veces todo el grupo estará junto para la diversión de la pre-sesión. El procedimiento dependerá en la clase de actividad sugerida para cada hora.

2. La historia bíblica

En la mayoría de los programas de los preescolares mayores, la historia de la Biblia es lo primero que se hace. El resto de la hora se diseña para llegar a tener reacciones variadas. Todo el grupo se reúne para la hora de la historia bíblica. Esto disminuye el problema del ruido de varias clases pequeñas tratando de enseñar la lección a la misma vez. Y si un líder cuenta la historia a todos los niños, estos oirán al mejor cuentista del departamento.

El estudio de cuadros y la conversación son dos actividades que normalmente se combinan en la hora de la historia

Figura 19

MODELO PARA EL USO DEL TIEMPO CON NIÑOS DE CUATRO Y CINCO AÑOS

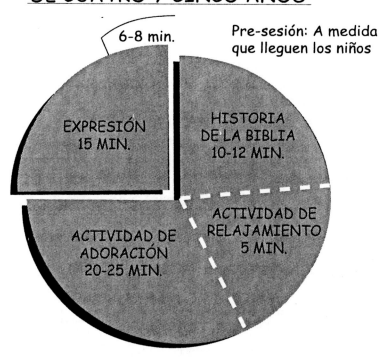

6-8 min.

Pre-sesión: A medida que lleguen los niños

EXPRESIÓN 15 MIN.

HISTORIA DE LA BIBLIA 10-12 MIN.

ACTIVIDAD DE ADORACIÓN 20-25 MIN.

ACTIVIDAD DE RELAJAMIENTO 5 MIN.

bíblica. Pero las actividades para relajarse también son necesarias. Luego de estar sentados durante diez o doce minutos, este grupo por edad está deseando moverse. Así que se incluyen actividades de movimiento. Estas actividades también deben relacionarse a la lección. Una excursión de ruidosos elefantes que van para el arca de Noé, o una oportunidad de pretender ser la niña enferma que Jesús curó y saltar al imaginario toque de Jesús, satisfará la necesidad de los niños de cuatro y cinco años para cambiar de posición y moverse, además de contribuir al impacto de enseñanza de la hora. El departamento se reúne para todo esto: oír, conversar y relajarse con diversiones. Y una maestra puede dirigir cada experiencia de aprendizaje.

3. Actividades de adoración

Luego de las actividades de la historia bíblica y las de relajación con diversión, los principiantes se reúnen para las actividades que agrupan la idea de la adoración. Aquí se mezclan las canciones, oraciones y conversaciones que ayuden a los niños a relacionar la verdad bíblica con sus vidas y experiencias en el hogar y el juego.

El mensaje de los cantos para principiantes es de fundamental importancia. Las canciones deben llevar el propósito de la enseñanza y ser de ayuda práctica para los niños de cuatro y cinco años. Las palabras deben contener conceptos que los niños puedan entender, que expresen algo que ellos experimenten y valga la pena cantar muchas veces. En los mejores currículos, se incluyen las canciones que satisfacen este criterio. Las canciones deben usarse como se sugiere, y no deben reemplazarse por coros que los niños cantan con mucha bulla, sin comprenderlos.

Las canciones deben explicarse a medida que se enseñan. Esto se hace cantando la canción como un mensaje antes que los niños reconozcan que están aprendiendo una canción nueva, usando estas palabras en conversación, haciendo preguntas que conteste la canción y dejando que los niños descubran las respuestas, ilustrando la canción con cuadros cuando se canta, etc. Como las canciones de los principiantes se usan frecuentemente y cada vez en un contexto donde se destaque el significado, llegan a ser comunicadores vitales de las verdades bíblicas.

Este grupo fácilmente puede aprender porciones sencillas de las Escrituras. Aquí, como con las canciones, el «aprendizaje» debe enfocarse en el significado y no en las palabras mismas. Repetir palabras de la Biblia, realmente no es aprender la Palabra de Dios. No ha habido un aprendizaje significativo, solo un aprendizaje de repetición. Durante las actividades de adoración, a menudo se dará tiempo para explicar el significado de las palabras del versículo del día relacionándolo a las experiencias de la clase o de la vida diaria.

Las oportunidades para oraciones sencillas se presentan espontáneamente a medida que se enseñan y comentan las canciones y los versículos de memoria, o cuando se cuentan las historias de adoración. La oración debe ser una expresión natural de gratitud o necesidad. En este grupo por edad la oración debe ser una experiencia natural y frecuente a medida que las canciones y conversación lo motiven.

4. Actividades expresivas

El propósito general de este grupo de actividades es guiar a los principiantes para hacer en la escuela dominical lo que se quería obtener como la reacción de la lección. Aquí vienen bien las actividades como por ejemplo representar la historia de la Biblia para hacer el suceso más real o representar situaciones de la vida en la cuales se aplica una verdad bíblica. El trabajo manual se debe hacer para ayudar a los principiantes a ver cómo la verdad encaja en sus vidas. Tiene un propósito de enseñanza. Con el apoyo adecuado de los adultos, los niños pueden hacer mucho para hacer este proyecto por sí solos y debe permitírseles que así lo hagan. Entonces, el resto del tiempo se puede emplear mostrando a los niños cómo usar su proyecto para jugar en la iglesia y luego en sus hogares.

Solamente (tómese como una regla) durante la hora de trabajo manual es que el grupo del departamento se divide y se sienta alrededor de una mesa. Durante este tiempo es mejor tener un adulto por cada cinco o seis niños. A medida que cada adulto atiende a los niños que están a su cargo, su conversación aclarará los pensamientos en cuanto al significado y uso del trabajo manual.

Principios para enseñar a niños preescolares

En resumen, ¿qué podemos decir al considerar los asuntos de la enseñanza de la Biblia a los niños? Sugerimos las siguientes pautas:

El juego es clave

Se ha dicho a menudo que «el juego es el trabajo del niño». En un sentido muy real esto es cierto. Lo que para los adultos es jugar, para los niños es una búsqueda de aprendizaje. Sencillamente observe un salón lleno de preescolares y descubrirá que mediante el juego, los niños son capaces de recoger y procesar ideas.

SENTIR, EXPERIMENTAR Y ACTUAR SON ESENCIALES

Desde el momento del nacimiento, los niños afectan el mundo y su mundo los afecta. Los padres forman a los hijos, y los hijos forman a los padres. Esto no sucede en forma verbal, sino en una forma experimental. Los niños aprenden mediante los sentidos, mediante experiencias y conducta. Así es como Dios los ha hecho. Es sabio que los maestros de niños jóvenes correlacionen sus esfuerzos con el diseño de Dios y armonicen los métodos a desarrollar.

LAS RELACIONES SON IMPORTANTES

La maestra es el único factor más importante en el proceso de la enseñanza formal de aprendizaje, además del niño. Es importante cómo la maestra se relaciona con los niños. Los niños preescolares aprenden mejor cuando un adulto interesado edifica una relación significativa con ellos.

LOS CONCEPTOS APRENDIDOS A ESTA EDAD SON FUNDAMENTALES

La enseñanza que recibe un niño en sus años de preescolar es fundamental por naturaleza. Ayuda a formar su visión del mundo y la vida. Durante estos años se han aprendido varios conceptos fundamentales, incluyendo la naturaleza de confianza, amor e interacción humana. También se entienden los conceptos de un fundamento de igual significado acerca de Dios, Jesús, la Biblia, la creación, el mundo y el pecado. Vamos a identificar más específicamente las ideas teológicas que se pueden trasladar a los niños preescolares.

Dios: Sabe y ve y lo puede hacer todo.

Me cuida, nos oye cuando le hablamos.

Hizo todas las cosas, y nos da todas las cosas para disfrutarlas: ojos para ver, piernas fuertes, padres, hogar, etc.

Jesús: Es el Hijo de Dios, que nos ama.

Jesús ama a todos los niños, y quiere que ellos lo amen.

Jesús puede hacerlo todo, y nos ayudará cuando se lo pidamos.

Jesús está vivo, y vela por nosotros en todo momento.

Nos ayuda a obedecer y agradar a Dios.

El murió por nuestros pecados y nos perdonará.

Es nuestro mejor amigo.

La Biblia: Es la Palabra de Dios. Dios nos habla por medio de ella.

Nos habla de Dios y Jesús, y nos dice cómo agradar a Dios.

El Mundo: Dios lo creó, y todas las cosas buenas que hay en él.

Pecado: El pecado es desobedecer a Dios y ofenderlo.

Dios nos ama aunque pequemos, aunque esto lo haga sentirse triste.

Jesús puede perdonar nuestros pecados.

UNA PALABRA FINAL

Imagine un anuncio diferente en el boletín de la iglesia para buscar un ayudante. Imagine uno que tenga mejor motivación y sea más preciso, uno que diga así:

Se solicita: Personas dedicadas a enseñar la verdad bíblica a niños preescolares. Buscamos personas que vean a los niños preescolares como verdaderas personas que necesitan un ministerio genuino. Visión, compromiso y cuidado, son esenciales. Debe tener interés en moldear una vida y ser ejemplo del amor de Cristo edificando así un fundamento para el futuro.

Figura 20

MODELO PARA
ENSEÑAR LA BIBLIA
CREATIVAMENTE

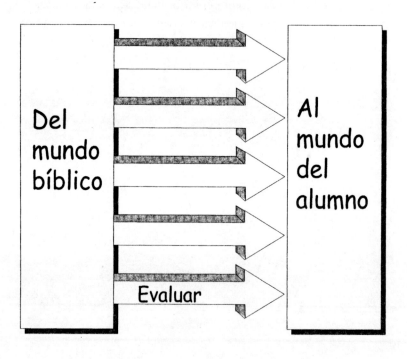

EVALUAR LOS RESULTADOS

Lou Smith es un maestro que lucha. No está seguro de cómo podría mejorar. Se prepara lo mejor posible y cada semana llega temprano para conversar con el grupo de treinta a cuarenta y cinco años de edad perteneciente a la clase de adultos. Pero no siente que está haciendo todo lo que debiera, ni que los alumnos se estén desarrollando como cristianos. Lou necesita ayuda, y también alguna información que no tiene. Lou necesita que alguien evalúe lo que está haciendo y lo que los estudiantes están aprendiendo si es que alguna vez los resultados y sus habilidades van a mejorar.

Evaluación: Probablemente esta sea la tarea más descuidada en la educación de la iglesia. O, tal vez debemos decir que la evaluación formal está descuidada. Mire, la evaluación informal sucede cada vez que la clase se reúne. Los asistentes a la clase juzgan la calidad de enseñanza cada vez que nos paramos frente a ellos, y los que son suficientemente adultos para tomar decisiones por sí solos, deciden si van a participar o no. Sus acciones son un tipo de evaluación. En la mesa, durante el almuerzo de los domingos después del culto, los estudiantes hacen comentarios acerca de nuestra clase. Este es otro tipo de evaluación informal. Pero la evaluación formal, dirigida en una manera cuidadosa y sistemática, es algo raro en la mayoría de los programas de educación cristiana.

Tal vez por eso sea que la idea de la evaluación es una amenaza. ¿Quién quiere que alguien venga a la clase a evaluarlo? ¿Quién espera una crítica de su enseñanza? La mayoría de las personas temen dicha evaluación. Pero no es necesario. Si nuestra meta es mejorar y desarrollarnos como maestros, la evaluación es esencial. De la información que obtenemos, hacemos los ajustes necesarios. Y podemos identificar y edificar nuestra fortaleza de enseñanza. En esta última sección del libro expondremos cómo usted puede evaluar su ministerio de enseñanza. En el Capítulo 20 ofreceremos algunas pautas para autosuperación. Aunque nadie le haga una evaluación oficial, este paso es crucial para su éxito como maestro. En esta sección encontrará una herramienta que puede usar y que revelará mucho acerca de su enseñanza y el aprendizaje de los alumnos. Así no tiene por qué temer. Sus esfuerzos para hacerse una autoevaluación sencillamente le brindarán información que usted puede usar para aumentar su eficiencia en la enseñanza. Pero, de nuevo, ¿no es esa la razón por la cual usted ha leído este libro?

CAPÍTULO 19

UN MODELO DE EVALUACIÓN:
ALGO EN LO CUAL
FUNDAMENTARSE

El 4 de octubre de 1957 lanzaron el satélite ruso Sputnik. Con esto vino la guerra de la tecnología, una batalla por el espacio. A los americanos les preocupó que los rusos llevaran la ventaja tecnológica. Esto produjo el creciente temor de que la libertad estuviera en riesgo. Si los rusos pusieron un satélite en órbita, ¿cuánto demorarían para colocar también una cabeza nuclear en órbita? Dicha situación haría vulnerable a un ataque cada pulgada cuadrada de la tierra americana. Los americanos tenían razón para preocuparse. Exigieron una respuesta, una carrera espacial. Estaban determinados a dominar el espacio por motivos de seguridad y libertad en la Tierra.

Pero no solo era la carrera espacial lo que se lanzaba ese día; sino que además se lanzó el movimiento de evaluación moderno de educación. Los americanos creyeron que su sistema educativo estaba a la deriva en medio de un mar de mediocridad. Los medios de comunicación, las reuniones de padres y maestros y el congreso acrecentaron el llamado a la reforma de las escuelas. En reacción, los educadores comenzaron a divisar herramientas de análisis educativos, exámenes estándares e instrumentos de evaluación con la esperanza de mejorar la calidad y resultados de la educación americana. Y así, durante más de cuarenta años los educadores no solo se preocuparon con los planeamientos de enseñanza, sino también con los resultados de la misma. De este desarrollo han venido los medios por lo cuales los maestros cristianos puedan analizar, evaluar y mejorar su eficiencia en los salones de clase.

¿POR QUÉ DEBEMOS EVALUAR LA EDUCACIÓN EN LA IGLESIA?

En la escuela dominical no estamos enseñando matemáticas ni ciencias ni lectura. Tampoco estamos preparando las fuerzas laborales para la industria nacional. No tenemos la tarea de producir buenos ciudadanos, aunque creemos que podemos contribuir a eso. Estamos haciendo discípulos para Jesucristo. Si estamos enseñando la Biblia, ¿qué más podemos esperar? ¿Realmente necesitamos hacer también una evaluación formal? La respuesta es un sí claro y resonante. Entre todos los que estamos preocupados por los resultados de la educación, los que dirigen la educación cristiana deben ser los primeros. Deseamos hacer lo mejor y lograr el mejor resultado en nuestros programas porque servimos a Cristo y queremos honrarle. Además, sentimos la mayordomía de la cual somos responsables. Solo estos factores deben motivarnos a hacer preguntas que prueben la calidad y eficiencia de nuestro ministerio. La evaluación ofrece tres beneficios muy deseables.

Primero, nos ayuda a determinar si estamos alcanzando los objetivos que hemos establecido para nuestra clase. Como recordará, ya hemos comentado la necesidad de escribir objetivos o propósitos de la lección para nuestras clases.

Estos objetivos nos ayudan a mantener todos los planeamientos de las lecciones en un rumbo determinado. Establecer una dirección y propósito a nuestra enseñanza, nos permite elegir el contenido correcto y las estrategias de enseñanza. Pero los objetivos de la lección también nos ayudan a hacer la evaluación. ¿Estamos logrando lo que nos proponemos lograr? En otras palabras, cuando terminamos una clase, ¿los alumnos· cambiaron sus hábitos como nos proponíamos?, ¿lograron el conocimiento y comprensión que esperábamos que alcanzaran?, ¿adoptaron las actitudes o valores que buscábamos comunicar?, ¿desarrollaron las habilidades o prácticas de conducta que queríamos cultivar? Puede ser que las respuestas a estas preguntas no sean sí o no. Es posible que los alumnos hayan progresado hacia la meta y sin embargo, no hayan alcanzado los resultado que nos propusimos. Pero, ¿cómo sabemos esto sin alguna forma de evaluación? La evaluación permite que los maestros juzguen los resultados de la empresa de enseñanza-aprendizaje.

Segundo, la evaluación le permite a los maestros hacer cambios en el futuro para alcanzar las metas más eficientemente. Asumamos que sea raro estar completamente satisfechos con los resultados de una clase, los maestros pueden hacer cambios al plan de estudio, la metodología o el ambiente para mejorar los resultados de la enseñanza. Si al dar la clase se hace obvio que los estudiantes no comprendieron el concepto sobre el ministerio sacerdotal de Cristo, el maestro puede volver al asunto en forma diferente. La evaluación puede hacer que el maestro cambie sus asunciones acerca de los conocimientos anteriores que tenga el estudiante respecto a un tema. Mediante la evaluación, el maestro también puede juzgar la utilidad de un método en particular y considerar una alternativa que en el futuro enseñe la idea.

Tercero, la evaluación ofrece las bases para mejorar las habilidades de enseñanza. El maestro es una de las variables en el trabajo de educación. En efecto, esta es la variable de mayor control que tenemos. Tal vez tengamos el plan de estudio que se nos ha dado. Tenemos poca elección en cuanto quiénes asistirán a la clase. Y tenemos solo un control limitado en cuanto a los factores ambientales que afectan nuestra enseñanza. Pero podemos cambiar el nivel de nuestra propia actuación de enseñanza. Podemos alterar la variable simplemente desarrollándonos como maestros y haciendo los cambios necesarios. Y al cambiar y mejorar, los resultados también van a mejorar. Aquí está el punto emocionante. Nada nos detiene para mejorar como maestros, excepto nuestra voluntad para hacerlo. No estamos diciendo que el cambio y desarrollo sea fácil. ¡Está muy lejos de serlo! Este es un proceso que requiere la disposición de ver la necesidad de mejorar, un deseo de ser un maestro más capaz, y un plan para llegar hasta allí. La evaluación es una parte esencial del proceso de crecimiento y desarrollo. Los maestros que sienten apasionamiento por la enseñanza tienen la motivación para ser excelentes en su tarea. Durante toda la vida son aprendices que no tienen interés en estancarse en el nivel estático de la competencia en la enseñanza. No, los grandes maestros son maestros en desarrollo. Y la evaluación es un catalítico del crecimiento.

¿QUÉ DEBEMOS EVALUAR?

El proceso de enseñanza-aprendizaje es una función de cuatro variables fundamentales: el aprendiz, el maestro, el currículo y el ambiente. Podríamos retratar esta relación usando la siguiente ecuación matemática: **PEA=f(amca)**. Lo que estamos diciendo es que cada variable influye en el resultado de la enseñanza. Por ejemplo, el cambio de edad del aprendiz, y la misma lección puede aumentar o disminuir el impacto. Lo que funciona bien con los adolescentes tal vez sea completamente inefectivo con el estudiante de secundaria.

En su lugar, digamos que cambiamos al maestro. Un maestro puede ser muy ineficiente en un grupo, mientras que otro no tiene problema alguno para ganar el respeto del grupo. El contenido puede ser idéntico, los estudiantes son los mismos y el medio ambiente igual. Sencillamente cambiar el maestro producirá una experiencia muy diferente en la clase.

Podríamos alterar el plan de estudio. Quizás esté por debajo o por encima del nivel de desarrollo de los estudiantes. Como resultado, no tiene el impacto que queremos. Pero si cambiamos el diseño del plan de estudio de forma que convenga bien a la clase, tendremos resultados positivos.

Luego viene el medio ambiente. Muy caliente, muy frío, muy oscuro, muy ruidoso, muy formal, muy informal, muy nutrido, muy vacío, en todos estos casos el resultado de la enseñanza puede variar significativamente. Así que, podemos ver que cada variable cambia los resultados. Cada variable es una parte dinámica de la ecuación enseñanza-aprendizaje.

Por tanto, si los esfuerzos de la educación necesitan ser correctamente entendidos y revisados, cada una de estas variables deberá evaluarse. Podemos creer que el motivo de una sesión inefectiva se debe a un maestro inadecuado, cuando en realidad puede ser que ningún maestro podría haber hecho algo significativamente mejor dada las actitudes de los estudiantes, la calidad del currículo, o las limitaciones del ambiente. Ya que las cuatro variables están funcionando en cualquier empresa educacional, las cuatro deben considerarse en una evaluación cuidadosa de los resultados de la enseñanza. Aquí hay algunas preguntas que quizás usted quiera considerar mientras evalúa cada variable.

El aprendiz

- ¿Cuál era la edad, nivel de desarrollo y madurez espiritual de los estudiantes?
- ¿Qué necesidades trajeron los estudiantes al intercambio de aprendizaje? ¿Esas necesidades estuvieron satisfechas?
- ¿Estaban los estudiantes preparados para aprender? ¿Trajeron sus Biblias? ¿Y otros materiales necesarios?
- ¿Estaban los estudiantes motivados para aprender? ¿Participaron? ¿Hasta qué punto?
- ¿Qué conocimientos, actitudes y habilidades trajeron los estudiantes al intercambio de aprendizaje?
- ¿Qué conocimientos, actitudes y habilidades se desarrollaron o enriquecieron mediante el intercambio de aprendizaje?
- ¿Qué nivel de comprensión logró la mayoría de los estudiantes?
- ¿Cómo cambiaron los estudiantes como resultado de participar en la clase?

El maestro

- ¿Se oyó al maestro con claridad?
- ¿Al maestro le fue posible articular con claridad el concepto bajo consideración?
- ¿El maestro ofreció la estructura necesaria para el material?
- ¿El maestro ofreció material ilustrativo adecuado?
- ¿El maestro tuvo credibilidad como un comunicador de la Palabra de Dios?

- ¿El maestro fue entusiasta? ¿Enseñó de corazón a corazón?
- ¿El maestro llevó la lección a un buen ritmo? ¿Era muy lento? ¿Estaba apurado?
- ¿El maestro buscó comprometer a los aprendices?
- ¿El maestro fue sensible a las necesidades individuales de los estudiantes en el momento apropiado?
- ¿El maestro estaba adecuadamente preparado?
- ¿El maestro tenía un buen dominio del material que enseñaba?
- ¿El maestro manejó el salón y la conducta del estudiante eficientemente?

El currículo

- ¿Cuál era el propósito de la lección? ¿Era claro? ¿Se centraba en el aprendiz?
- ¿Se lograron los propósitos? ¿Hasta que grado?
- ¿Se presentó un concepto central o idea pedagógica?
- ¿Era consistente con la idea del pasaje que se estudió?
- ¿El Anzuelo obtuvo la atención de los estudiantes? ¿Guió al estudio de la Biblia?
- ¿Eran los métodos apropiados para el grupo por edad? ¿Eran eficientes?
- ¿Cuál funcionó bien? ¿Cuál no?
- ¿Un método diferente habría funcionado mejor la próxima vez que esto se enseñe?
- ¿El pasaje se trató adecuadamente ? ¿Era comprensivo? ¿Se enseñó con exactitud?
- ¿Era la aplicación relevante?
- ¿Los estudiantes participaron en el proceso de determinar apropiadamente los puntos de aplicación?
- ¿Se estimuló un adecuado Apropiar? ¿Los estudiantes se comprometieron a Apropiar?

EL MEDIO AMBIENTE

- ¿Era el ambiente propicio para la edad del grupo? ¿Tenían las sillas el tamaño correcto? ¿Las pizarras y afiches estaban a la altura correcta? ¿El salón tenía lo apropiado para la edad?
- ¿El ambiente ayudaba el aprendizaje? ¿Muy caliente? ¿Muy frío? ¿Adecuadamente iluminado? ¿Las distracciones de los ruidos o actividades en otras clases estaban limitadas?
- ¿Era el ambiente apropiadamente formal o informal para el tipo de clase que se dirigía?
- ¿Estaban las sillas arregladas para un aprendizaje óptimo?
- ¿Habían materiales disponibles? ¿Estaban organizados y listos?
- ¿Estaban los auxiliares visuales listos para usarse? ¿Los videos y la videograbadora listos para usar?
- ¿Todo el equipo funcionaba bien?
- ¿Había un sentido de comunidad? ¿Se sentía la gente bienvenida? ¿Se sentían los estudiantes cómodamente unidos? ¿Había un sentido del cuerpo de Cristo trabajando en unidad?

UN MODELO PARA LA EVALUACIÓN SISTEMÁTICA DE LA ENSEÑANZA Y APRENDIZAJE

El proceso de enseñanza y aprendizaje es complejo. Como hemos visto, el proceso de enseñanza y aprendizaje se comprende de algunas variables que pueden afectar los resultados. Para simplificar la evaluación del proceso de educación, Robert Stake creó un modelo, de mucha ayuda, para construir y evaluar los esfuerzos educativos.[1] La Figura 21 representa el modelo. Consta de seis cajas en dos columnas llamadas «lo esperado» y «lo verdadero». Stake cree que los evaluadores deben considerar ambas. Todos los maestros esperan o planean que sucedan varias cosas en sus clases, pero esos planes nunca llegan a realizarse exactamente como se planearon. Así que la evaluación es una comparación entre lo esperado y lo actual, entre lo planeado y lo que sucedió.

El lado izquierdo del modelo se concentra en las expectativas del maestro durante el encuentro de enseñanza-aprendizaje. Encontrará, comenzando en la parte de arriba de la página, la caja llamada «Antecedentes del aprendizaje que se espera». Un antecedente es algo que llega antes que algo más. Los antecedentes del aprendizaje son las cosas que llegan antes de la verdadera sesión de enseñanza. Estas incluyen las experiencias anteriores de los estudiantes, habilidades y actitudes conocidas. Un antecedente es algo que el estudiante trae a la experiencia del aprendizaje. Por ejemplo, un maestro puede tener la expectativa de que todos los estudiantes comprendan la diferencia entre el Antiguo y el Nuevo Testamento. O un maestro puede tener la expectativa de que debido a una tarea previa, los estudiantes de alguna forma vengan preparados para la clase. En esta caja se coloca cualquier expectativa en cuanto al estudiante, el ambiente o los materiales de aprendizaje que use el maestro para crear el aprendizaje.

La segunda caja, en la columna de las expectativas, es la que dice: «Transacciones del aprendizaje que se espera». Las transacciones del aprendizaje son las estrategias de aprendizaje que los maestros planean llevar a la clase. Aquí es donde el plan de la lección encaja en el modelo.

Figura 21

MODELO ROBERT STAKE PARA LA EVALUACIÓN DE PROGRAMAS EDUCACIONALES Y SESIONES DE ENSEÑANZA

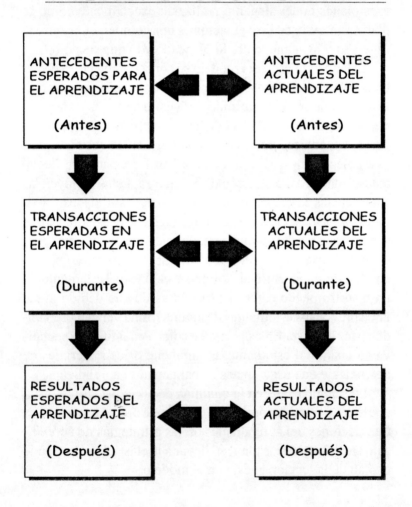

La tercera caja del lado izquierdo, el lado del modelo de las expectativas, dice: «Resultados del aprendizaje que se espera». Describe los resultados que el maestro espera lograr mediante la clase. Este es otro término para los objetivos de la lección o propósitos del aprendizaje.

Stake sugiere una estructura simple y lógica. Cuando planeamos, lo hacemos pensando en los estudiantes que esperamos que vengan a la clase. Planeamos que se realicen ciertas actividades. Estas actividades se crearon para obtener ciertos resultados. ¿No sería bueno que esto siempre funcionara de esa manera? Imagine que nuestros planes de lección resultaran ser tan eficientes en la realidad como cuando los diseñamos en nuestras mentes. Lo que esperamos nunca es idéntico a lo que experimentamos. La similitud o diferencia de nuestras expectativas y lo que realmente sucede, según sugiere Stake, es lo que formula la base para nuestros esfuerzos de evaluación. Y así, Stake repite todas las cajas al lado derecho del modelo. Pero ese lado es el lado de lo verdadero. Aquí colocamos lo que verdaderamente sucedió cuando enseñamos para de esa forma comparar y juzgar lo que sucedió o no. Por último, hacemos esto para hacer ajustes a nuestras expectativas, nuestro currículo y nuestra enseñanza en el futuro. El modelo de Stake ofrece un marco simple para la evaluación, una comparación antes, durante y después.

Debemos observar lo que viene antes que enseñemos, lo que sucede durante la enseñanza y lo que sucede en las vidas de los estudiantes después que los enseñamos. Vamos a considerar un ejemplo para obtener una mejor comprensión de cómo aplicar el modelo de Stake al ministerio del maestro creativo de la Biblia. De nuevo volvemos a Alex Smith, el obrero joven que hemos visto a través del libro. Vuelva a ver la Tabla 13 del Capítulo 9 para ver cómo Alex diseñó su estudio. La Tabla 18 muestra cómo usó el modelo de Stake a medida que evaluaba el estudio bíblico sobre Hebreos 11 en su grupo pequeño.

Alex esperaba tener ocho o diez estudiantes para el estudio. Aparecieron nueve asistentes regulares. Nada de qué sorprenderse. Pero solo seis trajeron Biblia. Afortunadamente, Alex tenía algunas Biblias, así que le entregó una Biblia a cada estudiante. Alex esperaba su grupo regular de estudiantes, pero esta vez dos de ellos trajeron amigos inconversos. Esto afectó al grupo porque estos estudiantes no entendían mucho de los términos de conocimiento bíblico. Además se hizo un poco más difícil porque Alex había planeado desarrollar un compromiso de grupo con los estudiantes regulares. De todas formas siguió adelante, aunque un joven que era clave estaba ausente y los inconversos eran los que estaban presentes. Alex tendrá que seguir con esto para ver cómo estos factores afectaron el resultado de este tiempo para comprometerse.

Como también sucede a menudo, la videograbadora no funcionó al principio. Uno de los jóvenes visitantes supo cómo arreglarlo y lo arregló. Eso fue motivo de alabanza porque todo el grupo reconoció y apreció al joven visitante. Alex entendió que aunque las cosas no salgan bien, es posible que otras resulten ser positivas. El video llevó la sesión a los comentarios, tal y como se había planeado. Pero cuando el grupo pasó a la sección Libro, fue obvio que los que sabían poco acerca de la Biblia estaban aburridos. Así que Alex acortó su conferencia y pasó a otras actividades de aprendizaje que tuvieron más éxito.

Los resultados fueron un poco menos dramáticos que lo que Alex ambicionaba. Para lograr el paso Apropiar, él esperaba lograr una profunda consagración de acuerdo al compro-

Tabla 18

CÓMO USAR EL MODELO STAKE: EVALUACIÓN DE UN ESTUDIO BÍBLICO PARA LOS JÓVENES

Antecedentes esperados del aprendizaje	Antecedentes actuales del aprendizaje
• Asistirán entre 8-10 estudiantes • Todos traerán sus Biblias • En su mayor parte serán cristianos comprometidos • Habrá un video disponible • La mayoría de los estudiantes están encarando algún grado de persecución por ser cristianos • Lo estudiantes sienten la necesidad del apoyo mutuo	• 9 alumnos regulares asistieron—sólo uno no llegó debido a un evento de la escuela • Sólo 6 trajeron Biblias • Dos estudiantes regulares trajeron a amigos con quien ellos han estado compartiendo a Cristo • Estos estudiantes no tenian ni conocimiento de la Biblia ni transfondo cristiano. Ambos no son creyentes. • El equipo de video no funcionó bien al principio. Uno de los estudiantes lo arregló y entonces pudimos mostrar el video.
Transacciones esperadas de la enseñanza •Anzuelo: Segmento de video— Tropas SS Discusión acerca de la persecución •Libro: Miniconferencia acerca del transfondo Informe del estudiante: investigación acerca del sacerdocio. La discusión: Necesidad de la oración, la perseverancia y la ayuda de otros creyentes •Mirar: Lluvia de ideas: Maneras de aplicar la lección. Establecer la meta: Compromiso de respaldarse el uno al otro Compromiso: Escribir un compromiso de grupo acerca de reunirse regularmente para orar y recibir aliento. •Apropiar: Ceremonia de firmar el compromiso Oración en grupo	**Transacciones actuales del aprendizaje** • Lo estudiantes fueron conmovidos por el relato del El refugio secreto. Preguntaron si podríamos enseñar la película entera. • Fue difícil para los alumnos identificarse con la pequeña conferencia. Parece que la mayoría se interesó menos cuando llegó este punto. El informe del estudiante fue algo positivo. El estudiante hizo un trabajo excelente en reunir la información para el grupo, y la presentó con entusiasmo. La discusión fue eficaz. Todos los estudiantes contribuyeron con su opinión o experiencia personal. • La sección Mirar pareció extraviarse un poco. Los estudiantes necesitan más dirección. ¡Hasta tuve que sugerir los detalles para el compromiso del grupo! Los estudiantes se conmovieron con el concepto una vez que completamos el compromiso escrito y lo leímos en voz alta. • La sección Apropiar fue muy eficaz. Hubo un fuerte sentir de compromiso. El tiempo de oración fue muy conmovedor e indicó que los estudiantes comprendieron la lección.
Resultados esperados del aprendizaje • Los estudiantes comprenderán la implicaciones del ministerio sacerdotal de Cristo. • Los estudiantes querrán animarse el uno al otro en tiempos de persecución. • Los estudiantes establecerán un tiempo regular para reunirse para orar antes de ir a clases.	**Resultados actuales del aprendizaje** • Los estudiantes parecen haber captado el sentido del pasaje. • Fueron capaces de discutir inteligentemente el concepto del sacerdocio de Cristo y del creyente. • Los estudiantes carecieron de una clara comprensión del sacerdocio del creyente. Lo confundieron con el sacerdocio en de la Iglesia católica romana. • Los estudiantes se comprometieron a un tiempo de oración en grupos pequeños y a un compromiso como grupo.

miso que el mismo grupo ideó. El compromiso incluía participar semanalmente en un tiempo de oración antes de la escuela. Alex no podría estar presente, pero los estudiantes se podían reunir y orar con un estudiante que los guiara durante ese tiempo. Aunque los estudiantes prometieron hacerlo, solo el tiempo diría lo que realmente sucedería con esa promesa. En el próximo estudio Alex planea seguir adelante para ver si realmente los estudiantes llevaron el plan a cabo y se reunieron. Los estudiantes buscaron un tiempo. Pero Alex no está seguro de que cumplan su promesa.

Con el uso del modelo de Stake, Alex puede evaluar su propia enseñanza, las necesidades y nivel de los estudiantes, la efectividad de las estrategias de aprendizaje planeadas y los puntos en los que debe seguir insistiendo en cuanto a las decisiones y compromisos que hicieron. Al evaluar el estudio, Alex puede hacer ajustes que continuarán mejorando su ministerio con los adolescentes. Aunque su evaluación no está completamente probada ni es de una naturaleza absolutamente objetiva, es un método más sistemático y de más conocimientos que la simple especulación sobre cómo fueron las cosas en una noche dada.

Un último pensamiento

Cuando Mike Ditka era el entrenador del equipo Chicago Bears [equipo de fútbol americano en EE.UU.], tenía fama de hacer que el equipo viera películas de los juegos que perdían, y verlos una y otra vez. Tenían que estudiar cada movimiento falso, cada vez que dejaban caer la pelota, cada intercepción y cada penalidad hasta que el equipo estuviera absolutamente seguro de los errores cometidos. Después, y solamente después, hablaba acerca del próximo juego. Él consideraba que

la evaluación es la llave para la excelencia. *
dores no querían ver sus errores, sabían que li
en lo cierto.
La evaluación puede ser incómoda. Tamb
una amenaza, pero sin la evaluación, nosotros, ˷ maestros,
estamos destinados a repetir las prácticas ineficientes. La evaluación puede ser el medio que sirva para pasar su enseñanza
a un nuevo nivel de competencia.

NOTAS

1. Robert Stake, «The Countenance of Educational Evaluation» in *Teachers College Record*, 68 (7), 1967, pp. 523-40. El modelo de la figura 21 se modificó para una más fácil comprensión.

Capítulo 20

DESARRÓLLESE Y MEJORE COMO MAESTRO: USTED PUEDE LLEGAR A ALLÁ DESDE AQUÍ

Ya en tercer grado, Mark Eklund sentía entusiasmo por la vida. Era ordenado, alegre y solo de vez en cuando hacía una travesura. Con su personalidad alegre y entusiasta venía una desventaja, hablaba continuamente. Una y otra vez su maestra de tercer grado le tenía que recordar que no estaba permitido hablar sin permiso. Y, sinceramente, Mark se excusaba y le agradecía a la maestra que le llamara la atención.

La hermana Helen Mrosia era una nueva maestra. Y estaba propensa hacer lo que hacen todas las maestras nuevas, le hizo una promesa a Mark de la que luego se arrepintió. Un día, Mark estaba demasiado conversador y ella le dijo: «Si dices una palabra más, te voy a poner una cinta adhesiva para cerrarte la boca».

En solo unos minutos sucedió lo inevitable. Mark habló cuando debía oír. Ella lo había amenazado en público y sintió que tenía que cumplir su amenaza. Caminó hasta su mesa, buscó el rollo de cinta adhesiva, cortó dos pedazos e hizo una X sobre la boca de Mark. Un poco más tarde, cuando volvió a mirarlo para ver cómo le iba, él le hizo señas. Con eso, la hermana Helen comenzó a reírse, la clase aplaudió y entonces le quitó la cinta. Mark le dijo: «Gracias por rectificarme, Hermana».

Pasaron los años, y de nuevo la hermana Helen tuvo a Mark en su clase. Esta vez ella estaba enseñando matemáticas de la enseñanza media. Mark tenía más años, era más apuesto, pero seguía siendo muy cortés. Ahora había aprendido a hablar menos y atender mejor.

Sucedió que un día los alumnos no entendían bien el material de la clase y estaban molestos unos con otros, así que la hermana Helen decidió encarar la tensión y molestia de la clase creando una atmósfera más positiva. Pidió que en una hoja de papel cada alumno enumerara los nombres de los demás estudiantes en la clase, dejando una línea de por medio. Luego les pidió que escribieran lo mejor que pudieran acerca de cada uno, debajo de cada nombre. Cuando los estudiantes salieron, le entregaron el papel. El lunes, la hermana entregó el papel a cada estudiante de la lista con la descripción de las cualidades positivas que habían escrito los compañeros de la clase. Al poco rato todos tenían una sonrisa en su cara.

Varios años después, al regresar de las vacaciones, los padres de la hermana Helen la recogieron en el aeropuerto. De regreso al hogar su padre le dijo: «La familia Eklunds llamó anoche».

«¿De veras?» contestó. «Hace años que no sabía de ellos. Me pregunto cómo le va a Mark».

Su padre le contestó con un triste tono en la voz que era obvio: «Mataron a Mark en la guerra de Vietnam. Los funerales son mañana, y a sus padres les gustaría que tú fueras».

En los funerales, el cuerpo de Mark vestía de uniforme militar. A la hermana Helen le parecía tan buen tipo. No pudo dejar de recordar el incidente de la cinta adhesiva que había sucedido hacía tantos años. Ahora ella deseaba que de nuevo Mark fuera tan hablador. Después que uno de los compañeros de la escuela elemental cantó «El himno de batalla de la república» y después que todos se despidieron con un último adiós, la familia y muchos amigos se reunieron con los padres de Mark en la casa de campo para tener un almuerzo.

El padre de Mark se acercó a la hermana Helen, como hizo con varios de los compañeros de la elemental. El padre de Mark comenzó: «Hermana, queremos enseñarle algo. Cuando resultó muerto en la guerra, encontraron esto en el cuerpo de Mark. Pensamos que lo reconocería». El padre de Mark desenvolvió con cuidado un pedazo de papel, que años antes habían rasgado de una libreta. Ahora estaba pegado con una cinta adhesiva. Inmediatamente la hermana Helen reconoció que eran los papeles con la lista de cosas buenas que habían escrito los compañeros de clase respecto a él, aquel día en el noveno grado.

«Muchas gracias por hacer esto», dijo su mamá. «Como puede ver, Mark lo atesoró».

Los compañeros de clase de Mark recordaron uno por uno, lo importante que para ellos había sido aquella lista. Uno guardaba su lista en el álbum de bodas, otro en su cartera, otro en su diario de niño. «Creo que todos guardamos nuestras listas», dijo Vicki, una de las amigas de Mark. En ese momento, la hermana Helen comenzó a llorar.[1]

La hermana Helen Mrosia nos ilumina con una lección importante acerca de la enseñanza. ¡Los maestros pueden tener un profundo impacto en los estudiantes! Y a menudo es a través de pequeñas cosas, positivas o negativas. Una palabrita de ánimo, un simple acto de bondad, un incidente o pequeños gestos de interés, pequeños cambios en el método de enseñanza de uno, todo esto puede causar efectos significativos a largo plazo en la gente. Es un poco como una pequeña corrección del rumbo de un crucero o avión. Un muy pequeño ajuste, solo un grado o dos, dará por resultado un ahorro de millas o millas perdidas. En este último capítulo queremos sugerir algunos pequeños cambios que usted puede hacer y que pueden tener un impacto profundo a través del tiempo. La tarea parecerá enorme cuando termine de leer un libro como este, pero sugerimos que comience en alguna parte, paso a paso, para que se convierta en el maestro que desea ser. Y así, lo dejamos con estas sugerencias.

1. Enseñe a personas, no lecciones.

Es a las personas a quienes estamos llamados a servir. Es por redimir a las personas que Cristo murió. Asegúrese de que sea en los estudiantes en quien usted se enfoca al enseñar, y no simplemente en una entrega de contenido de la Biblia.

2. Enseñe más, enseñando menos.

Es preferible enseñar bien una idea. Muy a menudo tratamos de enseñar todo lo que sabemos en una materia. Limite el contenido de su clase para que así tenga tiempo de ilustrar, explicar y comentar la verdad.

3. Enseñe usando un plan de lección.

El planeamiento es esencial para la enseñanza eficiente. Use el modelo de planeamiento de la lección y la hoja de trabajo que aparece en el Capítulo 9.

4. Enseñe para cambiar vidas.

Recuerde, la meta es cambiar vidas, no cubrir el material. Esté dispuesto a detenerse y tomar el tiempo necesario para tener interacción con la gente.

5. Solo enseñe luego de obtener atención. Comience hoy a desarrollar la porción del Anzuelo de su lección. Los primeros minutos de su lección son importantes para interesar al estudiante en el aprendizaje de la lección.

6. Solo enseñe lo que enseña la Biblia. No distorsione la Biblia para decir algo que no dice o para probar un punto suyo. Esté seguro de enseñar lo que enseña el pasaje. Nunca tome pasajes fuera del contexto ni los use para enseñar un concepto que no se intenta enseñar.

7. Enseñe de maneras apropiadas a su grupo de estudiantes. Comience a leer acerca de la edad del grupo que va a enseñar. Familiarícese con los asuntos y necesidades de los estudiantes.

8. Enseñe usando asuntos relevantes. Lea el periódico, las revistas de noticias y libros. Los videos, noticias y programas especiales. También use cortos de grandes películas recientes. Dele significado a la clase. La Biblia habla a nuestros tiempos. Muestre a los estudiantes lo aplicable que es.

9. Enseñe de corazón a corazón. Comunique su pasión. No solo destaque los asuntos del intelecto o conducta. Hágase el propósito de afectar los valores y actitudes de las personas. De vez en cuando sermonee un poco.

10. Enseñe con un corazón humilde. Esté dispuesto a crecer y desarrollarse. También esté dispuesto a evaluar sus habilidades de enseñanza y efectividad.

Reconozca que a usted lo pueden enseñar. Los estudiantes también son maestros, así que dispóngase a aprender de ellos.

Enseñe. Sea un maestro creativo. Aprenda todo lo que pueda acerca de cómo manejar la Palabra de Dios, consciente de quién es la Palabra. Aprenda todo lo que pueda de cómo obra Dios a través de la Palabra, y desarrolle habilidades que le ayuden a guiar el aprendizaje para obtener reacción. Y cuando haya hecho todo eso, baje su cabeza y entregue todos los esfuerzo a Dios, en completa dependencia en su Espíritu Santo, quien solo puede verdaderamente enseñar la Palabra.

Nota

1. Helen P. Mrosia, «All the Good Things» , *Reader's Digest*, Octubre de 1991, pp. 49-52.

BIBLIOGRAFÍA

Aleshire, Daniel 0. *Faith Care: Ministering to All God's People Through the Ages of Life*. Philadelphia: Westminster, 1988.

Anderson, Ray A., ed. *Theological Foundations for Ministry*. Grand Rapids: Eerdmans, 1979.

Anthony, Michael J. *Foundations of Ministry: An Introduction to Christian Education for a New Generation*. Wheaton, Ill.: Victor, 1992.

Ashley, Jeff. *The Philosophy of Christian Religious Education*. Birmingham: Religious Education Press, 1994.

Barlow, Daniel L. *Educational Psychology: The Teaching-Learning Process*. Chicago: Moody, 1985.

Beechick, Ruth. *A Biblical Psychology of Learning*. Denver: Accent, 1982.

Bennett, David W. *Metaphors of Ministry: Biblical Images for Leaders and Followers*. Grand Rapids: Baker, 1993.

Benson, Clarence H. *A Popular History of Christian Education*. Chicago: Moody, 1943.

Benson, Warren S. «A History of the National Association of Christian Schools During the Period of 1947-1972.» Disertación doctoral no publicada, Loyola University of Chicago, 1974.

Berkhof, Louis and Cornelius Van Til. Editado por Dennis E. Johnson. *Foundations of Christian Education: Addresses to Christian Teachers.* Phillipsburg, N.J.: Pres. & Ref., 1990.

Beverslius, N. H. *Christian Philosophy of Education.* Grand Rapids: National Union of Christian Schools, 1971.

Bloom, Allen. *The Closing of the American Mind.* New York: Simon & Schuster, 1987.

Bloom, Benjamin S., ed. *Taxonomy of Educational Objectives: Cognitive Domain.* New York: David McKay, 1956.

Boehlke, Robert R. *Theories of Learning in Christian Education.* Philadelphia: Westminster, 1962.

Bolton, Barbara, Charles T. Smith, and Wes Haystead. *Everything You Want to Know About Teaching Children.* Ventura, Calif.: Regal, 1987.

Bower, William Clayton. *The Curriculum of Religious Education.* New York: Charles Scribner's Sons, 1925.

Boylan, Anne M. *Sunday School: The Formation of an American Institution, 1790-1880.* New Haven, Conn .: Yale, 1988.

Bruce, A. B. *The Training of the Twelve*. Grand Rapids: Kregel, 1971. (Originally published in 1894.)

Burgess, Harold William. *An Invitation to Religious Education*. Mishaswaka, Ind.: Religious Education Press, 1975.

_____. *Models of Religious Education*. Wheaton, Ill.: Victor, 1996.

Bushnell, Horace. *Christian Nurture*. Reimpreso. Grand Rapids: Baker, 1979.

Carson, D. A., ed. *The Church in the Bible and the World*. Grand Rapids: Baker, 1987.

Carson, D. A. *Hermeneutics, Authority, and a Canon*. Grand Rapids: Zondervan, 1986.

_____. *The Gaggin of God: Christianity Confronts Pluralism*. Grand Rapids: Zondervan, 1996.

Carson, D. A. and John D. Woodbridge, eds. *Scripture and Truth*. Grand Rapids: Zondervan, 1983.

Carter, John and Bruce Narramore. *The Integration of Psychology and Theology*. Grand Rapids: Zondervan, 1980.

Chadwick, Ronald P. *Teaching and Learning: An Integrated Approach to Christian Education*. Old Tappan, N.J.:Revell, 1982.

Clark, D. Cecil. *Using Instructional Objectives in Teaching*. Glenview, Ill.: Scott, Foresman, 1972.

Clark, Robert E., Lin Johnson, and Allyn K. Sloat, eds. *Christian Education: Foundations for the Future*. Chicago: Moody, 1991.

Coleman, Robert E. *The Master Plan of Evangelism*. Old Tappan, N.J.: Revell, 1963.

Collins, Gary R. *Psychology and Theology: Prospects for Integration*. Nashville: Abingdon, 1981.

_____. *The Rebuilding of Psychology: An Integration of Psychology and Christianity*. Wheaton, Ill.: Tyndale, 1977.

Colson, Howard P. and Raymond M. Rigdon. *Understanding Your Church's Curriculum*. Edición revisada. Nashville: Broadman, 1980.

Cross, K. Patricia. *Adults as Learners*. San Francisco: Jossey-Bass, 1981.

Cullman, Oscar. *Early Christian Worship*. London: SCM Press, 1969.

Daniel, Eleanor, John W. Wade, and Charles Gresham. *Introduction to Christian Education*. Edición revisada. Cincinnati: Standard, 1986.

Doll, Ronald. *Curriculum Improvement: Decision Making and Process*. 6th ed. Boston: Allyn and Bacon, 1986.

Drumheller, Sidney J. *Handbook of Curriculum Design for Individualized Instructions: A Systems Approach.* Englewood Cliffs, N.J.: Educational Technology Publications, 1971.

Drushal, Mary Ellen. *On Tablets of Human Hearts: Christian Education with Children.* Grand Rapids: Zondervan, 1991.

Eavey, C. B. *History of Christian Education.* Chicago: Moody, 1964.

Eble, Kenneth E. *The Craft of Teaching.* 2d ed. San Francisco: Jossey-Bass, 1988.

Edge, Findley B. *A Quest for Vitality in Religion.* Nashville: Broadman, 1963.

_____. *Teaching for Results.* Nashville: Broadman, 1956.

_____. *The Greening of the Church.* Waco, Tex.: Word, 1971.

Eldridge, Daryl. *The Teaching Ministry of the Church.* Nashville: Broadman and Holman, 1995.

Elwell, Walter A., ed. *Evangelical Dictionary of Theology.* Grand Rapids: Baker, 1984.

Fee, Gordon D. and Douglas Stuart. *How to Read the Bible for All Its Worth.* Grand Rapids: Zondervan, 1982. [Versión en español: *La lectura eficaz de la Biblia.* Miami, Editorial Vida, 1985.]

Ferre, Nels F. S. *A Theology for Christian Education*. Philadelphia: Westminster, 1967.

Ford, LeRoy. *Design for Teaching and Training*. Nashville: Broadman, 1979. [Versión en español: Modelos para el proceso enseñanza-aprendizaje. El Paso, Texas: Casa Bautista de Publicaciones.]

Fortunato, Connie. *Children's Music Ministry. A Guide to Philosophy and Practice*. Elgin, Ill.: David C. Cook, 1981.

Foster, Charles R. *Teaching in the Community of Faith*. Nashville: Abingdon, 1982.

Gaebelein, Frank E. *Christian Education and Democracy*. New York: Oxford, 1951.

_____. *The Pattern of God's Truth*. Chicago: Moody, 1968.

Gangel, Kenneth O. and Howard G. Hendricks, eds. *The Christian Educator's Handbook of Teaching*. Wheaton, Ill.: Victor, 1988.

Gangel, Kenneth O. and Warren S. Benson. *Christian Education: Its History and Philosophy*. Chicago: Moody, 1983.

Gangel, Kenneth O., ed. *Toward a Harmony of Faith and Learning*. Farmington Hills, Mich.: Wm. Tyndale College Press, 1983.

Getz, Gene A. *Sharpening the Focus of the Church*. Edición revisada. Wheaton, Ill.:Victor, 1984.

Gibbs, Eugene S., ed. *A Reader in Christian Education*. Grand Rapids: Baker, 1992.

Graendorf, Werner C., ed. *Introduction to Biblical Christian Education*. Chicago: Moody, 1981.

Grudem, Wayne. *Systematic Theology*. Grand Rapids: Zondervan, 1994.

Grunlen, Stephen A. and Milton Reimer, eds. *Christian Perspectives on Sociology*. Grand Rapids: Zondervan, 1982.

Habermas, Ronald and Klaus Issler. *Teaching for Reconciliation: Foundations and Practices of Christian Education Ministry*. Grand Rapids: Baker, 1992.

Hakes, J. Edward, ed. *An Introduction to Evangelical Christian Education*. Chicago: Moody, 1964.

Hamachek, Don E. *Behavior Dynamics in Teaching, Learning and Growth*. Boston: Allyn and Bacon, 1975.

Hart, D. G. and R. Albert Mohler, Jr. *Theological Education in the Evangelical Tradition*. Grand Rapids: Baker, 1997.

Haystead, Wesley. *You Can't Begin Too Soon*. 2d ed. Ventura, Calif.: Regal, 1982.

Heck, Glenn and Marshall Shelly. *How Children Learn*. Elgin: David C. Cook, 1979.

Hendricks, Howard G. *Teaching to Change Lives*. Portland: Multnomah, 1987. [Versión en español: Enseñando para cambiar vidas. Miami: Unilit-Logoi, 1997]

Hendricks, William L. *A Theology for Children*. Nashville: Broadman, 1980.

Holmes, Arthur F. *All Truth Is God's Truth*. Downers Grove, Ill.: InterVarsity, 1983.

Horne, Charles M. *Salvation*. Chicago: Moody, 1971.

Ingle, Clifford, ed. *Children and Conversion*. Nashville: Broadman, 1970.

Issler, Klaus and Ronald Habermas. *How We Learn*. Grand Rapids: Baker, 1994.

Jones, Stephen D. Faith Shaping: *Nurturing the Faith Journey of Youth*. Valley Forge: Judson, 1980.

Kaiser, Walter C., Jr., *Toward an Exegetical Theology: Biblical Exegesis for Preaching and Teaching*. Grand Rapids: Baker, 1981.

Knight, George R. *Philosophy and Education*. 2d ed. Berrien Springs, Mich.: Andrews Univ. Press, 1989.

Knoff, Gerald E. *The World Sunday School Movement*. New York: Seabury, 1979.

Knowles, Malcolm. *The Adult Learner: A Neglected Species*. Edición revisada. Houston: Gulf, 1984.

_____. *The Making of an Adult Educator: An Autobiographical Journey*. San Francisco: Jossey-Bass, 1989.

_____. *The Modern Practice of Adult Education*. 2d ed. Follett, 1980.

_____. *Self-Directed Learning: A Guide for Learners and Teachers*. New York: Cambridge Book Co., 1975.

Knox, A. B. *Helping Adults Learn*. San Francisco: Jossey-Bass, 1986.

Kotesky, Ronald. *Psychology from a Christian Perspective*. Nashville: Abingdon, 1980.

Krathwohl, David R., Benjamin S. Bloom and Bertram B. Masia. *Taxonomy of Educational Objectives: Affective Domain*. New York: David McKay, 1964.

Kuethe, James L. *The Teaching-Learning Process*. Atlanta: Scott, Foresman and Co., 1968.

Kuhatschek, Jack. *Taking the Guesswork Out of Applying the Bible*. Downers Grove, Ill.: InterVarsity, 1990.

Kuhlman, Edward. *Master Teacher*. Old Tappan, N.J.: Revell, 1987.

Lankard, Frank Glenn. *A History of the American Sunday School Curriculum*. Nashville: Abingdon, 1972.

Larkin, William J., Jr. *Cultural and Biblical Hermeneutics*. Grand Rapids. Baker, 1988.

LeFever, Marlene. *Creative Teaching Methods*. Elgin, Ill.: David C. Cool; 1985.

Lockerbie, D. Bruce. *Asking Questions: A Classroom Model for Teaching the Bible*. Milford, Mich.: Mott Media, 1980.

Loder, James E. *The Transforming Moment*. 2d ed. New York: Harper Row, 1989.

Lopez, Diane. *Teaching Children: A Curriculum Guide*. Westchester, Ill.: Crossway, 1981, 1988.

Lynn, Robert W. and Elliott Wright. *The Big Little School: Sunday Child of American Protestantism*. 2d ed. Birmingham: Religious Education Press, 1980, and Nashville: Abingdon, 1980.

McCartney, Dan and Charles Clayton. *Let the Reader Understand*. Wheaton, Ill.: Victor, 1994.

McQuilkin, Robertson. *Understanding and Applying the Bible*. Chicago: Moody, 1992.

Mager, Robert F. *Preparing Instructional Objectives*. Edición revisada. Belmont, Calif.: Fearon, 1975.

Merriam, Sharon B. and Ralph G. Brockett. *The Profession and Practice of Adult Education*. San Francisco: Jossey-Bass, 1997.

Meyers, Chet and Thomas B. Jones. *Promoting Active Learning*. San Francisco: Jossey-Bass, 1993.

Miller, Donald E. *Story and Context: An Introduction to Christian Education*. Nashville: Abingdon, 1987.

Moran, Gabriel. *Showing How: The Act of Teaching*. Valley Forge: Trinity, 1997.

Morgan, Norah and Juliana Saxton. *Teaching Questioning and Learning*. New York: Routledge, 1991.

Murray, Dick. *Strengthening the Adult Sunday School Class*. Nashville: Abingdon, 1981.

Osmer, Richard Robert. *A Teachable Spirit: Recovering the Teaching Office in the Church*. Louisville: Westminster/John Knox, 1990.

Pardy, Marion. *Teaching Children the Bible: New Models in Christian Education*. San Francisco: Harper& Row, 1988.

Pazmino, Robert W. *By What Authority Do We Teach ?* Grand Rapids: Baker, 1994.

_____. *Foundational Issues in Christian Education*. Grand Rapids: Baker, 1988.

_____. *Principles and Practices of Christian Education*. Grand Rapids: Baker, 1992.

_____. *The Seminary in the City: A Study of New York Theological Seminary*. Lanham, Md.: University Press, 1988.

Peterson, Gilbert A., ed. *The Christian Education of Adults*. Chicago: Moody, 1984.

Peterson, Michael L. *Philosophy of Education*. Downers Grove, Ill.: InterVarsity, 1986.

Pitts, Peter. *The God Concept in the Child*. Schnectady: Character Research Press, 1977.

Powers, Bruce P., ed. *Christian Education Handbook*. Edición revisada. Nashville: Broadman and Holman, 1996.

Richards, Lawrence O. *Christian Education*. Grand Rapids: Zondervan, 1975.

_____. *A Theology of Children's Ministry*. Grand Rapids: Zondervan, 1983.

_____. *A Theology of Church Leadership*. Grand Rapids: Zondervan, 1980.

_____. *A Theology of Personal Ministry*. Grand Rapids: Zondervan, 1980.

_____. *A Practical Theology of Spirituality*. Grand Rapids: Zondervan, 1987.

_____. *A New Face for the Church*. Grand Rapids: Zondervan, 1970.

Robinson, Haddon W. *Biblical Preaching*. Grand Rapids: Baker, 1980. [Versión en español: *La predicación bíblica*. Miami: Unilit-Logoi, 2000.]

Roehlkepartain, Eugene C. *The Teaching Church: Moving Christian Education to Center Stage*. Nashville: Abingdon, 1993.

Rood, Wayne R. *On Nurturing Christians*. Nashville: Abingdon, 1972.

_____. *Understanding Christian Education*. Nashville: Abingdon, 1970.

Rusboldt, Richard E. *Basic Teacher Skills: Handbook for Church School Teachers*. Valley Forge: Judson, 1981.

Sell, Charles M. *Transition*. Chicago: Moody, 1983.

Seymour, Jack L. and Donald E. Miller. *Contemporary Approaches to Christian Education*. Nashville: Abingdon, 1982.

Shelp, Earl E. and Ronald Sunderlund, eds. *A Biblical Basis for Ministry*. Philadelphia: Westminster, 1981.

Smart, James D. *The Teaching Ministry of the Church*. Philadelphia: Westminster, 1954.

_____. *The Rebirth of Ministry*. Philadelphia: Westminster 1960.

_____. *The Strange Silence of the Bible in the Church*. Philadelphia: Westminster, 1970.

Stephens, Larry D. *Building a Foundation for Your Child's Faith*. Grand Rapids: Zondervan, 1996.

Stott, John R. W. *Understanding the Bible*. Grand Rapids: Zondervan, 1976. [Versión en español: *Cómo comprender la Biblia*. Buenos Aires: Ediciones Certeza.]

Stewart, Donald Gordon. *Christian Education and Evangelism*. Philadelphia: Westminster, 1963.

Thiessen, Henry C. *Introductory Lectures in Systematic Theology*. Grand Rapids: Eerdmans, 1949.

Tidwell, Charles A. *Educational Ministry of the Church*. Rev. ed. Nashville: Broadman and Holman, 1996.

Towns, Elmer L., ed. *A History of Religious Educators*. Grand Rapids: Baker, 1975.

Trueblood, Elton. *The Company of the Committed*. New York: Harper & Row, 1961.

_____. *The Teacher*. Nashville: Broadman, 1980.

Tyler, Ralph W. *Basic Principles of Curriculum and Instruction*. Chicago: Univ. of Chicago, 1950.

Vieth, Paul H. *Objectives in Religious Education*. New York: Harper and Brothers, 1930.

_____, ed. The Church and Christian Education. St. Louis: Bethany Press, 1963.

Walton, John H., Laurie D. Bailey, and Craig Williford. «Bible-Based Curricula and the Crisis of Scriptural Authority» *Christian Education Journal*. Volumen XIII, Número 3.

Walvoord, John F. *Jesus Christ Our Lord*. Chicago: Moody, 1969.

Wilbert, Warren N. *Teaching Christian Adults*. Grand Rapids: Baker, 1980.

Wilhoit, James C. Edited by Kenneth O. Gangel. *The Christian Educator's Handbook on Adult Education*. Wheaton, Ill.: Victor, 1993.

Wilhoit, James C. and Leland Ryken. *Effective Bible Teaching*. Grand Rapids: Baker, 1988.

Wilhoit, James C. and John M. Dettoni, eds. *Nurture That Is Christian: Developmental Perspectives on Christian Education*. Wheaton, Ill.: Victor, 1995.

Willis, Wesley R. *200 Years and Still Counting: Past, Present and Future of the Sunday School*. Wheaton, Ill.: Victor, 1979.

Worley, Robert C. *Preaching and Teaching in the Earliest Church*. Philadelphia: Westminster, 1967.

Wyckoff, D. Campbell. *The Task of Christian Education*. Philadelphia: Westminster, 1965.

_____. *The Gospel and Christian Education*. Philadelphia: Westminster, 1959.

_____, ed. *Renewing the Sunday School and the C.C.D.* Birmingham: Religious Education Press, 1986.

_____. *Theory and Design of Christian Education Curriculum*. Philadelphia: Westminster, 1961.

Yount, William R. *Created to Learn: A Christian Teacher's Introduction to Educational Psychology*. Nashville: Broadman and Holman, 1996.

Zuck, Roy B. «The Theological Basis of Neo-Orthodox Christian Education.» *Bibliotheca Sacra*. Vol. 119, No. 474 (April-June 1962), 161 -69.

_____. «The Educational Pattern of Neo-Orthodox Christian Education.» *Bibliotheca Sacra*. Vol. 119, No. 476 (October-December 1962),342-51.

_____. *The Holy Spirit in Your Teaching*. Wheaton, Ill.: Victor: 1963.

_____. *Learning from the Sages: Selected Studies on the Book of Proverbs*. Grand Rapids: Baker, 1995.

_____. *Precious in His Sight*. Grand Rapids: Baker, 1997.

Guía de Estudio

ENSEÑEMOS LA BIBLIA CREATIVAMENTE

Lawrence O. Richards
Gary J. Bredfeldt

Guía preparada por Alberto Samuel Valdés

Contenido

Cómo obtener un curso acreditado por FLET

Si el estudiante desea recibir crédito por este curso, debe:

1. Llenar una solicitud de ingreso y enviarla a la oficina de FLET.
2. Proveer una carta de referencia de su pastor o un líder cristiano reconocido.
3. Pagar el costo correspondiente. (Ver «Política financiera» en el *Catálogo académico*.)
4. Enviar a la oficina de FLET o entregar a un representante autorizado una copia de su diploma, certificado de notas o algún documento que compruebe que haya terminado los doce años de la enseñanza secundaria (o educación media).
5. Hacer todas las tareas indicadas en esta guía.

Nota: Ver «Requisitos de admisión» en el *Catálogo académico* para más información.

Cómo hacer el estudio

Cada libro describe el método de estudios ofrecido por esta institución. Siga cada paso con cuidado. Una persona puede hacer el curso individualmente, o se puede unir con otros miembros de la iglesia que también deseen estudiar.

En forma individual:

Si el estudiante hace el curso como individuo, se comunicará directamente con la oficina de la Universidad FLET. El alumno enviará su examen y todas sus tareas a esta oficina, y recibirá toda comunicación directamente de ella. El texto mismo servirá como «profesor» para el curso, pero el alumno podrá dirigirse a la oficina para hacer consultas. El estudiante deberá tener a un pastor o monitor autorizado por FLET para tomar su examen (sugerimos que sea la misma persona que firmó la carta de recomendación).

En forma grupal:

Si el estudiante hace el curso en grupo, se nombrará un «facilitador» (monitor, guía) que se comunicará con la oficina. Los alumnos se comunicarán con el facilitador, en vez de comunicarse directamente con la oficina de FLET. El grupo puede escoger su propio facilitador, el pastor puede seleccionar a algún miembro del grupo que cumpla con los requisitos necesarios para ser guía o consejero, o los estudiantes pueden desempeñar este rol por turno. Sería aconsejable que la iglesia tenga varios grupos de estudio y que el pastor sirva de facilitador de uno de los grupos; cuando el pastor se involucra, su ejemplo anima a la congregación entera y él mismo se hace partícipe del proceso de aprendizaje.

Estos grupos han de reunirse semanalmente, o según el plan de estudios seleccionado, en la iglesia bajo la supervisión del facilitador para que juntos puedan cumplir con los requisitos de estudio (los detalles se encontrarán en las próximas páginas). Recomendamos que los grupos (o «peñas») sean compuestos de 5 a no más de 10 personas. El facilitador seguirá el manual para el facilitador que se encuentra al final del libro. El texto sirve como «profesor», mientras que el facilitador sirve de coordinador que asegura que el trabajo se haga correctamente.

Cómo establecer un seminario en su iglesia

Para desarrollar un programa de estudios en su iglesia, usando los cursos ofrecidos por la Universidad FLET, se recomienda que la iglesia nombre a un comité o a un Director de Educación Cristiana. Luego, se deberá escribir a Miami para solicitar el catálogo ofrecido gratuitamente por FLET. El catálogo contiene:

1. La lista de los cursos ofrecidos, junto con programas y ofertas especiales,
2. La acreditación que la Universidad FLET ofrece,
3. La manera de afiliarse a FLET para establecer un seminario en la iglesia.

Luego de estudiar el catálogo y el programa de estudios ofrecidos por FLET, el comité o el director podrá hacer sus recomendaciones al pastor y a los líderes de la iglesia para el establecimiento de un seminario o instituto bíblico acreditado por FLET.

Universidad FLET
14540 S.W. 136 Street No 200
Miami, FL 33186
Teléfono: (305) 232-5880
Fax: (305) 232-3592
e-mail: admisiones@flet.edu
Página web: www.flet.edu

El plan de enseñanza FLET
El proceso educacional debe ser disfrutado, no soportado. Por lo tanto no debe convertirse en un ejercicio legalista. A su vez, debe establecer metas. Llene los siguientes espacios:

Anote su meta diaria: _____

Hora de estudio: _____

Día de la reunión: _____

Lugar de la reunión: _____

Opciones para realizar el curso
Este curso se puede realizar de tres maneras. El alumno puede escoger el plan intensivo con el cual puede completar sus estudios en un mes y entonces, si desea, puede rendir el examen final de FLET para recibir acreditación. Si desea hacer el curso a un paso más cómodo lo puede realizar en el espacio de dos meses (tiempo recomendado para aquellos que no tienen prisa). Al igual que en la primera opción, el alumno puede rendir un examen final para obtener crédito por el curso. Otra opción es hacer el estudio con el plan extendido, en el cual se completan los estudios y el examen final en tres meses. Las diversas opciones se conforman de la siguiente manera:

Plan intensivo: un mes (4 sesiones)   Fecha de reunión
Primera semana: Lecciones 1-2
Segunda semana: Lecciones 3-4
Tercera semana: Lecciones 5-6
Cuarta semana: Lecciones 7-8, y
Examen final de FLET

Plan regular: dos meses (8 sesiones) Fecha de reunión
Primera semana: Lección 1
Segunda semana: Lección 2
Tercera semana: Lección 3
Cuarta semana: Lección 4
Quinta semana: Lección 5
Sexta semana: Lección 6
Séptima semana: Lección 7
Octava semana: Lección 8, y
Examen final

Plan extendido: tres meses (3 sesiones) Fecha de reunión
Primer mes: Lecciones 1-3
Segundo mes: Lecciones 4-6
Tercer mes: Lecciones 7-8, y
Examen final

Descripción del curso

En este curso el alumno aprenderá el proceso de enseñar la Biblia en forma precisa, relevante y creativa. Se enfoca en la importancia de discernir el sentido del texto bíblico por medio del método inductivo. El estudiante entonces aprenderá cómo estructurar lecciones para captar la atención del alumno, involucrarlo en la interpretación de las Escrituras, ayudarle a relacionar las mismas con la vida actual y poner en práctica los principios bíblicos aprendidos.

Metas y objetivo del curso

Metas:

1. (Cognitiva): El estudiante conocerá el proceso de la enseñanza creativa de la Biblia.

2. (Afectiva): El estudiante se preocupará por enseñar lecciones que sean fieles a las Escrituras y que tengan en vista el bienestar, el crecimiento y la edificación del alumno.

3. (Volitiva): El estudiante implementará los conocimientos, principios y métodos adquiridos en su propia enseñanza de la Biblia.

Objetivo

A fin de cumplir con las metas antes mencionadas, el alumno preparará, enseñará y evaluará una clase bíblica basada en Juan 11, diseñada para un grupo o edad específico y que este de acuerdo a las normas presentadas en el texto.

Tareas

1. El estudiante deberá leer el texto *Enseñemos la Biblia creativamente.*(La compresión de este texto será evaluada en el examen final).

2. Leerá 500 páginas adicionales como lectura complementaria en el área de educación cristiana y/o hermenéutica y estudio de la Biblia. (Para tal efecto puede seleccionar sus lecturas de la lista de «Libros sugeridos para lectura adicional».) Además entregará un registro de lecturas que detalle el título, el autor, y la cantidad de páginas leídas de cada texto. Este registro también deberá incluir un comentario, en un párrafo, que exprese cómo le benefició

cada lectura. Esta tarea deberá ser entregada junto con la hoja de respuestas del examen final al facilitador (si estudia en un grupo) o enviada a la oficina de FLET (si estudia individualmente). Nota: Esta tarea será evaluada de acuerdo con el porcentaje completado de la misma.

3. Después de haber realizado la lectura apropiada para cada lección y haber contestado las preguntas respectivas, el estudiante deberá completar las *tareas específicas* de cada lección. [Nota: Estas tareas específicas representan tareas escritas que deberán ser enviadas a la oficina de la Universidad FLET al final del curso, si el alumno estudia como individuo; o entregadas al facilitador en cada reunión, si estudia en un grupo.] Estas tareas consisten en:

a. *Tres preguntas propias por lección*: Esta porción de la tarea se relaciona a la lectura del alumno y su interacción con las «Diez preguntas». El estudiante debe escribir *tres* preguntas propias concernientes a la lección (y que no han sido tratadas o desarrolladas ampliamente por el autor). Estas preguntas deben representar aquellas dudas, observaciones, o desacuerdos que surgen en la mente del estudiante a medida que vaya leyendo el texto de estudio (o cuando reflexione sobre el contenido del mismo). De manera que las preguntas deben, en su mayoría, salir a relucir naturalmente en la mente del alumno mientras lee y procesa la información en el texto. Se espera que el estudiante además comience a tratar de solucionar su pregunta o duda. Es decir, el estudiante debe hacer un esfuerzo en buscar la respuesta a la pregunta hecha (por lo menos explorando alternativas o respuestas posibles). Este ejercicio ayudará al alumno a aprender a pensar por sí mismo y tener interacción con lo que lee. Así, se permite que el estudiante exprese su desacuerdo con el autor, siempre que explique las razones que defiendan su punto de vista.

b. *Cuatro conceptos de los cuadros*: Esta parte de la tarea se relaciona con la sección de los «Dibujos explicativos» provistos en cada lección. El estudiante deberá escribir una verdad aprendida de cada dibujo, expresándola en *una sola oración*. El propósito de esta tarea es asegurar que el estudiante está aprendiendo el contenido del libro y a cómo comunicar el mismo de manera precisa, concisa, y relevante.

c. *Tres principios:* Esta faceta se relaciona a la sección «Expresión» que aparece en cada lección. El estudiante redactará tres principios transferibles, esto es enseñanzas derivadas de la lección que sirvan de provecho y edificación tanto para el estudiante como también para otros. Estos principios o enseñanzas se deben expresar en forma concisa, preferiblemente en *una sola oración* (e.g.: «El maestro de la Biblia debe preocuparse por la interpretación correcta del texto bíblico como base para el proceso de enseñanza-aprendizaje»).

El estudiante recibirá 10 puntos por cada faceta que complete. Es decir, cada pregunta, concepto y principio tiene un valor de diez puntos de manera que el estudiante que completa todo lo que se pide recibirá una calificación de 100.
Nota: El estudiante debe haber completado la primera lección antes de la reunión inicial.

3. El estudiante realizará un proyecto de enseñanza que consista en preparar, enseñar y evaluar una clase bíblica de 20-30 minutos de duración sobre Juan 11 dirigida a un gru-

po o edad específico seleccionado. La ejecución de este proyecto corresponde a las lecciones 6–8, por lo tanto deberá cumplirse en el lapso de este periodo. A fin de cumplir con este requisito, el alumno deberá invitar por lo menos tres alumnos de las edades que corresponden al grupo seleccionado para que reciban la enseñanza. Además deberá invitar tres personas más para que evalúen su enseñanza (si estudia en un grupo deberá elegir los tres evaluadores de entre sus compañeros de grupo). [Nota: Deberá leer el Evangelio según San Juan de principio a fin sin interrupción a fin de captar una vista panorámica del libro, comprender su mensaje general y correlacionar el capítulo 11 con el resto del mismo evangelio.] Como parte de esta tarea, al final del curso, el estudiante deberá enviar a la oficina de FLET si estudia en forma individual, o entregar a su facilitador si estudia en un grupo, lo siguiente:

a. Una declaración escrita y firmada que dé fe de haber realizado la lectura del libro completo de Juan: Yo, _____ he leído el Evangelio según San Juan sin interrupción. [Nota: Se permite un descanso de quince minutos para cuidar de necesidades fisiológicas. No obstante la idea es no cortar el hilo del mensaje del Evangelio.]

b. Un bosquejo (escrito a máquina o computadora) de la clase que preparó y presentó, y un casete o video de la misma.

c. Cuatro evaluaciones de la clase presentada: una evaluación deberá realizarla el mismo estudiante y las tres restantes los evaluadores invitados. [Nota: Ver Hoja de evaluación en la página 543] La enseñanza será evaluada por los compañeros del grupo de estudio si el alumno estudia en un grupo, y por los evaluadores invitados, si estudia como individuo.

d. Una bibliografía que detalle las fuentes usadas para preparar la lección.

4. Tomar un examen final que evaluará el conocimiento del estudiante del proceso, los principios y los pasos que corresponden al método de la enseñanza creativa de la Biblia.

[Nota: El estudiante que estudia en un grupo debe completar la primera lección antes de la reunión inicial.]

Libros sugeridos para lectura adicional

A continuación proveemos una lista de textos posibles para lectura y evaluación. El estudiante puede seleccionar las lecturas de esta lista y/o escoger libros similares.

[Nota: La Universidad FLET no necesariamente comparte la opinión de los autores.]

Edge, F.B. *Pedagogía fructífera*. Casa Bautista de Publicaciones, 1970 (Actualizada 1999).

Ford, LeRoy. *Modelos para el proceso de enseñanza-aprendizaje*. El Paso: Casa Bautista de Publicaciones.

_____. *Actividades dinámicas para el aprendizaje*. El Paso: Casa Bautista de Publicaciones.

Gangel, Kenneth O. *Veinticuatro ideas para mejorar su enseñanza*. Puebla: Editoriales Las Américas.

Gregory, J. M. *Las siete leyes de la enseñanza*. Editorial Mundo Hispano, 1961.

Pérez, Humberto. *El maestro y la forma de la verdad.* Editorial Caribe, 1995.

Towns, Elmer. *La escuela dominical dinámica.* Miami: Editorial Vida, 1991.

Willis, Wesley R. *Crecer como maestro.* Ediciones Crecimiento Cristiano.

_____. *La enseñanza eficaz.* Ediciones Las Américas.

Zuck, Roy B. *Poder espiritual en la enseñanza.* Puebla: Ediciones Las Américas.

Calificaciones

20% Lectura
30% Tareas de la Guía de estudio
40% Proyecto de enseñanza
10% Examen final

Lección 1

Estudiar la Biblia
(Capítulos 1–5)

Diez preguntas

1. ¿Cuáles son los cinco pasos de la enseñanza creativa de la Biblia? Explique el razonamiento utilizado por el autor en el proceso de enseñanza. ¿Cuál es la importancia de la sección «palabra final» de la introducción?

2. ¿Cómo explica el Dr. Packer el propósito de la vida? ¿Cómo se relacionan las perspectivas de inmanencia y trascendencia a su afirmación? ¿Cómo se relacionan los conceptos del Dios desconocido y conocido al tema de la necesidad de la Biblia?

3. ¿Cuál es el papel del Señor Jesucristo en la revelación de Dios? ¿Cómo demuestra Richards el hecho de que Jesucristo es Dios? [Hay varios grupos contemporáneos que niegan esta realidad bíblica.] ¿Qué concluye Richards acerca del conocimiento de Dios en la revelación general y en la revelación especial (en el Señor Jesucristo y en las proposiciones de las Escrituras)?

4. ¿Qué relación hay entre Juan 20.30,31 y el conocimiento de Dios?

5. Compare los tres puntos de vista acerca de la Biblia presentados en el texto. Escriba su propio punto de vista de manera concisa, coherente y con respaldo bíblico.

6. Identifique algunas evidencias ofrecidas por Richards para demostrar que Dios ha hablado en las Sagradas Escrituras. Escriba las observaciones acerca de la revelación derivadas de 1 Corintios 12 mencionadas en el libro.

7. ¿Cómo enfoca el texto el tema de la inspiración? ¿Qué significa la revelación «no verbal»? ¿Cuáles son las variedades de inspiración verbal de acuerdo al autor? ¿Cuál es la relación entre las diversas clases de literatura en las Escrituras y la interpretación de las mismas?

8. ¿Cómo enfoca el Dr. Richards el mensaje de la Biblia? ¿Hay otros enfoques posibles? ¿Cuáles son las diversas facetas del papel de las Escrituras de acuerdo al texto?

9. ¿Cuál es la relación entre la autoridad para enseñar y el método de estudio inductivo de la Biblia? Escriba en síntesis los pasos de dicho método de acuerdo a Richards y explique el significado de cada uno en el proceso inductivo.

10. ¿Cómo se relaciona la «generalización» a la aplicación e implementación de la Biblia? ¿Cuáles son las cuatro preguntas que propone el texto a fin de ayudarnos en la aplicación de las verdades de las Escrituras? ¿Conoce alguna manera diferente para enfocar el tema? ¿Qué preguntas propone Haddon Robinson a fin de facilitar la aplicación de un texto bíblico?

Dibujos explicativos

Estos dibujos o gráficas han sido diseñados a fin de proveerle una manera sencilla de organizar y memorizar 4 puntos esenciales del capítulo. Tome una hoja de papel cualquiera y reproduzca los dibujos entre 5-7 veces mientras piensa sobre el significado de cada cuadro. Entonces tome una hoja en blanco y reprodúzcalos de memoria junto con una breve explicación de su significado. Hemos provisto estas sencillas ilustraciones principalmente para aquellos que piensan que no saben dibujar bien. Si tiene talento para el dibujo (o deseos de dibujar) cree sus propios diseños a fin de memorizar los puntos principales del capítulo.

Gráficos de los cuatro puntos principales

• **Explicación:** El texto enumera y explica cinco pasos para enseñar creativamente la Biblia. Estos cinco pasos presuponen que Dios existe y que se ha comunicado con nosotros por medio de Su Palabra, la Biblia. De manera que el proceso se conforma a la naturaleza de la Biblia como inspirada por Dios y al amor que Él tiene por nosotros (los cuales debemos reflejar en nuestra enseñanza). Los cinco pasos consisten en: 1. *Estudiar* las Escrituras a fin de discernir su interpretación correcta y descubrir la generalización, es decir el principio transferible o verdad transcultural que debemos creer y/o practicar; 2. *Enfocar* el mensaje hacia los alumnos actuales con sus necesidades particulares a fin de que sus creencias y vidas se conformen a la enseñanza de la Biblia; 3. *Estructurar* la lección para la comunicación eficaz lo cual abarca ganar la atención del alumno, explorar la Biblia, examinar las implicaciones para la vida del alumno, y desafiarlo a poner en práctica lo que ha aprendido con la ayuda del Señor; 4. *Enseñar* la clase con el uso de métodos que faciliten los objetivos de la lección; y 5. *Evaluar* los resultados a fin de mejorar nuestra enseñanza cada vez más. Así, los cinco pasos presuponen la veracidad de la Biblia, el amor por Dios y por los alumnos, el planeamiento cuidadoso de nuestra enseñanza y la evaluación que nos ayuda a afirmar lo bueno y aun optimizar lo que se puede hacer mejor.

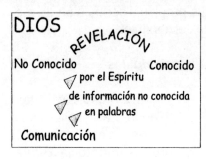

• **Explicación:** El texto compara dos conceptos de la naturaleza de Dios vigentes en el mundo: la inmanencia y la trascendencia. La primera perspectiva pertenece más bien a corrientes panteístas que identifican al universo con la esencia de Dios. La segunda perspectiva, la cristiana, afirma que Dios trasciende Su creación de manera que Él creó el universo pero no es igual al mismo. Este punto de vista concuerda con los conceptos del Dios desconocido y conocido. Los conceptos acerca de Dios, Su creación y Su comunicación con nosotros se comprenden así: Un Dios trascendente se relaciona con el mundo que creó (sin formar parte de la naturaleza del mismo) revelándose a las criaturas por medio de la revelación que sin error alguno nos proporciona el conocimiento de Él conforme a Su voluntad y nuestra capacidad para recibir dicho conocimiento. Esta comunicación viene en proposiciones por medio de Su Espíritu, y revela verdades que nunca hubiéramos conocido sin Su revelación.

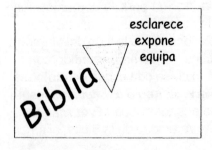

• **Explicación:** Dios se ha revelado por medio de Su creación que declara Su gloria y proporciona conocimiento de Dios a todo ser humano (Salmo 19, Romanos 1); por medio de Su Hijo Jesucristo, la segunda Persona del Dios trino quien se hizo hombre sin dejar de ser Dios (Hebreos 1); y en Su Palabra, la Biblia o Sagradas Escrituras. El texto saca a relucir tres funciones de la Biblia: esclarecer, exponer y equipar. La primera función trata de la comunicación de verdades que de otra manera no podríamos descubrir ni conocer. El texto saca a relucir el hecho de que las Escrituras nos guían, nos proveen de sabiduría y nos amonestan. En sus páginas podemos conocer el plan de Dios y el propósito para la vida. Más allá la Biblia señala nuestras flaquezas y pecados a fin de que conformemos nuestras vidas cada vez más a la voluntad de Dios y el carácter del Señor Jesucristo. Por fin la Biblia nos equipa par la vida cristiana. El texto presenta cuatro maneras en las cuales las Escrituras nos capacitan (basadas en 2 Timoteo 3.16-17). La Biblia sirve para enseñar, redargüir, corregir y entrenar en justicia. Todas estas funciones de la Biblia encajan sin equivocación en el proceso y la práctica de la enseñanza creativa de la Biblia. Este enfoque toma en serio la naturaleza de la Biblia como la Palabra inspirada de Dios y la obra del Señor en nuestras vidas por medio de ella.

• **Explicación:** Las tres funciones de la Biblia se hacen eficaces en el estudiante a medida que se comprende el significado de las Escrituras, se cree sus verdades, y se practican sus preceptos y principios. El texto saca a relucir 5 pasos que nos llevan desde la comprensión de la Palabra hasta la implementación de su verdad en nuestras vidas. Los autores enfocan el proceso en términos del pasado (o el ayer) y el presente (o el hoy). Los primeros dos pasos en el estudio de las Escrituras, la observación y la interpretación intentan descubrir el sentido del texto de la Biblia en su contexto. Los dos últimos pasos, la aplicación y la implementación tratan con la práctica de las verdades bíblicas en el contexto de nuestro mundo contemporáneo. El tercer paso, la generalización, nos ayuda a trazar la distancia entre aquellos primeros receptores y nosotros. De manera que los cinco pasos enumerados nos ayudan a construir un puente desde el pasado hasta el presente y descubrir la relevancia de las verdades bíblicas para el mundo de ayer como también para el de hoy.

Expresión

a. El alumno redactará tres principios basados en las enseñanzas de la lección que sean útiles para su trabajo y/o ministerio y que sean compatibles con las enseñanzas de las Escrituras. [Nota: Estos principios pueden servir para la realización del proyecto requerido para aprobar esta materia.]

b. El estudiante (junto con sus compañeros y el facilitador) explorará maneras creativas para comunicar algunos de los principios de la lección a otros.

c. Antes de concluir la lección el alumno orará por su iglesia y cualesquiera contactos evangelísticos o creyentes conocidos que necesiten ayuda.

Lección 2

Enfocar el mensaje
(Capítulos 6–8)

Diez preguntas

1. ¿Qué desafío enfrenta el maestro contemporáneo de la Biblia? En parte, ¿cuál es la realidad humana que dicho desafío nos ayuda a enfrentar? ¿Qué meta sugiere el autor en vista del desafío y la realidad antes mencionados?

2. Explique las cuatro perspectivas acerca de la comprensión de las necesidades humanas presentadas en el texto de manera sencilla, concisa y precisa. Incluya una breve evaluación de cada una desde su propia perspectiva (incluya sus preguntas, y las áreas en las que está de acuerdo y desacuerdo con el material presentado).

3. Describa los componentes de una evaluación de necesidades. Explique cuáles son los recursos disponibles para dicha evaluación. Enumere cualesquiera facetas adicionales que usted piensa son necesarias para la evaluación precisa en su propio contexto (su país, ciudad, vecindario, iglesia).

4. ¿Qué quiere decir el autor cuando afirma que debemos enseñar a alumnos y no lecciones?

5. De acuerdo al texto, ¿cuál es la importancia del contenido con significado? ¿Qué tres características de una enseñanza facilitan que esta tenga sentido para el alumno? Explique que puede y/o debe hacer un maestro para incorporar estos componentes en su propia enseñanza.

6. Explique cada nivel de la jerarquía de aprendizaje en la transferencia de conocimientos. ¿Cuáles son los tres contrastes que tienen repercusión en dicha transferencia? Reflexione en, y explique en sus propias palabras las consecuencias, negativas o positivas, de no prestar atención a estas cuestiones en nuestra enseñanza (tanto para nosotros como maestros como también para nuestros alumnos). Incluya respaldo bíblico en su respuesta.

7. De acuerdo al texto, ¿cuáles son las dos preguntas básicas que nos ayudan a planear nuestra enseñanza? ¿Puede pensar en alguna pregunta adicional que facilite el aprendizaje y la enseñanza?

8. ¿Cuáles son los tres pasos a seguir para ayudar a responder a la primera pregunta?

9. ¿Cuáles son las tres esferas de aprendizaje desarrolladas por el profesor Benjamín Bloom? ¿Qué es una meta en el aprendizaje? ¿Cuáles son las diferentes clases de metas de aprendizaje tratadas en el texto?

10. ¿Cuáles son los pasos a seguir en la construcción de una meta de aprendizaje? ¿Cuáles son las pautas para su construcción? ¿Cómo se relaciona la construcción de dichas metas al primer paso en el proceso de la enseñanza creativa de la Biblia?

Dibujos explicativos

Estos dibujos o gráficas han sido diseñados a fin de proveerle una manera sencilla de organizar y memorizar 4 puntos esenciales del capítulo. Tome una hoja de papel cualquiera y reproduzca los dibujos entre 5-7 veces mientras piensa sobre el significado de cada cuadro. Entonces tome una hoja en blanco y reprodúzcalo de memoria junto con una breve explicación de su significado. Hemos provisto estas sencillas ilustraciones principalmente para aquellos que piensan que no saben dibujar bien. Si tiene talento para el dibujo (o deseo de dibujar) cree sus propios diseños a fin de memorizar los puntos principales del capítulo.

Gráficos de los cuatro puntos principales

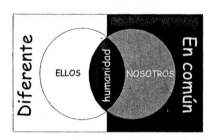

• **Explicación:** El texto saca a relucir la diferencias y aspectos comunes entre nosotros y los receptores originales de las Escrituras. Las diferencias muestran la *distancia* entre nuestra edad contemporánea y los tiempos bíblicos. Dicha distancia se nota en diversas esferas: tiempo, geografía, cultura, tecnología, costumbre, lenguaje y cosmovisión. De manera que un estudio de las culturas, tierras y pueblos de los tiempos bíblicos puede facilitar la comprensión del texto escritural. [A veces los mismos autores bíblicos proveen explicaciones para aquellos que no están familiarizados con las culturas bíblicas (véase Marcos 7.11).] No obstante las diferencias, tenemos en común la humanidad caída y/o redimida con los personajes de la Biblia. Esta esfera compartida nos ayuda a reconocer las verdades bíblicas que se dirigen a los problemas persistentes de la humanidad en Adán y de los redimidos en un mundo caído.

enseñanza bíblica

Santa Biblia

audiencia contemporánea

desarrollo   contexto   necesidades   características

• **Explicación:** El proceso de la enseñanza creativa de la Biblia incluye un conocimiento de las necesidades de nuestros estudiantes como factor clave en el impacto que tendrá nuestra enseñanza. Sin dudas la Biblia ya es relevante. De manera que un conocimiento de nuestra audiencia nos ayudará a saber cómo enfocar nuestra lección para que ellos reconozcan la relevancia de la verdad bíblica para sus vidas. En este contexto, no debemos negar o tergiversar el sentido del pasaje bíblico en su contexto a fin de tratar de conformarlo a alguna necesidad contemporánea. Al contrario, debemos discernir las necesidades a las cuales la Biblia correctamente interpretada se dirige. Existen varias teorías y métodos que nos ayudan a discernir las necesidades de nuestros alumnos. Algunos se enfocan sobre las necesidades mismas (Maslow), otras en la motivación (Herzberg) y otras en el desarrollo humano con sus tareas y capacidades correspondientes. (Debemos evaluar todas las teorías a la luz de las Escrituras y la ciencia, y reconocer que a veces en lugar de representar verdad absoluta sirven sencillamente como sugerencias y estímulos para nuestro pensamiento.) Por otro lado, la interpretación correcta de la Biblia proporcionará la enseñanza bíblica que ministrará a nuestros alumnos. Sin dudas, el amor por Dios y por nuestros estudiantes debe motivarnos a conocerlos a ellos y a sus necesidades espirituales a fin de ministrarles con sabiduría y ayudarlos a que vean la relevancia de la Palabra de Dios para sus vidas.

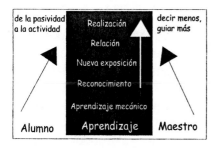

- **Explicación:** Cuando se habla de aprendizaje podemos hablar de diferentes niveles del mismo y de diferentes estrategias para alcanzar dichos niveles. El texto reconoce a estos como niveles de «transferencia de aprendizaje». Comienza con los niveles sencillos de *aprendizaje mecánico* y *reconocimiento* (retención o almacenamiento de hechos o información y la distinción de un concepto de otro). *Nueva exposición*, demuestra una comprensión más profunda de conocimientos ya que el estudiante puede explicar un concepto en sus mismas palabras. *Relación* y *realización* tienen que ver con la práctica de la verdad bíblica. En este nivel de *relación* se correlacionan las verdades bíblicas con la vida, y en la *realización* se llevan a la práctica dichas verdades. Los varios niveles requieren diferentes métodos de parte del maestro y tareas correspondientes de parte del estudiante: el alumno pasa de la pasividad a la actividad (reflexiona y profundiza más), y el maestro de relatar o contar a guiar los esfuerzos del estudiante.

- **Explicación:** Gran parte de enfocar la lección trata de comunicar las verdades bíblicas en términos contemporáneos a fin de cambiar el conocimiento, los valores, la disposición, los sentimientos, las creencias y la conducta de nuestros alumnos. A fin de lograr este propósito, descubrimos la idea exegética, desarrollamos la idea pedagógica y establecemos metas para nuestra enseñanza. La *idea exegética* representa el sentido del texto bíblico, descubierta por una exégesis o interpretación precisa. La *idea pedagógica* representa la mismísima verdad de la exegética pero enfocada a la audiencia contemporánea. Es decir, constituye la enseñanza bíblica o generalización que se comunicará a los estudiantes. Así, la idea pedagógica tiene su fuente en el texto bíblico y constituye «el tema singular unificador» alrededor de la cual el maestro diseña las metas para la lección. El maestro intenta que el estudiante cambie en cuanto lo que piensa, siente y hace; quiere afectar lo que el alumno sabe, sus valores, disposición y sentimientos, y sus acciones. Estas tres esferas se denominan cognitiva, afectiva y volitiva (o de conducta) respectivamente. Por tanto, el maestro estudia la Biblia, descubre la idea exegética, desarrolla la idea pedagógica, y diseña metas para las tres esferas a fin de efectuar cambios bíblicos en las vidas de sus alumnos.

Expresión

a. El alumno redactará tres principios basados en las enseñanzas de la lección que sean útiles para su trabajo y/o ministerio y que sean compatibles con las enseñanzas de las Escrituras. [Nota: Estos principios pueden servir para la realización del proyecto requerido para aprobar esta materia.]

b. El estudiante (junto con sus compañeros y el facilitador) explorará maneras creativas para comunicar algunos de los principios de la lección a otros.

c. Antes de concluir la lección el alumno orará por su iglesia y cualesquiera contactos evangelísticos o creyentes conocidos que necesiten ayuda.

Lección 3

Estructure la lección
(Capítulos 9–12)

Diez preguntas

1. Describa en manera concisa pero completa los cuatro elementos de una lección propuestos por el autor.

2. ¿En que manera sirven las cuatro partes de la lección como *herramientas*?

3. De acuerdo al texto, ¿cómo debemos entender la metodología? Lea el ejemplo provisto acerca del desarrollo de una lección con los cuatro elementos como patrón y escriba una evaluación del mismo. ¿Fue precisa la interpretación del pasaje que se intenta enseñar? ¿Está de acuerdo con la manera en la cual se estructuró la lección? ¿En que forma se pudiera mejorar lo presentado?

4. De acuerdo al texto, ¿cuál es la tarea más difícil para el maestro de la Biblia? ¿Concuerda con esta evaluación? Explique por qué sí o por qué no.

5. De acuerdo al texto, ¿cuáles son los tres acercamientos o las tres filosofías referente a la aplicación de las Escrituras? En sus propias palabras, explique los problemas que acompañan la metodología de la aplicación autoguiada de la Biblia de acuerdo al educador Findley Edge. ¿Cuál representa la mejor opción de acuerdo a los autores del texto de estudio?

6. Explique de manera sencilla, precisa y clara los prerrequisitos para la aplicación autoguiada eficaz de la Biblia, los resultados de dicha aplicación, y el proceso de la misma.

7. ¿Explique en sus propias palabras y de manera concisa, sencilla y precisa lo que es un método de enseñanza? ¿Qué categorías de métodos saca a relucir el texto? ¿Cuáles son los métodos más eficaces de acuerdo a los autores?

8. ¿Qué criterios sugiere el texto para la selección de métodos? ¿Cuáles son los diferentes métodos sugeridos por el texto? ¿Puede pensar en alguno adicional? ¿Cuáles son algunos de los métodos que usaba el Señor Jesucristo en Su enseñanza?

9. ¿Cómo definen los autores la palabra *currículo*? ¿Qué tres categorías de currículo presenta el texto? ¿Cuáles son las ventajas del currículo publicado?

10. ¿Cuáles son las características de un buen *currículo*? ¿Qué advertencia ofrecen los autores respecto al *currículo* y las Escrituras? ¿Cómo podemos usar el currículo de manera eficaz?

Dibujos explicativos

Estos dibujos o gráficas han sido diseñados a fin de proveerle una manera sencilla de organizar y memorizar 4 puntos esenciales del capítulo. Tome una hoja de papel cualquiera y reproduzca los dibujos entre 5-7 veces mientras piensa sobre el significado de cada cuadro. Entonces tome una hoja en blanco y reprodúzcalos de memoria junto con una breve explicación de su significado. Hemos provisto estas sencillas ilustraciones principalmente para aquellos que piensan que no saben dibujar bien. Si tiene talento para el dibujo (o deseos de dibujar) cree sus propios diseños a fin de memorizar los puntos principales del capítulo.

Gráficos de los cuatro puntos principales

• **Explicación:** El método ALMA propuesto como plan para organizar nuestra enseñanza proporciona varios beneficios para el maestro y los alumnos. En primer lugar, las cosas bien hechas se hacen con un plan. (Esto no quita la verdad de la espontaneidad, pero nos protege de la irresponsabilidad.) Interesante y equivocadamente algunos piensan que planear las cosas efectivamente frena la presencia, actividad y el poder de Dios en los servicios y ministerio cristianos. Pero este punto de vista olvida de que Dios es un Dios de orden que tiene un plan para las edades (Gl 4.4,5). Además, el planeamiento tiene beneficios prácticos tanto para el maestro como para los estudiantes. Por ejemplo el maestro siente cierto alivio pues disminuye la ansiedad que acompaña a la preparación y presentación de una lección. La estructuración de la lección provee al maestro un plan a seguir que le permite enfocarse en los diversos e importantes aspectos de la enseñanza y en los alumnos y *sus* necesidades. Por otro lado, la estructuración ayuda al alumno a seguir el proceso lógico de la lección. En resumen, el método ALMA nos ayuda a sacar mejor provecho seamos maestros o alumnos, y a reflejar la naturaleza y voluntad de Dios, Quien tiene un plan y nos ha ordenado a hacer las cosas «dignamente y en orden».

• **Explicación:** La meta del estudio de la Biblia es producir un cambio en nuestras creencias y comportamiento. Esto saca a relucir el desafío de la aplicación: ¿cómo logramos poner en práctica los principios de la Biblia en nuestras propias vidas primero, y luego que nuestros alumnos hagan lo mismo? El texto afirma que para alcanzar la mayor eficacia, el mejor método es involucrar a los alumnos en un proceso de auto aplicación guiada. Esta filosofía se implementa en los dos últimos pasos del método ALMA, *Mirar* y *Apropiar*. En estos pasos los estudiantes participan en el descubrimiento de las enseñanzas bíblicas, identifican áreas en las cuales la verdad estudiada tendrá impacto, y por cierto creen y obedecen a Dios. Lo importante de este método es que involucra a los estudiantes a explorar conjuntamente la relevancia del texto bíblico para situaciones actuales de la vida real de cada uno, más que solo comunicar situaciones posibles en las cuales se puedan utilizar las verdades bíblicas (algunas de las cuales tal vez surgirán en las vidas de algunos de ellos hasta después de un tiempo).

• **Explicación:** El texto explica que la enseñanza de la Biblia se asemeja a la construcción de un puente de dos vías desde los tiempos bíblicos hasta el mundo contemporáneo. Entonces explica que dicho puente necesita soportes para sostenerlo. Dichos soportes constan de métodos y/o ayudas que facilitan el proceso de comunicación. El texto nombra varios de estos soportes: ilustraciones, ejemplos, historias, analogías, explicaciones, modelos, citas, dibujos, y metodologías para enseñar en el aula. De acuerdo a los autores las metodologías son sencillamente actividades de aprendizaje y explica que se conforman de acuerdo a las diferentes clases de metas que tenemos para nuestros alumnos: cognitivas (área de información), afectivas (área de valores y disposición), y volitivas (área de acción). Los maestros excelentes emplean varios métodos para diversos fines conforme a la fase del método ALMA apropiado en su lección. Se preguntan: ¿quiénes son mis alumnos?, ¿cuál es la meta de mi lección?, ¿A qué parte de la lección le corresponde el método? y ¿Qué recursos necesito para que el método alcance su fin diseñado y deseado?

escritas por personas con conocimientos en el desarrollo humano

mantiene al maestro percatado de metodologías contemporáneas

facilitan un plan panorámico de enseñanza para la iglesia.

• **Explicación:** El texto explora el tema de los currículos que ya fueron preparados por editoriales y/o profesionales en el campo de la educación. El currículo representa el camino educacional por el cual intentamos llevar a nuestros alumnos, y que consiste del conjunto de estudios, actividades, contenido, métodos y experiencias que contribuirán a su aprendizaje. Así, la Biblia es la autoridad final en la iglesia no la enseñanza de algún currículo. El currículo programado sin embargo puede ayudar si es sensible a los asuntos del desarrollo de las personas y sus necesidades particulares. Es decir, el que estos currículos hayan sido preparados por expertos o especialistas con conocimientos acerca de las personas puede ser que ayude a que la lección tengan más eficacia en la vida de nuestros estudiantes (aunque se espera que nosotros, los maestros, conozcamos mejor a nuestros alumnos que alguien que nunca los haya conocido). Además, el currículo programado puede ser de ayuda si emplea los métodos corrientes y contemporáneos en el campo de la educación, como también si presenta una variedad de métodos tal vez desconocidos para nosotros. Por último, el currículo programado nos ayuda a planear nuestra enseñanza con un enfoque panorámico que va más allá de la próxima semana (o mes). Todo esto se debe recibir con la precaución de la confiabilidad del currículo y su conformidad a lo que la Biblia enseña. Algunas veces tendremos que modificar el contenido o explicar aspectos que no reflejen el mensaje bíblico con precisión. En resumen, el currículo es solo una herramienta que debe sujetarse a las Escrituras y entonces al maestro.

Expresión

a. El alumno redactará tres principios basados en las enseñanzas de la lección que sean útiles para su trabajo y/o ministerio y que sean compatibles con las enseñanzas de las Escrituras. [Nota: Estos principios pueden servir para la realización del proyecto requerido para aprobar esta materia.]
b. El estudiante (junto con sus compañeros y el facilitador) explorará maneras creativas para comunicar algunos de los principios de la lección a otros.
c. Antes de concluir la lección el alumno orará por su iglesia y cualesquiera contactos evangelísticos o creyentes conocidos que necesiten ayuda.

Lección 4

Enseñar la lección
(Capítulos 13–18)

Diez preguntas

1. ¿Cuáles son las seis características de un maestro excelente de acuerdo al texto? Explique cada una de ellas de manera concisa, precisa y clara. ¿Puede pensar en alguna característica adicional?

2. El libro de texto enfatiza una respuesta de amor y no legalista al Señor. ¿Cuál es la diferencia entre ambas? ¿Qué quiere decir el autor cuando afirma que nuestra respuesta debe ser hacia Dios? ¿Cómo podemos comunicar este énfasis escritural a nuestros estudiantes?

3. ¿Cómo definen los autores la motivación? ¿Cuál es su importancia? ¿Cuáles son las clases de motivación?

4. ¿Cuáles son los dos factores que motivan el aprendizaje de acuerdo al texto? Explique las sub-categorías de ambos de manera concisa, precisa, y clara. ¿Puede pensar en alguna otra contribución al tema?

5. Lea los patrones del aprendizaje de adultos mostrados en el texto ¿Difieren estos en alguna manera de lo que ha observado en su propio contexto? Además lea los puntos o áreas fuertes de los estudiantes adultos. ¿Pudiera agregar alguno?

6. Lea el ejemplo del método ALMA (Anzuelo, Libro, Mirar, Apropiar) y comente acerca del mismo. ¿Cuáles son los puntos fuertes? ¿Hay algunos aspectos débiles? Enumere los principios para la enseñanza de adultos presentadas en el texto. ¿Puede pensar en algún principio adicional?

7. De acuerdo al texto, ¿en qué maneras aprenden los jóvenes? ¿Qué relevancia tiene la frase «personas en transición» a la enseñanza de los jóvenes? Lea y evalúe el ejemplo del método ALMA provisto en el texto. ¿Cuáles son los puntos fuertes y débiles del mismo? ¿Qué cambiaría? ¿Cuáles son algunos de los métodos que funcionan bien con los jóvenes? ¿Puede pensar en algunos adicionales?

8. ¿Cuál es el desafío de enseñar las Escrituras a los niños de acuerdo al texto? ¿Cuáles son los principios para la enseñanza a niños provisto por los autores? ¿Hay algunos principios adicionales que surjan del contexto en el cual usted se encuentra?

9. ¿Cuáles son algunos de los métodos que funcionan con los niños? Lea y evalúe el ejemplo del método ALMA provisto en el texto. ¿Cuáles son los puntos fuertes y débiles del mismo? ¿Qué se pudiera mejorar? ¿Cuáles son algunos de los principios de enseñanza a niños en el contexto más amplio de la vida?

10. ¿Cuál es el concepto común que existe con referencia a la escuela dominical y la edad preescolar? ¿Qué principios ofrecen los autores para facilitar la enseñanza a los niños en la etapa preescolar? Lea y evalúe el ejemplo del método ALMA provisto en el texto. ¿Cuáles son los puntos fuertes y débiles del mismo? ¿Qué podría mejorar? ¿Qué podría hacer en su propia iglesia para motivar y

fomentar los valores comunicados en la sección «una última palabra»?

Dibujos explicativos

Estos dibujos o gráficas han sido diseñados a fin de proveerle una manera sencilla de organizar y memorizar 4 puntos esenciales del capítulo. Tome una hoja de papel cualquiera y reproduzca los dibujos entre 5-7 veces mientras piensa sobre el significado de cada cuadro. Entonces tome una hoja en blanco y reprodúzcalos de memoria junto con una breve explicación de su significado. Hemos provisto estas sencillas ilustraciones principalmente para aquellos que piensan que no saben dibujar bien. Si tiene talento para el dibujo (o deseos de dibujar) cree sus propios diseños a fin de memorizar los puntos principales del capítulo.

Gráficos de los cuatro puntos principales

Secretos de los grandes maestros

• **Explicación:** El texto saca a relucir los «secretos» de los grandes maestros, aquellas características, disposiciones y acciones que comparten los instructores que logran tener gran impacto sobre sus estudiantes. La enumeración, sin ser exhaustiva, incluye los siguientes rasgos: Los buenos maestros ... 1. Tienen credibilidad con sus alumnos (sus vidas complementan sus enseñanzas); 2. Comunican con claridad y precisión; 3. Saben cómo estimular el interés del alumno; 4. Enseñan con un estilo que contribuye a que se disfrute la enseñanza; 5. Se arriesgan a utilizar métodos creativos; y 6. Valoran y respetan a sus estudiantes. Cada característica tiene estándares que demuestran la calidad identificada. Además, las características pueden representar estándares que siempre podemos estar mejorando y que no debemos dejar caer en desuso o descuido.

• **Explicación:** La preparación y destreza del maestro sin duda representan facetas esenciales en el aprendizaje eficaz. Pero existe uno aun más esencial: la motivación del alumno, el deseo innato en el estudiante de querer aprender. La motivación puede considerarse como general (la actitud esencial del estudiante hacia el aprendizaje) y la específica (el deseo que tenga con referencia a una materia en particular. Además puede contemplarse como motivación extrínseca e intrínseca. La primera trata de aquella con origen externo al alumno y la segunda con fuente dentro del mismo. Hay diversos factores que contribuyen a la motivación del alumno y el texto los clasifica como *personales* y *estructurales*. Bajo la primera categoría aprendemos que la *relación* que existe entre el alumno y el maestro y la *dinámica* del grupo de aprendizaje contribuyen a la motivación. Bajo la segunda comprendemos que los estudiantes se sienten motivados cuando: 1. La enseñanza está estructurada; 2. Hay secuencia en el aprendizaje (la enseñanza sigue un proceso en el cual cada paso edifica sobre el anterior); 3. Se anima a los alumnos a que aprendan; 4. Se crea un ambiente estimulador para la enseñanza; 5. Hay relevancia a la experiencia del estudiante; y 6. Se aplica o se pone en práctica lo aprendido. El texto nos desafía a evaluar a nuestros alumnos y preguntar: ¿Quieren ellos aprender? Si la respuesta es no, debemos utilizar los principios de la motivación a fin de sacar mayor provecho del proceso de enseñanza-aprendizaje.

• Explicación: El método ALMA funciona para adultos y jóvenes cuando lo enfocamos hacia las características especiales de dichos grupos de edades. Los adultos poseen las siguientes características: 1. Buena motivación para aprender; 2. Auto-disciplina; 3. Experiencias y conocimientos previos; 4. Deseo de relevancia y practicidad; 5. Capacidad para aprender solos 6. Habilidad para contribuir significativamente a la lección); 7. Siguen aprendiendo después de la lección (fuera del aula); y 8. Funcionan bien en grupos. De la misma manera los jóvenes, que son personas en transición, tienen sus propias características: 1. Aprenden por medio de la experiencia directa; 2. Requieren maestros que sirvan de ejemplos vivientes y que se preocupen por ellos; 3. Necesitan descubrir la verdad por sí mismos; 4. Aprenden mejor con métodos variados; y 5. Tienen que ver la conexión entre la lección y su vida. Así, para una mayor eficacia del método ALMA debemos tomar en cuenta las cualidades y necesidades pertenecientes a la edad del grupo que instruyamos.

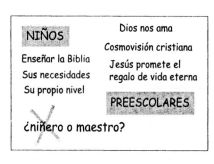

• Explicación: El método ALMA funciona con los niños en edad escolar y preescolar cuando se adapta a su nivel particular de desarrollo. El texto afirma que para enseñar a los niños debemos *asegurar* que en realidad enseñemos la Palabra de Dios y *estructurar* la situación de enseñanza y aprendizaje para mayor eficacia. Muchas veces se les enseña a los niños conceptos erróneos o se cambian los relatos de la Biblia porque se piensa que para ellos «da lo mismo» o que «solo son niños». Pero al contrario, los niños son creados a la imagen de Dios, tienen alta capacidad para creer y son impresionables, todo lo cual señala la necesidad para la precisión, el cuidado y el amor en su enseñanza. Por otro lado, no debemos modificar la Palabra de Dios a nuestro gusto. Los niños necesitan aprender la verdad en el contexto de una relación de amor con Dios (no como una lista de reglas y quehaceres), experimentar la verdad de Dios en su vida actual (no como un conocimiento que utilizarán «algún día») y comprender la relevancia de la Palabra del Señor aplicadas a situaciones estructuradas que se adapten a su propio nivel (y no meramente en forma de consejo). La enseñanza de los preescolares no debe considerarse como «obra de niñero». Al contrario, de acuerdo al texto, los niños preescolares pueden y deben comenzar a familiarizarse con los conceptos básicos de la cosmovisión cristiana. Pueden comprender que Dios existe, que Jesús los ama y que les promete vida eterna si creen en Él. Debemos estructurar la enseñanza para el beneficio de los niños y no poner barreras a lo que ellos pueden comprender. El Señor Jesús es quien dijo: «...Dejad a los niños venir a mí, y no se lo impidáis; porque de los tales es el reino de los cielos» (Mateo 19.14a).

Expresión

a. El alumno redactará tres principios basados en las enseñanzas de la lección que sean útiles para su trabajo y/o ministerio y que sean compatibles con las enseñanzas de las Escrituras. [Nota: Estos principios pueden servir para la realización del proyecto requerido para aprobar esta materia.]

b. El estudiante (junto con sus compañeros y el facilitador) explorará maneras creativas para comunicar algunos de los principios de la lección a otros.

c. Antes de concluir la lección el alumno orará por su iglesia y cualesquiera contactos evangelísticos o creyentes conocidos que necesiten ayuda.

Lección 5

Evaluar los resultados
(Capítulos 19–20)

Diez preguntas

1. ¿Cuáles son las tres razones presentadas en el texto a favor de la evaluación de la enseñanza en la iglesia? ¿Puede pensar en algún aspecto adicional?

2. De acuerdo al texto, ¿cuáles son las cuatro variables en el proceso de enseñanza-aprendizaje? ¿Hay alguna otra variable que debamos incluir?

3. ¿Cuáles son algunos de los estándares de evaluación con referencia al estudiante? ¿Puede pensar en alguna otra faceta relevante al contexto en el cual usted se encuentra?

4. ¿Cuáles son algunos de los estándares de evaluación con referencia al maestro? ¿Hay otros factores relevantes que salen a relucir en su situación particular?

5. ¿Cuáles son algunos de los estándares de evaluación con referencia al *currículo*? ¿Qué otros aspectos pueden ser relevantes?

6. ¿Cómo influye el factor de la familia del alumno en el proceso de enseñanza-aprendizaje? ¿Debemos evaluar este aspecto de la vida en relación al plan educacional de la iglesia? ¿Cómo se evaluaría si se fuese a realizar? [Nota: Esta pregunta no está incluida en la enseñanza del texto pero merece ser considerada por el alumno.]

7. ¿Cómo evaluaríamos el ambiente en el cual se intenta el proceso de enseñanza-aprendizaje? ¿Qué otras facetas son relevantes en su propio contexto?

8. Lea y evalúe el modelo de Robert Stake. ¿Puede pensar en alguna otra faceta que pudiera agregar a lo que propone Stake?

9. Lea «el pensamiento final» con referencia a la excelencia. ¿Qué piensa de la sugerencia? ¿Pudiera agregar algún concepto adicional al expresado allí?

10. Exprese en sus propias palabras las sugerencias para maestros ofrecidas al final del libro de texto. ¿Puede pensar en algunas adicionales?

Dibujos explicativos

Estos dibujos o gráficas han sido diseñados a fin de proveerle una manera sencilla de organizar y memorizar 4 puntos esenciales del capítulo. Tome una hoja de papel cualquiera y reproduzca los dibujos entre 5-7 veces mientras piensa sobre el significado de cada cuadro. Entonces tome una hoja en blanco y reprodúzcalos de memoria junto con una breve explicación de su significado. Hemos provisto estas sencillas ilustraciones principalmente para aquellos que piensan que no saben dibujar bien. Si tiene talento para el dibujo (o deseos de dibujar) cree sus propios diseños a fin de memorizar los puntos principales del capítulo.

Gráficos de los cuatro puntos principales

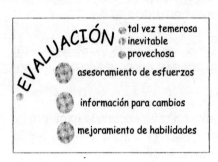

EVALUACIÓN
- tal vez temerosa
- inevitable
- provechosa

asesoramiento de esfuerzos

información para cambios

mejoramiento de habilidades

• **Explicación:** Probablemente todos sentimos un poco de amenaza frente a la posibilidad de ser evaluados, pero representa un concepto bíblico. En Apocalipsis 2—3 aprendemos de la evaluación que el Señor Jesucristo hizo a las iglesias en Asia menor con sus correspondientes alabanzas, amonestaciones, desafíos y premios respectivos. Y por cierto todo creyente será evaluado por el Señor con miras a su recompensa y no a su salvación eterna (véanse Romanos 14.10-12; 1 Corintios 3.10-15). Así la evaluación representa una realidad escritural que debemos emplear en el contexto del amor cristiano a fin de mejorar nuestra enseñanza. El texto saca a relucir el hecho de que las personas en la iglesia siempre nos están evaluando de manera informal. Ya que la evaluación ocurre así regularmente, ¿por qué no hacer evaluaciones más formales en el contexto del amor cristiano para el perfeccionamiento de nuestra enseñanza y para el bienestar de los estudiantes? Los autores presentan tres razones para realizar evaluaciones: 1. La evaluación nos servirá como indicador para saber si estamos cumpliendo o no los objetivos que nos hemos propuesto; 2. Proporciona la información necesaria para hacer cambios en el futuro a fin de poder alcanzar nuestras metas; y 3. Provee una base para el mejoramiento de las habilidades del maestro.

PEA=ƒ(e,m,c,a). El proceso enseñanza-aprendizaje es igual a la función del estudiante, maestro, currículum y ambiente.

• **Explicación:** El texto presenta una *fórmula* de cuatro variables que representa las facetas esenciales que debemos evaluar en el proceso de enseñanza-aprendizaje: PEA=ƒ(e,m,c,a). Esto es, el Proceso Enseñanza-Aprendizaje está en función del estudiante, maestro, currículo y ambiente. Un cambio en cualquiera de estas cuatro variables cambia el resultado del proceso de enseñanza y aprendizaje. De manera que debemos evaluar cada una de estas facetas a fin de mejorar la calidad de la experiencia que estamos proveyendo para el estudiante. (El texto proporciona algunas preguntas que nos ayudarán a evaluar cada una de las cuatro áreas mencionadas). Sin duda, hay factores *intangibles* que influyen en la eficacia o dinámica de una experiencia dada de enseñanza tales como la personalidad del maestro, la conexión natural que existe entre algunas personas (o grupos) y el instructor, y un sinnúmero de consideraciones que afectan el resultado. Sin duda, en especial en el contexto cristiano hay que tomar en cuenta la ayuda sobrenatural del Espíritu Santo en el proceso de enseñanza-aprendizaje. Su presencia, *durante* la clase en sí prestando poder al maestro y obrando en los alumnos y *después* en las vidas individuales de ambos, consta del factor más importante en la enseñanza creativa de la Biblia.

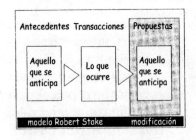

• **Explicación:** Los autores presentan un modelo de evaluación desarrollado por Robert Stake para el estudio de programas educacionales y tiempos o experiencias de enseñanza. Dicho modelo compara aquello que se espera con lo que realmente transcurre en tres áreas del proceso enseñanza-aprendizaje: antecedentes a la enseñanza, transacciones de la enseñanza y los resultados de la misma. Los antecedentes a la enseñanza tratan del conocimiento, experiencias, habilidades y disposición que los alumnos traen a la lección (antes de pasar por ella); las transacciones se refieren a lo que el maestro planea que ocurra durante la lección; y los resultados son las metas que el instructor espera que se logren como resultado de la lección. Este modelo facilita que el maestro anticipe lo que transcurrirá durante la lección y lo compara con lo que en realidad ocurrió. Dicha comparación nos permite realizar los ajustes necesarios para nuestra enseñanza futura, por lo tanto proponemos una adición al modelo de Stake: una tercera columna con *propuestas* para cada una de las áreas de enseñanza-aprendizaje. El modelo de Stake es importante pues saca a relucir el planeamiento y la evaluación que requiere el ser un excelente maestro.

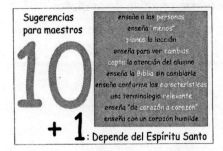

• **Explicación:** Como conclusión el texto ofrece varias sugerencias para maestros que desean enseñar la Biblia de manera creativa. Los autores sacan a relucir la realidad de que llegar a ser un buen maestro representa un proceso que debemos comenzar. En este contexto proporcionan varios principios para ayudarnos en dicho proceso: 1. Enseñar *personas*, no solo lecciones; 2. Enseñar más por enseñar menos (esto es, debemos enfocar, explorar y aplicar una idea principal en cada lección); 3. Planear la lección como faceta esencial de la enseñanza eficaz; 4. Enseñar a fin de lograr cambios en las vidas de las personas (no principalmente por cumplir con el material); 5. Captar la atención de los alumnos antes de tratar de instruirles; 6. Enseñar solo lo que las Escrituras afirman sin modificar o torcer el sentido; 7. Enseñar conforme a las características y necesidades del grupo al que enseñamos (por ejemplo, adultos, jóvenes); 8. Instruir con el uso de temas relevantes; 9. Enseñar de «corazón a corazón»; 10. Enseñar con un corazón humilde como fuente de nuestra instrucción. Como palabra final y de suma importancia, los autores nos hacen recordar que debemos inclinar el rostro, encomendar nuestros esfuerzos a Dios y depender por completo en el Espíritu Santo que es el Único que puede enseñar la Biblia.

Expresión

a. El alumno redactará tres principios basados en las enseñanzas de la lección que sean útiles para su trabajo y/o ministerio y que sean compatibles con las enseñanzas de las Escrituras. [Nota: Estos principios pueden servir para la realización del proyecto requerido para aprobar esta materia.]
b. El estudiante (junto con sus compañeros y el facilitador) explorará maneras creativas para comunicar algunos de los principios de la lección a otros.
c. Antes de concluir la lección el alumno orará por su iglesia y cualesquiera contactos evangelísticos o creyentes conocidos que necesiten ayuda.

Lecciones 6—8

Implementar y evaluar

Durante estas lecciones, el estudiante presentará la enseñanza al grupo o edad específico previamente seleccionado. [Nota: si el alumno estudia en un grupo deberá presentar su enseñanza según el orden programado en la «Lección 4». No es necesario que todo el grupo de estudio asista a la presentación de la enseñanza, pero sí deberán asistir los alumnos que la evaluarán. Recuerde que todos los alumnos deberán reunirse nuevamente para rendir el examen final, después que todos hayan hecho la presentación de su proyecto de enseñanza.

HOJA DE EVALUACIÓN

Nota para el evaluador: Responda a las siguientes preguntas de manera concisa, precisa y completa

¿A qué grupo dirigió el maestro su lección?

¿En qué pasaje se basó la lección? ¿Se usaron algunas otros?

¿Cuál es la idea pedagógica (enseñanza central) de la lección? (¿Qué se comunicó y/o qué entendió usted?)

A su entender ¿cuáles fueron las metas para la lección en a las siguientes esferas?

Meta cognitiva (cabeza):

Meta afectiva (corazón):

Meta acción (manos):

¿Qué ANZUELO usó el maestro? ¿Fué eficaz en captar la atención de los alumnos, sacar a relucir la relevancia de la lección porvenir y dirigirlos hacia el texto bíblico que se ha de estudiar?

¿Cómo organizó el maesto el contenido bíblico que corresponde a la sección **LIBRO** de la lección? ¿Se les ayudó a los estudiantes a interpretar la Biblia con precisión y fidelidad al contexto? Si usó un bosquejo escríbalo aquí de forma sencilla (solo los puntos y sub-puntos principales):

¿Qué metodologías utilizó? ¿Cuáles fueron eficaces? ¿Cuáles no?

MIRAR: ¿Se les ayudó a los alumnos a investigar y reconocer la relevancia de la Biblia a la vida contemporánea (sin cambiar el significado de las Escrituras para adaptarlo a la situación actual)?

APLICAR: ¿Se presentó (llegó a) una aplicación o aplicaciones que eran fieles al texto de la Biblia, realísticos y realizables y capaces de ser evaluados a fin de saber si se cumplieron o no?

¿Cómo se manejó la aplicación de la verdad bíblica (secciones **MIRAR** y **APROPIAR**)? ¿Se exploró con eficacia las áreas de la vida en las cuales se podía aplicar la enseñanza? ¿Fueron relevantes, precisas y específicas las acciones que se deberían tomar y/o las verdades que se deben creer para cumplir con la enseñanza de las Escrituras?

Manual para el facilitador

Introducción

Este material ha sido preparado para ser usado por el facilitador de un grupo o peña. Dicho facilitador guiará a un grupo de cinco a diez estudiantes a fin de que completen el curso. La tarea demandará esfuerzo de su parte, ya que, aun cuando el facilitador no es el instructor en sí (el libro de texto sirve de «maestro»), debe conocer bien el material, animar y dar aliento al grupo, y modelar la vida cristiana delante de los miembros de la peña. La recompensa del facilitador vendrá, en parte, del buen sentir que experimentará al ver que está contribuyendo al crecimiento de otros, del privilegio de entrenar a otros y del fruto que llegará por la evangelización. El facilitador también debe saber que el Señor lo recompensará ampliamente por su obra de amor.

A continuación encontramos las tres facetas principales del programa FLET: las lecciones, las reuniones y las expresiones.

1. **Las lecciones:** Ellas representan el aspecto del programa del cual el alumno es plenamente responsable. Sin embargo, aunque el estudiante debe leer el capítulo indicado y responder las preguntas, también debe reconocer que necesitará la ayuda de Dios para sacar el mayor provecho de cada porción del texto. Usted, como facilitador, debe informarles a los estudiantes que la calidad de la reunión será realzada o minimizada según la calidad del interés, esfuerzo y comunión con Dios que el alumno tenga en su estudio personal. Se ofrecen las siguientes guías a fin de asegurar una calidad óptima en las lecciones:

   a. El alumno debe tratar (si fuese posible) de dedicar un tiempo para el estudio a la misma hora todos los días. Debe asegurarse de tener a la mano todos los materiales que necesite (Biblia, libro de texto, cuaderno, lápices o bolígrafos); que el lugar donde se realice la tarea tenga un ambiente que facilite el estudio con suficiente luz, espacio tranquilidad y temperatura cómoda. Esto puede ayudar al alumno a desarrollar buenos hábitos de estudio.

b. El alumno debe proponerse la meta de completar una lección por semana (a no ser que esté realizando otro plan, ya sea más acelerado o más lento, véase la página 503).

c. El alumno debe repasar lo que haya aprendido de una manera sistemática. Un plan factible es repasar el material al segundo día de estudiarlo, luego el quinto día, el décimo, el vigésimo y el trigésimo.

2. **Las reuniones:** En las reuniones o peñas, los estudiantes comparten sus respuestas, sus dudas y sus experiencias educacionales. Para que la reunión sea grata, de provecho e interesante se sugiere lo siguiente:

a. La reunión debe tener entre cinco y diez participantes: La experiencia ha mostrado que el número ideal de alumnos es de cinco a diez. Esta cantidad asegura que se compartan suficientes ideas para que la reunión sea interesante como también que haya suficiente oportunidad para que todos puedan expresarse y contribuir a la dinámica de la reunión. También ayuda a que el facilitador no tenga muchos problemas al guiar a los participantes en una discusión franca y espontánea, aunque también ordenada.

b. Las reuniones deben ser semanales o de acuerdo al plan de estudios elegido. Las reuniones deben ser bien organizadas a fin de que los alumnos no pierdan su tiempo. Para lograr esto se debe comenzar y concluir a tiempo. Los estudiantes pueden quedarse más tiempo si así lo desean, pero la reunión en sí debe observar ciertos límites predeterminados.
De esta manera los estudiantes no sentirán que el faci-

litador no los respeta a ellos ni a su tiempo.

c. Las reuniones requieren la participación de todos. Esto significa no solo que los alumnos no deben faltar a ninguna de ellas, sino también que todos participen en la discusión cuando asistan. El cuerpo de Cristo, la Iglesia, consiste de muchos miembros que se deben ayudar mutuamente. La reunión o peña debe proveer un contexto idóneo para que los participantes compartan sus ideas en un contexto amoroso, donde todos deseen descubrir la verdad, edificarse y conocer mejor a Dios. Usted, como facilitador, debe comunicar el gran valor de cada miembro y de su contribución particular al grupo.

3. **Las expresiones:** Esta faceta del proceso tiene que ver con la comunicación creativa, relevante, y eficaz del material que se aprende. La meta no es sencillamente llenar a los estudiantes de conocimientos, sino prepararlos para utilizar el material tanto para la edificación de creyentes como para la evangelización de los no creyentes. Es cierto que no todo el material es «evangelístico» en sí, pero a veces se tocan varios temas durante el proceso de la evangelización o del seguimiento y estos conocimientos tal vez ayuden a abrir una puerta para el evangelio o aun mantenerla abierta. Las siguientes consideraciones servirán para guiar la comunicación de los conceptos:

a. La comunicación debe ser creativa: La clave de esta sección es permitir que los alumnos usen sus propios talentos de manera creativa. No todos tendrán ni la habilidad ni el deseo de predicar desde un púlpito. Pero tal vez algunos tengan talentos para escribir poesías, canciones, o coros, o hacer dibujos o pinturas que comuniquen las verdades que han aprendido. Otros quizás tengan habilidades teatrales que pueden usar para desarrollar dramatizaciones que comuniquen principios cristianos de manera eficaz, educativa y entretenida. Y aun otros pueden servir de maestros, pastores o facilitadores para otros grupos o peñas. No les imponga límites a las diversas maneras en las cuales se puede comunicar la verdad de Dios.

b. La comunicación debe ser clara: Las peñas proveen un contexto idóneo para practicar la comunicación de las verdades cristianas. En este ambiente caracterizado por el amor, el aliento y la dirección se pueden hacer «dramatizaciones» en las cuales alguien formule «preguntas difíciles», mientras otro u otros tratan de responder como si fuera una situación real. Después los demás en la peña pueden evaluar tanto las respuestas que se dieron como la forma en la cual se desenvolvió el proceso y el resultado. La evaluación debe tomar en cuenta aspectos como la apariencia, el manejo del material, y el carácter o disposición con que fue comunicado. Se puede hacer una dramatización, algo humorística, donde un cristiano con buenas intenciones, pero no muy «presentable», trata de comunicarse con un incrédulo bien vestido, perfumado y limpio. Después, la clase puede participar en una discusión amigable acerca del papel de la apariencia en la evangelización.

c. La comunicación debe reflejar el carácter cristiano. Usted como facilitador debe modelar algunas de las características cristianas que debemos reflejar cuando hablemos con otros acerca de Jesucristo y la fe cristiana. Por ejemplo, la paciencia, la humildad y el dominio propio deben ser evidentes en nuestras conversaciones. Debemos también estar conscientes de que dependemos de Dios para que nos ayude a hablar con otros de manera eficaz. Sobre todo, debemos comunicar el amor de Dios. A veces nuestra forma de actuar con los no cristianos comunica menos amor que lo que ellos reciben de sus amistades que no son cristianas. Las peñas proveen un contexto amigable, eficaz y sincero para evaluar, practicar y discutir estas cosas.

Cada parte del proceso ya detallado contribuye a la que le sigue, de manera que la calidad del proceso de la enseñanza depende del esfuerzo realizado en cada paso. Si la calidad de la lección es alta, esto ayudará a asegurar una excelente experiencia en la reunión, ya que todos los estudiantes vendrán preparados, habiendo hecho buen uso de su tiempo personal. De la misma manera, si la reunión se desenvuelve de manera organizada y creativa, facilitará la excelencia en las expresiones, es decir, las oportunidades que tendremos fuera de las reuniones para compartir las verdades de Dios. Por lo tanto, necesitaremos la ayuda de Dios en todo el proceso a fin de que recibamos el mayor provecho posible del programa.

Instrucciones específicas

Antes de la reunión: *Preparación*

A. Oración: Es la expresión de nuestra dependencia de Dios.
1. Ore por usted mismo.
2. Ore por los estudiantes.
3. Ore por los que serán alcanzados e impactados por los alumnos.

B. Reconocimiento
1. Reconozca su identidad en Cristo (Romanos 6—8).
2. Reconozca su responsabilidad como maestro o facilitador (Santiago 3.1-17).
3. Reconozca su disposición como siervo (Marcos 10.45; 2 Corintios 12.14-21).

C. Preparación

1. Estudie la porción del alumno sin ver la guía para el facilitador, es decir, como si usted fuese uno de los estudiantes.

   a. Tome nota de los aspectos difíciles, así se anticipará a las preguntas.

   b. Tome nota de las ilustraciones o métodos que le vengan a la mente mientras lee.

   c. Tome nota de los aspectos que le sean difíciles a fin de investigar más usando otros recursos.

2. Estudie este manual para el facilitador.

3. Reúna otros materiales, ya sea para ilustraciones, aclaraciones, o para proveer diferentes puntos de vista a los del texto.

Durante la reunión: *Participación*

Recuerde que el programa FLET sirve no solo para desarrollar a aquellos que están bajo su cuidado como facilitador, sino también para edificar, entrenar y desarrollarlo a usted mismo. La reunión consiste de un aspecto clave en el desarrollo de todos los participantes, debido a las dinámicas de la reunión. En la peña, varias personalidades interactuarán, tanto unas con otras, como también ambas con Dios. Habrá personalidades diferentes en el grupo y, junto con esto, la posibilidad para el conflicto. No le tenga temor a esto. Parte del currículo será el desarrollo del amor cristiano. Tal vez Dios quiera desarrollar en usted la habilidad de resolver conflictos entre hermanos en la fe. De cualquier modo, nuestra norma para solucionar los problemas es la Palabra inerrante de Dios. Su propia madurez, su capacidad e inteligencia iluminadas por las Escrituras y el Espíritu Santo lo ayudarán a mantener un ambiente de armonía. Si es así, se cumplen los requisitos del curso y, lo más importante, los deseos de Dios. Como facilitador, debe estar consciente de las siguientes consideraciones:

A. El tiempo u horario

1. La reunión debe ser siempre el mismo día, a la misma hora, y en el mismo lugar cada semana, ya que eso evitará confusión. El facilitador siempre debe tratar de llegar con media hora de anticipación para asegurarse de que todo esté preparado para la reunión y para resolver cualquier situación inesperada.

2. El facilitador debe estar consciente de que el enemigo a veces tratará de interrumpir las reuniones o traer confusión. Tenga mucho cuidado con cancelar reuniones o cambiar horarios. Comunique a los participantes en la peña la responsabilidad que tienen unos con otros. Esto no significa que nunca se debe cambiar una reunión bajo ninguna circunstancia. Más bien quiere decir que se tenga cuidado y que no se hagan cambios innecesarios a cuenta de personas que por una u otra razón no pueden llegar a la reunión citada.

3. El facilitador debe completar el curso en la fecha indicada de acuerdo al plan de estudio seleccionado.

B. El lugar

1. El facilitador debe asegurarse de que el lugar para la reunión esté disponible durante las semanas correspondientes al curso. También deberá tener todas las llaves u otros recursos necesarios para utilizar el local.

2. Debe ser un lugar limpio, tranquilo y tener buena ventilación, suficiente luz, temperatura agradable y espacio a fin de poder sacarle provecho y facilitar el proceso educativo.

3. El sitio debe tener el mobiliario adecuado para el aprendizaje: una mesa, sillas cómodas, una pizarra para tiza o marcadores que se puedan borrar. Si no hay mesas, los estudiantes deben sentarse en un círculo a fin de que todos puedan verse y escucharse. El lugar completo debe contribuir a una postura dispuesta para el

aprendizaje. El sitio debe motivar al alumno a trabajar, compartir, cooperar y ayudar en el proceso educativo.

C. La interacción entre los participantes

1. Reconocimiento:
   a. Saber el nombre de cada persona.
   b. Conocer los datos personales: estado civil, trabajo, nacionalidad, dirección, teléfono.
   c. Saber algo interesante de ellos: comida favorita, cumpleaños, etc.
2. Respeto para todos:
   a. Se deben establecer reglas para la reunión: Una persona habla a la vez y los demás escuchan.
   b. No burlarse de los que se equivocan ni humillarlos.
   c. Entender, reflexionar o pedir aclaración antes de responder lo que otros dicen.
3. Participación de todos:
   a. El facilitador debe permitir que los alumnos respondan sin interrumpirlos. Debe dar suficiente tiempo para que los estudiantes reflexionen y compartan sus respuestas.
   b. El facilitador debe ayudar a los alumnos a pensar, a hacer preguntas y a responder, en lugar de dar todas las respuestas él mismo.
   c. La participación de todos no significa necesariamente que tienen que hablar en cada sesión (ni que tengan que hablar desde el principio, es decir, desde la primera reunión), más bien quiere decir, que antes de llegar a la última lección todos los alumnos deben sentirse cómodos al hablar, participar y responder sin temor a ser ridiculizados.

Después de la reunión: *Evaluación y oración*

A. Evaluación de la reunión y la oración:
1. ¿Estuvo bien organizada la reunión?
2. ¿Fue provechosa la reunión?
3. ¿Hubo buen ambiente durante la reunión?
4. ¿Qué peticiones específicas ayudarían a mejorar la reunión?

B. Evaluación de los alumnos:
1. En cuanto a los alumnos extrovertidos y seguros de sí mismos: ¿Se les permitió que participaran sin perjudicar a los más tímidos?
2. En cuanto a los alumnos tímidos: ¿Se les animó a fin de que participaran más?
3. En cuanto a los alumnos aburridos o desinteresados: ¿Se tomó especial interés en descubrir cómo despertar en ellos la motivación por la clase?

C. Evaluación del facilitador y la oración:
1. ¿Estuvo bien preparado el facilitador?
2. ¿Enseñó la clase con buena disposición?
3. ¿Se preocupó por todos y fue justo con ellos?
4. ¿Qué peticiones específicas debe hacer al Señor a fin de que la próxima reunión sea aun mejor?

Ayudas adicionales

1. **Saludos:** Para establecer un ambiente amistoso, caracterizado por el amor fraternal cristiano, debemos saludarnos calurosamente en el Señor. Aunque la reunión consiste de una actividad más bien académica, no debe adolecer del amor cristiano. Por lo tanto, debemos cumplir con el mandato de saludar a otros, como se encuentra en la mayoría de las epístolas del Nuevo Testamento. Por ejemplo, 3 Juan

concluye con las palabras: La paz sea contigo. Los amigos te saludan. Saluda tú a los amigos, a cada uno en particular. Saludar provee una manera.sencilla, pero importante, de cumplir con los principios de autoridad de la Biblia.

2. **Oración:** La oración le comunica a Dios que estamos dependiendo de Él para iluminar nuestro entendimiento, calmar nuestras ansiedades y protegernos del maligno. El enemigo intentará interrumpir nuestras reuniones por medio de la confusión, la división y los estorbos. Es importante reconocer nuestra posición victoriosa en Cristo y seguir adelante. El amor cristiano y la oración sincera ayudarán a crear el ambiente idóneo para la educación cristiana.

3. **Creatividad:** El facilitador debe esforzarse por emplear la creatividad que Dios le ha dado tanto para presentar la lección como para mantener el interés durante la clase completa. Su ejemplo animará a los estudiantes a esforzarse en comunicar la verdad de Dios de manera interesante. El Evangelio de Marcos reporta lo siguiente acerca de Juan el Bautista: Porque Herodes temía a Juan, sabiendo que era varón justo y santo, y le guardaba a salvo; y oyéndole, se quedaba muy perplejo, pero le escuchaba de buena gana (Marcos 6.20). Y acerca de Jesús dice: Y gran multitud del pueblo le oía de buena gana (Marcos 12.37b). Notamos que las personas escuchaban «de buena gana». Nosotros debemos esforzarnos para lograr lo mismo con la ayuda de Dios. Se ha dicho que es un pecado aburrir a las personas con la Palabra de Dios. Hemos provisto algunas ideas que se podrán usar tanto para presentar las lecciones como para proveer proyectos adicionales útiles para los estudiantes. Usted puede modificar las ideas o crear las suyas propias. Pídale ayuda a nuestro Padre bondadoso, todopoderoso y creativo a fin de que lo ayude a crear lecciones animadas, gratas e interesantes.

Conclusión

El beneficio de este estudio dependerá de usted y de su esfuerzo, interés y relación con Dios. Si el curso resulta una experiencia grata, educativa y edificadora para los estudiantes, ellos querrán hacer otros cursos y progresar aun más en su vida cristiana. Que así sea con la ayuda de Dios.

Estructura de la reunión

1. Oración e introducción: Comience la reunión con intercesión. Dé la bienvenida a los alumnos y ore para que el Señor calme las ansiedades, abra el entendimiento, y se obre en las vidas de los estudiantes y el facilitador. Con anticipación seleccione una de las introducciones sugeridas (véase el Manual para el facilitador), o cree su propia introducción original.

2. Interacción con las **Diez preguntas**: Comparta con los alumnos algunas de las preguntas de la lección junto con las respuestas. No es necesario tratarlas todas. Más bien se pueden considerar aquellas que dieron más dificultad, que fueron de mayor edificación. o que expresan algún concepto con el cual están en desacuerdo. Traten de alcanzar algunas conclusiones (aun si son tentativas).

3. Interacción con la sección **Expresión**: Queremos que los alumnos expresen sus conocimientos tanto en conducta como también en comunicación con otros, ambos creyentes y no creyentes. También esperamos que expresen sus peticiones y pensamientos íntimos a Dios. Asegúrese de permitir que varios estudiantes compartan

los principios que desarrollaron y descubrieron. Anime a los alumnos a ayudarse mutuamente en mejorar la expresión de dichos principios (hacerlos más concisos, creativos, o precisos). También asegúrese de hablar acerca de cualesquiera contactos evangelísticos o de edificación cristiana que haya tenido durante la semana. Deseamos que los alumnos hagan lo correcto, y que no solo hablen de hacerlo. Por último, asegúrese de que uno, o varios, oren por el grupo de estudio, las iglesias o iglesia representada, y las personas con las quienes se está teniendo interacción evangelística o de edificación cristiana.

4. Conclusión y oración: Concluya la lección con una nota de ánimo y esperanza como también gratitud por los buenos esfuerzos de los alumnos y ánimo para aquellos que necesitan ser motivados y alentados. Por fin, pida que alguien ore por la iglesia y su liderazgo, los estudiantes, la comunidad que desean alcanzar. Incluya las necesidades específicas sacadas a relucir en la reflexión concerniente la sección Expresión.

[Nota: Asegúrese de coleccionar las tareas específicas al principio de cada lección. Después de la reunión asegure que el alumno haya cumplido con las tareas que se piden (3 preguntas, 4 conceptos y 3 principios. Véase la página 505-506). El facilitador se encargará de enviar todas las tareas junto con el examen final a la sede de FLET al final del curso.

Lección 1

Estudiar la Biblia
(Capítulos 1–5)

Sugerencias para comenzar la clase

1. Antes de iniciar el estudio escriba en la pizarra algunas de las preguntas presentadas por el texto en la página 39 bajo «La naturaleza de la Biblia». Entonces pida a los alumnos que respondan a las mismas y que ofrezcan ideas para mejores resultados. Nombren un secretario para que escriba las buenas ideas que salgan a relucir y para que después provea copias a sus compañeros. Después de una buena interacción completen el resto de la lección.

2. Pida a los estudiantes que sugieran varias ideas de cómo hacer que las personas se interesen en el estudio de las Escrituras. Asegure de tratar temas tales como los siguientes: ¿Hasta que punto tienen la culpa los maestros aburridos o poco preparados en que las personas no lean y estudien la Biblia? ¿Qué relación existe entre el esfuerzo necesario para comprender las Escrituras y la realización del estudio de las mismas? ¿Cómo podemos convencer a los cristianos de la importancia de leer, comprender y obedecer la Palabra de Dios? Después de que varios opinen prosigan a completar la lección.

3. Instruya a los alumnos a que respondan a la siguiente pregunta: ¿Por qué las personas no entienden la Biblia y por qué algunos pastores no predican o enseñan las Escrituras de manera expositiva? Pasen al resto de la lección después de que varios presenten sus ideas.

4. Desarrolle su propia idea creativa para comenzar la lección.

Comprobación de preguntas

1. Los siguiente cinco pasos constituyen el proceso de enseñar creativamente la Biblia:
   - Estudiar la Biblia
   - Enfocar el mensaje
   - Estructurar la lección
   - Enseñar la clase
   - Evaluar los resultados

   Esta enseñanza representa un proceso lógico ya que comienza con las Escrituras (la fuente de nuestra lección) y un *estudio inductivo* de las misma. Entonces prosigue al siguiente paso: *enfocar* los principios transferibles de la Biblia a fin de que la audiencia contemporánea comprenda la relevancia de la Palabra de Dios para su situación. Es en este paso que se desarrolla la idea pedagógica que representa la mismísima verdad o idea exegética del pasaje estudiado y que dirige al grupo actual a quien se quiere enseñar en un lenguaje relevante. Así, dicho enfoque toma en cuenta las características, edades, necesidades, cultura y contexto de los estudiantes que el Señor nos ha encomendado a nuestro cuidado. También trata de discernir y desarrollar la(s) meta(s) para la lección, es decir lo que se espera que cambie en el alumno como resultado de la enseñanza. El maestro planea cambios en tres áreas: la cognitiva (lo que el estudiante piensa), la afectiva (lo que este siente, sus valores y disposición) y la volitiva (lo que se hace o se determina hacer). La idea pedagógica se conecta entonces a las metas de la enseñanza (que son diseñadas a fin de que la vida de los estudiantes se conforme a la verdad bíblica que estarán estudiando). El paso siguiente intenta estructurar la lección de manera que tenga una progresión lógica que facilite el mayor aprendizaje. Para esto se propone el método ALMA que guía el proceso de la lección desde captar la atención del alumno, hasta estudiar la Biblia y examinar sus vidas a fin de comprender la relevancia de la Biblia en las mismas y hacer lo que en ella dice. Este paso también trata de decidir qué actividades, ilustraciones, ejercicios y cualesquiera otros métodos usaremos a fin de lograr las metas para la lección. El proceso creativo culmina en la enseñanza actual de la clase y la evaluación de la misma. Dicha evaluación nos ayudará a mejorar nuestra enseñanza cada vez más. El proceso requiere esfuerzo, cuidado, precisión y amor por Dios y por nuestros alumnos. En dicha sección los autores afirman creer en la Biblia como la Palabra inerrante de Dios. Dicha realidad subraya la importancia de la excelencia en la enseñanza desde el estudio cuidadoso de la Biblia hasta la preparación correspondiente que merece a fin de edificar al pueblo de Dios y alcanzar aquellos que aún no han creído.

2. El doctor Packer afirma que fuimos creados para conocer a Dios. [La *Confesión de fe de Westminster* amplía más este pensamiento afirmando que: el fin principal y más noble del hombre es el de glorificar a Dios y gozar de Él para siempre.] La afirmación de Packer se relaciona a las dos perspectivas acerca de la naturaleza de Dios (inmanente y trascendente) en que cada perspectiva lleva a una manera diferente de conocer a Dios. Si Dios es todo (como afirma el punto de vista inmanente) entonces «Dios» se encuentra en todo y debemos buscarlo en nosotros mismos ya que todo incluso nosotros seríamos parte de Él. Las religiones orientales y de la Nueva Era afirman un concepto parecido. [Nota: debemos recordar que lo que dichas religiones afirman cuando usan la palabra «Dios» no es igual al Dios personal revelado en las páginas de

las Sagradas Escrituras. Para ellos la realidad es toda una sola esencia a la cual no podemos atribuirle nada. Es decir, para ellos no se puede afirmar nada acerca de «Dios» o el *todo*. Solo se puede decir que *no* es esto y *no* es lo otro (¡sin en realidad decir lo que «es»!)]. En contraste, el Dios revelado en la Biblia es trascendente en Su naturaleza. Él hizo la creación pero no es igual a ella. Nosotros no somos Dios, pero podemos disfrutar de la comunión con Él. Podemos ver la creatividad y el poder de Dios en la creación, pero Él no es idéntico con la misma. Esto tiene grandes implicaciones para la manera en la cual podemos conocer a Dios. Dios se da a conocer por medio de Su creación en forma limitada (véanse el Salmo 19 y Romanos 1). Todos saben que Dios existe porque Él se ha dado a conocer por medio de Su creación resultando en que el ser creado racional posee conocimiento innato de la existencia de Dios (véase Romanos 1). Además se ha dado a conocer en la encarnación de Jesús, Dios mismo con nosotros y hecho humano sin dejar de ser deidad y por medio de Su Palabra la Biblia. De manera que la trascendencia de Dios demanda que Él se dé a conocer por los diversos medios que se han enumerado. El punto de vista inmanente de las religiones orientales y de Nueva Era afirman que conocemos o nos hacemos conscientes de que somos uno con el *Todo* por medio de una experiencia mística y no racional alcanzada por la meditación y otros medios. Es un encuentro «irracional» o contra la razón en la cual de acuerdo a la enseñanza suspendemos los procesos racionales. En gran contraste con esto, el Dios de la Biblia es la fuente de toda razón y conocimiento y se revela en proposiciones racionales comprensibles por los seres humanos. Dichas proposiciones o afirmaciones lógicas se encuentran en las Escrituras y en toda la revelación de Dios. Así, el Dios «desconocido» se da a conocer. Por cierto, no podemos conocer a Dios de manera exhaustiva (ya que tendríamos que ser Dios, algo que es imposible). Pero, a pesar de no poder comprender *todo* acerca de Dios, sí podemos comprender lo suficiente para conocerlo de manera genuina y responderle a Él con fe, esperanza y amor. Así, nuestro concepto de Dios tiene grandes implicaciones en nuestro conocimiento de Él y la manera en la cual se puede alcanzar dicho conocimiento (o aun si es posible hacerlo).

3. Richards afirma que en el Señor Jesucristo Dios se da a conocer de manera íntima y personal. Esto es, en Jesús nos encontramos con el mismísimo Dios (y no con una reflexión de Él como por ejemplo en la Creación). El autor cita las epístolas a los Hebreos y los Colosenses para demostrar que las Escrituras afirman que Jesús es Dios. [Nota: Varios grupos contemporáneos niegan esta realidad. En Juan aprendemos que el Verbo (esto es, Jesús) «es Dios». En Hebreos 1.13, que Él es «el resplandor de su gloria y la imagen misma de su sustancia». (No hay manera de que esto se pueda decir de alguien que no es Dios ya que para representarlo de manera exacta tendría que ser deidad.) Y, en Colosenses aprendemos que Él es el creador de todas las cosas creadas (lo cual por supuesto lo excluye a Él ya que nadie puede causar su propia existencia porque habría que existir antes de existir). El texto concluye que por la revelación natural llegamos a conocer a Dios (Su naturaleza divina, Su papel creativo, y Sus atributos invisibles). Entonces afirma que por medio del Señor Jesucristo llegamos a conocer a Dios mismo de manera personal. Por último, afirma que en la Biblia llegamos a conocer y creer en Jesús como el Mesías. Las Escrituras, nos permiten confirmar de manera objetiva lo que sabemos de Él (nos dan una respuesta a la pregunta ¿cómo sé que en realidad sé?).

4. En Juan 20.30-31 descubrimos el propósito para el que Juan escribió: «Hizo además otras señales en presencia de sus discípulos, las cuales no están escritas en este libro. Pero éstas se han escrito para que creáis que Jesús es el Cristo, el Hijo de Dios, y para que creyendo, tengáis vida en su nombre». Esto nos enseña que el conocimiento a nivel de relación personal comienza cuando creemos en Jesús, que Él es el Mesías que nos garantiza vida eterna cuando creemos en Él. En el mismo evangelio aprendemos que el creyente debe profundizar en su conocimiento y comunión con Dios (Véase Juan 13—18). En Juan 13—17 salen a relucir verdades acerca de cómo el creyente puede profundizar su comunión con el Señor.

5. El texto presenta tres enfoques acerca de la Biblia (dos de los cuales no concuerdan con aquel que las mismísimas Escrituras afirman acerca de sí mismas): 1. El punto de vista conservador que afirma que Dios se ha comunicado sin error en la misma forma en la cual nos comunicamos nosotros con otros seres humanos: por medio de proposiciones (afirmaciones verbales, racionales y comprensibles); 2. El punto de vista liberal que piensa que Dios no se revela en palabras (de esta manera niega que la Biblia es un libro revelado por Dios) sino en hechos naturales (así rechaza los milagros de las Escrituras). De acuerdo a este punto de vista, en la Biblia encontramos aquello que los hombres escribieron *acerca de* su búsqueda por Dios y sus experiencias con Él, pero no información *revelada por Él*. Para los liberales la Biblia representa un libro igual que cualquiera lleno de errores de hombres falibles. Ellos afirman que Dios se encuentra en las experiencias actuales (no en aquellas del pasado como descritas en la Biblia). El punto de vista neortodoxo intentó corregir al liberalismo pero no llegó a afirmar lo que enseñan los creyentes conservadores. Para ellos, la Biblia contenía o se con-

vertía en la Palabra de Dios en el sentido que señalaba a la *Palabra*, esto es, al Señor Jesucristo con quien se tenía un encuentro personal. De manera que la autoridad de la Biblia no se encontraba en proposiciones objetivas escritas en la Biblia, sino en un encuentro personal facilitado por la Biblia. Los conservadores no niegan que la Biblia nos puede llevar a un encuentro con Dios por medio del Señor Jesucristo y el ministerio del Espíritu Santo. Pero afirman que la Biblia representa revelación objetiva, inerrante y autoritativa que lo sigue siendo ya sea que alguien la crea o no (o tenga alguna experiencia subjetiva o no). Los puntos de vista liberal y neortodoxo niegan que la revelación sea objetiva y autoritativa e inscripta en las Escrituras.

6. El texto ofrece varias evidencias a favor de la inspiración, autoridad e inerrancia de las Escrituras:

Los escritores de la Biblia afirman conocer a Dios y mucho acerca de Él.

- Conocían eventos causados o permitidos por Dios en la historia humana (como por ejemplo, Su obra en María en la concepción virginal de Jesús).
- Sabían los motivos de Dios en los eventos que Él causó y los resultados de los mismos (por ejemplo el porqué de la muerte del Señor Jesucristo y lo que dicha muerte realizó).
- Comunicaban aquello que Dios iba a hacer en el futuro.

No hay manera de que los hombres pudiesen conocer sin error en lo absoluto los detalles enumerados arriba sin que Dios se los hubiese revelado. Y, esta revelación se dio en proposiciones verbales, afirmaciones hechas con palabras comprensibles y coherentes.

Con referencia a 1 Corintios 2 el autor saca a relucir tres observaciones:

- Por medio de la revelación Dios comunica información que de otra manera no pudiéramos llegar a conocer (saber).
- El Espíritu Santo es el Agente de revelación ya que como Él mismo es Dios (al igual que el Padre es Dios y el Hijo es Dios), Él conoce los mismísimos pensamientos de Dios.
- Dios comunica por medio de palabras.

Richards concluye que el Espíritu Santo revela información por medio del lenguaje humano, esto es aquel que nosotros conocemos.

7. El texto compara al Señor Jesucristo, la Palabra *encarnada*, con la Biblia, la Palabra *escrita*. Ambas representan la revelación perfecta de Dios sin error e íntimamente conectada con la humanidad: Jesús es Dios hecho hombre (sin dejar de ser Dios) y la Biblia fue comunicada por medio de los hombres (sin error). Más allá, el texto saca a relucir la perspectiva del Señor Jesús acerca de la inspiración de las Escrituras. Él afirmó la autoridad del Antiguo Testamento en varias ocasiones durante su vida y ministerio. El libro de texto cita Mateo 5.17-18; 22.32 pero hay otros textos que demuestran que el Señor Jesús creía en la autoridad de las Escrituras como la mismísima Palabra de Dios (véanse por ejemplo Mateo 3.4, 7, 10 y Juan 10.35; 13.18 entre otros). [Nota: Las afirmaciones del Señor Jesús hacen referencia a las Escrituras del Antiguo Testamento, pero Él prometió la autoridad del Nuevo Testamento que habría de ser escrito después cuando afirmó: «Aún tengo muchas cosas que deciros, pero ahora no las

podéis sobrellevar. Pero cuando venga el Espíritu de verdad, él os guiará a toda la verdad; porque no hablará por su propia cuenta, sino que hablará todo lo que oyere, y os hará saber las cosas que habrán de venir. Él me glorificará; porque tomará de lo mío, y os lo hará saber. Todo lo que tiene el Padre es mío; por eso dije que tomará de lo mío, y os lo hará saber» (Juan 16.12-15).]

Así, el libro explica que las Escrituras no dan a conocer el mecanismo de cómo Dios comunicó por medio de los hombres (sin eliminar sus propias personalidades), sino que afirman: «Se garantiza que las palabras y los pensamientos registrados son de Dios. Los escritos son veraces y exactos, y la información avalada sin lugar a dudas. Y, según Pablo, toda Escritura es inspirada por Dios (2 Timoteo 3.16). Bíblica y teológicamente, entonces, inspiración se refiere a la influencia que Dios ejerció sobre los autores humanos de la Escritura. Con la inspiración, Él garantiza que el resultado expresa exactamente lo que intenta comunicar».

[Nota: Se debe afirmar que a pesar de que la Biblia versión Reina Valera traduce «inspirados» en 2 Pedro 1.21, esta palabra es diferente al término «inspirada» que el apóstol Pablo utiliza en 2 Timoteo 3.16-17: «Toda la Escritura es inspirada por Dios, y útil para redargüir, para corregir, para instruir en justicia, a fin de que el hombre de Dios sea perfecto, enteramente preparado para toda buena obra». El término utilizado en la Segunda Epístola de Pedro se relaciona a la palabra que aparece en Hechos 27.15: «Y siendo arrebatada la nave, y no pudiendo poner proa al viento, nos abandonamos a él y nos dejamos llevar». La frase «dejamos llevar» traduce la palabra relacionada a aquella traducida inspirados en 2 Pedro 1.21. Propiamente, las *Escrituras* son inspiradas, no los autores humanos. Aquí, la Nueva Versión Internacional se aproxima más al sentido de

2 Pedro 1.21 cuando traduce «impulsados». La traducción «movidos» de la versión King James (en inglés) es más precisa aun, ya que «impulsados» quizás vez tenga connotaciones ajenas a lo que ocurrió.]

Más allá el texto hace referencia a la *revelación no verbal* que explica como Dios se comunica «Por acontecimientos, como las plagas del período del éxodo. Por medio de cosas, como el tabernáculo y sus muebles. Por experiencias, como los sacrificios prescritos en la ley». Pero advierte que debemos tener cuidado con este tema ya que «el significado de estas formas no verbales se interpreta solo mediante otras revelaciones en palabras». Concluye que: «Es importante percatarse, entonces, de que cuando la Biblia describe revelaciones no verbales, retiene el derecho de interpretarlas verbalmente. Cuando uno busca el significado de un acto o símbolo, lo halla en la Escritura. La revelación no queda expuesta a una explicación descuidada o subjetiva. Reiteramos que las palabras de las Escrituras son esenciales para comprender sus mensajes no verbales. El concepto de la inspiración verbal de la Escritura es primordial para el entendimiento objetivo de la revelación no verbal».

De manera que toda revelación al final es verbal en el sentido que se requiere proposiciones para comprenderla.

También, los autores hablan de variedades de inspiración verbal (lo cual en realidad hace referencia a los diversos géneros literarios incluidos en aquello que Dios ha inspirado), por ejemplo, la poesía, la descripción de vidas e historias nacionales y la narrativa.

Los autores afirman que la forma o género de la Escritura no cambia el hecho de la inspiración ya que todas sus expresiones literarias caen bajo la supervisión del Espíritu Santo. Con referencia a la interpretación de las distintas clases de literatura afirman que: «Dios usa las palabras lo mismo que lo hacemos nosotros, y su significado es determinado por la forma literaria en que se las usa. Si nos acercamos a la Biblia como literatura, se verá simplificada nuestra tarea de comprensión, en tanto que tengamos presente que esa literatura registra la verdad y que no se escribió principalmente para entretenernos».

8. Richards reúne el mensaje de la Biblia bajo el encabezamiento de la reconciliación usando el modelo de Habermas e Issler. Los autores explican que Habermas e Issler (pensadores con quienes ellos concuerdan) explican la historia de la Biblia como una obra teatral en tres actos. Cada escena presenta una fase del drama que se va desplegando del plan de Dios para reconciliar, por medio del sacrificio expiatorio de Cristo, a los portadores de su imagen que se hallan separados del Dios Creador. En el primer acto en su guión de la historia humana comienza con «el reflejo justo». Adán y Eva fueron creados para reflejar perfectamente la imagen de Dios. En este estado perfecto, estos primeros humanos gozaron de una relación justa con su creador. En la segunda escena se experimenta el impacto devastador del pecado. Por causa de la rebelión deliberada de Adán y Eva, se rompe la relación armoniosa entre Dios y su creación humana. De hecho, no solo se desfigura la imagen de Dios por causa del pecado, sino que también se distorsionan las relaciones entre los humanos. Este acto, por lo tanto, le llaman «el reflejo refractado». Ellos comparan la imagen distorsionada de Dios en las personas caídas a la imagen que uno ve en un espejo de un parque de diversiones. Aunque permanece la imagen de Dios, ella es un reflejo defectuoso de la naturaleza y el carácter de Dios. Como tal, quedó rota nuestra unión con el Dios perfecto. El tercer, y final acto lo llaman «el reflejo rejuvenecido». Este acto se subdivide en tres escenas. En la primera escena de este acto, «Reconciliación inicial», el creyente entra en una relación con

Dios al confiar personalmente en Cristo como Salvador. La segunda escena, «Reconciliación diaria», describe el proceso de llegar a ser como Cristo en el peregrinaje de la vida. La última escena de este tercer acto se llama «Reconciliación final» y se refiere al día futuro cuando disfrutemos perfectamente todo lo que se nos ha prometido en Cristo. La última reconciliación ocurrirá cuando los cristianos sean presentados a Dios «santos y sin mancha e irreprensibles delante de él» (Colosenses 1.22).

Con referencia a otros conceptos posibles, la *gloria de Dios* se ha considerado como el concepto que une toda la Biblia. Con referencia a las funciones de la Biblia los autores sugieren tres:

• La Biblia ilumina: Debido a su capacidad de guiar, dar sabiduría, proporcionar entendimiento y advertir, la Biblia posee valiosos atributos. Es solo en las páginas de la Biblia que uno puede encontrar el propósito verdadero de la vida y el plan de Dios para que se pueda lograr ese propósito. La Biblia revela el plan que conduce a la reconciliación. Ella da a conocer la mente y el carácter de Dios. Al leerla y hacerle caso, uno encuentra en verdad «grande galardón». Con tono similar, el salmista proclama: «Lámpara es a mis pies tu palabra, y lumbrera a mi camino» (Salmo 119.105).

• La Biblia descubre: La iluminación tiene tanto un aspecto positivo como otro negativo. La Palabra de Dios vierte luz en los sitios oscuros de nuestro entendimiento, haciendo sabio al simple. Eso es positivo. Pero también esparce su luz por los rincones oscuros, por los lugares escondidos del corazón. Descubre y también ilumina, y eso puede ser negativo, dependiendo de cómo escojamos responder a su penetrante poder escudriñador.

- La Biblia equipa: La meta final de Dios al darnos la revelación bíblica no es correctiva. Él desea que su Palabra nos equipe para su servicio. Su mensaje nos trae reconciliación a través de la obra de Cristo. Su escrutinio pone en evidencia nuestra necesidad de una relación reconciliada con Él. Y luego su Palabra nos da las herramientas que necesitamos para realmente experimentar a diario esa relación reconciliada. Esto es lo que Pablo le dijo a Timoteo acerca del papel de la Biblia: «Toda la Escritura es inspirada por Dios, y útil para enseñar, para redargüir, para corregir, para instruir en justicia, a fin de que el hombre de Dios sea perfecto, enteramente preparado para toda buena obra» (2 Timoteo 3.16,17).

9. Solo el mensaje de la Biblia, la Palabra inerrante de Dios consta de autoridad para nuestra enseñanza. El método de estudio inductivo de las Escrituras nos facilita descubrir su mensaje y así tener la base autoritativa para nuestra enseñanza. Dicho método usualmente se describe en tres pasos: observación, interpretación y aplicación. Estos autores incluyen dos pasos adicionales: generalización e implernentación. Cada paso se explica de la siguiente manera:

- Observación: Es el primer paso en el cual nos percatamos de la información contenida en el texto bíblico. Investigamos el contenido, y hacemos preguntas acerca del mismo a fin de conseguir los datos que estaremos interpretando. Los autores sugieren la pregunta «¿Qué dice?» como la principal de este paso. Otros sugieren «¿Qué veo?».

- Interpretación: En este segundo paso hacemos la pregunta: «¿Qué significa?» Aquí tratamos de descubrir el significado del contenido. Los autores explican: «La interpretación correcta es la que el autor se propuso que el lector llegara a entender. La tarea del estudiante de la Biblia es descubrir el significado de la misma. A pesar de la tentación de saltar de la observación a la aplicación, debemos poner interés en oír la Palabra de Dios y en averiguar lo que el Espíritu de Dios ha comunicado a través de ellas».

- Generalización: Aquí preguntamos: «¿Cuál es el principio general. Basándonos en la interpretación correcta del pasaje o libro en cuestión identificamos el mensaje central o la proposición principal que representa el concepto, lección o principio transferible del texto bíblico (que también servirá como el enfoque de nuestra lección). El libro de texto clarifica: «En este punto del proceso del estudio inductivo, el estudiante de la Biblia deberá formular una sola oración que identifique el punto principal del texto. El maestro no estará listo para iniciar la preparación de la lección hasta que logre hacerlo».

- Aplicación: En este paso preguntamos: «¿qué diferencia produce?». Esta pregunta se dirige a los cambios que debemos realizar en nuestra vidas como respuesta a la enseñanza escritural descubierta y enfocada en los pasos anteriores. Los autores explican que: «La interpretación siempre debe preceder a la aplicación. La aplicación se debe fundamentar en el principio central que se enseña en el texto. De hecho, la aplicación de un pasaje no puede ni debe hacerse sin una cuidadosa interpretación de este». En otras presentaciones del estudio inductivo de la Biblia este paso incluye la implementación actual del principio. En este caso los autores lo han especificado en un paso adicional.

- Implementación: «¿Qué debo cambiar?» representa la pregunta esencial en este último paso. Los autores explican que: «La etapa de implementación del estudio llega a ser altamente individual y concreta» y preguntan: «¿Necesitamos cambiar un punto de vista? Quizá sea una actitud la que necesite ajuste. ¿Es que debemos cambiar un hábito o un comportamiento? ¿Habrá alguna nueva perspectiva, actitud, o conducta que debamos adoptar?». De manera que en este paso personalizamos la aplicación con obediencia actual y específica.

10. En la generalización se descubre la lección, enseñanza o principio bíblico de un pasaje que es *transferible* al creyente contemporáneo (en cualquier cultura en la cual se encuentre). Entonces debemos relacionar esta enseñanza o principio transferible al contexto contemporáneo e implementarlo con obediencia concreta.

El texto propone cuatro preguntas que nos ayudan a descubrir la aplicación de un pasaje:

- ¿Hay aquí alguna enseñanza que debe ser aprendida y seguida?
- ¿Comunica este pasaje alguna reprensión que debe ser oída y considerada?
- ¿Hay alguna corrección que debe ser observada?
- ¿En qué manera nos capacita este pasaje para ser justos?

También podemos enfocar la aplicación así:

1. Cosas que debo comenzar a hacer
2. Cosas que debe dejar de hacer
3. Cosas que debo creer
4. Cosas que debo confesar
5. Cosas que debo comunicar a otros

La respuesta a esta parte de la pregunta variará de acuerdo al alumno. Solo asegure que la respuesta sea concisa, coherente y conforme a la enseñanza de las Escrituras. Más allá, Haddon Robinson sugiere las siguientes cuatro preguntas adicionales.

- ¿Cuál fue el trasfondo de la comunicación en que primero vino la Palabra de Dios? ¿Qué rasgos comparten en común los hombres y las mujeres modernos con ese auditorio original?

- ¿Cómo podemos identificarnos con los hombres y las mujeres bíblicos conforme a lo que ellos oyeron de la Palabra de Dios y respondieron —o dejaron de responder— en su situación particular?

- ¿Qué discernimientos adicionales hemos adquirido nosotros acerca del trato de Dios con su pueblo mediante revelación adicional?

- Cuando entiendo una verdad eterna o un postulado, ¿qué aplicaciones específicas y prácticas tiene ello para mí y para mi congregación?.

Lección 2

Enfocar el mensaje
(Capítulos 6–8)

Sugerencias para comenzar la lección

1. Comience la lección con la siguiente pregunta: ¿Qué podemos hacer para preservar el significado actual de las Escrituras y a la vez demostrar la relevancia de las mismas a un mundo contemporáneo? Asegure que varios opinen y que se traten temas tales como: ¿Cómo podemos descubrir los principios transferibles de la transculturación en las Escrituras? ¿Cómo podemos asegurar que nuestros maestros ministren a las necesidades de los alumnos sin modificar el sentido verídico de la Biblia? ¿Cómo respondemos a la persona que objeta que la Biblia no es relevante al mundo contemporáneo? ¿Cómo respondemos a la persona que dice que podemos manipular o cambiar el sentido de las Escrituras a fin de poder comunicarla con mayor relevancia al mundo actual? Después de una discusión provechosa completen el resto de la lección.

2. Para comenzar la lección pida a los estudiantes que opinen acerca de las siguientes preguntas:
   • ¿Que podemos hacer para estar al tanto de las necesidades de nuestros alumnos y de asuntos del desarrollo en las diferentes edades?
   • ¿Qué podemos hacer para mantenernos informados acerca del mundo contemporáneo y el medio ambiente en el cual se mueven nuestros alumnos?

- ¿Qué peligros podemos enfrentar al realizar las dos tareas mencionadas arriba?

Nombren a un secretario a fin de que escriba las ideas que salgan a relucir y después provea una copia a los otros alumnos. Asegure que varios opinen y que se llegue a algunas conclusiones (aunque tentativas o diferentes en algunos casos) y prosigan con las otras partes de la lección.

3. Antes de comenzar la lección escriba las gráficas que representan las teorías de Maslow y Herzberg en la pizarra. Entonces realicen una evaluación de ellas. Asegure tratar la cuestión de la veracidad de las mismas, y además preguntas tales como: ¿Hay excepciones a lo que afirman? ¿Concuerdan con la enseñanza de las Escrituras? ¿Hay otras maneras de clasificar las necesidades de las personas u otras maneras de enfocarlas? Después de una discusión provechosa prosigan al próximo paso de la lección.

4. Desarrolle su propia idea creativa para comenzar la lección.

Comprobación de preguntas

1. De acuerdo al texto el desafío más grande se encuentra en construir un puente desde el mundo de los tiempos bíblicos hasta el nuestro a fin de explicar un concepto. Los autores explican que: «Existe una brecha muy real entre nosotros y los que vivieron en el antiguo mundo de la Biblia. Se trata de un abismo de tiempo, de geografía, de cultura, de tecnología, de costumbres, de idiomas e incluso de cosmovisión. Aunque sí existen tales diferencias, hay todavía varias cosas que tenemos en común con los hombres y las mujeres de la época de la Biblia. Tenemos una humanidad común. Podemos relacionarnos

con ellos, y sus historias se relacionan con nosotros, por cuanto compartimos características físicas, emocionales, sociales y espirituales. Es importante que el maestro creativo de la Biblia recuerde que las necesidades humanas básicas no han cambiado significativamente en los milenios que han pasado desde que se escribieron las Escrituras». En vista de la humanidad y necesidades comunes que compartimos con los personajes de los tiempos bíblicos el autor explica la meta del maestro así: «Según logremos entender las necesidades de las personas, en especial de los individuos a los cuales enseñamos, podremos llegar a ser más eficaces al enseñar la Biblia. Al conocer a nuestros alumnos, podremos ayudarlos no solo a hacer más directa y específica la aplicación de la Escritura a su vida, sino que también los podremos ayudar a ver la propia naturaleza contemporánea del mensaje de la Biblia». Ahora, mientras que sin duda existe una brecha cultural entre nosotros y las personas de los tiempos bíblicos, Dios tuvo conciencia de ello durante el proceso de revelar Su Palabra a la humanidad. De manera que no es una tarea imposible descubrir los principios transferibles de las Escrituras, pues no todos los textos tienen la misma dificultad, y con reflexión y esfuerzo podemos aprender la Biblia y aplicarla en nuestras vidas. Por otro lado, debemos tener cuidado en el proceso de tratar de descubrir los detalles culturales de un texto de la Biblia por varias razones: a veces carecemos de información provista por la arqueología u otras veces los libros que tratan estos temas (diccionarios bíblicos, manuales de la Biblia) se equivocan u ofrecen una interpretación incorrecta, basada ya sea en información errónea o tal vez cierta. De manera que siempre debemos regresar al texto bíblico, someter todo concepto al mismo, y proceder siempre en dependencia de Dios y la ayuda que provee. Finalmente, conocer las necesidades del alumno nos ayuda a comunicarles la verdad de las Escrituras de manera eficaz aunque no nos provee de la interpretación correcta de las mismas.

2. Los autores afirman que: «El alumno es el núcleo del proceso de aprendizaje-enseñanza. El objetivo final al enseñar la Biblia no solo es conocerla, aunque ello sea muy importante, sino es el conocimiento de la Biblia aplicado a la vida diaria del alumno. Hemos dicho anteriormente que el contenido de la Biblia es esencial por causa de su naturaleza inspirada y reveladora. Pero debemos recordar que enseñamos a individuos y no meras lecciones. Así que debemos comenzar con las personas».

Con esto en vista, el texto presenta cuatro recursos (algunos más teóricos y filosóficos que otros) con el fin de ayudarnos a descubrir las necesidades de nuestros alumnos y de esta manera comunicarles más fácilmente los principios transferibles de las Escrituras:

• La jerarquía de Maslow: Clasificación de las necesidades del ser humano en cinco categorías jerárquicas que ascienden desde las fisiológicas hasta las de actualización del potencial personal. La jerarquía comienza con el nivel fisiológico (alimento, agua y aire) que motivan la conducta humana. Pasa al segundo nivel el de la seguridad (tener una vida estable y libre de amenazas) como motivación, y entonces al tercero el de necesidades sociales (necesidad de amistad, cariño, e interacción). El cuarto nivel es el de la estima (sentimientos personales de realización, afirmación y valor personal). Por último, de acuerdo a Maslow, los humanos buscan cumplir la actualización personal, esto es satisfacción de que uno ha logrado su potencial individual. En esta teoría la realización de los niveles superiores depende del cumplimiento de los inferiores. Dicha teoría no representa una verdad absoluta.

- La teoría de Herzberg: Una comprensión y clasificación de las necesidades en dos niveles: higiene y motivación. De acuerdo a la teoría, las necesidades de higiene que no se satisfagan harán que los que estudiantes pierdan su motivación y dejen de participar. Los motivadores son las necesidades que, cuando se satisfacen, aumentan la eficacia y el éxito personales. Los motivadores pueden diferir entre los alumnos y, por tanto, los maestros deben entender sus necesidades individuales y los factores que los motivan.

- Conocimiento de las etapas de desarrollo humano: Dios creó a los humanos con un diseño, y por lo tanto podemos estudiar el desarrollo humano y reconocer las etapas y los asuntos comunes del proceso de desarrollo (como las necesidades y oportunidades correspondientes a las mismas). Además debemos conocer el grupo particular y las personas individuales encomendadas a nuestro cuidado como maestros.

- Comprensión de las necesidades espirituales de los alumnos: El texto nombra a Ruth Beechick quien propone varias «tareas espirituales» que ella cree que deben ser consideradas según la madurez de los alumnos. Los alumnos tienen necesidades espirituales con correspondientes verdades que deben creer y *tareas* que realizar (sin convertir la vida espiritual en un sistema legalista y mecánico motivado por la culpabilidad).

Debemos usar nuestro discernimiento y sensibilidad espiritual con las cuatro categorías mencionadas arriba (en especial con las dos primeras por su enfoque subjetivo).

También debemos estar al tanto de las investigaciones contemporáneas acerca del desarrollo de los ·seres humanos ya que hay aspectos que cambian a través de los años, conocer bien a nuestros estudiantes particulares, y sobretodo someter todo a la Palabra de Dios. Las respuestas a estas preguntas variarán en parte de acuerdo al alumno.

3. De acuerdo al texto, una evaluación de las necesidades consiste de los siguientes componentes (en orden):

- Enumeración de las necesidades físicas, cognoscitivas, psico-sociales (emocionales y sociales) y espirituales observadas en el grupo.

- Descripción del grupo. ¿En qué clase de situación ministerial se enseñará? ¿Qué tamaño tiene el grupo? ¿Cuáles son las características sociales y culturales de este? ¿Cuál es su nivel de madurez espiritual?

- Lista de algunas de las características específicas de los miembros del grupo: ¿Cuáles son sus intereses? ¿Qué habilidades poseen? ¿Qué limitaciones ha observado? ¿Existen algunas necesidades obvias o expresadas que los alumnos traen a la clase?

- Lista de algunas maneras en que se pueda desarrollar contacto ministerial con el grupo.

Además, de acuerdo al texto, los recursos que pueden ser utilizados para realizar una evaluación son los siguientes:

- Los mismos alumnos, quienes proveen información sobre sus necesidades. De acuerdo al texto este recurso abarca pasar algún tiempo con cada estudiante individualmente, preguntarle qué le interesa, y saber cómo es cada alumno fuera de la clase. Además se explica que parte de la información de la evaluación de necesidades puede ser obtenida sencillamente observando a sus alumnos. [Nota: No es recomendable que un *maestro* pase tiempo a solas con *alumnas* ya que las apariencias, falsas acusaciones o situaciones comprometedoras pueden ser devastadoras para una iglesia o ministerio.]

- Un proceso informal de entrevista. De acuerdo a los autores el maestro les puede decir a dos o tres alumnos que quiere aprender más acerca del grupo y sus necesidades. Se puede llevar a los alumnos a comer hamburguesas y refresco o café y pasteles, y hacerle la pregunta: «¿Cómo podemos hacer que nuestra clase sea mejor?» Los maestros deben estar dispuestos a cambiar y asegurarse de aplicar algunas de las ideas de sus informantes y de agradecerles sus sugerencias.

- Un sencillo cuestionario sobre las necesidades e intereses de los estudiantes. De acuerdo al texto se puede distribuir un cuestionario a la clase o grupo de estudio bíblico. Los participantes pueden escribir sus respuestas más detalladamente o conversar entre ellos si así lo prefieren.

Las respuestas a la última parte de la pregunta variarán de acuerdo al alumno.

4. Por supuesto el maestro enseñará una lección pero esta enseñanza se dirige a estudiantes con necesidades reales. El texto dice que enseñar no equivale a sencillamente comunicar contenido. Explica que los maestros creativos de la Biblia reconocen la necesidad de enseñar la verdad

de la Biblia y la importancia del contenido, pero también saben que enseñan a estudiantes y no meras lecciones. Las necesidades del alumno y el aprendizaje de éstos son una prioridad. Los maestros creativos de la Biblia se ven a sí mismos como un eslabón entre el contenido y el alumno. Al conocer y preocuparse por sus alumnos, pueden conectar el contenido con la vida de estos de maneras significativas. La evaluación de necesidades ayuda a los maestros a hacerlo.

5. Los autores afirman que la enseñanza se transfiere al alumno y esta lo transforma poderosamente cuando el material que se enseña tiene sentido en la vida y la experiencia de este. Más allá proporcionan tres características de una enseñanza que ayudan a que esta tenga sentido: orden y estructura, vocabulario comprensible, y conexión con la experiencia de la vida. Las respuestas a la última parte de la pregunta variarán con el alumno.

6. Los cinco niveles de la transferencia de aprendizaje son:

- Aprendizaje mecánico: consiste en el almacenamiento de datos por medio de la memorización, por ejemplo, sin miras a la comprensión del significado.

- Reconocimiento: establece el poder reconocer conceptos pero tal vez sin comprender mucho acerca del sentido de los mismos.

- Nueva exposición: nivel en el que se expresa un concepto usando nuestras propias palabras.

- Relación: a este nivel se relacionan las verdades aprendidas a situaciones de la vida actual.

- Realización: la aplicación o apropiación de la verdad a la vida.

Los tres contrastes sacados a relucir al enseñar creativamente la Biblia son los siguientes: Enfoque en datos vs. enfoque en el sentido (el maestro creativo de la Biblia debe ir más allá, de los datos a su sentido); enfoque en la pasividad del alumno vs. su actividad (el maestro creativo de la Biblia involucra al alumno en el proceso de aprendizaje); y enfoque en el maestro que comunica vs. el que guía (el maestro creativo se enfoca en motivar y estimular a los alumnos a aprender y descubrir la verdad por sí mismos). Las respuestas a la última parte de la pregunta variarán con el alumno.

7. El texto sugiere dos preguntas: ¿Qué quiero que los alumnos aprendan? y ¿Cómo quiero que los alumnos cambien? Una tercera pregunta pudiera ser ¿Cómo sé que el alumno aprendió? Las respuestas a la última parte de la pregunta variarán de acuerdo al alumno. Asegure que sean concisas, coherentes y conforme a la enseñanza de las Escrituras.

8. El texto saca a relucir tres pasos: Comenzar con el principio del puente (discernir la idea exegética o central del pasaje, la enseñanza bíblica, y expresarla de forma concisa); considerar al alumno (conocer las características y necesidades del mismo); y expresar la idea pedagógica (la mismísima enseñanza bíblica expresada en lenguaje relevante, contemporáneo, y conforme al nivel y las necesidades de los alumnos, sin alterar el significado escritural).

9. Las tres esferas de aprendizaje desarrolladas por el profesor Bloom son la cognitiva, la afectiva y la sicomotora.

[Nota: Algunos prefieren la clasificación conativa o volitiva para la tercer categoría ya que une la voluntad de la persona con la habilidad, destreza y/o acción correspondiente.] De acuerdo al texto, una meta de aprendizaje es una descripción de la clase de aprendizaje y cambio de vida que se desea o espera en la vida del estudiante como resultado de completar su lección, unidad o curso de estudio. El texto trata tres diferentes clases: meta de contenido (representa la información que el alumno necesita saber acerca del tema); meta de inspiración (la respuesta emocional que trata de los valores, las actitudes y la disposición del estudiante); y meta de acción (la respuesta en comportamiento o habilidad o logro que corresponde a las dos primeras).

10. El texto sugiere dos pasos a seguir en la construcción de una meta: Estudiar y entender el texto de la Escritura que ha de enseñarse (preguntarse, ¿qué enseña este texto o libro?), y comprender las implicaciones para el estudiante (discernir la relevancia de la enseñanza bíblica para las vidas de los alumnos). Además, ofrece cuatro pautas para desarrollar las metas (una vez que conozcamos la idea exegética, es decir lo que enseña el texto bíblico, y la idea pedagógica o la precisa enseñanza de las Escrituras enfocada para los alumnos contemporáneos):
Las metas deben ser...

- Suficientemente *cortas* para que se puedan recordar con facilidad.
- Suficientemente *claras* para que tengan sentido.
- Suficientemente *específicas* para poder ser alcanzadas (poder saber si se han logrado).
- Escritas con el *alumno* en mente [Nota: Debemos notar que estas metas se *escriben* no solo se tienen en mente.]

Por último, ofrece un patrón sencillo para escribirlas:
Los alumnos...........
> VERBO que describe la clase o acción de aprendizaje
> que se espera
> EL/LA/LOS/LAS CONCEPTO(S) que debe ser apren-
> dido por
> LA RESPUESTA AL MISMO.

Ejemplo:
Los alumnos *distinguirán entre* la *enseñanza correcta acerca de la Persona de Cristo* y *los conceptos erróneos* por *hacer un estudio comparativo de lo que enseñan las Escrituras y las enseñanzas de las sectas.*

Lección 3

Sugerencias para comenzar la lección

1. Para comenzar la lección pida a los alumnos que relaten algunos de los mejores «anzuelos» que hayan escuchado en sus experiencias como estudiantes en la iglesia o en algún instituto bíblico. Entonces pida que expresen algunos pensamientos acerca de las cualidades de los buenos «anzuelos». Asegure que algún secretario escriba las ideas provechosas que salgan a relucir. Después de un tiempo edificador de intercambio de ideas completen el resto de la lección.

2. Antes de comenzar la lección escriba en la pizarra el siguiente pensamiento del texto: «La tarea más difícil de los maestros de la Biblia es ayudar a los alumnos a ver la verdad en términos de sus propias vidas. Esto es particularmente difícil porque el maestro mismo tal vez no sepa las implicaciones que un pasaje tenga para sus estudiantes». Entonces pida a los alumnos que opinen acerca de esta afirmación. Anímelos a que contribuyan ideas para cumplir con el desafío de la aplicación de las Escrituras. Asegure que algunos de los estudiantes compartan de su propia experiencia ya sea como maestros o como alumnos. Después de un tiempo provechoso de intercambio de ideas y discusión prosigan con la lección.

3. Comience la lección con una discusión acerca de la idea de «un puente que atraviesa el tiempo» y los «soportes»

del mismo. Asegure de que se realice un intercambio de ideas acerca de la idea del puente (por ejemplo, ¿cómo podemos ser más eficaces y precisos en la construcción de los mismos?) y de los diversos soportes o columnas disponibles para ayudarnos en dicha tarea (por ejemplo, ¿qué papel tienen la creatividad, el humor, la investigación y la lectura en el desarrollo de dichos soportes). Como parte de la discusión deben también tocar el tema del tiempo necesario para construir puentes de alta calidad. Después de que varios contribuyan de manera provechosa pasen al próximo paso de la lección.

4. Desarrolle su propia idea creativa para comenzar la lección.

Comprobación de preguntas

1. El método ALMA consiste de *Anzuelo* (un gancho que atrae al alumno, introduce a la lección, indica que la enseñanza tiene relevancia para su vida al sacar a relucir la necesidad que existe de prestar atención y participar, establece una meta para la clase y la dirige hacia el estudio de las Escrituras); *Libro* que significa la Biblia y el estudio de la misma a fin de descubrir los principios o lecciones transferibles que debemos aplicar en nuestro contexto contemporáneo; *Mirar* que trata de evaluar nuestra vida y discernir la relevancia de la enseñanza bíblica a la misma; y *Apropiar* que trata de responder a y/o poner en práctica la enseñanza del texto bíblico. [Nota: Debemos recalcar que hay enseñanzas de las Escrituras cuya respuesta correcta es sencillamente creerlas o estar convencidos de su veracidad. Por ejemplo, a la promesa de vida eterna gratuita que ofrece Jesús solo corresponde creerla ya que la salvación no es por obras. En la misma manera, la promesa de la resurrección futura del creyente se cree y trae consuelo (y motivación para vivir de manera que agrade

al Señor a fin de que nos de una amplia recompensa en el juicio del creyente).]

2. Las cuatro partes del patrón ALMA sirven como *herramientas* porque guían al maestro en su selección de métodos, ya que éstos tienen diferentes fines que corresponden a las diferentes facetas del mismo. Esto es, algunos métodos sirven para atraer al alumno, otros para facilitar el estudio de la Biblia, algunos para sacar a relucir la relevancia de la verdad bíblica a la vida contemporánea, y otros para facilitar que el creyente aplique los principios escriturales de manera personal. También simplifican la planificación de las lecciones porque proveen un patrón sencillo a seguir. [Nota: El patrón ALMA también ayuda a minimizar la ansiedad que puede acompañar a la preparación de lecciones proveyendo un fundamento estable sobre cual edificar la lección.]

3. La metodología es una *actividad del aprendizaje* diseñada para lograr los diversos fines de la enseñanza asociados con las diferentes esferas de este.
   Las respuestas a la última parte de la pregunta variarán de acuerdo al alumno. Asegure que sean concisas, coherentes y conforme a la enseñanza de las Escrituras.

4. Los autores afirman que la tarea más difícil para el maestro de la Biblia es ser de ayuda para que los estudiantes consideren la verdad de las Escrituras en términos, relevantes a sus propia vidas.
   Las respuestas a la última parte de la pregunta variarán de acuerdo al alumno. Asegure que sean concisas, coherentes y conforme a la enseñanza de las Escrituras.

5. De acuerdo a los autores, las tres filosofías o acercamientos *ineficaces* son los siguientes:

- *Es suficiente enseñar las Escrituras:* Esta filosofía afirma que nosotros enseñamos el contenido de la Biblia y el Espíritu Santo se encarga de demostrarle la relevancia del mismo a los estudiantes. Sin dudas, Dios obra así muchas veces y por supuesto no debemos ni podemos ir en contra de esto. No obstante, los autores rechazan este método, afirmando que no es suficiente el contenido solo. (Ellos no negarían la suprema importancia de la obra del Espíritu en la vida de los alumnos pero enfocarían Su ministerio de manera diferente.) Ellos piensan que el maestro tiene que ir más allá de la comunicación del contenido, ayudar al estudiante a clarificar y reconocer la relevancia de las Escrituras y la manera específica de aplicarla.

- *Debemos pasar a la generalización* (sacar a relucir los principios transferibles del texto bíblico): Los autores afirman la importancia de explorar las lecciones transferibles de la Biblia, pero alegan que esto no es suficiente para la aplicación eficaz de la verdad en la vida de los alumnos.

- *Debemos usar ilustraciones a fin de ayudar en la aplicación:* Sin dudas una explicación verbal de cómo la verdad bíblica se implementa o aparece en la vida actual puede facilitar la aplicación. Sin embargo, los autores afirman que es posible que la ilustración no tenga relevancia en situaciones específicas de la vida de todos los estudiantes que participan en la lección.

El educador Findley Edge provee seis razones que explican los fracasos en la aplicación potencial de la enseñanza de las Escrituras:

- La falta de entendimiento por parte del estudiante del significado del texto bíblico y por lo tanto el desconocimiento de cómo aplicarlo en su vida.
- No poder ver la conexión entre la enseñanza espiritual y la situación específica en la cual uno se encuentra.
- Los prejuicios que estorban la aplicación de la verdad escritural.
- Carencia de información que no facilite comprender cómo el ideal cristiano funciona en las relaciones de la vida.]
- Presiones sociales o de uno mismo que influyen en contra de practicar la verdad de la Biblia.
- Situaciones complejas en las cuales es difícil discernir qué opción representa la correcta.

Los autores afirman que en términos de las tres opciones presentadas, la generalización combinada con la ilustración representa la mejor forma de facilitar la aplicación. No obstante sugieren *otro método*: estructurar la lección para que los alumnos vean por sí mismos la relevancia que la verdad tiene para todos en común y para su propias necesidades y situaciones en particular. En este método el maestro guía a los estudiantes a descubrir la relevancia de la enseñanza bíblica por sí mismo, aunque se mantiene en el contexto de cooperación con los otros alumnos. Esto permite participación grupal e individual sin eliminar el ministerio esencial y personalizado del Espíritu Santo al sacar a relucir las áreas de la vida que deben cambiar. [Nota: Los cambios pueden ser individuales y también corporales (grupales).]

6. El texto afirma dos prerrequisitos para una aplicación eficaz: la verdad debe estar relacionada a la vida de cada persona individual, y se debe explorar (en el contexto del

grupo) las áreas de la vida en las cuales las verdades de la Palabra tienen relevancia específica (protegiendo siempre a cada persona para que no se sienta señalada o amenazada). Esta clase de situación de aprendizaje en la cual los alumnos, en un proceso guiado por el maestro, exploran la relevancia de la verdad en la vida (a la vez que protegen la reputación, sensibilidad y dignidad de los estudiantes y se mantienen sensibles a la obra del Espíritu Santo) resulta en: una vida sensible a la relevancia de las Escrituras y una habilidad para crecer de manera independiente. El patrón para esta clase de proceso de descubrimiento consta de cuatro facetas: *Generalización* (el descubrimiento de la idea pedagógica por el estudio de las Escrituras); *implicaciones* (reflexión acerca de las alcances generales de las verdades bíblicas para las personas sin especificar al individuo particular); *aplicación personal* (la identificación de maneras específicas en las cuales los estudiantes pueden aplicar la verdad en sus propias vidas); y la *decisión de actuar* (actuar de manera concreta para hacer lo que la Biblia enseña, aplicarla a la vida real). Este último paso puede suceder en la misma clase o como afirman los autores después durante la semana.

7. Las respuestas variarán de acuerdo a los alumnos. Asegure que refleje el sentido presentado en el texto (e.g. actividades diseñadas para involucrar al alumno en el proceso del aprendizaje). El texto saca a relucir métodos cognitivos (que se enfocan en la información y la estimulación de la reflexión); afectivos (que estimulan las emociones, los valores, las actitudes, las convicciones y la motivación); y los de comportamiento (que facilitan los cambios en la manera de actuar, la adquisición de una nueva habilidad, o el mejoramiento de alguna destreza actual).

En la categoría cognitiva los mejores métodos son los que requieren alto nivel de participación de parte del alumno. En la esfera afectiva, modelar la verdad resulta ser el mejor método. Y, en el área de comportamiento el maestro debe demostrar lo que quiere que el alumno aprenda, proveer alguna manera de rendir cuentas y reforzar el nuevo comportamiento con alabanza, premios y otras maneras de animar al alumno.

8. El texto sugiere cuatro preguntas que pueden guiar nuestra selección de métodos:
¿Quiénes son mis aprendices?, ¿cuál es el propósito de la lección?, ¿A qué parte de la lección le corresponde?, y ¿qué recursos necesitaré? Estas preguntas nos ayudan a utilizar métodos que en realidad tengan en vista el bienestar de los estudiantes y no alguna otra motivación. Además nos ayudan a planear y proporcionar los recursos necesarios para ejecutar la lección con éxito.
Las respuestas a las dos últimas preguntas variarán de acuerdo al alumno. Asegure que sean concisas, coherentes y conforme a la enseñanza de las Escrituras.

9. De acuerdo al texto, en sus términos más simples, el currículo es el contenido de lo que usted planea enseñar. La palabra viene de una palabra latina que significa una pista de carrera. Tiene la misma raíz que la palabra en español: corriente, que se refiere a la corriente de agua en un río o un océano que se mueve en cierta dirección. Así, el currículo es el curso o dirección que un maestro establece y mediante el cual los estudiantes progresan en su educación. En resumen, incluye el contenido y todas las experiencias del proceso de enseñanza-aprendizaje.
Existen tres categorías de currículo: currículo formal (contenido y experiencias de aprendizajes planeados); currículo informal (las experiencias y contenido no planeados

y que sucede durante la enseñanza); y currículo nulo (lo que decidimos no enseñar).

El texto saca a relucir tres ventajas específicos del currículo publicado: provee lecciones escritas por personas con conocimientos en el desarrollo humano y las necesidades correspondientes de los diferentes niveles y edades; ayuda a mantener al maestro percatado de metodologías contemporáneas de enseñanza; y facilita un plan panorámico de enseñanza para la iglesia. No obstante, los autores ven el currículo como una ayuda para el maestro pero no lo consideran una *autoridad* por encima del maestro.

10. El texto afirma que un buen currículo consta de las siguientes características: Tiene un concepto correcto de la Biblia y su función, y refleja una metodología creativa de enseñanza. Afirma que en resumen el buen currículo expresa una buena filosofía acerca de la enseñanza de la Biblia que se aplica de manera cuidadosa a todas las lecciones del mismo.

Los autores, sin embargo, advierten que el currículo puede oscurecer el sentido de las Escrituras en lugar de comunicar fielmente el significado de las mismas. De manera que debemos escudriñar el material y someterlo todo a la luz de la Biblia propiamente interpretada.

Sugieren que podemos usar el currículo de manera eficaz al establecer un balance entre la estructura y la flexibilidad, reconociendo que el currículo publicado es una ayuda para el maestro pero no la *respuesta* para todo el ministerio de enseñanza. El maestro por lo tanto no debe convertirse en un esclavo del currículo sino utilizarlo para complementar sus propios esfuerzos no reemplazarlos.

Lección 4

Sugerencias para comenzar la lección

1. Comience la lección con una discusión acerca de las características del «maestro ideal», el «alumno idóneo», y la «lección perfecta» todo en el contexto del mundo caído en el cual vivimos. Nombren a un secretario para que escriba las buenas características y principios que salgan a relucir y después provea una copia para los otros alumnos. Después de un tiempo provechoso de discusión e intercambio de ideas pasen al próximo paso de la lección.

2. El texto presenta varias características de los grandes maestros. La credibilidad representa la primera de las mismas. Inicie la lección con una discusión acerca de la credibilidad y el maestro. Asegure tratar temas como los siguientes: ¿Qué significa la credibilidad en la vida y el ministerio cristianos? ¿Cómo podemos fomentar confianza en nuestros alumnos? ¿Significa la credibilidad que parezcamos «perfectos» y «sin problemas» delante de nuestros alumnos? ¿Qué podemos hacer si perdemos la credibilidad ante nuestros estudiantes? Después de una franco y edificador intercambio de ideas completen el resto de la lección.

3. La motivación representa una faceta básica y fundamental en el proceso de la enseñanza-aprendizaje. Discutan temas como los siguientes y escriban las buenas ideas que salgan a relucir: ¿Qué podemos hacer para motivar a

los maestros en la ardua tarea de enseñar con excelencia? ¿Cómo podemos motivar a los maestros a no descansar sobre los logros del pasado sino a esforzarse continuamente y mejorar cada vez más su enseñanza? ¿Cómo podemos motivar a los alumnos que no quieren aprender? ¿Cómo motivamos a alumnos que tienen una elevada inteligencia pero que son ociosos o perezosos? ¿Cuáles son algunas de las motivaciones bíblicas tanto para los maestros como también para los alumnos? Disfruten de un buen intercambio de ideas y prosigan con el resto de la lección.

4. Desarrolle su propia idea creativa para comenzar la lección.

Comprobación de preguntas

1. Los autores sacan a relucir seis características de los maestros sobresalientes:
   - Tienen credibilidad: Comunican información confiable, tiene motivos puros para su enseñanza, demuestran ternura y amistad, tienen una buena reputación, poseen conocimiento de experto y tienen pasión por enseñar, comunican entusiasmo como maestros.
   - Comunican con claridad: tienen buen contenido que es comunicado con precisión, hay un propósito claro en su instrucción, estructuran sus lecciones para mayor eficacia, y presentan su material con buenos bosquejos.
   - Estimulan el interés: Saben cómo «enganchar» al estudiante, involucran al alumno en el proceso del aprendizaje y equipan a los pupilos para utilizar lo que han aprendido en su vida cotidiana.
   - Instruyen con buen estilo: utilizan palabras vivaces (usan movimientos y gestos con propósito que facilitan la comunicación, le miran a los ojos de los alumnos, utilizan materiales visuales que ayudan en el aprendizaje y enseñan la lección sin el uso de notas.

- Se arriesgan y usan métodos creativos: utilizan nuevas maneras de enseñar que son fuera de lo común (a pesar de que pueda que fracasen en el intento), poseen una filosofía de enseñanza que les da la libertad para probar lo nuevo y diferente para el buen propósito de enseñar a los estudiantes y no sienten que tienen que hacer lo mismo que todos los otros están haciendo.

- Valoran y respetan a los estudiantes: Reconocen que los estudiantes son personas creadas a la imagen y semejanza de Dios, reconocen el valor de cada alumno individual y comunican el respeto que merecen, y saben que el ministerio consta de más que la sencilla transmisión de información.

Las respuestas a la última parte de la pregunta variarán de acuerdo al alumno. Asegure que sean concisas, coherentes y conforme a la enseñanza de las Escrituras.

2. La vida cristiana no debe ser reducida a un ejercicio moralista y legalista de cumplimiento de leyes o principios. Más bien debe ser una respuesta de amor al Dios que nos amó y nos ama. Los autores lo explican así: «Nuestra tarea como maestros de Biblia es asegurarnos de que la Palabra de Dios se aplique. Una forma de lograrlo es asegurarnos de que se presente de manera práctica y aplicable. La enseñanza creativa de la Biblia trata de la aplicación. Pero la respuesta del alumno debe ser a Dios. La Biblia se debe aplicar, pero no se aplica en un vacío como si la Escritura solo fuera una lista de buenas obras». Jesús dijo: «Si me amáis, guardad mis mandamientos» (Juan 14.15). De manera que el amor tiene la prioridad: es en base al amor que obedecemos. Y, la obediencia tiene que ver con amor hacia Dios y hacia el prójimo. Pero el guardar estos mandamientos no le compra la vida eterna o justificación a la persona. (Véase también Juan 3.16-18; 5.24-25; 6.47).

Las respuestas a la última parte de la pregunta variarán de acuerdo al alumno. Asegure que sean concisas, coherentes y conforme a la enseñanza de las Escrituras.

3. Los autores describen la motivación como el deseo innato del estudiante en querer aprender. La motivación puede considerarse como general (la actitud esencial del estudiante hacia el aprendizaje) y específica (el deseo que tenga con referencia a una materia determinada). Además puede contemplarse como motivación extrínseca e intrínseca. La primera trata de aquella con origen externo al alumno y la segunda con fuente dentro del mismo.

4. Hay dos factores que contribuyen a la motivación del alumno y el texto los clasifica como *personales* y *estructurales*. Bajo la primera categoría aprendemos que la *relación* que existe entre el alumno y el maestro y la *dinámica* del grupo de aprendizaje contribuyen a la motivación. Bajo la segunda comprendemos que los estudiantes se sienten motivados cuando: 1. la enseñanza está estructurada; 2. hay secuencia en el aprendizaje (la enseñanza sigue un proceso en el cual cada paso edifica sobre el anterior); 3. se anima a los alumnos a que aprendan; 4. se crea un ambiente estimulador para la enseñanza; 5. hay relevancia a la experiencia del estudiante; y 6. cuando se aplica o se pone en práctica lo aprendido. El texto nos reta a evaluar a nuestros alumnos y preguntar: ¿Quieren ellos aprender? Si la respuesta es no, debemos utilizar los principios de la motivación a fin de sacar mayor provecho del proceso de enseñanza-aprendizaje.

5. Las respuestas variarán de acuerdo al alumno. Asegure que sean concisas, coherentes y conforme a la enseñanza de las Escrituras.

6. El texto enumera varios principios para la enseñanza de adultos:
   - Los adultos desean aprender (el libro afirma que esto es cierto para la mayoría de ellos).
   - Los adultos están motivados para aprender (en especial cuando se les provee del tema, el método y el contexto apropiados).
   - Los adultos son prácticos y orientados hacia la solución de problemas (la enseñanza que usa la metodología de resolver problemas provee alta satisfacción y es muy eficaz con los adultos ya que ellos quieren aprender algo práctico que le ayude a mejorar la calidad de sus vidas).
   - Los adultos se dirigen a sí mismos en el aprendizaje (ellos mismos deciden el método, contexto y contenido de su experiencia de enseñanza-aprendizaje).
   - Los adultos temen fracasar en sus esfuerzos educacionales (no se sienten cómodos en el contexto de un aula y por lo tanto debemos facilitarles un ambiente que minimice dicho temor).
   - La educación de los adultos debe ofrecer una variedad (las personas adultas tienen diversas características y necesidades que requieren enseñanza correspondiente para ministrar a dicha diversidad).

   Las respuestas a las otras preguntas variarán de acuerdo al alumno. Asegure que sean concisas, coherentes y conforme a la enseñanza de las Escrituras.

7. Los jóvenes son personas que pasan por un proceso de transición (ya no son niños, pero tampoco son adultos) y necesitan cuidado especial que corresponda a la etapa inestable de la vida en la cual se encuentran. Tienen sus propias características: 1. Aprenden por medio de la ex-

periencia directa; 2. Requieren maestros que sirvan de ejemplos vivientes y que se preocupen por ellos; 3. Necesitan descubrir la verdad por sí mismos; 4. Aprenden mejor con métodos variados; y 5. Tienen que ver la conexión entre la lección y su vida y necesidades. Las respuestas a las otras preguntas variarán de acuerdo al alumno. Asegure que sean concisas, coherentes y conforme a la enseñanza de las Escrituras.

8. De acuerdo al texto el desafío de enseñar las Escrituras a los niños es que a su juicio la Biblia es un libro escrito por adultos y para adultos. [Este es un punto que sirve para ·una buena discusión entre los alumnos.] Más allá, los autores presentan tres factores y varios principios relevantes a la enseñanza de los niños. Los factores son:

- Debemos ser fieles en la enseñanza de la Palabra de Dios, es decir no modificarla.
- Los niños deben experimentar la verdad de Dios en su vida actual (no como un conocimiento que utilizarán «algún día»).
- Debemos enseñar de manera que los niños vean la relevancia de las Escrituras a su propio nivel, conforme a su etapa en la vida (de nuevo sin modificar la enseñanza de la Biblia para acomodarla a ellos).

Los principios son:
- Los niños aprenden por experiencia.
- Las lecciones deben proveer oportunidad para experiencias de primera mano en las cuales ellos participen (en lugar de sencillamente escuchar a un maestro).
- Los niños aprenden por medio del ejemplo de otros.
- Como maestros debemos cuidar los comportamientos y las actitudes que estemos modelando antes ellos.

- Los niños aprenden por medio de la repetición (junto con la variación).
- Debemos proveer libros con los cuales ellos estén familiarizados y utilizar conceptos repetidamente.
- Los niños aprenden por medio de experiencias y lenguaje concreto (ya que piensan de manera textual y concreta).

Las respuestas a las otras preguntas variarán de acuerdo al alumno. Asegure que sean concisas, coherentes y conforme a la enseñanza de las Escrituras.

9. El texto enumera varios métodos que suelen ser eficaces con los niños: contar historias, el uso de la dramatización, las preguntas, discusión o conversación dirigida, proyectos que faciliten el aprendizaje, y actividades creativas (con música, trabajos manuales y otras oportunidades para usar la creatividad).

Con referencia al contexto más amplio de la vida y para obtener un impacto máximo en los niños, el texto afirma que la enseñanza de la iglesia debe integrarse a un ministerio de guía informal en el hogar. Ofrecen algunas sugerencias sencillas hacia dicho fin: Informar a los padres de su responsabilidad, dejar saber a los padres lo que están enseñando los maestros, y lograr que los líderes de programas y maestros sean más sensibles a la necesidad de trabajar con el hogar.

Las respuestas a algunas de las preguntas variarán de acuerdo al alumno. Asegure que sean concisas, coherentes y conforme a la enseñanza de las Escrituras.

10. La enseñanza de los preescolares a menudo se considera como «obra de niñero». Al contrario, el texto afirma que los niños preescolares pueden y deben comenzar a familiarizarse con los conceptos básicos de la cosmovisión

cristiana. Pueden comprender que Dios existe, que Jesús los ama y que les promete vida eterna si creen en Él.

El texto provee varios principios relevantes a la enseñanza de los niños preescolares: La diversión y el jugar son claves; es esencial que usen los sentidos, que experimenten las cosas y que sean activos en el proceso; son importantes las buenas relaciones interpersonales; y deben aprender conceptos fundamentales de la fe y cosmovisión cristiana.

Debemos estructurar la enseñanza para el beneficio de los niños y no poner barreras a lo que ellos pueden comprender. El Señor Jesús es quien dijo: «...Dejad a los niños venir a mí, y no se lo impidáis; porque de los tales es el reino de los cielos» (Mateo 19.14a).

Las respuestas a las otras preguntas variarán de acuerdo al alumno. Asegure que sean concisas, coherentes y conforme a la enseñanza de las Escrituras.

Lección 5

Sugerencias para comenzar la lección

1. Discutan temas como los siguientes y escriban las buenas ideas que salgan a relucir: ¿Por qué hay temor a ser evaluado? ¿Cuáles son algunas maneras en que podemos realizar evaluaciones eficaces, provechosas y que amenacen en menor grado a los obreros de la iglesia? ¿Debe haber diferentes evaluaciones para los obreros pagados y para los voluntarios?

2. Desarrollen una evaluación sencilla (que se pueda realizar con anterioridad) que sirva para prevenir obstáculos en el aprendizaje y para mejorar la calidad de enseñanza.

3. Pida a los alumnos que respondan a la siguiente pregunta ¿Qué podemos hacer para tomar seriamente los resultados de las evaluaciones y realizar los cambios necesarios para mejorar la calidad de la enseñanza? Anoten las buenas ideas que salgan a relucir.

4. Desarrolle su propia idea creativa para comenzar la lección.

Comprobación de preguntas

1. Los autores presentan tres razones para realizar evaluaciones: La evaluación nos ayuda a saber si estamos cumpliendo o no los objetivos que nos hemos propuesto; proporciona la información necesaria para hacer cambios en

el futuro a fin de poder alcanzar nuestras metas; y provee una base para el mejoramiento de las habilidades del maestro. Las respuestas a la última pregunta variarán de acuerdo al alumno. Asegure que sean concisas, coherentes y conforme a la enseñanza de las Escrituras.

2. El texto presenta una *fórmula* de cuatro variables que representa las facetas esenciales que debemos evaluar en el proceso de enseñanza-aprendizaje: $PEA = f(e,m,c,a)$. Esto es, el Proceso Enseñanza-Aprendizaje está en función del estudiante, maestro, currículo y ambiente. Un cambio en cualquiera de estos cuatro factores cambia el resultado del proceso de enseñanza y aprendizaje. De manera que debemos evaluar cada una de estas facetas a fin de mejorar la calidad de la experiencia que estamos proveyendo para el estudiante. Sin dudas, hay factores *intangibles* que influyen en la eficacia o dinámica de una experiencia dada de enseñanza tales como la personalidad del maestro, la conexión natural que existe entre algunas personas (o grupos) y el instructor, y un sinnúmero de consideraciones que afectan el resultado. Sin duda, en especial en el contexto cristiano, hay que tomar en cuenta la ayuda sobrenatural del Espíritu Santo en el proceso de enseñanza-aprendizaje. Las respuestas a la última pregunta variarán de acuerdo al alumno. Asegure que sean concisas, coherentes y conforme a la enseñanza de las Escrituras.

3. Las respuestas variarán de acuerdo al alumno. Asegure que sean concisas, coherentes y conforme a la enseñanza de las Escrituras.

4. Las respuestas variarán de acuerdo al alumno. Asegure que sean concisas, coherentes y conforme a la enseñanza de las Escrituras.

5. Las respuestas variarán de acuerdo al alumno. Asegure que sean concisas, coherentes y conforme a la enseñanza de las Escrituras.

6. Las respuestas variarán de acuerdo al alumno. Asegure que sean concisas, coherentes y conforme a la enseñanza de las Escrituras.

7. Las respuestas variarán de acuerdo al alumno. Asegure que sean concisas, coherentes y conforme a la enseñanza de las Escrituras.

8. El modelo de Stake facilita que el maestro anticipe lo que transcurrirá durante la lección y lo compara con lo que en realidad ocurrió. Dicha comparación nos ayuda a realizar los ajustes necesarios para nuestra enseñanza futura. Por lo tanto, proponemos una adición al modelo de Stake: una tercera columna con *propuestas* para cada una de las áreas. Ahora, sin equivocación, el modelo de Stake saca a relucir el planeamiento y la evaluación que requiere el ser un excelente maestro.

9. Las respuestas variarán de acuerdo al alumno. Asegure que sean concisas, coherentes y conforme a la enseñanza de las Escrituras

10. Las respuestas variarán de acuerdo al alumno. Asegure que sean concisas, coherentes y conforme a la enseñanza de las Escrituras.